·毛泽东谈文论史全编·

顾 问：龙新民 郑欣淼 陈 晋 阎晓宏

评说中国古代十大明君

MAOZEDONG PINGSHUO ZHONGGUO
GUDAI SHIDA MINGJUN

毕桂发 主 编

毕国民 副主编

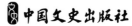

中国文史出版社

图书在版编目（CIP）数据

毛泽东评说中国古代十大明君 / 毕桂发主编 . -- 北京 : 中国文史出版社 , 2023.12
（毛泽东谈文论史全编）

ISBN 978-7-5205-4563-1

Ⅰ . ①毛… Ⅱ . ①毕… Ⅲ . ①毛泽东著作研究②帝王 - 人物评论 - 中国 - 古代

Ⅳ . ① A841.692 ② K827=2

中国国家版本馆 CIP 数据核字 (2023) 第 244876 号

责任编辑：窦忠如
特约编辑：王德俊　窦广利　赵增越　张幼平　邓文华　张永俊

出版发行：中国文史出版社
社　　址：北京市海淀区西八里庄路 69 号院　　邮编：100142
电　　话：010-81136606　81136602　81136603（发行部）
传　　真：010-81136655
印　　装：廊坊市海涛印刷有限公司
经　　销：全国新华书店
开　　本：787 毫米 × 1092 毫米　1/16
印　　张：27.75
字　　数：412 千字
版　　次：2024 年 1 月北京第 1 版
印　　次：2024 年 8 月第 3 次印刷
定　　价：96.00 元

总　序

2023 年 12 月 26 日，是中国人民的伟大领袖毛泽东同志诞辰 130 周年。经过多年酝酿策划和组织编撰，我们于今年正式出版发行《毛泽东谈文论史全编》（以下简称《全编》）以示隆重纪念。

十年前，习近平总书记在纪念毛泽东同志诞辰 120 周年座谈会上的重要讲话中指出："毛泽东同志是伟大的马克思主义者，是伟大的无产阶级革命家、战略家、理论家，是马克思主义中国化的伟大开拓者，是近代以来中国伟大的爱国者和民族英雄，是党的第一代领导核心，是领导中国人民彻底改变自己命运和国家面貌的一代伟人。"同时，毛泽东同志又是世所公认的伟大的文学家、史学家、诗人和作家。在深入学习贯彻党的二十大精神、纪念毛泽东同志诞辰 130 周年的重要时间节点上，组织编撰出版这一大型项目图书，为人们缅怀毛泽东同志的丰功伟绩，学习毛泽东同志的伟人品格、政治智慧和文化思想，提供了一套非常重要的文化历史资料；对于弘扬中华优秀传统文化，学习贯彻党的二十大报告中关于"推进文化自信自强，铸就社会主义文化新辉煌"的重要精神，具有十分宝贵的启示和积极的意义。

在组织编撰这部大型项目图书的过程中，我们坚持以习近平新时代中国特色社会主义思想为指导，认真学习党中央关于历史问题的三个决议精神，特别是十九届六中全会通过的《中共中央关于党的百年奋斗重大成就和历史经验的决议》精神，对全部书稿的政治观点和思想内容进行了认真把关，使其符合三个决议精神，也符合习近平总书记十年来有关论述毛泽东同志历史功绩和毛泽东思想指导地位的重要讲话精神，以及关于学习党史国史和弘扬中华传统文化的重要讲话精神。

《全编》计 27 种 40 册 1500 万字。编撰者耗费数十年心血收集、整理、阐析、赏评，把毛泽东在各个时期的文章、诗词、书信、讲话、谈话中引用、化用、批注、圈阅、点评、编选的古今人物和文史作品，把毛泽东传记、年谱、回忆录中提及或引用和评点的古今人物和文史作品，即使片言只语、寸缣尺楮也收集入册，希望能够集散为专、分门别类，尽量避免遗珠之憾，力求内容全面系统、表述科学客观。

这部《全编》有以下几个特点：

资料齐全。毛泽东同志一生酷爱读书，可以说是博览群书、通古贯今。他曾说："饭可以一日不吃，觉可以一日不睡，书不可以一日不读。"他熟读《二十四史》《资治通鉴》等中国历代著名历史著作，熟读中国历代优秀的诗词文学作品，且不动笔墨不读书，读书时做了大量批注和圈画，还常常在自己的文章、诗词、讲话、谈话中引经据典、巧妙运用，真可谓博学约取、学以致用。这就给我们留下了浩如烟海的珍贵史料。在编著这部《全编》时，我们想最大限度地收集、整理、汇编其所涵盖的各个方面的文献史料，力争做到文献可靠、史料精准，可读性、知识性和趣味性兼具，使其成为研究毛泽东思想特别是毛泽东文化思想的重要资料。

分类精细。毛泽东同志喜欢中国古代文学，阅读、圈评了大量各类体式的文学作品，他的诗词创作尤为脍炙人口。因此，收录《全编》中关于毛泽东同志的文史资料，浩瀚如海，编撰者都进行了认真严格的划分整理，将其分三辑，文学类就有两辑，所占分量最大。比如，编撰者将其细分为评点名诗、名词、散曲、辞赋、小说、散文、戏曲的"毛泽东同志评点中国传统文化赏析"7 种 19 册，以及《跟着毛泽东学诗词》《毛泽东诗话》《周世钊论毛泽东诗词》《毛泽东致周世钊书信手迹》与毛泽东读唐诗、宋词、元曲、古文等的"毛泽东与中国诗词曲赋"8 种 9 册。

评述允当。在这部《全编》中，编撰者将每篇作品分为毛泽东评点、人物、事件评述或毛泽东评点、原文和赏析，力求评述或赏析允妥、适当，即深刻理解毛泽东原文含义，紧扣毛泽东的评点，不作过多发挥，文字力求简明生动。同时，编撰者注重史料收集整理的文献性，兼顾知识性和趣味性，这就使得这部大型项目图书兼具很强的可读性。

这部《全编》还有一个最突出的重要特点，那就是比较集中地梳理和呈现了毛泽东同志的历史自信和文化自信。习近平总书记在纪念毛泽东同志诞辰 120 周年座谈会上的讲话中明确指出，毛泽东同志"是马克思主义中国化的伟大开拓者，是近代以来中国的爱国者和民族英雄"。这个评价反映在毛泽东同志学习和运用、继承和发展中华优秀传统文化方面，鲜明地体现为他的历史自信和文化自信。因此，我们认为这部《全编》的编撰出版，有益于读者更深入体会党的二十大报告论述的"坚持和发展马克思主义，必须同中华优秀传统文化相结合"的重大论断。在这部《全编》中，有关毛泽东圈阅、评点历史人物和文史作品的材料，就很具体地体现了他作为"马克思主义中国化的伟大开拓者"，是如何运用马克思主义的世界观和方法论，去激活中华优秀传统文化的；又是如何通过继承、运用和发挥中华优秀传统文化，为坚持和发展马克思主义提供深厚滋养的。

　　《全编》除了引用毛泽东同志的相关评点外，主要篇幅是介绍、叙述和评论毛泽东同志评点的对象即历史人物和文史作品，所引毛泽东的评点内容都出自公开的出版物并注明出处。从目前已出版的各类关于毛泽东同志的书籍来看，这是目前更加全面系统反映伟人毛泽东同志的一部大型丛书，但每册又可独立成书，以满足不同读者的阅读喜好与多样需求。当然，限于编撰者的水平和时间，这部《全编》的体例编排和文字表述等方面还有改进和完善空间，恳请专家学者和广大读者朋友不吝批评指正。

《毛泽东谈文论史全编》编委会

2023 年 12 月 18 日

目　录

"赫赫始祖" 轩辕黄帝

"秦始皇是好皇帝"

汉高祖刘邦是 "一位高明的政治家"

"汉武帝雄才大略"

魏武帝曹操"统一中国北方，创立魏国"

唐太宗李世民"聪明一世，懵懂一时"

宋太祖赵匡胤"稍逊风骚"

元太祖成吉思汗是"一代天骄"

明太祖朱元璋"是个放牛娃出身"

清圣祖玄烨"是一位了不起的皇帝"

『赫赫始祖』轩辕黄帝

一、炎黄子孙

黄帝（前 2717—前 2599），本姓公孙，后改姬姓，居轩辕之丘，号轩辕氏，故称姬轩辕，建都于有熊，又称有熊氏，为五帝之首，传说中中原各族的共同始祖。早在中国新石器时代中晚期，有熊氏部落曾在今河南新郑一带定居。其部落首领"少典娶有蟜氏女，生黄帝、炎帝"。

炎黄二帝原为同胞兄弟（《史记·黄帝本纪》未采取此种说法）。炎帝，号烈山氏（一作厉山氏），传说上古姜姓部族的始祖，少典的长子。黄帝是少典的次子，生于轩辕之丘（今河南新郑西北），故称轩辕氏。黄帝幼时聪明异常，既长见识渊博，才干出众，遂继承父亲少典被拥立为有熊部落首领，故又称有熊氏。五千多年前，以黄河中下游为中心的中原地区，氏族林立，大小部落成千上万。黄帝在位百年，死于荆山（又名覆釜山，今河南灵宝阌乡镇南），葬于上郡桥山（今陕西黄陵西北）。相传有子 25人，得姓者 14 人，分为后世各国，不断繁衍，逐渐形成以华夏族为主体，由众多民族相结合的中华民族。因此，后人共尊黄帝为祖先。

轩辕黄帝历代受到祭祀。1937 年 4 月 5 日，在延安的毛泽东和朱德共同署名致祭于陕西桥山轩辕黄帝陵。毛泽东亲写的祭文是：

维中华民国二十六年四月五日，中华苏维埃政府主席毛泽东、人民抗日红军总司令朱德敬遣代表林祖涵，以鲜花时果之仪致祭于我中华民族之始祖轩辕黄帝之陵，而致词曰：

赫赫始祖，吾华肇造，胄衍祀绵，岳峨河浩。聪明睿知，光被遐荒，建此伟业，雄立东方。世变沧桑，中更蹉跌，越数千年，强邻蔑德。琉台不守，三韩为墟，辽海燕冀，汉奸何多！以地事敌，敌欲岂足？人执笞绳，我为奴辱。懿维我祖，命世之英，涿鹿奋战，区宇以宁。岂其苗裔，不武如斯，泱泱大国，让其沦胥？

东等不才，剑屦俱奋，万里崎岖，为国效命。频年苦斗，备历险夷，匈奴未灭，何以家为？各党各界，团结坚固，不论军民，不分贫富。民族阵线，救国良方，四万万众，坚决抵抗。民主共和，改革内政，亿兆一心，战则必胜。还我河山，卫我国权，此物此志，永矢勿谖。经武整军，昭告列祖。实鉴临之，皇天后土。尚飨！

毛泽东　朱德

——1937 年 4 月 6 日延安《新中华报》

附　译文如下：

　　我盛名显赫的人文初祖，华夏民族是您创建。您的后世子孙繁衍生息、香火不断，山岳巍峨黄河浩荡向前。您聪明睿智的光芒，覆盖着遐荒边远。您建立了丰功伟业，让中华民族屹立于世界东天。世事如沧海变成桑田，其间经历了许多挫折与磨难。数千年就这么过去了，强悍的邻国却突破了道德底线。琉球台湾相继失守，朝鲜半岛也被日本侵占。东北与华北大地，为何出了那么多卖国求荣的汉奸！把土地拱手送给敌人，侵略者的欲壑岂能填满？敌人手持皮鞭和绳索，我们沦为奴隶凌辱受个不完。我们光荣的祖先啊，您曾是闻名世界的英贤。在涿鹿大败蚩尤，而天下得以和平与安全。我们是您的后裔，岂能不具有您传下来的勇武风范？我中华泱泱大国，难道任她牵连而受苦难？

　　我毛泽东等人虽然没有多大才干，却已挥剑征伐奋勇向前，我们不畏惧征途坷坎，要大义凛然共赴国难。我辈年年苦苦奋斗，历尽了曲折与艰险，若不消灭日寇，个人的小家岂能独完？如今各党各界，众志成城抱成一团，不论军人与百姓，穷人与富人也泯灭界限。建立抗日民族统一战线，救国良方就要出现，我四万万同胞，坚决抵抗豪气冲天。中华实行民主共和，内政改革势必在先，亿万民众一条心，必握出战胜券。收复沦陷的大好河山，捍卫祖国的权利和尊严，如此救国的信念和志向，我们宣誓永远实践。我们整治武备整理军队，明白地告知历代的祖先。恭请监察临视，天地神灵。

请祖先享用供品！

毛泽东　朱德

——中共中央文献研究室编：《毛泽东年谱》（一八九三—一九四九年），
人民出版社、中央文献出版社1993年版，第668页，只引"东等不才"
至"永使匆嬡"部分

二、统一华夏

中国上古时期，北方有两大部落首领：炎帝和黄帝。炎帝（一说炎帝即神农氏），传说中上古姜姓部族首领，号烈山氏（一作厉山氏）。相传少典娶有蟜氏而生，原居姜水（即陕西岐水）后向东发展到中原地区。当初炎帝部落势力强大，最有威望。各部族听从他的号令，相安而居。黄帝，传说中中原各族的共同始祖。姬姓，号轩辕氏、有熊氏，少典次子。生于河南新郑，死后葬陕北桥山，即今黄帝陵。传说认为黄帝时期有很多发明，如养蚕、舟车、文字、音律、医学、算数等。西汉初，与老子合称"黄老"。

到了黄帝时代，炎帝部落势衰。部落之间不断发生摩擦，甚至互相侵伐掠夺，侵占土地，抢劫财货，虏杀人口。炎帝不能禁止，人民生活不得安宁。黄帝修德整兵，习用干戈，以道义促使部落之间相安友好，以武力征伐强暴，制止侵略。许多部落慕其威望，前来通好，仰仗归从。当时炎帝侵凌周围部落，黄帝在阪泉（今河北涿鹿东南）与之三次交战，打败了炎帝，使其归顺于己。阪泉之战是华夏集团内部两个同源共祖的血缘亲属部落间的一场争雄的战争。在口耳相传的谱系中，他们的先祖都是从与有蟜氏互为婚姻集团的少典氏分裂出的氏族，一个发祥于姬水，当即古漆水，发源于今陕西麟游西偏北的杜林，于今陕西武功流入渭河。以姬水成者，即姬氏族；另一个发祥于姜水，在今陕西境内的渭水上游一带，今宝鸡尚有清姜河，以姜水成者，即姜氏族。在数千年的历史进程中，这两个古氏族日益繁荣、昌盛，分裂出很多氏族，发展成很多部落，除了留在祖居之地的以外也有不少支系四处发展，开辟新的生存空间。距今五千年前登上历史舞台的黄帝和炎帝，就是东向发展，到达今河北、河南的姬、姜两古族的后裔。

由于参战的两个部落都有很强的实力，战争的规模颇为壮观，开战

「赫赫始祖」轩辕黄帝

后，黄帝率领"熊、罴（pí）、狼、豹、貙（chū）、虎"六部军队在阪泉之野与炎帝摆开战场，六部军队各持自己的崇拜物为标志的大旗，黄帝作为六部统帅也持一面类似"大纛"之旗，列开了阵势。首先，炎帝在黄帝没有防范的情况下，先发制人，以火围攻，使得轩辕城外经常浓烟滚滚，遮天蔽日，应龙（古代汉族神话传说中一种有翼的龙）用水熄灭火焰，黄帝率兵将炎帝赶回阪泉之谷，嘱手下士兵只和炎帝斗智斗勇，不伤其性命。在阪泉河谷中，竖起七面大旗，摆开了星斗七旗战法。炎帝火战失利后，面对星斗七旗战法，无计可使，一败涂地，躲回营内不敢挑衅。黄帝仰慕炎帝的医药和农耕技术，决心与他携手创建文明国家。他在炎帝营外摆阵练兵，千变万化的阵法层出不穷，星斗七旗阵，让炎帝的士兵看得眼花缭乱，在长达三年多的操练中，使各部的战斗力逐渐增强，而炎帝利用崖头作屏障，只能观望阵势。然而，黄帝在这三年多的时间内，一边以星斗七旗战法练兵做掩护，一边派人兵日夜掘进，早将洞穴挖到炎帝营之中。忽一日，黄帝兵将突然从洞中窜出，偷袭了炎帝阵营，活捉了炎帝。后两部落结盟。

这时，东方九黎部族兴起，强悍凶横，炼铜制作兵仗刀戟大弩，侵略其他部落。其首领蚩尤更是凶神恶煞，有兄弟八十一人，相传以金作兵器，并能呼风唤雨，每次出征作战都身披斑斓虎皮，头带双角铜盔，所向披靡。其他部落闻听蚩尤到来，惊魂落魄，溃散四逃。蚩尤在东方扫平诸部落后，一路西上，侵占炎帝部族。炎帝与之交战，竟一败涂地，于是丢弃境域，率领部族奔往涿鹿（今河北张家口涿鹿），向黄帝求救。

蚩尤率领的部落联盟由于生产力水平较华夏集团略高一筹，武器制作精良又勇猛善战，于是所向披靡，因而留下"铜头铁额""威震天下"的英名。炎帝部落无法抵挡、节节败退，在蚩尤大军的扫荡下，居地全失，连一个角落也没留下，本着同一联合体应互相救助的原则，炎帝求救于黄帝，引发了涿鹿之战。涿鹿之战的战场在何处，至今仍未有定论，《逸周书》所谓"中冀"，或为冀州中部，大体约在靠近今冀、鲁、豫三省接界地带的河北境内。

黄帝与蚩尤的战争延续了不少时日，最后的决战进行于冀州之野。《山海经·大荒北经》记述了一个传说，"有人衣青衣，名曰黄帝女魃（bá，中国古代神话传说中的旱神）。蚩尤作兵伐黄帝，黄帝乃令应龙攻之冀州之野。应龙畜水，蚩尤请风伯雨师，纵大风雨。黄帝乃下天女曰魃，雨止，遂杀蚩尤。魃不得复上，所居不雨。"反映战斗过程中，双方先由巫师作法，希望借助自然力征服对方，黄帝呼唤有翼的应龙蓄水，以便淹没蚩尤军队，蚩尤也请风伯、雨师相助，一时风雨大作，黄帝军队再次陷入困境，危急中，黄帝只得请下天女旱魃阻止风雨，天气突然晴霁，蚩尤军队惊诧万分，这时诡计多端的蚩尤又放出大雾，霎时四野弥漫，使黄帝的军队迷失了方向。黄帝十分着急，只好命令军队停止前进，原地不动，并马上召集大臣们商讨对策。

应龙、常先、大鸿、力牧等大臣都到齐了，唯独不见风后，有人怀疑风后是不是被蚩尤杀害了。

黄帝立即派人四下寻找，可是找了很长时间，仍不见风后的踪影，黄帝只好亲自去找。当黄帝来到战场上时，只见风后一个人在战车上睡觉。黄帝生气地说："什么时候，你怎么在这里睡觉？"风后慢腾腾地坐起来说："我哪里是在睡觉，我是正在想办法。"接着，他用手指着天，对黄帝说："你看，为什么天上的北斗星，斗转而柄不转呢？臣听人说过，伯高在采石炼铜的时候，发现过一种磁石，能将铁吸住。我们能不能根据北斗星的原理，制造一种会指方向的东西，有了这种东西就不怕迷失方向了。"

黄帝把风后这个想法告诉大臣，大家议论了一番，都认为这是个好办法。然后，就由风后设计，大家动手制作。经过几天几夜的奋战，终于制造出了一个能指引方向的仪器。风后把它安装在一辆战车上，车上安装一个假人，伸手指着南方。然后告诉所有的军队，打仗时一旦被大雾迷住，只要一看指南车，就可辨认出东西南北。黄帝趁机指挥大军掩杀过去，取得了最后胜利。

这里需要交代的指南车，又称司南车，是中国古代用来指示方向的一种机械装置。它利用齿轮转动系统和差速原理，根据车轮的转动，由车上木人指示方向。不论车子转向何方，车上的木人的手始终指着南方，"车虽回运而手指南"。

黄帝的胜利来之不易，而胜利以后，又遇到很多新的困难，不仅旱神女魃制止了大风雨，风后威力大减，"不得复上"，应龙参战以后，也"不得复上"，天上"无复作雨者"，使地上连续大旱数年。近代环境考古告诉我们，距今 5000 年至 4000 年左右是自然环境又一次大变化时期，不断升高的气温，持续不断的冰川融化与降雨均骤然停止。距今 5000 年前后，从辽东半岛到长江三角洲都留下海退的遗迹，以后，距今 4700 年开始又发生了小的波动。涿鹿之战中，那些被巫术呼唤来的暴风雨及其后的干旱，正与气候由平稳到发生波动的情况相合，可见这些神话不是全无根据的，它确实浓缩了对过去的回忆。

汉族本由华族发展而来，而华族是由夏族数千年同化其他民族而逐步发展起来的。黄帝平定蚩尤，威名大振。各部族对他钦佩得五体投地，一致拥戴他为部落联盟首领。从此炎黄部族逐渐融合为一。接着，黄帝又打败北方前来侵扰的荤鬻（xūn yù）部族（匈奴族的前身），在釜山（今河北怀来东）召集"万国"首领，庆贺天下太平，并"邑于涿鹿之阿"，休整士卒，养息生民。后来，他为了氏族的安全，又率领部族复归故里，"都于有熊"（今河南新郑）。为安抚百姓，他曾巡行四方，东至于海，南抵长江，西及崆峒（今甘肃陇右），北至河北燕山，初步奠定了中国版图的规模。涿鹿战争之后，使华夏进入了一个新的历史时期，致力于各部落的繁荣与发展，特别是对今天的汉族来说，则更具有开天辟地的意义。汉族今天占全国人口的 94%，占世界人口约 1/5，这不能不说与华夏族的始祖黄帝的功绩有一定关系。

三、治国有方

　　黄帝选贤任能，设官司职，治理天下。"举风后、力牧、常先、大鸿以治民"；仰天地置列侯众官，以风后配上台，天老配中台，五圣配下台，谓之三公；置左右太监，监于万国（诸部落），建立起完备的部落联盟管理体制。黄帝总结神农氏炎帝时代的农业生产经验，祭祀天地百神，划野分州，计田设井，教民因时播种五谷蔬菜，驯养畜禽。黄帝和他的臣下，有很多发明创造。传说他命大挠制定天干地支，用来计年、月、日，从此中国有了历法，后人称之为"黄帝历"；命容成制作盖天（浑天仪之类），观察天象；使羲和占日，常仪占月，臾区占星宿；命隶首作算数，制定度量衡之制，用来计量物之轻重、长短、多寡；命仓颉总结前人经验，制作象形文字；命宁封为陶正，制作釜、甑、碗、碟，进一步完备人们的饮食器物；命赤将为木正，共鼓、化弧刳木为舟，剡木为楫，邑夷作大辂，挥作弓，夷牟作矢，雍父作杵、臼；命伶伦定律吕，将竹管截成十二个长短不同的竹段，按照声音的高下清浊分为十二个音阶，制成各种乐器；命荣瑗铸十二钟，以和五音；命元妃嫘祖教民养蚕制丝，供作衣料；伯余制作衣裳和鞋子。黄帝作冕垂旒充纩，定玄衣黄裳，于是衮冕衣服之制兴。建筑宫室，以避寒暑。与岐伯、雷公探讨医药之学。命俞跗、岐伯、雷公察明堂，究息脉；巫彭、桐君处方饵，防治疾病。黄帝时代，发明创造繁多，成就辉煌宏大，遂使中国跻身于"世界四大文明古国"之列，因而被尊为中华民族的祖先。

　　黄帝是中华民族的共同始祖，中华民族以汉民族为主体，至今汉民族占全国人口的90%以上。汉族是在黄帝部族为主的古华夏族基础上形成的，其他少数民族也是黄帝的后裔，在中原地区以外的边陲地带辗转迁徙繁衍而成。因此，轩辕黄帝是整个中华民族的共同始祖。其理由如下：

　　其一，从血缘关系考察。华夏族即汉族，华夏也称"夏""诸夏"，又称"华"或"诸华"。古代居住于中原地区的汉民族的先人以区别四夷（东夷、南蛮、西戎、北狄）又称中华。华与夏曾相互通用，"中华"又称"中夏"。孔子视"夏"与"华"为同义词。在甲骨文中，"华"这个字的地位非常崇高。"华人"一词最初指汉族，但随着华夏文明扩展到全国各地，"华人"的概念渐渐由当初单指汉族，扩展到中华大地受中华文明影响的少数民族，成了全体中华民族的代称。华夏族是黄河流域的最早居民，华夏先民分为许多部落，活跃于黄河中下游，自黄帝时统一为华夏部落联盟。其中比较著名的首领有太昊（伏羲）、少昊（白帝）、颛顼（黑帝）、帝喾（高辛氏）、祝融、伯益、帝舜、帝尧。其中炎帝和黄帝为共主。华夏族在黄河流域留下了众多的文明遗址。所以中华民族就是以黄帝部族后裔为胚胎的华夏族繁衍而来的。故世代繁衍生息于黄河中下游的氏族部落都与黄帝有血缘关系。

其二，就地缘关系来考察。据考证，黄帝部族主要分布于渭水以北的陕北高原、渭北高原，炎帝主要分布于陕西岐山、宝鸡一带。黄帝、炎帝部族都有东徙的历史。黄帝部族主要沿北洛水南下，东渡黄河，依中条山、太行山向东发展，直至河北涿鹿。炎帝部族东进轨迹则较黄帝部族偏南，其顺渭水、黄河而东，至河南、山东一带，势力范围与九黎族形成犬牙交错，并肩抵足之势。后来，经黄帝与蚩尤、黄帝与炎帝几次战争，黄河中下游，包括山东、苏北地区，共同统一于黄帝部族，形成以中原为中心，以黄帝部族为主体的华夏民族大融合。又经几千年的发展，华夏族的族居地逐渐扩展到长江流域、珠江流域及其他地区。至公元前221年，虽然秦始皇在中国历史上第一个统一了中国，仅经过十六年，他的孙子子婴便被推翻。到了公元前206年，华夏族在关中地区建立西汉王朝，因而出现了汉族这个称谓。作为中华民族主体的汉族正式形成。汉族的形成，为中华民族的定型起了决定性的作用，而其他少数民族，也是黄帝后裔发展而成的。如被称为"五胡"的鲜卑族、羌族、匈奴族，以及犬戎、北狄皆黄帝之后。因此，中华民族之全体，都是黄帝的子孙，而轩辕黄帝则是中华民族当之无愧的共同始祖。

以上材料根据司马迁写作《史记·五帝本纪》。而《史记·五帝本纪》

主要取材于《世本》《大戴礼记·五帝德》和《尚书》。《五帝本纪》记载的是远古传说中相继为帝的五个部落首领——黄帝、颛顼、帝喾、尧、舜的事迹，同时也记录了当时部落之间频繁的战争，部落联盟首领实行禅让，远古初民战猛兽、治洪水、开良田、种嘉谷、观测天文、推算历法、谱制音乐舞蹈等多方面的情况。这些虽为传说，但从人类历史发展的规律和地下文物的发掘来看，有些记载亦属言之有征，它为我们了解和研究远古社会，提供了某些线索或信息。中华民族五千年的悠久历史，就是从这远古的传说开始的，黄帝和炎帝两个部落的联合，战争，最后融为一体，在黄河中下游定居繁衍，从而构成了华夏族的主干，创造了我国远古时期的灿烂文化。

四、奠定上古政治格局

从黄帝世系的传承，可以看出上古的政治格局：

在我国数以千计的姓氏当中，最古老的是姬姓。据典籍《说文解字》记载，起初黄帝居住在姬水，因而姓姬。姬姓族人都是黄帝的嫡系后裔，这个姓氏具有将近五千年的悠久历史。全世界华人都自称是"黄帝子孙"或"炎黄子孙"。在中华民族繁衍与发展的过程中，黄帝是中华民族的共同始祖。但是黄帝的子孙很多，在漫长的历史里，他们分封在各地，多数以地名为姓氏。由黄帝所传的世系为：

一世黄帝：世嗣少典氏。少典氏为诸侯（有熊国君）。其母有蟜氏的女儿附宝，视闪电绕北斗枢星，感而有孕，二十四个月后生黄帝于轩辕之丘，因名轩辕。国于有熊，故号为有熊氏。黄帝长于姬水，故又以姬为姓。黄帝纳四妃，生有二十五子。元妃为西陵氏之女，名嫘祖，生姬昌意、姬玄嚣、姬龙苗；二妃为方嫘氏，又名白节，生姬休及姬清；三妃为彤鱼氏，生姬妃及姬夷彭；四妃为嫫母，貌恶而德充，生姬苍林、姬万阳。其众妾之子十六人而已；黄帝赐姓者十四人，为十二姓十八月既望，黄帝在位百年逝世，葬于桥山，终年一百一十一岁，传位于子姬玄嚣。

二世玄嚣：名姬挚，是黄帝的次子。其母为嫘祖，感大星如虹下临华清之祥而生帝。黄帝之世，降清江水，邑于穷桑，故号穷桑氏。国于青阳，因号青阳氏。以金德王天下，遂号金天氏。能修太昊之法，故曰少昊，建都于曲阜（今山东泰安）。在位八十四年逝世，终年一百岁，葬于云阳，故后世又曰云阳氏。生子曰娇极。传位于兄昌意之子高阳，是为颛顼。

三世娇极：玄嚣之子，未继位。生子麦嗣位，是为帝喾。

四世帝喾：娇极子，名夋。生而祥灵，十五岁时佐颛顼帝受封于辛，一百三十岁时以水德代高阳氏为天子。以其肇于帝，故号高辛氏，建都于亳（今安徽亳州）。帝喾纳四妃：元妃有邵氏女，名姜嫄，与帝礼祀上帝而生后稷；二妃为陈锋氏女，名庆都，有赤龙之祥孕十四月而生尧于丹陵；三妃为有娀氏女，名简狄，祈于高襟，有飞燕之祥而生契；四妃为娵訾氏女，名常仪，生子挚。帝喾在位七十年逝世，终年一百零五岁，葬于顿丘（今河南濮阳清丰）。子挚嗣立。

五世后稷：名弃，其母为有邵氏女，名姜嫄，为帝喾元妃。出野见巨人迹，心忻然，悦而践之，而身动如孕者，居期而生子，以为不祥，弃之隘巷，马牛过者皆避而不践；徙置平林，适会山林多人迁之；又弃之渠中冰上，飞鸟以翼覆之。姜嫄以为神，遂收养长之。因初欲弃之未果，因名为弃。弃为儿时，屹如巨人之志。其游戏好种树麻菽，及为成人，遂好耕农，相地之宜，宜谷者稼穑焉。民皆则之。帝尧闻之，举为农师，天下得其利，有功封于邵（今河南济源西），号曰后稷，别姓姬氏。后稷逝世，子檠玺立。

六世檠玺：后稷之子，袭父职，务稼穑。

七世叔望：檠玺之子，袭父职，务稼穑。

八世不窋：叔望之子，当夏朝太康政衰失国，不窋不务稼穑，遂失其官，逃窜西北戎狄间。生子曰鞠。

九世鞠：不窋之子。生子名公刘。

十世公刘：鞠之子，虽在戎狄间，复修后稷之业。咸清甲子，自土沮漆渡渭，迁国于豳（今河北、辽宁南部），百姓怀之，多从而保焉。周道之兴，实自此始。公刘逝世，子庆节立。

十一世庆节：公刘之子，国于豳。庆节逝世，子皇仆立。

十二世皇朴：庆节之子，嗣位豳国。

十三世弗差：皇朴之子，嗣位豳国。

十四世毁隃：弗差之子，嗣位豳国。

十五世公非：毁隃之子，嗣位豳国。

十六世辟方：公非之子，嗣位豳国。

十七世高圉：辟方之子，嗣位豳国。

十八世侯侔：高圉之子，嗣位豳国。

十九世亚圉：侯侔之子，嗣位豳国。

二十世云都：亚圉之子，嗣位豳国。

二十一世太公：云都之子，嗣位豳国。

二十二世组绀：太公之子，嗣位豳国。

二十三世诸盩：组绀之子，嗣位豳国。

二十四世公叔祖：诸盩之子，嗣位豳国。

二十五世古公亶父：公叔祖之子。复修后稷、公刘之业，积德行义，国人皆戴之。因熏鬻、戎狄攻扰，遂去豳渡漆沮，逾梁山，止于岐山之下。豳人举国扶老携幼，尽归古公于岐下。及其傍国，闻古公贤，亦多归之。古公有长子曰泰伯，次曰虞仲；其妃太姜，生少子季历。季历娶太任，皆贤妇人。太任生子昌，有圣瑞。古公曰："我世当有兴者，其在昌乎！"长子泰伯、次子虞仲，知古公欲立季历以传昌，二人乃亡如荆蛮，文身断发，以让季历。古公逝世，季历立，是为王季。

二十六世季历：古公三之子，修古公遗道，笃于仁义，诸侯顺之。王季卒，葬鄂（今湖北鄂州市）县之南山，终年九十八岁。子姬昌立，是为西伯周文王。

二十七世周文王姬昌：季历之子，母曰太任。太任之性，诚一端庄，维德之行。及其娠，目不视恶色，耳不听淫声，口不出傲言，而生周文王。王生而圣瑞。及长，受殷纣命，为诸侯领袖，得专征伐，称西伯。遵后稷、公刘之业，守古公、王季之法，笃仁、敬老、慈少，礼贤下士，以此士多归之，诸侯响之，天下三分有其二。以服事，即位五十年，被囚羑里，后六年自岐下，迁都于丰邑，七年而崩，终年九十七岁，谥为周文王，葬雍州万年县西南十四公里处毕原上（今陕西咸阳周文王陵）。太子姬发即位，是为周武王。

二十八世周武王姬发：周文王之子。商纣五十三年（前1122年）西伯逝世，太子姬发继位，以太公望为师，周公旦为辅，召公奭、毕公高之徒皆左右。周武王率修周文王绪业。当时纣王无道，周武王以姜尚为师，遂率戎车三百乘，虎贲三千人，甲士四万五千人，以东伐纣。周武王十一年农历十二月戊午师毕渡孟津，诸侯咸会，陈师牧野。商纣闻周武王来，亦发兵七十万人拒周武王。周武王使帅尚父与百夫致师，以大部分兵马，驰于纣师，纣师虽众，皆无战心。必欲周武王亟入，纣师皆倒兵，不战以归，周武王驰之，纣兵皆叛。纣走，登鹿台自焚而死。于是诸侯尊周武王为天子。周武王十九年农历十月逝世，终年九十三岁。葬雍州万年县西南十四公里处的毕原上。太子姬诵立，是为周成王。

从轩辕黄帝、颛顼、帝喾、唐尧、虞舜等五帝起，至商、周数千年间，一脉相承，奠定了中国上古的政治格局。

五、万世流芳

五帝的传说，几千年来深深扎根于中华民族的心里，被当作贤君圣主的楷模历代传颂。五帝开创的事业是中华民族几千年文明史的开端。"炎黄子孙"早已成为凝聚中华民族的亲切称呼，"人皆可以为尧舜""六亿神州尽舜尧"，也早已成为鼓励人们贤能为善的有力口号。

中国历史上对轩辕黄帝的公祭，大致起于春秋时期（前770—前476年），秦文公时祭祀已经相当隆重。秦灵公时代，恢复了早已荒废的祠庙祭祀，第一次把轩辕黄帝作为中华民族的共同祖先，供奉祭奠。

汉明帝永平二年（59），为了表示对黄帝的尊敬，各地都建立了黄帝庙，作为祭祀轩辕黄帝的专用场所，轩辕黄帝曾经生活居住及其安葬之地的陕西省黄陵县桥山之麓的轩辕庙便拔地而起。

正式将桥山轩辕庙设列为国家祭祀场所，是在距今1200年前的唐太宗大历五年（770）。当时，驻守鄜（今富县）坊（今黄陵县）节度使藏希让上书唐太宗，唐太宗准奏，遂降旨依行。从此以后，桥山轩辕庙的祭祀活动，就成为国家组织的具有鲜明公祭性质的典礼，轩辕黄帝庙便成为华夏民族心驰神往、遥寄情思、谒陵拜祖的一方圣地。自唐代以后，历经五代十国、宋、元、明、清，世代相传，绵延不绝。古代公祭黄帝陵的活动，史书方志均有记载，有史可考者70多次。

对黄帝陵的公祭活动，历史上绝大多数朝代基本上保持了当时的较高规格。春秋时期，秦文公的祭祀活动多由君王亲自主持。西汉汉宣帝本始元年（前73），朝廷对轩辕黄帝的祭祀，规定了极严格的等级，即只有皇帝才有资格祭祀轩辕黄帝。汉武帝时，等级稍有松动，除皇帝亲祭外，还可委派朝廷重臣代为祭祀。

王莽新朝，又将公祭活动范围扩大，得以延伸至基层，成为民间祭祀黄帝的重要过渡和前奏。唐太宗大历年间，公祭活动重新升为国家级祭典。元代沿袭唐代公祭礼制，但祭祀仪式不再为皇帝亲自主持。明朝开国皇帝朱元璋认为，黄帝是中华民族的远古始祖，对其祭祀应当为国家大典。为此，他在洪武四年（1371）降旨拨款维修黄帝陵庙的同时，筹备祭祀仪式，亲自撰写祭文，并派重臣驰抵桥山，主持祭祀活动。这是中国历史上第一个御制祭文，也是在祭祀活动中诵读祭文的首创，为后来历代大祭活动所效法。

清代对黄帝的公祭活动，基本上保持了明规格，而且大祭规模更加宏大，仪式更为隆重，祭祀活动更加频繁。据统计，从清世祖康熙至宣统皇帝的 260 多年间，共祭祀黄帝陵 36 次，为历朝之最。

辛亥革命前夕，曾有一批同盟会会员到黄帝陵前盟誓，立志"扫除专制政体，建立共和国体"，至今还保存有他们在陵前盟誓的照片。

1912，年孙中山在南京建立中华民国临时政府，同年 3 月派 15 人祭祀黄帝陵。据说孙中山写的祭文手迹遗失，今留下"中华开国五千年，神州轩辕自古传。创造指南车，平定蚩尤乱。世界文明，唯有我先"的文句，这份祭文取名为《黄帝赞》。

1918 年清明节，于右任拜谒黄帝陵，后约友人将黄帝功德之见于记载者，编成《黄帝功德》一书，于 1935 年由南京仿古印书局出版。

1935 年 4 月 7 日，中国国民党中央执行委员会、监察委员会，谨推委员张继、邵元冲；国民政府敬派邓家彦；陕西省党务指导委员会、陕西省政府、西安绥靖公署，公推邵力子、郭英夫、冯钦哉、雷宝华、李志刚、宋志先等致祭于中华民族始祖轩辕黄帝陵。同时，确定清明日为"民族扫墓节，每年举行仪式"。

1937 年 4 月 5 日清明节，中国国民党中央执行委员会特派委员张继、顾祝同；国民政府主席林森特派陕西省政府主席孙蔚如；中国共产党、苏维埃政府主席毛泽东和中国人民抗日红军总司令朱德敬派代表林祖涵（林伯渠），各自携带祭文来到桥山，列队致祭，并各自宣读祭文。致祭那天，顾祝同去了茂陵，未曾到场。其祭文如下：

粤稽遐古，世属洪荒；天造草昧，民乏典章。

维我黄帝，受命于天；开国建极，临治黎元。

始作制度，规距百工；诸侯仰化，咸与宾从。

置历纪时，造字纪事；宫室衣裳，文物大备。

丑虏蚩尤，梗化作乱；爰诛不庭，华夷永判。

仰维功业，广庇万方；佑启后昆，恢廓发扬。

追成绩猷，群情罔懈；保我族类，先灵攸赖。

怀思春露，祀典告成；陈斯俎豆，来格来歆！

尚飨！

　　比较两党祭黄帝书均为四言体的祭文，很有意思。国民党的祭文 32 句，不知何人所写，除祭文小序"焕发我民族之精神"一语尚有些现实感外，其他都显得很程式化，通篇限于追述黄帝功业，一句未提团结抗日之事。毛泽东写的祭文 56 句，用 8 句概括黄帝的伟业，其余均写中华民族的现实遭遇和中国共产党对时局的看法。全篇昭告明志，一切以国家和民族的命运为念，"万里崎岖，为国效命"的情怀溢于言表。同时，呼吁各党各界，求同存异，同仇敌忾，共御外侮，使赫赫始祖之伟业，如凤凰之再生。此番告祭情怀，不独远超国民党的祭文，亦为历代祭文之拔萃者。

　　毛泽东很重视这篇祭文。他在 3 月下旬即已写好，并于 29 日寄给曾以《大公报》记者身份到过延安采访的范长江，希望他"可能时祈为发布"。但这篇祭文终未能在国统区的报刊上发表出来。查国统区当时有影响的报纸，《大公报》4 月 5 日发表了国民党中央的祭文，4 月 6 日的《大公报》《申报》和天津《益世报》，均报道了张继等祭谒黄帝陵以及其他人祭扫明孝陵的消息，而对毛泽东、朱德派林伯渠致祭黄帝陵一事却只字未提。只有《益世报》很蹊跷地来了一句："陕甘边区新编军队，亦派代表 4 人参加，以示尊崇整个民族祖宗之意。"那时国共两党正在谈判，红军尚未纳入国民革命军序列，朱德用的还是"人民抗日红军总司令"的名义，何来"新编军队"一说？此番曲笔，尚待考证。

　　毛泽东的《祭黄帝陵文》，是在延安《新中华报》当年 4 月 6 日一篇题为《苏维埃代表林伯渠参加民族扫墓典礼》的报道中披露的。该报是苏维埃中央政府机关报，当时还是蜡版刻写，发行量很有限。在这篇祭文前，有几句话点明此次祭祀活动的意义："苏维埃政府代表苏区内全体公民，为对中华民族之始祖致敬，并表示誓死为抗日救亡之前驱，努力实现民族团结计，特于五日派遣代表前往参加。"

"誓死为抗日救亡之前驱"，正是毛泽东《祭黄帝陵文》的要旨所在。1937年8月22日，红军改编为八路军一事公开见报。中共中央政治局同时在洛川举行扩大会议，讨论八路军开赴对日作战前线等事宜。洛川离桥山不远，8月25日会议结束后，八路军总指挥朱德、副总指挥彭德怀、政治部主任任弼时一行拜谒了黄帝陵。据《任弼时年谱》记载，此时轩辕庙内的供案上，还陈列着毛泽东手书的《祭黄帝陵文》。他们一边阅读，一边交谈，任弼时说了一句名言："这是我们开赴前线的《出师表》哩！"说起诸葛亮北伐中原前的前后《出师表》，人们不难想到其中的一些名句，诸如"此诚危急存亡之秋也"；"当奖率三军，北定中原，庶竭驽钝，攘除奸凶，兴复汉室，还于旧都"；"受命之日，寝不安席，食不甘味，思惟北征"；"鞠躬尽瘁，死而后已"等等。这些同毛泽东《祭黄帝陵文》所言之事虽异，情志却相类。视毛泽东《祭黄帝陵文》为中国共产党及其军队奔赴抗日前线的《出师表》，也是一个比较恰当的定位，它在当时发挥的鼓舞作用也由此可见一斑。

1938年4月5日，国共两党又一次共祭黄帝陵。蒋鼎文以国民政府西北行营主任、孙蔚如以陕西省政府主席身份，张国焘以陕甘宁边区政府副主席身份到黄帝陵祭奠。

1939年至1943年清明节，中国国民党、国民政府、陕西省政府均特派官员到黄帝陵祭祀，主祭人先后有张继、蒋鼎文、王陆一、熊斌等。这期间，蒋鼎文为黄帝庙大门题"轩辕庙"；程潜为大殿题"人文初祖"至今保存完好。

1942年冬，当时以国民党总裁兼国民政府行政院长和军事委员会委员长的蒋介石，曾题写"黄帝陵"三字，刻成高大石碑，立在黄帝陵。

1955年，南洋华侨领袖陈嘉庚赴西北参观，顺谒黄帝陵，10月9日给毛泽东写信反映：陵庙无人看管，庙宇木料多已腐坏，势将倾塌。院中草地，多为农民耕种，陵山附近，私坟如鳞。回忆1940年访延安时，亦曾谒陵，"当时陵庙山树均有专人看管，庭院整扫清洁，古树逢枯补植，鉴今想往，不胜差异。""窃以为黄帝陵乃我国民族历史遗迹，解放后我人民政府对历史文物及各处寺庙，尚且保护修饰，而黄帝陵庙竟任荒废，或中央主管部门因偏僻未暇顾及。"11月1日，毛泽东读到这封信，批示周恩来阅后交有关部门处理，并说："我看陈先生的提议是有道理的。"阅读中，毛泽东还在信中"当时陵庙山树均有专人看管，庭院整扫清洁，古树逢枯补植，鉴今想往，不胜差异"诸句旁画了竖道，似对无专人看管清扫有所不满。根据毛泽东的意见，周恩来明确批示："黄陵应明令保护和整修。"1962年，国务院把黄帝陵列为古墓葬第一号，公布为全国重点文物保护单位，接着又拨款对黄帝陵庙进行了一次全面整修。

1958年，黄陵县人民委员会上书毛主席，请他为修复的黄帝陵题字。毛主席看信后说，我已为黄帝陵写过祭文，题字的事最好叫郭老去写。随后就把信批转给郭沫若。黄陵县将郭老的手迹刻在石碑上，竖立在黄帝墓前。

1982年11月21日，时任文化部代部长、著名诗人和剧作家贺敬之，到黄陵谒拜黄帝陵，应要求写了一首五言律诗：

> 风云四十载，几度谒黄陵。
> 古柏今犹在，战士白发增。
> 不问挂甲树，但听战马鸣。
> 指南车又发，心逐万里程。

1985年清明节，黄帝陵举办书法展览，来自全国29个省（自治区、直辖市）的150多件作品参加了展出。时任全国书法协会主席舒同为书法展览题字："根深叶茂，源远流长"。

在黄陵轩辕庙里，共有四座石碑格外引人瞩目。西侧二座，前边是毛泽东《祭黄帝陵文》，后边是邓小平在20世纪80年代题写的"炎黄子孙"

四个大字。东侧二座，前边是孙中山的《黄帝赞》，后边是蒋介石的"黄帝陵"三个大字。在中华民族中，不分党派政见，不管居住何地，无论是身处战乱，还是躬逢和平，大家都拥有一个不能割断的精神纽带——被称为"人文始祖"的黄帝。

我国实行改革开放政策后，更加注重炎、黄二陵的修缮和保护。20世纪80年代开始修复炎陵，时任中共中央总书记的胡耀邦在1985年题写了"炎帝神农氏之墓"的墓碑。1987年6月19日，炎陵修复工程指挥部派人请陈云题词。第二天，陈云就题了"炎黄子孙，不忘始祖"几个字，并说：别的词不再题了，炎帝陵的词是要题的。到20世纪90年代，中央领导同志又指示对黄帝陵进行了大规模的整修，面积扩大了许多。1993年4月，江泽民为黄帝陵题词："中华文明，源远流长"；同年9月，又为炎帝陵题写"炎帝陵"，并写了横、直两幅。

与此同时，包括中国台湾在内的同胞，以及海外侨胞，祭祀炎、黄二陵，不绝如缕。人们记忆犹新的，自然是中国台湾的国民党、亲民党、新党三党领导人，在2005年春夏先后率团参访大陆，其意也是寻民族之根，搭两岸之桥。中共陕西省委书记送给国民党主席连战的礼物中，便有一件精美的青铜制品"轩辕圣土簋"，簋中所盛之土，即采自黄帝陵。亲民党主席宋楚瑜在黄帝陵前宣读的祭文中，则有"兄弟扶持成大业，廿一世纪振八荒；炎黄子孙不忘本，两岸和平一家亲"诸句。

炎黄子孙在今天已成为增强海内外中华儿女的凝聚力，为实现民族复兴大业团结奋斗的一个象征。题写过"炎黄子孙"的邓小平，便是从这个角度来阐发和运用这四个字的含义的。例如，1983年10月21日，邓小平会见蒋经国早年在莫斯科中山大学的同班同学高理文时，专门询问了蒋经国的近况，并说：你看我们有希望联合起来吗？我带信给台湾的老人，我说我们老一辈来解决这个问题，至少我们有一个共同点就是都是炎黄子孙，这个观念比年轻人更明白，这是我们共同的语言。1988年6月25日，邓小平会见台湾客人时说：实现国家统一是所有炎黄子孙的共同愿望，反对任何导致台湾独立的言论和行动。双方应明确建设现代化，发展经济改善人民生活，振兴中华是人民的愿望。一个是政治统一，一个是发展经济，

使中华民族立于世界之林。1990 年 6 月 11 日，邓小平会见香港的包玉刚时说：大陆和台湾要解决统一问题，这样全民族就都发展起来了。许多人不懂得这是中华民族的机遇，是炎黄子孙难得遇到的机遇。

『秦始皇是好皇帝』

秦始皇（前259—前210），即嬴政。战国时秦国君，统一的秦王朝的建立者。公元前256—前210年在位。

秦始皇是统一中国的第一人，被史学家誉为"千古一帝"；又因为"焚书坑儒"，被骂为暴君。对于他的功过是非，在历史上颇有争议。

对于这样一个有争议的历史人物，一直以来，毛泽东却赞扬有加。早在1929年9月至10月，毛泽东在福建长汀养病时，与他的老师徐特立一起讨论《贞观政要》，还大发感慨："治理中国，需要马克思加秦始皇。"（郭晨：《万水千山只等闲》，军事科学出版社1993年版，第89页）

1936年2月，他写的著名词篇《沁园春·雪》中，把秦始皇放在中国历史上五位杰出的帝王之首，说他"略输文采"，就是说，和武功甚盛相比，文治稍差一些。

1964年8月30日，毛泽东在同各中央局书记谈话时，更直截了当地说："秦始皇是好皇帝。"（《毛泽东著作专题摘编》，中央文献出版社2003年版，第2282页）

1973年9月23日，毛泽东会见埃及副总统侯赛因·沙菲。在谈话中，他谈到了秦始皇时，说："秦始皇是中国有名的，就是第一个皇帝，一世。最近，林彪还骂我叫'秦始皇'。"（《中华人民共和国实录》第3卷下，第961页）

20世纪50年代末，毛泽东还认为"把纣王、秦始皇、曹操都看作坏人是完全错误的。"（《读斯大林〈苏联社会主义经济问题〉的谈话》，《毛泽东文集》第七卷，人民出版社1999年版，第439页）并且认为应该为他们翻案。

综上所述，可见毛泽东对秦始皇评价之高。

那么，人们不禁要问：令毛泽东终身服膺的秦始皇，到底是怎样一个人物呢？

一、武功："秦始皇第一个统一了中国"

评价一个人物，要看大节。评价一个帝王的功过是非，要看他在历史发展进程中的作用。秦始皇是统一中国的第一人，在中国历史上占有重要地位。

（一）平定叛乱

嬴政十三岁（前240）时，父王病故，他登上王位。他虽然被立为秦王，但掌握秦国大权的是相国吕不韦和母亲赵太后。太后让秦王尊吕不韦为"仲父"。仲父，本来是古代对父亲的大弟弟的尊称。春秋时齐桓公尊重臣管仲为仲父。后来便用于帝王对宰相重臣的尊称。

秦王嬴政任命吕不韦为丞相，封给他十万户纳税的土地，号称为文信侯。秦王又大力招聘四方宾客游士等人才，想依靠他们吞并天下。那时李斯是吕不韦门下的舍人。蒙骜、王齮、麃公等都是将军。因秦王年少，国事都由相国吕不韦为首的大臣决定。

秦王嬴政继位前，秦国已经吞并了巴、蜀、汉中之地，并且占据宛县（今河南南阳）而占有郢城（今湖北江陵东北），在这一带设立南郡；北面取得上郡（郡治肤施即今陕西榆林）以东地区，据有河东（郡治安邑在今山西夏县东北）、太原、上党（郡治壶关即今山西长治）三郡；东面直抵荥阳（今河南荥阳），灭掉东西二周，设置了三川郡（郡治今河南洛阳东北）。

秦王政元年（前246），晋阳（今山西太原）叛乱，派将军蒙骜平定。二年，麃公率领部队攻卷（今河南原阳旧阳武西北），消灭敌军三万人。三年，派蒙骜去攻打韩国，夺得十三城。十月，蒙骜去攻打魏国的畅和有诡二地，次年才攻下。六年（前241），韩、魏、赵、卫、楚五国联合攻打秦国，夺去了寿陵（今安徽寿县）。秦军反攻，攻占了卫国都城。

八年（前239），秦王命令他的弟弟成蟜领兵攻打赵国，成蟜自己却中途叛变，在屯留（今山西屯留南）举兵反秦而战死，他部下的军官都被杀掉，把屯留城里的百姓都迁往临洮（今甘肃岷县）。讨伐成蟜的秦将璧死后，屯留的蒲鹖，又率领他的部下的士兵造反，鞭戮将军璧的尸首。

赢政即王位后，其母为太后，与吕不韦旧情不断。吕不韦怕事泄被诛，便把大流氓嫪毐（lào ǎi）冒充宦官送进宫去，服侍太后，太后非常宠幸，两人偷偷生了两个儿子，养在宫中。嫪毐作为太后的男宠，深得太后欢心，势力越来越大，被封为长信侯，并将山阳地（今河南获嘉、沁阳一带）赏给他作为食邑。王室的宫室、车马、衣服、园林、畋猎等都任嫪毐使用，大小事情都由他做主，他想怎么样就怎么样。后来又把河西的太原郡赏给嫪毐作封国。嫪毐的权势和相国吕不韦不相上下，以至于来和秦国交好的外国使节，不知道是该找嫪毐还是找吕不韦。随着权势的日益膨胀，嫪毐便产生了要自己和太后生的孩子继承王位的想法，便发动政变，妄图一举铲除赢政。

九年四月，秦王政西巡住宿在故都雍城（今陕西凤翔南）。己酉这天，秦王政举行成人加冠礼，正式佩带宝剑。嫪毐阴谋发动叛乱，他盗用秦王及太后的印信，调动雍城所有的士兵、秦王身边的近卫部队、驻扎在雍城的国家骑兵及自己的门客，去攻打秦王所住的蕲（qí）年宫。秦王听到报告，马上命令相国昌平君、昌文君发兵平定叛乱。双方军队在国都咸阳交战，斩杀叛军好几百人。嫪毐等人战败逃走，秦王下令全国，有人活捉嫪毐的赏钱百万，杀死的赏五十万，因而嫪毐卫尉竭、内吏肆、佐弋竭、中大夫令齐等二十名首犯不久被捉，都被斩首悬头、车裂尸体示众，并杀光他们的九族。

嫪毐的门下宾客，罪轻的也罚劳役三年，至于夺去官爵流放到四川去的，有4000多家，命令他们居住在房陵。

秦王还下令"扑杀"（摔死）嫪毐与太后生的两个弟弟，并将太后从甘泉宫迁往雍地。

臣下认为秦王把太后迁往雍地不妥，极力劝谏。秦王政一连杀了27个劝谏的人，无人敢再谏。齐国人茅焦冒死游说秦王说："秦国正要完成统一天下的大业，而大王却为了嫪毐事件，而落个流放母亲的恶名，我恐怕诸侯听到这事，会因此背叛秦国呀！"秦王这才把太后从雍地接回咸阳，仍让她住在甘泉宫。

（二）吞并六国

秦王政十年（前237），相国吕不韦因涉及嫪毐叛乱事件，吕不韦被免职。

秦王下令在全国范围内搜索任职的宾客，颁布《逐客令》，凡是来自各诸侯国的游士说客一律驱逐出境。李斯给秦王上《谏逐客书》，说明客卿对秦国的利弊，指出逐客"非所以跨海内、制诸侯之术"，打动了秦王。于是秦王收回成命，并恢复了李斯的官职。毛泽东曾赞扬说："李斯的《谏逐客书》，有很大的说服力。"（《毛泽东谈苏联〈政治经济学（教科书）谈话记录选载〉（六）》，《党的文献》1994 年第 5 期）

当年大梁人尉缭来到秦国，对秦王说："凭着秦国的强大，各国诸侯好像是秦国直辖的郡县官员一样。我只担心各诸侯联合起来抗秦，弱小的力量出其不意地聚合起来，这就是智伯、夫差和湣王灭亡的原因。希望大王用金银财宝买通各诸侯国的大臣，打乱他们的谋划，大王不过花三十万两黄金，各国诸侯就一网打尽了。"秦王采取了尉缭的计策，并任命他为秦国的国尉。这时李斯开始掌握国家大权。

十二年（前235），文信侯吕不韦自杀身亡，他的门客舍人偷偷地将他安葬在洛阳。秦王发现后下令：吕不韦的门客，凡是参加葬礼的，如果是其他诸侯国人一律驱逐出境，如果是秦国人，有六百石以上爵位的，削去爵位，流放他乡；五百石以下爵位的人，即使没有参加葬礼，也流放，但保留爵位。

秦王政进入青年时代，恰逢战国七雄进入决战时期。他凭借先辈打下的雄厚基业，又平定了嫪毐等的叛乱，夺回了吕不韦掌控的大权，在七雄对峙中处于有利地位。他抓住战机，对六国从蚕食转为吞并。他采纳了李斯远交近攻的策略，制定了"先取韩，以恐他国"的吞并顺序。

秦王派李斯去降服韩国。韩王十分忧虑，便和韩非商量怎样削弱秦国。韩非（前280？—前233），战国末期思想家，出身贵族，荀况的学生，和李斯是同学。曾建议韩王变法图强，未被采纳。他著书分析当时形势，评论各国政治得失，批判儒家的各个学派，指出当时是"争于气力"的时代，必须通过战争手段来实现统一；认为只有实行法治，才符合历史发展的趋势。这种理论很符合秦王统一天下的需要，所以"秦王见《孤愤》《五蠹》之书，曰：'嗟乎，寡人得见此人，与之游，死不恨矣！'李斯曰：'此韩非之所著书也。"韩非后来被邀到秦国，却没有得到秦王任用。其原因有两个：一是韩非在秦王面前谗害正要出使四国、收买诸侯政要灭亡四国的计划的姚贾，引起了秦王对韩非人格的怀疑；二是韩非在给秦王的上书中提出"先攻赵而存韩"的主张，和秦王原先制定的"先取韩，以恐他国"的策略相抵触。韩非的主张使秦王产生了疑心。再加上李斯的妒贤害能，姚贾的报复，秦王终于下令把韩非关了起来，后来李斯趁机进献毒药，把韩非毒死在云阳（今陕西淳化西北）。

十三年（前234），秦王派桓齮领兵攻打赵国的平阳（今山西临汾西南），杀死赵将扈辄，歼敌十万人。赵王逃往河南。正月，彗星在东方出现。十月，桓齮又去攻赵。

十四年（前233），秦军在平阳附近攻打赵军，攻下宜安（今河北藁城西南），大败赵军，杀了他们的将军，桓齮平定了平阳、武城（今河北磁县西南）。韩王请求为臣。

十五年（前232），秦国派两支大军大举攻赵，一支攻到邺（今河北临漳西南邺镇），一支打到太原，占领狼孟（今山西阳曲）。

十六年（前231）九月，发兵韩国接收献给秦国的南阳（今河南南阳）地区，派遣内史腾代理郡首之职，管理该地区政事。

十七年（前230），秦王派遣内史腾率军攻打韩国，俘虏了韩王安，韩国灭亡。整个韩国被纳入秦国版图，改设为郡，叫作颍川。

十八年（前229），秦王派遣杨端和率领河内的军队围困赵国都邯郸（今河北邯郸），羌瘣也领军队协助。

十九年（前228），王翦、羌瘣平定了赵国，在赵国的东阳（今河北太行山以东）地区，俘虏了赵王迁。接着又打算进攻燕国，驻军中山（今河北定州）。

秦王来邯郸巡视，把那些从前与其母亲家有仇的人全都活埋。然后秦王经太原、上郡回到国都咸阳。这时，秦王的生母赵太后去世了。

赵国灭亡之后，赵国的公子嘉，率着王室宗族数百人逃到代郡（今山西代县），自立为代王，并联络东面的燕国，组成联军，驻扎在上谷（今河北怀来东南）。

二十一年（前226），秦王派王贲（王翦之子）率军攻打蓟（今北京西南），同时又增派部队援助王翦，于是击溃燕太子丹的军队，攻占燕国的国都蓟，得到燕太子丹的首级。燕王逃往东方，占据辽东南称王。王翦老病辞官还乡。

二十二年（前225），派王贲攻打魏国，挖掘河沟，引黄河水淹灌魏国都城大梁（今河南开封），大梁的城墙被水冲塌了，魏王只好请求投降，魏国国土全部并入秦国版图。

二十三年（前224），秦王派兵进攻楚国，以"年少壮勇"著称的将军李信说，灭亡楚国"20万人够了"，老将王翦则说"非60万不可"。秦王以为王翦年老胆怯，便命令李信率领20万人攻打楚国。战争一开始，李信虽然打了几个胜仗，但却被楚将项燕打得大败。秦王大怒，亲自去见王翦，向他承认错误，一定要他率领军队攻打楚国。结果，王翦果然大破楚军，攻占楚都郢（今湖北江陵东北），俘虏了楚王负刍。楚将项燕（？—224）立昌平君为楚王，在淮南起兵反秦。

二十四年（前223），秦王派王翦、蒙武率领军队攻打楚国，大破楚军，昌平君战死，项燕也因而自杀，楚国灭亡。

二十五年（前222），秦王命令王贲率领军队攻打占据辽东的燕王，俘虏了燕王喜。回来时又攻打代国，俘虏了代王嘉。王翦也平定了楚国以及江南地方，降服越地的君长，设立会稽郡。五月，为了庆祝平定韩、赵、魏、燕、楚五国，普天同庆，特置酒群饮。

二十六年（前221），齐王建和他的丞相后胜，发兵守住西方的边界，不和秦国来往。秦王于是派王贲从燕国南部进攻齐国，俘虏了齐王建，齐国灭亡。

从公元前230年灭韩开始，到公元前221年灭齐，根据"远交近攻"的策略，短短十年间，秦王政翦灭割据称雄的六国，结束了征战几百年的分裂状态，建立了中国历史上第一个统一的中央集权的封建国家。这是秦始皇伟大的历史功勋。

（三）拓展版图

我国早在先秦时期，就存在着众多的民族。秦灭六国之后，进一步扩大版图，向边远少数民族聚居地区拓展，促进了民族关系的发展，开始成为一个统一的多民族国家。为达此目的，秦始皇采取了如下措施：

第一，统一东南和南方的百越地区。

在我国现在的浙江、福建、江西、广东、广西一带，很早就生活着一个人数众多、历史悠久的民族，这就是史籍上的越族。由于族类众多，种姓互异，又称"百越"，主要有于越、闽越、瓯越、南越、西瓯等几部分。秦始皇派尉屠睢率兵50万攻南越和西瓯，兵分五路，水陆并进。其间，为了运送军粮又修筑了灵渠（南通漓江，北通湘江）。秦始皇三十三年（前214）攻占岭南，分置桂林（治今广西桂平附近）、象（治临尘，今广东崇左境）和南海（治番禺，今广东广州）三郡，基本上统一了岭南地区。后又使大批内地民众南迁，与南越、西瓯人杂居共处，促进了岭南开发和民族交流。

第二，北击匈奴，修筑长城。

匈奴，是我国古代北方一个强大的游牧民族。主要活动在蒙古高原和南至阴山、北抵贝加尔湖的广袤地区。秦时以头曼单于为代表的匈奴贵族集团，占据了阴山至"河南地"（今内蒙古河套伊克昭盟一带），南下侵扰，构成了对秦王朝的严重威胁。秦始皇三十二年（前215），派蒙恬率领30万大军，北击匈奴。秦军很快收复了河南地以及榆中（今内蒙古伊金霍洛旗以北一带），接着又收复了阳山和北假（均在内蒙古乌加河以北和乌梁素海一带），直抵阴山一带广大地区，并在这里分设34（一作44）县，重建九原郡（治九原，在今内蒙古包头市西北），统辖北抵阴山，南至"河南地"北（今河套北部），西过大河，东临云中（今内蒙古呼和浩特市西南）的大片地区。

第三，通西南夷。

自先秦以来，在我国西南的广大地区，主要是今云南、贵州、四川南部一带，分布着许多少数民族，秦汉时统称西南夷。

秦灭六国后，派常頞通西南夷。常頞因其受交通受阻，便凿了一条从今四川宜宾通往云南滇池一带的栈道，名五尺道。栈道开通后，秦王朝的势力直抵且兰（今贵州中部一带）、夜郎（今贵州西部及北部，并包括今云南东北及四川南部部分地区）、邛都（今四川西昌西南）、昆明等地，并在这里设置官吏，建立了行政机构。与此同时，秦又经蜀郡（郡治今四川成都），加强了与邛都、筰、冉駹的联系，并使之纳入了郡县制的行政系统。

秦王朝对东南、岭南、西南以及北方等边远地区的开拓，使它的势力"东至海暨朝鲜，西至临洮、羌中，南至北向户，北据河为塞，并阴山至辽东"。在这样辽阔的疆域里，在一个政权的管理之下，生活着各族人民，形成为一个统一的多民族国家，这不论在中国历史还是世界历史上都具有巨大而深远的意义。

对于秦始皇统一中国的历史功业，毛泽东非常肯定。他在不同时期多次讲过这个问题。1964年8月30日，毛泽东同各中央局书记谈话时指出："秦始皇是好皇帝。"这是最有代表性的评价。

早在抗日战争时期，毛泽东在《中国革命和中国共产党》一文中说："如果说，以前的一个时代是诸侯割据称雄的封建国家，那么，自秦始皇统一中国以后,就建立了专制主义的中央集权的封建国家;同时,在某种程度上仍保留着封建割据的状态。在封建国家中,皇帝有至高无上的权力,在各地方分设官职以掌兵、刑、钱、谷等事,并依靠地主绅士作为全部封建统治的基础。"(《毛泽东选集》第2卷,人民出版社1991年版,第624页)

1964年6月24日,毛泽东在与新西兰共产党总书记威尔科克斯谈话时说:"孔夫子有些好处,但也不是很好的。我们应该讲句公道话,秦始皇比孔夫子伟大得多。孔夫子是讲空话的,秦始皇是第一个把中国统一起来的人物。不但政治上统一中国,而且统一了中国的文字、中国的各种制度如度量衡,有些制度后来一直沿用下来。中国过去的封建君主还没有第二个超过他的。"(甄不贾:《毛泽东读书笔记》,《展望》1992年新总第1期)

1973年9月23日,毛泽东在与埃及副总统侯赛因·沙菲谈话时说:"秦始皇是中国封建社会第一个有名的皇帝,我也是秦始皇,林彪骂我是秦始皇。中国历来分为两派,一派讲秦始皇好,一派讲秦始皇坏。我赞成秦始皇,不赞成孔夫子。因为秦始皇是第一个统一中国、统一文字,修筑宽广的道路,不搞国中有国,而用集权制,由中央政府派人到各地方,几年一换,不用世袭制度。"(陈晋:《毛泽东之魂》(修订本),中央文献出版社1997年版,第296页)

秦始皇扫灭六国、统一中国以后,秦朝成为一个幅员辽阔的大帝国。此后历代又有扩大,但基础是统一的秦朝奠定的。所以,完成中国统一大业,是秦始皇的首功一件,值得大书特书。"秦始皇是第一个把中国统一起来的人物","秦始皇是中国的封建社会第一个有名的皇帝","秦始皇在历史发展进程中的作用要肯定",因此说"秦始皇是好皇帝"。毛泽东在不同时期多次肯定秦始皇的这一功绩。

毛泽东领导全党和全国人民,经过几十年艰苦卓绝的斗争,建立了新中国,除了台湾尚待解放,香港、澳门尚待收回外,包括了其他所有领土。关于香港、澳门,毛泽东明确指出:"我们不动它并不是永远不动它",只是迟几年再收回。现在这个问题已经圆满解决,香港、澳门都已回到祖国的怀抱。

关于台湾，毛泽东坚持世界上只有一个中国，决不允许搞两个中国。早在 1956 年 10 月 4 日，他和居住在台湾的作家曹聚仁谈话时就指出："我们进联合国的条件是：只能一个中国，不仅要进联合国大会，而且要进入安全理事会和其他各种组织，否则就不干。"又说："台湾只要同美国断绝关系归还祖国，其他一切都好办。现在台湾的连理枝是接在美国的，只要改接到大陆来，可派代表参加人民代表大会和政协全国委员会，台湾一切可照旧。"（《同曹聚仁的谈话》,《毛泽东著作专题摘编》(上)，中央文献出版社 2003 年版，第 1055、1064 页）

1958 年 12 月 21 日，毛泽东在为《〈毛主席诗词十九首〉上的批语》写的小序中，鉴于当时"港台一带，餮（tiè）蚊尚多，西方世界，餮蚊成阵"的国内国际的现实，有感而发，仿南宋爱国诗人陆游（号放翁）临终绝笔《示儿》诗写道："人类今娴上太空，但悲不见五洲同。愚公尽扫餮蚊日，公祭无忘告马翁。"（《建国以来毛泽东文稿》第七册，中央文献出版社 1992 年版，第 648 页）这首仿作的七言绝句，充分表现了他实现祖国统一和解放全人类的伟大胸怀。到了晚年，特别是"文革"后期那多事之秋，党和国家危机四伏，毛泽东年老、多病、体衰，常常用慷慨悲歌的南宋词来表达自己的忧患意识。张元干、张孝祥、陈亮、岳飞、文天祥等南宋爱国词人的词作，有一个共同的背景和主题：反对山河分裂，期盼河山统一。毛泽东咀嚼这些词章所产生的共鸣心态，虽然不必坐实地解释为他自己奋斗一生的祖国未能统一的悲患，但至少折射出他内心世界陷入一种无法解脱的遗憾。

现在台湾的国民党承认"九二"共识，承认一个中国原则，反对"台独"，为解决台湾问题创造了必要的前提。我们期盼台湾早日回归，实现祖国的完全统一。

二、文治："百代都行秦政法"

秦始皇的历史功勋，不仅在于他统一了中国，还在于他建立了一整套中央集权的政治制度，有效地巩固了他的统治，这些政治制度为后代统治所效法。首先是改历法。

（一）称"皇始帝"，改历法

秦王政二十六年（前221），吞并天下以后，秦王政认为天下从此太平，如果不改国王的名号，就同他的伟大功绩不相称。于是就下令臣下商量一个帝号。

丞相王绾、御史大夫冯劫、廷尉李斯等人都说："从前五帝只有方圆千里的土地，在此范围以外的诸侯有的来臣服朝贡，有的根本不来，天子也无法控制。如今您统率义军，讨伐残贼，平定了天下，在全国设置了若干郡县，统一了法令政令，这是从上古以来都没有过的功业，连五帝也赶不上呀！我们同博士们仔细地议论过：'古代有天皇，有地皇，有泰皇，以泰皇为最尊贵。我们冒死建议，大王称作'泰皇'，下指示叫作'制'，发号令叫作'诏'，天子称自己叫'朕'。'"秦王说："去掉'泰'字，留用'皇'字，再采用上古'帝'的称号，叫作'皇帝'。其他的同意你们的建议。"

于是秦王改称"始皇帝"。这个称号，表示至高无上、万世一系的权力。他要后世，自始皇帝以下，后代子孙继位，用数字计算，二世、三世，一直到千世万世，传至无穷。

同年，秦始皇根据土、木、金、火、水五行循环的方法，认为周朝是得到火德而统治天下，秦是代替周的火德而兴起，依照周不能胜过秦算起来，现在应为水德的开始。按照水德的特征，他改年始，以十月为正月，接受百官入朝庆贺。衣服、旄、旌节都以黑色为贵。用六作为计数的单位，符节、法冠高六寸，车子宽六尺，六尺为一步，六匹马拉一辆车。又改黄河为德水，用这些来说明水德的开始。因为水是阴性，主刑杀，所以刚强、乖戾尖刻，一切事物都依法办理，苛刻而不讲仁爱恩惠和道义，认为只有这样才能配合五德之数，因此急于用法，犯罪的人拘禁很久也不释放。秦始皇的这些规定，是为了显示秦在这一历史阶段出现是必然的，是符合天意的。

（二）置郡县

其次是置郡县。

秦扫灭六国以后，丞相王绾建议设置诸侯王，让皇子们担当，到各地镇守，始皇把这个建议交给群臣讨论，群臣都同意，认为是个好办法。廷尉李斯却说："周文王、周武王分封的儿子兄弟同姓王很多，但到了他们的后代关系就疏远了，相互攻打，好像仇敌一样，各诸侯国不断攻来打去，周天子根本无法制止。如今全国靠陛下的英明睿智得以统一，各地都设置了由中央直接控制的郡、县，皇子功臣用国家的赋税赏赐他们，这样就很容易控制。天下没有二心，这才是安邦定国的最好办法。我认为设置诸侯王有弊无利。"

秦始皇说："过去全国老百姓，困苦不堪，都是因为诸侯间战乱不息造成的，现在全靠祖宗的威灵，天下才刚刚安定下来。如果又要重新分封诸侯，就又种下战乱的祸根，这样想要百姓得到休养生息，岂不是太难了吗？还是廷尉说得对。"

于是秦始皇把全国分为36郡，每郡设有郡守、郡尉和监御史。改称老百姓为"黔首"。又把全国各地的兵器全部收集起来，运到咸阳，熔化掉，浇铸成钟镶一类的乐器，又造了12个铜人，每个有一千石（dàn，古重量单位，120斤为一石）重，摆放在皇宫里。又搬迁全国富户权贵12万家到咸阳，定居在秦国原来的宗庙以及章台宫、上林苑，都在渭水南岸。后来每消灭一个诸侯国，就模仿该国宫殿的样子，在咸阳以北的山坡上照造一座，在渭水北岸。从雍下门以东直到泾、渭二水，宫殿楼阁由天桥相连。又把从各国获得的美人、钟鼓等都充实到这些宫殿里。

（三）设立各级政府机构

再次是设立各级政府机构。

秦统一是划时代的大事。面对一切从头开始的新事业，秦始皇再次显示了他的雄才大略和高超的政治才干。他在原来政权机构的基础上，建立了一整套从中央到地方政治机构和封建专制主义制度。他所创立的各种典章制度，在此后两千多年的封建社会都被历代王朝沿袭、发展而来。秦始皇的政治制度主要是：

开创皇帝和三公九卿制。秦王自以为是中国第一个皇帝，称"始皇帝"。皇帝自称"朕"，其命令为"制"，下达的文书称"诏"，皇帝的印鉴称"玺"。从此，他头戴外黑内红的平天冠，身着玄衣绛裳，独揽全国军、政、财、文一切大权。

皇帝以下设三公：丞相、太尉、御史大夫，佐助皇帝处理政务。丞相有左右两相，为百官之首，总理政务；太尉管军队；御史大夫掌图书秘籍，监察中宫。三公之下设廷尉、奉常、郎中令、卫尉、太仆、典客、少客、宗正、治粟内史等九位上卿，分管各行政务，他们与三公组成中央政府。三公九卿之官，全由皇帝任免调动，不世袭。

地方实行郡县制。全国分为36郡，后来又增至40多郡。郡下设县，县下设里、亭。郡设郡守，县设县令，乡有三老，里有里正，亭有亭长。从中央到地方，形成了严密的统治体系。郡县长官定期向中央述职，中央则通过"上计"考核地方官。

颁布封建法典《秦律》。秦朝早在商鞅变法时，就曾根据李悝的《法经》，"改法为律"，着手制定成文的律令。秦始皇根据维护统治的需要，从以水德主运，"事皆决于法"的思想出发，又将商鞅以来的律令加以补充、修订，形成了统一的内容更缜密的《秦律》，颁行全国。《秦律》保护封建土地所有制，严禁对封建国有土地和地主私有土地的侵犯。严禁贫苦农民和奴隶逃亡，尤其重视对"盗""贼"的制裁。实行土地私有化。颁布"使黔首自实田"的法令，根据向自报占田数量，按亩纳税，使封建土地所有制在全国范围内合法化。

（四）统一文字、货币和度量衡

复次是统一文字、货币和度量衡。

秦始皇统一文字，是以秦字为基础，简化字形，整理为小篆，作为全国规模化的文字；除法定的小篆外，在社会上还流行着一种更为简易的隶书。

秦始皇下令统一全国货币，其措施有三个：第一，由国家统一铸钱，严禁地方和私人铸造。第二，规定全国通行两种货币：一为黄金，属上币，以镒为名，每镒二十四两；一为铜钱，属下币，圆形，方孔，有郭，径寸二分，铸文"半两"，即每钱重十二铢。第三，废除原六国布币、刀币、郢爰、铜贝等各种货币，改铸秦以前的"重一两十四铢""重十二铢""两甾"等旧币。

秦始皇下令以秦制为基础，统一全国度量衡。据考证，在秦代，长度一寸为2.31厘米，一尺为23.1厘米；容量一升为201毫升，一斗为2010毫升；重量一斤为256.25克，一石为120斤。

（五）修驰道，车同轨

最后是修驰道、车同轨。

秦始皇为了加强对全国各地有效的行政管理，下令修驰道和直道。驰道是一种便于车马驰骋的大道，道宽五十步，道两边三丈植一棵树，中央供天子车马行驶，两边任人行走。以咸阳为中心，修筑了两条驰道：一条"北穷幽燕"，一条"南极吴楚"。后来还令蒙恬等人修筑了从咸阳附近直通北边的"直道"。车同轨，两个车轮间的距离相同，规定为六尺。

秦始皇的这些政治法律制度的实施，大大巩固和加强了中央集权的统治，而且对后代有深远影响。毛泽东用"百代都行秦政法"来加以肯定。

1973年7月3日，毛泽东曾说："我赞成郭老的历史分期。奴隶制以春秋战国之间为界。但是不能大骂秦始皇。"（贾思楠：《毛泽东人际关系实录》，江苏文艺出版社1989年版，第306、308页）又说："早几十年中国的国文教科书，就说秦始皇不错了，车同轨，书同文，统一度量衡。就是李白讲秦始皇，开头一大段也是讲他了不起。'秦王扫六合合，虎视何雄哉！挥剑决浮云，诸侯尽西来'一大篇，只是屁股后头搞了两句：'但见三泉下，金棺葬寒灰。'就是说还是死了。你李白呢？尽想做官！结果充军贵州。走到白帝城，普赦令下来了，于是乎，'朝辞白帝彩云间'。其实，他尽想做官。《梁父吟》说现在不行，将来有希望。'君不见高阳酒徒起草中'，'指挥楚汉如旋蓬'。那时神气十足。我加上几句，比较完全：'不料韩信不听话，十万大军下历城。齐王火冒三千丈，抓了酒徒付鼎烹'，把他下油锅了。"（彭程、王芳：《中国七十年代政局备忘录》，《长河》1989年第1期）

毛泽东所谓李白讲秦始皇，是指李白写的《古风五十九首》之三，原诗是：

> 秦王扫六合，虎视何雄哉！
>
> 挥剑决浮云，诸侯尽西来。
>
> 明断自天启，大略驾群才。

收兵铸金人，函谷正东开。

铭功会稽岭，骋望琅琊台。

刑徒七十万，起土骊山隈。

尚采不死药，茫茫使心哀。

连弩射海鱼，长鲸正崔嵬。

额鼻像五岳，扬波喷云雷。

鬐鬣蔽青天，何由睹蓬莱。

徐市载秦女，楼船几时回？

但见三泉下，金棺葬寒灰！

  这首咏史诗，既赞扬了秦始皇的雄才大略和统一中国的历史功绩，也讽刺了他迷信神仙、妄求长生的愚蠢行为。

  应该说，李白给予秦始皇如此高的评价，是很难能可贵的。因为在封建社会知识分子的眼中，秦始皇"焚书坑儒"，是一个封建暴君。而毛泽东却认为李白对秦始皇肯定得还不够，所以才续诗加以揶揄。

  毛泽东在续诗中用了一个"酒徒"的典故。"酒徒"，指高阳酒徒。高阳酒徒，指郦食其。郦食其（？—前203），秦汉之际陈留高阳乡（今河南杞县西南高阳镇）人。郦食其原是陈留城的看门的小官吏。刘邦率领起义大军经过高阳时，郦食其去军帐中见他。毛泽东在一次讲话中，曾饶有兴致地叙述了这个故事，他说："有个知识分子名叫郦食其，去见刘邦。初一报，说是读书人，孔夫子这一派的。回答说，现在军事时期，不见儒生。这个郦食其就发了火，他向管门房的人说，你给我滚进去报告，老子是高阳酒徒，不是儒生。管门房的人照样报告了一遍。好，请。请了进去，刘邦正在洗脚，连忙起来欢迎。郦食其因为刘邦不见儒生的事，心中还有火，批评了刘邦一顿。他说，你究竟要不要取天下，你为什么轻视长者。郦食其已经六十多岁了，刘邦比他年轻，所以他自称长者。刘邦一听，向他道歉，立即采纳了郦食其夺取陈留县的意见。此事见《史记》郦生陆贾列传。"（《在扩大的中央工作会议上的讲话》，《毛泽东文集》第8卷，人民出版社1999年版，第295页）

这就是高阳酒徒的来历。郦食其因献计夺取陈留城，封为广野君，后来成为刘邦的重要谋士。他经常充当说（shuì）客，出使各国。楚汉战争后期，他奉命去说服齐王田广。他向田广分析了天下人心归向刘邦的态势，以及齐国只有归降刘邦才能自保，否则就是自取灭亡。田广认为他说得对，便解除了都城历下的防务守备，举齐国70余城归汉。当时在河北作战的刘邦的大将韩信，听到这一消息，认为郦食其抢了他的战功，便采用蒯通的计策，趁夜晚从平原津（今山东平原东南）渡过黄河，对齐国发动突然袭击。齐王田广听说汉军来攻，认为郦食其欺骗了他，便对郦食其说："你如果能制止汉军攻打，我不让你死，不这样的话，我就让你下油锅！"郦食其说："成就大事的人，不拘小节，道德高尚的人，不怕别人责难。你老子不会再替你说什么啦！"齐王大怒，立即把郦食其投到滚沸的油锅中，烹死了。毛泽东续的几句诗，用的就是这个典故。这是用郦食其来比拟李白，因为李白尽想当官，所以在安史之乱中，应掌控长江流域大权的永王李璘的邀请，做了参军。后永王李璘与肃宗争权被消灭，李白也因而获罪，流放夜郎，走到白帝城遇特赦，才买舟东归。这是讽刺李白因想做官，险些也像郦食其一样丢掉自己的性命，极其诙谐，旨深意长。

1973年8月5日，毛泽东写了《七律·读〈封建论〉呈郭老》，原诗是：

> 劝君少骂秦始皇，焚坑事业要商量。
> 祖龙魂死业犹在，孔学名高实秕糠。
> 百代都行秦政法，十批不是好文章。
> 熟读唐人封建论，莫从子厚返文王。

这首诗写于当时正在开展的"批儒评法"运动之中，现在看来偏颇不少。"焚坑事业"，指秦始皇的"焚书坑儒"。祖龙，指秦始皇。孔学，指由春秋时期鲁国人孔丘创立的儒学。

毛泽东在诗中，对柳宗元在《封建论》中阐明的设置郡县，废除分封，加强中央集权，反对诸侯割据的主张，给予了高度评价。他劝推崇儒家学派的著名历史学家郭沫若，要"熟读唐人封建论"，告诫他"莫从子厚返文王"。子厚，即柳宗元，字子厚，唐代文学家。著有《封建论》一文。"封建"，指殷周"封国土，建诸侯"的世袭分封制度。《封建论》首先提出"封建非圣人意也，势也"的中心论点，然后用周朝以来历史发展的事实，论证了秦始皇创建的中央集权的郡县制，比分封制优越，说明郡县制取代分封制是历史的必然。文王，指周文王，姓姬名昌，周王朝的创立者。他是中国历史上开始推行较完备的封建制（即分封制）的国君。"莫从子厚返文王"，意即从秦始皇的郡县制倒退到武王的分封制。从而批评郭沫若在《十批判书》中尊儒反法倾向，肯定了秦始皇推行郡县制的历史进步作用。

"百代都行秦政法"，是说秦代以后的各个朝代，实行的都是秦代的政治法律制度。现在我国的政治法律制度也不例外，当然二者性质不同，在继承的基础上有很多发展。我国实行"大权独揽，小权分散"的原则，大权在中央政府，小权在各级地方政府。也就是中央集权下各地分工负责。秦代是中央—郡—县三级管理；而现在是中央—省—市—县四级政权架构。秦代的"郡"，大抵相当于现在的"市"，而现今"市"上设"省"，管辖一个相当大的地域，避免了郡县制的过于分散的缺陷。这个意思毛泽东在不同场合曾多次讲过。

1958 年 8 月，毛泽东在北戴河召开的各大协作区主任会上，谈及第一书记要亲自抓工业时说："只搞分散不搞独裁不行。要图快，武钢可以搞快些。但各县社都要发挥钢铁积极性，那不得了，必须有控制，不能专讲民主。马克思与秦始皇要结合起来。"（《广东党史》1998 年第 1 期，第 9 页）马克思与秦始皇要结合起来，指的是要有正确的理论基础和严肃的纪律守则。

1964 年 11 月底，毛泽东在中共中央政治局全国工作会议总结和研究社教运动中的问题前听取工作汇报时说："还是少奇挂帅，四清、五反、经济工作，统统由你管。我是主席，你是第一副主席，天有不测风云，不然一旦我死了你接不上，现在就交班，你就做主席，做秦始皇。"

1965 年 6 月 13 日，毛泽东在会见越南胡志明主席谈话时说："孔孟是唯心主义，荀子是唯物主义，是儒家左派。孔子代表奴隶主、贵族。荀子代表地主阶级。"又说："在中国历史上，真正做了点事的是秦始皇，孔子只说空话。几千年来，形式上是孔夫子，实际上是按秦始皇办事。秦始

皇用李斯，李斯是法家，是荀子的学生。"（《毛泽东之魂》，中央文献出版社1997年版，第285页）

据中共山西原省委书记陶鲁笳回忆说：

毛主席说，说秦始皇没有做过一件好事，太武断了。秦始皇第一个统一了中国，统一了原来各国的度量衡，车同轨，书同文字，变分封制为郡县制。这些事关中华民族兴盛的大事，能说不是好事吗？秦始皇还在陕西关中开凿了有名的郑国渠，长三百余里，可灌溉农田四万余顷，直接与生产有益，与人民有益。秦国也因此富强起来，终于把六国吞并了。能说这不是好事吗？

秦始皇是个大独裁者，有些历史学家这样说不是没有道理的。毛主席认为，对于这一点也应该有分析。秦始皇有独裁的一面，也有高度集中统一领导的一面，二者有区别又有联系。后者在秦始皇吞并六国、统一中国的过程中，是他取得成功的一个积极因素。秦始皇当全局的情况看准之后，他善于调动各方面的力量集中到主攻方向上来，而且在实行主攻任务的时候，有很大的决心，很大的气魄，很顽强的毅力，敢于力排众议，不听那一套动摇军心的话。

1959年4月，毛主席在上海会议上，针对当时工作中存在的分散主义、本位主义、有令不行、有禁不止的情况，提出：学习和借鉴秦始皇善于集中力量于主攻方向，同时要学会走群众路线。也就是把集中统一的领导知群众路线统一起来。毛主席还说，不利于群众的事情就是不利于国家，没有什么有利于群众而不利于国家的事。秦始皇并不是没有过错，给秦始皇翻案，要看到他还有重大的过错。历史上的秦始皇搞专制独裁，同群众路线是根本对立的。现在我们需要的是走群众路线的"秦始皇"。一方面领导上不要给人乱戴帽子，允许保留意见，言者无罪，闻者足戒；一方面领导要以身作则，提倡作自我批评。这样两方面结合起来，经过不同意见的争论，在这个基础上集中起来，这是革命的"秦始皇"，集中统一就有了群众基础。（陶鲁笳：《毛主席教我们当省委书记》，山西人民出版社2003年第2版，第149—151页）

三、耽于佚乐，无聊得很

毛泽东认为，秦始皇完成统一大以后，便失去了进取心，耽于佚乐，追求长生不死，十分无聊。

（一）多次出巡

秦始皇灭六国后，先后五次大规模出巡。

秦王政二十七年（前220），秦始皇到陇西（今甘肃临洮南）、北地（今宁夏和甘肃东部）巡视，出鸡头关（今陕西汉中西北），回来时经过回中（今陕西陇县西北），回到咸阳。

二十八年（前219），巡视东方各郡县，登览了邹峄山（今山东邹县东南），在山上立了一块石碑，召集鲁地的儒生们商议，刻石碑来颂扬秦国的功德，并且讨论有关封禅和祭名山大川的事。于是秦始皇登上泰山，竖立了石碑，然后堆土筑坛，在坛上祭祀天神。下山的时候，忽然风雨骤至，只好停息在一棵松树下，因此封这棵树为五大夫，又在泰山脚下的梁父山上筑土为坛，祭了地神，并刻石竖碑作为纪念。

然后沿着渤海边东行，经过黄县（今山东黄县东）、腄（今山东福山），直到成山的尽头，登上芝罘（fú）山（在今山东烟台西北海边）峰顶，又树立石碑，赞美秦的功德。遂前往南方，爬上琅琊山，他非常喜欢这个地方，竟停留了三个月。因此下令迁三万家百姓到琅琊山下居住，免除他们十二年的赋税和劳役。又调集民工在山顶修建了琅琊台，刻写碑文歌颂秦的恩德，彰明愿望得以实现。

刻石立碑以后，齐人徐市（fú，又作福）等向秦始皇上书，说大海中有三座神山，名叫蓬莱、方丈、瀛洲，是仙人住的地方，希望让他斋戒沐浴以后率领童男童女去寻访。于是秦始皇就派徐市等领了数千名童男童女，到东海中寻找仙人。

秦始皇在返回咸阳途中，经过彭城（今江苏徐州），亲自吃斋守戒，到泗水边祈祷，想把当年沉在泗水里的周鼎打捞出来。他派上千人潜到水底，也没有找到。于是往南渡过淮河，经过衡山（郡名，治邾县，即今湖北黄冈西北），南渡长江到湘山祠（在今湖南岳阳西南洞庭湖中的君山上）时，忽然刮起了大风，几乎渡不过去。秦始皇召来博士问道："湘君是什么神？"博士回答："听说是唐尧的女儿、虞舜的妻子，死后葬在这里。"秦始皇大怒，派了三千名劳役犯人，把湘山上的树全砍光，使它成了一个光秃秃的红土山。然后，秦始皇从南郡（今湖北江陵）经过武关（在今陕西丹凤西南）回到京城咸阳。

三十二年（前215），秦始皇第三次东巡，到碣石（今河北昌黎北），派燕人卢生去求羡门、高誓两位仙人，并在碣石的山崖上凿字，毁坏城廓，挖通堤防。

秦始皇又派韩终、侯公、石生去寻访仙人服用的长生不死药。然后继续巡游北方，经由上郡回到咸阳。燕人卢生从海上乘船回来，向秦始皇报告遇见鬼神的事，献上录自仙人的图籍和文书，上面写有"亡秦者胡也"等字。秦始皇就派蒙恬率领30万大军到北方攻打胡人，夺取了河南（今内蒙古河套以南）一带地方。

三十五年（前212），开始修筑大道，一路挖山填谷，从九原（今内蒙古包头西北）一直通到云阳（今陕西淳化西北），以加强关中与河套地区联系，并把五万家农户移到那里居住。

三十七年（前210），最后一次东巡，先后到了云梦、丹阳、钱塘，登会稽山，祭大禹，返回途中，病逝于河北沙丘平台。

秦始皇巡视的地区集中在东方，特别是燕、齐、楚旧地。这表明，他出巡的目的之一，是征服六国贵族，巩固统治，而不是简单的游观。这是因为燕、齐、楚比韩、赵、魏灭亡得晚，距离咸阳又远，反抗的力量也较大，政治上、军事上都有一再巡视这些地区的必要。几次东巡，都有刻石。虽然刻石充满了歌功颂德之词，但也宣扬教化，具有从社会秩序上巩固统治的重大意义。

（二）修筑长城

秦王政三十二年（前215），秦始皇派大将蒙恬统率、以太子扶苏为监军，率领30万大军，到北方攻打匈奴，占领了黄河以南一大片土地。蒙恬指挥的秦军经过浴血奋战，击溃了头曼单于的匈奴军队，"却匈奴七百余里，胡人不敢南下而牧马，士不敢弯弓而报怨"（贾谊：《过秦论》）。然而秦始皇十分清楚，匈奴的骑兵元气并没有大伤，剽悍的匈奴铁骑随时可以卷土重来，重燃战火，威胁秦国的安全。而当时秦国的还不具备消灭或远逐匈奴的实力，因此，秦始皇决定在北部修筑一道绵延万里的防御工事——长城，以抵御匈奴的入侵，保卫内地的安全。

修筑长城并不是秦始皇的创举，其实在战国时期，各国早就开始修筑长城。七雄中间，赵、燕、秦三国的北面都有受到匈奴南下侵扰的问题，长城便首先在这三国修筑起来。赵国的长城，起自今内蒙古集宁市东南，经黄旗海北岸向西，经呼和浩特北、武川等地，北傍阴山，西抵乌兰布和沙漠边缘，形成一条十分有效的战略屏障。

燕国自击败东胡以后，也在其北边修筑了长城。史籍记载，燕国长城一直向东延伸到辽东碣石。

秦国修筑长城，是在秦昭王之母宣太后打败了义渠之后，当时，秦昭王下令在陇西、北地、上郡修筑长城。经考古发掘，秦长城起自今甘肃蜗县，经渭源、今宁夏固原、陕西靖边、榆林、神木和毛乌素沙漠东南，进入今内蒙古准格尔旗，再经伊金霍洛旗抵黄河南岸的十二连城。

秦朝的新长城，是在修葺和连接原秦、赵、燕三国长城的基础上，加以增筑、延伸而修筑起来的。从秦王政三十三年（前214），蒙恬带领军队修长城起，经过几十万士兵和大量民夫的日夜劳作，用了几年时间，长城终于基本建成。秦长城西起临洮（治所在今甘肃岷县），宛如一条巨龙，向东蜿蜒伸展，横亘在当时的北部边境，最后到达辽东的碣石（在今朝鲜境内），全长 10000 多华里，俗称万里长城。

长城作为一个军事防御工程体系，是由关隘、城墙、城台、烽燧四部分组成的。关隘，也称关城，往往设在高山峡谷等险要处，扼守要冲，以极少兵力抵御较多敌人，达到"一夫当关，万夫莫开"的目的。如山海关、雁门关等。城墙，是长城的主体，一般随地势修建。平均高约 7.8 米，山岗陡峭的地方低一些，平坦的地方高一些。

城台，分墙台、敌台和战台三种。墙台，突出到墙身之外，外沿修有用于作战的垛口，守军利用墙身掩护，射击敌人。墙台之外还有战台，它是供守军住宿和警戒用的军事设施。一般修在高处，便于瞭望。战台的顶部是一个平坦的空间，也可以作烽火台之用。

烽火台是古代边防举火报警的建筑。烽火是古代边防报警用的烟火。古人多采用狼粪燃烟，因为狼粪烟上升比较直，不易被风吹散，故烽火台又叫狼烟墩。

古时候有烽火戏诸侯的故事。那是西周末年，昏庸无能的周幽王，非常宠爱褒姒。褒姒是褒国人，姓姒。周幽王三年（前779），褒国把她进献给周朝，很受幽王宠爱，并因此废掉申后和太子宜臼，立她为后。但褒姒还是感到不开心，难得开口一笑。周幽王为讨褒姒欢心，让她启齿一笑，便听了奸臣的话，下令在国都丰镐附近的骊山上，点燃当时只有军情紧急时才点燃的烽火，全国各地的诸侯以为京城有紧急军情，便会领着兵马向京城奔来，援救天子。第一次这样做，褒姒见了，开怀大笑，周幽王非常满意。以后又反复多次。几番恶作剧之后，便不灵了。后来犬戎真的来攻时，周幽王再点燃烽火，向全国报警，让诸侯们来驰援京师。诸侯们以为又是昏君为了博取褒姒一笑，戏弄诸侯的。结果来勤王的诸侯没来几个，幽王被犬戎攻杀，褒姒也当了俘虏。

这个故事，除了讽刺周幽王的昏庸以外，也说明了信息传递的重要和当时利用视觉传递信息的方法。

（三）修阿房宫

秦王政三十五年（前214），秦始皇认为京都咸阳人口太多，而先王所修筑的宫殿狭小，并说周文王建都丰（今陕西西安西南丰水西）地，周武王建都镐京（今陕西西安西古丰水东侧），丰镐之间才是帝王的都会所在。他下令在渭水以南的上林苑里建造了上朝议事的宫殿。先建正殿阿房宫，东西宽五百步，南北纵深五十丈，殿内可容纳一万人，殿下可以竖起五丈高的大旗。前殿周围，都有空中道路（天桥）与其他远处的建筑相通，可以行驶车马，从殿下直通到终南山，让终南山的山头给朝宫做宫前的双阙。又从阿房宫经过渭河连接咸阳造了一条夹道，象征天上阁道星从北斗星横渡银河通到营室星的样子。阿房宫当时还没有完全建成，建成之后，秦始皇打算给它起一个美好的名字。因为这个宫殿四阿旁山又建在咸阳附近，所以天下就叫它阿房宫（遗址在今陕西西安未央区三桥镇南，面积约8平方公里）。当时刑徒有70余万人，都被分别派到阿房宫和骊山，挖掘北山的大石，运输四川、荆楚的木材，都送到这个地方来，先后在关中建宫殿三百栋，关外四百多栋。于是，秦始皇下令在东海边的朐县（今江苏连云港西南锦屏山侧）海滨造了一对石阙，作为秦国的东门。并迁三万户人家定居在丽山（今陕西临潼东南），五万户到云阳（今陕西淳化西北）居住，都免除他们十年的赋税。

阿房宫规模宏大，前所未有。据《三辅皇图》称："阿房宫，亦曰阿城，惠文王造，宫未成而亡。始皇广其宫，规恢三百余里，离宫别馆，弥山跨谷，辇道相逐属。阁道通骊山八十余里，表南山之巅以为阙，结樊川以为池。"这里所说的阿房宫"三百余里"，是指整个阿房宫建筑群所占的区域，不是单指正殿阿房宫。

唐代诗人杜牧著名的《阿房宫赋》首段作了更为生动的描绘，译文如下：

　　　　六国灭亡，天下统一。蜀山的林木砍光了，阿房宫才盖起来。它方圆三百多里，高得几乎把天和太阳都隔开似的。从骊山的北面盖起，曲折地向西延伸，一直盖到咸阳。渭水和樊川两条河，浩浩荡荡地流进宫墙。每隔五步有一座楼，每隔十步有一个阁。游廊像绸子一样回环曲折，飞檐像鸟嘴向高处啄着。楼阁配合着地势的高低，互相勾连；回廊环绕像钩心，飞檐高耸似斗角。盘旋地、曲折地，密接如蜂房，回旋似水涡，高高地耸立着，不知有几千万座。长长的大桥架在河面上，说是龙吧，但没有云哪里来的龙呢？山上的复道架在空中，说是虹吧，但不是雨后新晴哪里来的虹呢？楼阁有在高处，有在低处，使人迷茫，辨不清东西南北。台上响起歌声，使人感到有如温暖的春光；殿里舞袖飘拂，使人感到有如凄清的秋雨。就在同一天，同一座宫里，气候竟如此不同。

这段写阿房宫规模之大，建筑之奇，人物之多、歌舞之盛，不免夸张，但确实写出了阿房宫的奢华气概。秦始皇为什么要修这样豪华的阿房宫呢？原来他统一中国之后，便不像过去那样兢兢业业励精图治了。"吾既已君临天下矣，欲悉耳目之所好，穷心志之所乐，以终吾年之寿，可乎？"（《通鉴纪事本末·豪杰秦》）这话虽然出自他那不争气的儿子胡亥之口，但上行下效，说秦始皇有这样的心态，恐怕也不为过。

（四）修骊山墓

秦始皇即位不久，就开始想整理骊山，为自己修陵墓了。到了他统一天下，又派了70多万刑徒前往骊山服劳役，挖三层之泉，然后铸铜把它塞住，在里面放置棺椁。又在陵墓内修筑宫殿和百官的位次，藏满稀奇珍贵的宝物。命令匠人制造机关弓箭，如果有人盗墓一触动机关就会被弓箭射死。又拿水银作成百川江河大海，用机器互相灌输。墓室的上壁绘有天文星宿，地下布置全国形势地理的景观。取人鱼的脂肪做成蜡烛，预计能点燃很久，不会熄灭。秦始皇去世后，葬入此陵。安葬时，二世皇帝说："先皇宫中的妃子，没有儿子的放出去，不是好办法，都让她们殉葬吧！"因此，被送去殉葬的人非常多。已经安葬了，有人说："工匠制造机关，埋藏宝物，对陵室内的情况非常了解，如果放他们出去，就会泄露机密。"所以葬礼完毕，不仅封闭墓内的隧道，又把墓内外面的隧道也完全封死，工匠一个也没有逃出来。然后，在陵墓上种植草木，作成山的样子。

留存至今的秦始皇陵，坐落在今陕西省临潼县城东5公里处。据《中国大百科全书·考古学》介绍：陵寝的平面呈长方形，有内外两重夯土筑造的垣墙。经过仔细测量，内垣墙南北长1300米，东西长578米。外垣墙南北长2513米，东西长974米，内外垣墙每边都没有门。坟丘在内垣墙的南半部，夯土筑造，底部呈方形，每边长约30米，现存高度为43米，为一个三折式巨大的土丘，其上广植树木，郁郁葱葱，像一座山丘。另外，在地面上还建有高大壮丽的寝殿，形成一大片园寝建筑。秦始皇陵的格局，对后世产生了很大的影响，成为此后历代帝王陵寝的模式。

在秦始皇陵的周围，分布着一些陪葬墓，1974年由陕西省临潼县农民在西杨村打机井时发现的兵马俑坑，便是其中之一。它位于秦始皇陵区东门大路的北侧，西距陵区东垣墙一公里。据《中国大百科全书·考古学》介绍：秦俑1号坑的平面呈长方形，面积12600平方米。2号坑在1号坑的东北面，平面呈曲尺形，面积约6000平方米。3号坑在1号坑的西北面，平面呈凹字形，面积约5200平方米。4号坑在2号坑和3号坑中间，平面呈长方形，面积约4000平方米。目前除了4号坑是一座未建成即已废弃的空坑以外，三个坑中大约有7000余个陶俑，驷马战车100余辆，战马100多匹。每个陶俑和真人、真马、真车大小差不多。出土和修复了一千多个陶俑和其他许多珍贵的文物，建成了举世闻名的秦始皇兵马俑博物馆，被誉为世界第八大奇迹，人类文化的瑰宝。

"世界上有七大奇迹，秦俑的发现，可以说是八大奇迹。不看金字塔，不算真正到过埃及；不看秦俑，不算真正到过中国。"这是原法国总统希拉克在任法国总理时，于1978年5月到秦始皇兵马俑博物馆参观时，对悠久而辉煌的中国历史和中国文化所发出的由衷的赞叹。

秦始皇陵地面建筑虽遭焚毁，陵墓也曾被项羽派兵挖掘，但并没有挖开；此后2000多年间，虽屡被盗挖，至今也没有被盗过。现在尚不具备打开的条件，将来条件具备了，一旦打开，不知道该使多少人惊异了。

（五）求不死药

秦始皇修阿房宫，供生前享乐，修骊山墓，供死后照样享受。虽然他称帝后，享尽了世间的荣华富贵，但他最感不足的是，他不能不死。史称"始皇恶言死"。就是说他最怕死。为了长生不死，他不惜代价，访神仙，求不死之药。

秦王政二十八年（前219），齐人徐市投始皇所好，说海中有三座神山，名叫蓬莱、方丈、瀛洲，上面住着仙人。他请求带领未婚的年轻男女入海，寻找神仙。秦始皇立即派徐市带领数千名未婚的青年男女进入大海。

秦王政三十七年（前210），徐市等人到海中寻找仙药，好几年都没有找到，用了很多钱财，恐怕遭受惩罚，于是欺骗秦始皇说："蓬莱仙岛的神药是可以拿到的，然而航行时常常受到大鱼的袭击，所以无法到达。希望派些善于射杀大鱼的人，和我们一起去，大鱼出现就用能连发数矢或同时发射数矢的连弩射杀它。"始皇梦见自己和海神战斗，海神的形象很像人，询问解释梦的博士，博士回答说："海神的本来面目是无法看到的，它往往通过这些大鱼或蛟龙来表示它的意思，现在皇帝您祷告祭拜既完善又恭谨，却出现这个凶神，应该设法除掉它，而后神仙才会降临。"于是命令下海的渔人准备捕大鱼的用具，亲自拿着大弓等待大鱼出现好射杀它，从琅琊（今山东胶南西南）沿海边北行，一直航行到荣成山（今山东荣城东北的成山角），没有听到在海上航行的人说遇到大鱼，到了之罘（今山东烟台东北），果然出现了，射杀了一条。

秦王政三十二年（前215），秦始皇东至碣石（今河北昌黎北，东临大海），令燕人卢生访求羡门、高誓两位古代仙人。又派遣当地的方士韩终、侯公、石生求仙人不死之药。三年之后，仙人不死之药渺无踪影，卢生害怕，就欺骗说秦始皇说："小臣等入海去寻找灵芝、仙药和神仙，老是找不到，好像有什么东西会伤害它（他）。我们想，方术合乎君王的时候，就必须隐微而生以躲避恶鬼，恶鬼躲避真人的来到。君王居住的地方，做臣子的知道了，会妨碍神仙出现。所谓真人，沉没水底，也不会被水浸湿，进入火坑，也不会被火烫伤，驾着云在天空中行走，寿命和天地一样长久。现在陛下您为了治理国家，生活无法安静清淡，希望您居住的宫殿，不要让人知道，然后吃了不死仙药才能找到。如果皇帝能时常改装出来走走的话，就可以驱除恶鬼，恶鬼避开了，神仙就会来了。"秦始皇说："我非常羡慕真人。"从此以后，就称呼自己为"真人"，不称"朕"。随即下令把咸阳周围200里范围内，修建宫殿楼观270多处，都用天桥夹道连接起来，里面都布置了帷幕钟鼓等器物，安排了美人宫女等侍从。分别记载所处的地方，不准迁移，他所临幸（过性生活）的人，如果说出皇帝在那儿，一概处死。

有一次皇帝临幸梁山宫，从山上看见丞相坐的车子及众多随从，很不高兴。太监把这件事告诉丞相，丞相便减少车乘卫队，秦始皇生气地说："一定是梁山宫里的人泄露了我的话。"审问泄露案件，没有人肯认罪，这时秦始皇下令逮捕他在宫里时随侍的人，把他们都杀了。从此以后再也没有人知道皇帝居留的地方了。办理国政以及群臣接受命令，都在咸阳宫进行。

卢生、侯生互相商议说："秦始皇的为人，天生脾气刚强暴戾，自以为是，从诸侯出身到兼并天下，凡事称心如意，任意而为，所以认为，从古至今没有人胜过自己。专门任用治狱的官吏。治狱的官吏得到他的亲近宠爱。博士虽然有70个，只不过充数罢了，从不任用。丞相及大臣仅仅接受下达的命令，一切事情都靠他自己办理。而他喜欢用刑法杀戮来建立威信，天下人都害怕触犯法网，只能像行尸走肉一样小心谨慎地保守俸禄，没有一个敢竭尽忠诚。始皇听不到对自己的批评，一天比一天骄横，臣子都心惊胆战整天说些谎话欺骗他，以博取他的欢心。秦朝的法律规定，一个人不能兼二种职业，考察出那个人不精通自己的专业就处死，如此残酷，上天都出现恶的征兆，而看星相的有 300 多人，个个技术精湛，却害怕始皇的忌讳，不敢说出他犯的过失。天下的事情不论大小，都由始皇一人决定，文书多到用秤称，而公文的往返却有严格期限，为了不超过期限，忙得无法休息，贪婪权势到这种程度，这种人不可以替他寻找不死之药。"于是都逃走了。

世上本来没有神仙和不死之药，方士们靠欺骗过日子，总有一天会大祸临头。所以卢生在秦王政三十五年（前 212）就逃跑了。他们的逃亡，再加上韩终的一去不回，徐市等花费以万计的钱财，也渺无踪影。秦始皇始终得不到不死之药，大怒，下令逮捕咸阳的读书人，令御史严加审问，这些读书人受刑不起，互相揭发，共揭发出违犯法令的 460 多人，都在咸阳活埋了，这就是历史上有名的"坑儒"事件。

自告奋勇为秦始皇寻找神仙不死之药的徐市、卢生、韩终、侯公、石生等人，都是方士。什么是方士呢？方士，方术之士。就是古代自称能访仙炼丹以求长生不老的人。《史记·封禅书》："驺衍以阴阳主运显于诸侯，而燕齐海上之方士传其术不能通。"鲁迅《汉文学史纲》第三篇说："察周季之思潮，略有四派……四曰燕齐派，则多作空疏迂怪之谈，齐之驺衍、驺奭、田骈、接子等，皆其卓者，亦秦汉方士所从出也。"后来也泛指从事医、卜、星、相类职业的人。那就是说，所谓道教采药炼丹以求长生不老的方术，本来是不科学的，但却有人相信，秦始皇就是这样。据其本纪记载："悉召文学方术士甚众，欲以兴太平，方士欲练以求奇药。"秦始皇有追求长生不死的愿望，才笃信这种邪说。奉秦始皇相信海上有神仙的系原因有三：

第一，秦始皇是一个有神论者，迷信神仙的存在是自然的。

第二，海上有"三神山"之说，早就流传于民间的传说故事，使秦始皇心驰神往。《史记·封禅书》说："三神山者，其传在渤海中，去人不远；患且至，则船风引而去。盖尝有至者，诸仙人及不死之药皆在焉。其物禽兽皆白，而黄金银为宫阙。未至，望之如云，及至，三神山反居水下。临之，终莫能至云。"这其实是一种海市蜃楼景观，当时科学水平低下，限制了秦始皇的科学视野。

至于徐市，又叫徐福，当实有其人。不仅史书上有明确记载，而且有关考古和考证工作也有证明。近年来，在江苏连云港市赣榆县金山乡考古发掘表明，当地现在的徐阜村就是当年的徐福村。徐福村东临黄海，秦代属琅玡郡，秦始皇曾三次巡视到此。出土的秦代文物和秦代瓦当，还发现了徐氏家谱。根据徐氏族谱和当地乡老口述，徐福东渡日本未归，乡人修建了一座徐福庙。

明确提出徐福到日本安居的，是五代后周义楚和尚。他在《义楚六帖》中说："日本国，亦名倭国，在东海中。秦时，徐福将500童男、500童女至此国，今人物一出长安。……又东千余里，有山名富市，亦名蓬莱……徐福至此，渡蓬莱，至今子孙皆曰秦氏。"

宋代文学家欧阳修也持此说。他写的《日本刀歌》说：

> 传闻其国居大岛，土壤沃饶风俗好。
>
> 首先徐福诈秦民，采药淹留卯童老。
>
> 徐福行时书未焚，逸书百篇今尚存。

此诗载《欧阳文忠公全集》卷十。

日本学者也有回应。明初日本空海和尚到南京，向明太祖献诗，有"熊野峰前徐福祠"之句。此后，持此说者很多。不仅如此，至今日本不少人自认是徐福一行的后裔，每年八月举行盛大的"徐福祭"。日本学者还确认佐贺郡诸富町的寺井津浮和熊野川畔的蓬莱山是徐福的登陆地。

以上史料和中日两国学者的长期研究与考证，大致证明徐福远涉重洋东渡的去处是日本，这也可以看作中日友谊史上的佳话吧！

对于求仙人长生不死之药，现代人自然觉得是很荒唐可笑的。毛泽东也是这样看。1961年9月22日，外交家熊向晖和浦寿昌根据周恩来总理的指示，乘专机从北京到武昌，向正在那里准备次日会见来访的英国元帅蒙哥马利的毛泽东汇报情况。当毛泽东知道蒙哥马利在参观医院时曾经对医生说"你们中医中药很神奇，应该发明一种药，让你们的毛主席长生不老"时，他对熊向辉、浦寿昌说，什么长生不老药！连秦始皇都找不到。

没有那回事，根本不可能。这位元帅是好意，我要告诉他，我随时准备见马克思。没有我，中国照样前进，地球照样转。（董保存：《在历史的旋涡中》，中外文化出版公司 1990 年版，第 188 页）

四、有关秦始皇三事

（一）荆轲刺秦王

秦王政二十年（前227），燕太子丹担心秦国讨伐，派刺客荆轲以献地图为名去刺杀秦王。

这要从燕太子与秦王政的恩怨说起。燕国的太子丹被抵押在秦国当人质的时候，秦王政待他很不好。他逃了回来，想要报仇。他收留了秦国的逃亡将军樊於（wū）期，秦王更加恼怒。面对秦国的侵略，燕国君臣十分着急，太子丹请教隐士田光，田光向他推荐了刺客荆轲。太子丹希望荆轲能到秦国去，趁机会强迫秦王订立盟约，归还侵占的土地，否则就把秦王刺死。

荆轲（？—前227），战国末年卫国人。齐国贵族庆氏的后代。秦灭卫后，逃亡到燕国，燕人称为荆卿。太子丹重金收买他，去行刺秦王。他带着秦国叛将樊於期的头颅和卷有匕首的督亢地图，进献秦王，他的助手是勇士秦舞阳。

太子丹等都穿着白衣戴着白帽为荆轲送行。到了易水边上，喝过饯行酒，就要上路，这时，荆轲的好友高渐离击筑，荆轲应和着歌唱："风萧萧兮易水寒，壮士一去兮不复还！"

哭声变得悲壮激昂，大家全瞪着眼睛，怒气冲冲，连头发都竖了起来。荆轲登车而去，连头也不回就走了。

到了秦国，荆轲用价值千金的钱财礼物，买通了秦王的宠臣蒙嘉，从而得见秦王。秦王在咸阳宫隆重接见燕国使者。荆轲在前面，捧着装樊於期的头颅的盒子，秦舞阳捧着装督亢地图的盒子，依次而进。秦王对荆轲说："把地图拿过来。"

荆轲拿过地图，逐渐展开给秦王看，地图轴子快放完了，藏在里面的短剑露了出来。荆轲趁机左手一把抓住秦王的衣袖，右手抓住短剑向秦王胸口就刺。秦王大惊，慌忙跳了起来，衣袖也挣断了。荆轲追赶秦王，秦王绕着柱子逃跑。秦王想拔出佩戴的宝剑，但佩剑太长，剑鞘又套得太紧，一时拔不出来。宫中的官员，平时上殿都不准佩带武器；那些带武器的警卫们，都站在殿下，没有秦王的命令，不准上殿。秦王政绕着柱子跑，有人喊道："大王快把剑推到背上去！"秦王把剑推到背上，一下子就拔了出来，一剑把荆轲的左腿砍断了。荆轲不能再追赶秦王，便举起短剑向秦王掷去，没有掷中。秦王又连砍荆轲数剑，荆轲八处受伤，鲜血直流。荆轲勉强倚着铜柱爬起来，斜视着秦王，大笑道："事情不成功，只是因为我想捉住你，强迫你订立退还侵占土地的盟约，去报答燕太子丹啊！"话没说完，群臣一拥而上，把荆轲杀死了。

秦王命令肢解荆轲示众，并随即命令王翦、辛胜立即发兵攻打燕国。燕、代联军迎击秦军，燕国的人马在易水西岸被秦军打得大败。

（二）张良博浪沙袭击秦始皇

秦王政二十九年（前218），秦始皇又一次去东方巡游，走到阳武县博浪沙（今河南原阳有古博浪沙城），遭到刺客的袭击。

这次刺杀秦始皇的事件，是张良组织的。张良为什么要刺杀秦始皇呢？《史记·留侯世家》中有详细记载：张良与秦始皇并没有私人恩怨，他行刺秦始皇，完全是为了报答韩国的恩惠。因为张良的祖先是韩国人，他的祖父张开地，先后担任过韩昭侯、宣惠王和襄哀王的丞相。父亲张平，担任过韩釐王和悼惠王的丞相。张平去世后二十年秦始皇灭掉了韩国（前230）。当时张良还年轻，没有当过韩国的官。韩国灭亡时，张良家里还有300名奴仆。正在这时，他的弟弟死了，他不用厚礼安葬，却拿出全部家产访求刺客，谋刺秦始皇，为韩国报仇。张良之所以这样做，是因为他的祖父、父亲曾做过韩国五代君主的丞相的缘故。

张良曾在淮阳（今河南淮阳）学习仪礼，又到东夷拜访过赫赫有名的仓海君，从他那里得到了一个大力士，特地为这个力士打造了一个120斤重的大铁锤。秦始皇乘车到东方巡视，车队浩浩荡荡地来到博浪沙（今河南原阳东），隐蔽在这里的张良和那位大力士，用大铁锤袭击秦始皇，误中了秦始皇的一辆随行的车辆。秦始皇下令搜查了一阵子，没有抓到凶手，又下令在全国大搜捕十天。于是张良改名换姓，逃到下邳（今江苏睢宁西北）躲藏起来。

在这期间，张良曾经从容地到下邳跨于沂水之上的桥上游玩，有一个老头，穿着粗布短衣，走到张良所站的地方，故意把自己的鞋子掉到桥下，回头对张良说："小子，去把我的鞋子拾上来。"张良非常惊讶，想打他一顿，因为他年老，勉强忍住了，下去把他的鞋子拾了回来。老头说："给我穿上！"张良想，已经把鞋子捡回来了，所以就跪下身去给他穿。老头伸着脚让张良给他穿上鞋，笑着走了。

张良大惊，眼睁睁地看着他走了。老头走了一里多地，又回来了，对张良说："你这个小孩可以教育啊！五天后黎明，与我在这里相会。"张良于是感到诧异，跪下说："是。"五天后的黎明，张良来到桥上。老头已经先在那里了，愤怒地说："与老人订约会，来迟了，为什么呢？"老头走了，说："再过五天早点来见面！"又过了五天，鸡刚叫，张良去到桥上，老头又先到了，又发怒说："又来晚了，为什么？"老头离去时，对张良说："五天后再早点来！"到了第五天，还不到半夜，张良就到了桥上。过了不久，老头也来了，高兴地说："应当这样。"他拿出一卷书，说："读了这部书，就可以当皇帝的老师了！今后十年，时局当有变动。十三年后，你小子可来见我，济南北边穀城山（在今山东东阿东北五里）的黄石，就是我了。"老头走了，没有别的话，也不再见。

这就是圯桥进履的故事。老头便是黄石公，他交给张良的是一本《太公兵法》。此后，张良熟读此书，在秦末的农民大起义中，成为刘邦的主要谋臣，为推翻秦王朝的统治建立了不朽功勋，实现了他报仇的愿望。这是秦始皇所料不及的。

（三）孟姜女哭长城

说到长城，自然会想起哭倒长城的孟姜女的传说。

相传秦始皇修长城，征调了大量的民夫，其中有一个人叫杞良。杞良是燕国人，他被征调去修长城，受不了繁重的劳役，冒死逃跑。他跑到孟家的后花园，爬到树上藏了起来。恰巧这家小姐孟仲姿在后园池子里洗澡，一仰头，无意中看见了他。孟仲姿问他是什么人，为什么跑到这里。杞良老老实实地把自己的情况告诉了她。孟仲姿听后，对杞良说："请你娶我为妻，一个女人的身体只能给一个男人看，现在我的什么你都看见了，我不嫁你又能嫁给谁呢？"一席话说得杞良无言以对，只好答应了。

经孟仲姿父母同意，杞良与孟仲姿结为了夫妇。杞良无处可逃，只好又回到工地。不料工地监工官员对他逃走十分恼火，把杞良竟然活活打死，并且把他的尸首砌到长城中了。到了秋天，天渐冷了，孟仲姿到长城工地给杞良送寒衣，却怎么也找不到杞良。后来从一个老年民夫嘴里得知杞良早已被打死的噩耗，便放声大哭，哭得血泪交流，天昏地暗，忽听轰隆一声巨响，长城坍塌了好大一截，露出累累白骨。孟仲姿用滴血的方法，辨认出杞良的骸骨，带回家乡安葬。这就是世代流传的孟姜女哭长城的故事。敦煌变文《孟姜女变文》形容说："姜女自咆哭黄天，只恨贤夫亡太早。妇人决烈感山河，大哭即得长城倒。"

这个传说在唐人所撰的《同贤集》中有记载，此后很多传说与此大同小异，只是孟仲姿改成了孟姜女，杞良改成了范杞梁或万喜良，其籍贯也有多种说法。其实孟姜女哭长城，只是一个典型故事。它反映了秦始皇修筑长城，给劳苦大众带来的深重灾难。

长城的修建，给秦王朝防御匈奴贵族进犯起了积极作用。但并没有从根本上解除匈奴贵族对中原王朝的威胁，这从汉代，匈奴仍是北方边境的主要威胁可以证明。正是从这个意义上，毛泽东认为："秦始皇的万里长城就没有多大用处。"1964 年 12 月 16 日，毛泽东在听取聂荣臻副总理汇报 10 年科学技术发展规划时发表谈话，当毛泽东说到利用死光（激光）搞反导弹武器时说："'死光'，组织一批人专门去研究它。要有一批人吃了饭不做别事，专门研究它。没有成绩不要紧。军事上除进攻武器外，要注意防御武器的研究，也许我们将来在作战中主要是防御。进攻武器，比原子弹的数量我们比不赢人家。战争历来都需要攻防两手，筑城、挖洞都是防嘛。秦始皇的万里长城就没有多大用处。我们准备做一些蠢事，要搞地下工厂，地下铁道，逐年地搞。"（《党的文献》1996 年第 1 期，第 35 页）

长城，虽然是作为我国历史上最伟大的军事防御工程而修建的，即使在当时它的作用也是有限的；但是它作为我国最伟大的建筑工程的历史遗存，是我国劳动人民的聪明才智和创造力的历史见证，永远象征着中华民族大无畏的雄伟气概！

五、秦始皇两谜

（一）身世之谜

据汉代史学家司马迁《史记·秦始皇本纪》记载：秦始皇是秦庄襄王的儿子。庄襄王替秦国在赵国都城邯郸当人质的时候，看到大商人吕不韦的一位姬妾，非常喜欢，便娶了她，生下秦始皇。秦始皇在秦昭王四十八年一月，出生在邯郸，生下来取名叫政，因出生在赵地，便叫作赵政。这个记载，明白无误地告诉人们，秦始皇就是子楚（庄襄王死后的谥号）与赵姬的儿子。

但同出司马迁之手的《史记·吕不韦列传》，却有不同的记载：吕不韦找邯郸城许多歌女中特别漂亮的赵姬同居，这个女子怀了孕。秦国王子子楚（又名异人即后来的庄襄王），在赵国当人质，车马出入不便，费用不足，生活困难，很不得意。吕不韦非常可怜他，说："此奇货可居。"奇货，是珍奇少见的物品或货物。奇货可居，意思是商人把稀有的东西囤积起来，等待高价卖出去。吕不韦把子楚当作"奇货"，要用他赚大钱，所以就把他喜爱的赵姬送给了子楚。赵姬自然隐瞒了怀孕的事，到生产时，便生下一个儿子，名叫赵政。他便是后来的秦始皇。子楚于是立赵姬为夫人。根据这段记载，秦始皇的母亲赵姬本来是吕不韦的情人，她与吕不韦姘居时就怀了孕，送给子楚时隐瞒了，后来生下赵政，实际上是吕不韦的儿子。

由于司马迁对秦始皇身世两处记载的互相矛盾，秦始皇的生身父亲是谁，虽然现代科学发达，直系亲属可以做亲子鉴定，秦始皇陵也许有一天可以打开，但作为父亲"候选人"的庄襄王、吕不韦两人的尸骨又向何处寻找呢？缺少一方，所以亲子鉴定还是做不成，秦始皇的生父到底是谁，便成了千古不解之谜。

如果子楚一直在赵国当人质，吕不韦是不可能赚大钱的。于是吕不韦便耗尽家财资助子楚，他亲自到秦国去运作，用重金买通了秦安国君的夫人华阳夫人。华阳夫人没有儿子，便立子楚当她的儿子。子楚取得了安国君及华阳夫人的欢心，后安国君继承王位，即秦孝文王，子楚得到了王位继承权。子楚便带着赵政母子回到秦朝国都咸阳，复归本姓，赵政改名为嬴政。

嬴政九岁时，他的父亲子楚继承了王位，这就是秦庄襄王。为报答吕不韦，庄襄王拜他为丞相，封为文信侯。

（二）死亡之谜

秦王政三十六年（前221），荧惑星（火星）运行到了心宿的位置（古人认为是天下将有大变动的征兆），有一颗流星落在东郡（今河南濮阳西南），到了地面变成陨石。有老百姓在陨石上刻了"始皇帝死而地分"的字样。秦始皇听到这件事后，派监察御史去逐家审问，没有人招认服罪。于是把居住在陨石旁边的居民全都抓起来杀了，然后用火把陨石烧毁。秦始皇为此闷闷不乐，就命博士做了一篇《仙真人诗》，当他巡游天下的时候，教乐队配上乐谱弹唱解闷。

这年秋天，有一个使者从关东回来，夜里经过华阴县平舒镇（今陕西华阴西北），忽然有一个人拿了一块玉璧拦住他，说："请替我把这块璧带给滈池君（水神）。"又说："今年祖龙（指秦始皇）会死掉。"使者正想问他原因，这个人却忽然不见了，留下一块玉璧。

使者回到咸阳，把玉璧呈献给秦始皇，并详细地报告了这件事的经过。秦始皇听后，沉默了许久，才说："山里的鬼怪知道的事情，充其量不过一年。"退朝以后，又说："祖龙是人的祖先啊！"于是命令掌管皇家库房的官员来看这块璧，发现它竟是秦王政二十八年（前219），渡长江祭水神时沉到江中的那块璧。秦始皇于是卜问吉凶，占出的卦象说，出去巡游和迁移民众才吉利，便下令迁3万家到北河（今河北定兴县南河镇）和榆中（今内蒙古河套东北岸）定居，赐他们民爵一级。

三十七年（前210）十月的一天，秦始皇从咸阳出发，最后一次巡游天下。左丞相李斯随行，右丞相冯去疾留守。小儿子胡亥受始皇宠爱，请求跟着去，秦始皇答应了。十一月，走到云梦（今湖北监利北），遥望九嶷山（今湖南宁远南）祭祀虞舜。然后乘船沿长江东下，观看了庐山瀑布，渡江到了采石矶（今安徽马鞍山南），经丹阳（今江苏丹阳），到达钱塘（今浙江杭州）。来到浙江（钱塘江），看到江上风浪险恶，向西走了120里，从江面较窄的地方渡江。然后登上会稽山（在今浙江绍兴），祭祀了大禹，遥祭了南海，在那里刻石立碑歌颂秦朝功德。

归途经过吴地（今江苏苏州），从江乘（今江苏句容北）渡江北上，沿着海岸到了琅琊（今山东青岛琅琊镇）。方士徐市等人谎称，仙药本来可以求到，只是海中有大鱼作怪，不能到达蓬莱岛。于是秦始皇命令乘船下海求仙药的人，带上捕捉大鱼的工具，他也准备了能连续发射的弓箭。从琅琊到荣成山，也没有见到大鱼。一直到了芝罘（fú），才看见大鱼，发箭射死了一条。然后沿着海岸向西返回。

到平原津（今山东平原县西南古黄河上），秦始皇得了病。因为他一向忌讳说死，所以跟随的臣下，谁也不敢向秦始皇提死的事情。后来秦始皇觉得自己的病越来越重，才写下一封盖了御玺的遗诏给长子扶苏说："速来咸阳料理丧事，然后将我安葬。"这个遗诏已经封好，放在中车府令兼管符书印鉴的大臣赵高那里，还没有交使者发出。七月丙寅那天，秦始皇在沙丘平台（今河北广宁西北大平台）病逝。

丞相李斯认为，皇帝死在外地，恐留在咸阳的王子们及全国各地知道死讯的人起来造反，因此把秦始皇死去的消息隐瞒起来，不予发布。秦始皇的棺材装在辒凉车中，由一向受皇帝宠爱的太监驾车，不论走到哪里，照常把食物献进车里。臣子依旧上书言事，太监在辒凉车中冒用皇帝的名义批复。只有秦始皇的儿子胡亥、赵高、李斯和皇帝最宠信的太监，一共五六个人知道秦始皇死了。

赵高以前曾教胡亥读书学习法令刑律等，所以胡亥对他很亲近。赵高同胡亥、李斯密谋毁掉秦始皇给扶苏的那封遗诏，另外伪造了一份丞相李斯在沙丘接受秦始皇的遗诏，说是立儿子胡亥为太子。又伪造了一份给公子扶苏、将军蒙恬的诏书，一一列举他们的罪状，令他们自杀。详略情况记载在《李斯列传》里。

办完这些事情以后，继续西行，从井陉关（今河北井陉县井陉山上）抵达九原（今内蒙古包头西）。正碰上大热天，秦始皇的尸体开始腐烂发臭，下令随从官员在辒凉车中装了一担臭鲍鱼，这样让人嗅不出尸体的臭气。

他们一行人从直道回到咸阳，才正式给秦始皇办理丧事。这时太子扶苏、将军蒙恬已自杀，沙丘政变成功，胡亥登上皇位，就是秦二世。九月，秦始皇在骊山（在今陕西临潼西南，东北麓有秦始皇陵）安葬。

六、"焚坑事业要商量"

"焚书坑儒"这件事，使秦始皇落了个暴君的恶名。这到底是怎么一件事呢？

秦王政三十四年（前213），秦始皇在咸阳宫举行盛大宴会，70名博士向秦始皇祝寿。仆射周青臣上前颂扬说："从前秦国的土地方圆不超过千里，全靠陛下神圣英明，平定了全国，驱逐了蛮夷，使日月所照之处，无不称臣降服。以前分裂割据的诸侯国现在成了郡县，人人安居乐业，不再为战乱犯愁，这样伟大的功业可以永远代代相传。自古以来，没有任何帝王能赶得上陛下您的威望功德了。"

秦始皇听了十分高兴。

齐地的博士淳于越对秦始皇说："小臣听说商、周立国称王有一千多年，都分封同姓子弟和异姓功臣为诸侯，来作为朝廷的辅佐。现在陛下您拥有全国领土，而陛下的子弟都是平民百姓，万一突然出现像齐国的田常、晋国的六卿那样的乱臣起来闹事，国家没有辅佐，依靠谁相救呢？办事情不遵照古人的规矩而能够长久的，从来还没有听说过。今天周青臣又当面阿谀奉承，更加大了陛下的过错，这种人实在不是忠臣。"

于是秦始皇便把他们的议论交给大家讨论。

丞相李斯说："五帝的事业不相重复，三代的制度不代代因袭，他们各以自己的方法治理，使国家太平安定，并不是他们故意与前代相反，而是因为时代不同了。如今陛下开创统一天下的大业，建立了千古不朽的功勋，本来就不是这些愚蠢的读书人所能够理解的。何况所说的夏、商、周三代的事，有什么值得效法的呢？以前各诸侯国互相争斗，大家都不惜代价延揽人才。如今天下已经安定，政令由陛下一人决定，老百姓在家就应该努力从事农业、手工业生产，读书人应该学习法令，防止违犯禁令。这些读书人不遵守现在的法律，而去学习古人的一套，用来诽谤当今，迷惑百姓。作为丞相我李斯冒死建议：过去天下分裂混乱，不能统一，所以诸侯纷纷割据称王，那些文士说客一开口就是借古讽今，用花言巧语来拨弄是非，搞坏事情，人人都把自己所学的看作是最正确的，反对君主规定的措施办法。现在，皇帝您并有天下，分别是非，奠定至高无上的权威，而那些读书人仍然私自讲授，结成群党非议政府的法令教化，听到朝廷的举措，就根据自己学来的知识批评一番，所以陛下的政令一出，大街小巷议论纷纷，他们用谎话欺骗君王以博取声誉，作一些奇怪的行为来获得高名，煽动一些人散布流言蜚语。这种情况，再不严加禁止，就会降低君主的威望，下面就有结党营私的可能。臣请求陛下命令史官，把不是记载秦国历史的史书都烧掉。除了博士因职务有关以外，天下有谁敢私藏《诗经》《书经》和诸子百家著作的，全部由各地的守、尉搜出集中烧毁。有谁敢相聚谈论《诗经》《书经》的，在市上处死。推崇古代，诽谤当代的，杀掉整个家族，官吏有知道而不检举的，以同罪论处。命令下达后三十天，仍然不烧书的，就脸上刺字发配到边疆去修长城，服劳役三年。只有医药、占卜、种树一类的书仍可保存，不必烧毁。如果有人想学法令，可以让官吏做老师。"

秦始皇下诏说："可以依照这个办法去做。"于是，一次全国范围内的焚书事件发生了。

次年，又发生了一起坑儒事件。这件事是由几个方士畏罪逃亡引起的。原来，秦始皇十分迷信方术和方士，认为他们可以为自己找到神仙真人，求得长生不死之药。这些方士长期没有效验，害怕骗局被揭穿而被治罪，只好逃走，特别是秦始皇最敬重的两位方士侯生、卢生的逃走。秦始皇大怒，下令御史审讯在咸阳的全部方士与儒生，他们互相牵连告发，结果查出犯禁者460多人，全部坑杀于咸阳。

秦始皇的焚书坑儒，意在维护统一的中央集权制度，打击方士荒诞不经的怪谈异说，但并未收到预期的效果，千百年来几乎为史学界和其他知识界所否定，落了个"暴君"的骂名。但毛泽东却以新的视角，对秦始皇加以肯定，并提出必须为秦始皇彻底翻案。

早在1958年2月3日中央政治局扩大会议上，毛泽东谈到对秦始皇的评价时说："一股风一来，本来是基本上好的一件事，可以说成不好的；本来是基本上一个好的人，可以说他是坏人。比如我们对于秦始皇，他的名誉也是又好又不好。搞了两千多年，封建社会没有人讲他好的，自从资本主义兴起来，秦始皇又有名誉了。但是，共产主义者不是每个人都说秦始皇有点什么好处，不是每个人都估计得那么恰当。这个人大概缺点甚多，有三个指头。主要骂他的一条是焚书坑儒。一个古人，几千年评价不下来，当作教训谈谈这个问题，同志们可以想一想。"（《毛泽东著作专题摘编》，中央文献出版社 2003 年版，第 2281—2282 页）

同年 5 月，毛泽东在中共八届二次会议上所作的长篇发言里谈了秦始皇，特别是秦始皇的"焚书坑儒"。他说："范文澜同志（历史学家）最近写了一篇文章（指《历史研究必须厚今薄古》），我看了很高兴。这篇文章引用了很多事实证明厚今薄古是我国的传统。敢于站起来说话了，这才像个样子。文章引用了司马迁、司马光……可惜没引秦始皇。秦始皇主张以古非今者族。秦始皇是个厚今薄古的专家。（林彪插话：秦始皇焚书坑儒。）屁话！秦始皇算什么？他只坑了 460 个儒。我们坑了 46000 个儒。我们镇反，还不是杀掉一些反革命的知识分子吗？我与民主人士辩论过，你骂我们是秦始皇，不对，我们超过秦始皇一百倍。有人骂我们是独裁统治，是秦始皇，我们一概承认，合乎实际。可惜的是，你们说得还不够，往往要我们加以补充。"在这次会议上，毛泽东还对林彪说："在中国历史上，在中华民族的历史上，有几个能跟秦始皇相比？他对国家和民族的贡献你知道吗？"（李锐：《"大跃进"亲历记》，上海远东出版社 1996 年版，第 295—296 页）

同年 11 月 10 日，毛泽东在第一次郑州会议上又系统地评论了秦始皇："把商纣王、秦始皇、曹操看作坏人是错误的。人们从书中得知，秦始皇有焚书坑儒的恶行，因此把他看作是大暴君、大坏人。焚书坑儒当然是坏事，它把蓬蓬勃勃发展起来的百家争鸣的生动局面给挫折了。但我们对什么事都应该有分析，秦始皇并不是不问什么书都焚，也不是不问什么儒都坑。他焚的是'以古非今'的书，坑的是孟子一派的儒，其实只有 460 人。孟子主张'法先王'，所以孟子一派的书是'以古非今'的。而荀子一派则相反，主张'法后王'，推行法家一派的学说。秦始皇是主张'法后王'，反对'法先王'的。所以，他并不坑荀子一派的儒，也不焚荀子一派的书。秦始皇'以古非今者族'的主张值得赞赏。当然，我并不赞成秦始皇的滥杀人。当时，要由奴隶制国家转为封建制国家，不实行专政是不行的。但对孟子一派采取焚书坑儒的办法，太过火了。政治上要实行专政，文化上要提倡百家争鸣、百花齐放，我们现在就是这样。这一条秦始皇是办不到的。"（陶鲁笳：《毛主席教我们当省委书记》第 2 版，山西人民出版社 2003 年，第 149 页）

1970 年 8 月，毛泽东就黄河水利建设同各中央局书记谈话时，又提到秦始皇说："秦始皇是好皇帝。焚书坑儒，实际上坑了 460 人，是孟夫子一派的。其实也没有坑光，叔孙通就没杀么。"（陈晋：《毛泽东之魂》（修订本），中央文献出版社 1997 年版，第 287 页）

1975 年，病中的毛泽东与护士孟锦云谈司马光《资治通鉴》时又谈到了"焚书坑儒"，他说："古人说，秀才造反，三年不成。我看古人是说少了，光靠秀才，30 年，300 年也不行噢。"小孟问："古代这么说，现代也这么说，为什么秀才就不行呢？"毛泽东接着说："因为这些秀才有个通病：一是说得多，做得少，向来是君子动口不动手；二是秀才谁也看不起谁，文人相轻嘛。秦始皇怕秀才造反，就'焚书坑儒'，以为烧了书，杀了秀才，就可以天下太平，一劳永逸了，可以二世、三世传下去，天下永远姓秦，结果是'坑灰未冷山东乱，刘项原来不读书'。是陈胜、吴广、刘邦、项羽这些文化不高的人，带头造反了。可是没有秀才也不行，秀才读书多，见识广，可以出谋划策，帮助治天下，治国家，历代的名君都有一些贤臣辅佐，他们都不能离开秀才啊！"（郭金荣：《晚年时期的毛泽东》，1992 年 5 月 8 日《南方周末》）

综上所述，毛泽东对"焚书坑儒"的评价，可以归纳为两点。

第一，坑的"是孟夫子那一派的"，即使孟夫子一派的儒，但也没有坑完，他举出了漏网者叔孙通。叔孙通又是何许人呢？叔孙通，秦末汉初薛县（今山东枣庄薛城）人。曾为秦博士，在焚书坑儒中未被坑杀。秦末农民战争中，先为项羽部属，后归刘邦，任博士。汉朝建立，他改造奴隶主阶级的礼仪，与儒生共议朝仪，以适应封建统治的需要。后任太子太傅。

第二，"焚书坑儒"的作用有限，后来推翻秦王朝的人不是读书人。毛泽东所引的两句诗，见于晚唐诗人章碣《焚书坑》。章碣为桐庐（今浙江桐庐）人。诗人章孝标之子。他在唐末咸通、乾符年间，屡试不第，后不知所终。《全唐诗》存其诗 26 首。其诗语多愤激，例如"尘土十分归举子，乾坤大半属偷儿"（《癸卯岁登高会中贻同志》），是很泼辣的诗句。他的《焚书坑》一诗，毛泽东十分喜欢，除这次谈话外，还曾数次运用。

1959 年 12 月 11 日，为查找《焚书坑》一诗的作者，毛泽东给他的办公室秘书林克写了一封信：

> 林克：
>
> 请查找《焚书坑》一诗，是否是浙人章碣（晚唐人）写的？诗云：
> 竹帛烟销帝业虚，
> 关河空锁祖龙居。
> 坑灰未烬（冷）山东乱，
> 刘项原来不读书。
>
> 毛泽东
> 十二月十一日

（《建国以来毛泽东文稿》，第 8 册，中央文献出版社 1998 年版，第 613 页）

1966 年 4 月 14 日，毛泽东在《对〈在京艺术院校试行半工（农）半读〉一文的批语》中又引用了《焚书坑》一诗。他说："唐人诗云：'竹帛烟销帝业虚，关河空锁祖龙居。坑灰未烬山东乱，刘项原来不读书。'"

（《建国以来毛泽东文稿》第 12 册，中央文献出版社 1993 年版，第 35 页）

早在 1945 年 7 月 1—5 日，褚福成、黄炎培、冷遹、傅斯年、左舜生、章伯钧六位国民参政员（王云吾因病未成行），从国民党政府陪都重庆飞往延安访问期间，毛泽东和他们进行了多次会见和会谈，参加宴会和迎送，并书写晚唐诗人章碣的《焚书坑》一诗赠给傅斯年。

1975 年为纪念傅斯年百年诞辰，台湾"中央研究院"历史语言研究所出版《傅斯年文物资料选集》一书，该书第 115 页收录了毛泽东给傅斯年一封短信和所写条幅。

便笺曰：

孟真先生：

　　遵嘱写了数字，不像样子，聊作纪念，今日闻陈胜、吴广之说，未免过谦，故述唐人诗以广之。敬颂

　　旅安

毛泽东七月五日

条幅写道：

竹帛烟销帝业虚，关河空锁祖龙居。
坑灰未冷山东乱，刘项原来不读书。

唐人咏史诗一首，书呈孟真先生。

毛泽东

　　章碣的《焚书坑》一诗所写的"焚书坑"，据传是当年秦始皇焚书的一个洞穴，旧址在今陕西临潼东南的骊山上。章碣或许到过这里，目之所见，感慨系之，便写了这首诗。诗中的"竹帛"是古代写书的材料，这里指书。关河，函谷关和黄河。祖龙，指秦始皇。刘项：刘邦、项羽，均为秦末农民起义领袖。刘邦曾任泗水亭长，本是下层小吏。项羽为楚国贵族。两人都识字不多。项羽消灭了秦王朝的军事主力，刘邦先攻占秦都城咸阳，后击败项羽，建立汉朝，是为汉高祖。

　　这首诗就秦末的动乱局面，对秦始皇的"焚书坑儒"的暴行，进行了辛辣的嘲讽和无情的谴责。在毛泽东看来，秦始皇"焚书坑儒"的失误，在于他以为烧了书、杀掉儒生就万事大吉了，谁知道推翻秦王朝统治的刘邦和项羽，都不是读书人。正是在这个意义上，他非常赞同章碣《焚书坑》的观点。

不仅如此，毛泽东为了强调革命实践的重要性，甚至认为"书读多了是害死人的"（《对〈在京艺术院校半工（农）半读〉一文的批语》），并引章碣的《焚书坑》一诗为证，赞成有人说的"学问少的打倒学问多的，年纪小的打倒年纪大的"，说"这是古今一条规律"，就未免太偏颇了。

秦始皇统一中国初年，"法先王"与"法后王"的争论，是思想领域里一场严重斗争，关系到知识分子政策问题。秦始皇企图采取"焚书坑儒"的办法，即用镇压的方法来解决思想问题，当然不能奏效，却落下了千古骂名。我们的知识分子政策，比秦始皇高明不知多少倍。我们实行"百花齐放、百家争鸣"的政策，在意识形态领域里，凡属思想问题，认识问题，采取说理的方法，批评与自我批评的方法，既要弄清思想，又要团结同志，而不采取压服的方法，是正确的。

七、对秦始皇，"要一分为二"

1975年，"'批儒评法'时，有人大捧秦始皇，不准人们对秦始皇作历史的分析。芦荻也向毛主席请教过这个问题：对秦始皇到底怎么看？主席指出，秦始皇作为一个历史人物评论，要一分为二。秦始皇在历史发展过程中的进步作用要肯定，但他在统一六国以后，丧失了进取的方面，志得意满，耽于佚乐，求神仙，修宫室，残酷地压迫人民，到处游走，消磨岁月，无聊得很。陈涉、吴广揭竿而起，反抗秦的暴政，其中就包括对秦始皇，完全是正义的。这次战争掀开了我国封建社会中波澜壮阔的农民战争的序幕，在历史上有很大意义。"（杨建业：《在毛主席身边读书——访北京大学中文系讲师芦荻》，1978年12月29日《光明日报》）

毛泽东认为："世界上无论什么事物，总是一分为二。"（《对周扬〈哲学社会科学工作者的战斗任务〉讲话稿的批语和修改》，《建国以来毛泽东文稿》第十册，中央文献出版社1996年版，第401页）

又说："我们分析一个事物，首先要分解，分成两个方面，找出哪些是正确的，哪些是不正确的，哪些是应该发扬的，哪些是应该丢掉的，这就是批评。"（《时局问题及其他》，《毛泽东文集》第三卷，人民出版社1996年版，第254页）

"一分为二"，原是我国古代哲学术语。指太极生成对立面。后亦指事物的发展过程。隋杨上善解释《老子》"道生一，一生二，二生三，三生万物"时首用此语。他说："从道生一，谓之朴也。一分为二，谓天地也。从二生三，谓阴阳和气也。从三以生万物，分为九野四时日月乃至万物。"见《黄帝内经太素·设方·知针石》注。后转为马克思主义哲学术语。谓所有统一物都分为两个互相排斥的部分，都是对立的统一，也就是都包含内在矛盾。毛泽东在《党内团结的辩证方法》中也指出："一分为二，这是个普遍现象，这就是辩证法。"

用"一分为二"的观点评价人，就是要区分正确与错误、成绩与缺点，简言之，就是分析功过是非。1956 年，在评价斯大林的功过时，毛泽东又提出了"三七开"。所谓"三七开"，是指十分之三与十分之七的比例加以分配。有时他还用一个指头与九个指头、三个指头与七个指头来形容。鉴于当时赫鲁晓夫大反斯大林，骂斯大林是暴君、白痴，一无是处。毛泽东在《论十大关系》中说："苏联过去把斯大林捧得一万丈高的人，现在一下子把他贬到地下九千丈。我们国内也有人跟着转。中央认为斯大林是三分错误，七分成绩，总起来还是一个伟大的马克思主义者，按照这个分寸，……三七开的评价比较合适。"

毛泽东也是用"一分为二"的观点评价秦始皇。他说："这个人（秦始皇）缺点甚多，有三个指头。"也就是，像他评价斯大林一样，对秦始皇功过也是"三七开"：三分缺点，七分成绩。总的来看，"秦始皇是个好皇帝"。这个评价是很高的。

有人可能会问：秦始皇这么了不起，为什么秦朝在他死后，不到三年就灭亡了呢？毛泽东对西汉政论家贾谊《过秦论》中的说法十分赞赏。他说，贾谊是政治家，他写的《过秦论》是以人民力量和人民的向背为基本立足点，来观察国家兴衰、帝王成败的。所以，《过秦论》最后的一句话概括秦朝速亡的原因是："仁义不施，攻守之势异也。"用现在的话说，就是对人民施行暴政，丧失了民心。这是值得后世吸取的深刻教训。（陶鲁笳：《毛主席教我们当省委书记》第 2 版，山西人民出版社 2003 年，第 152 页）

汉高祖刘邦是『一位高明的政治家』

汉高祖刘邦（前256—前195，一作前247—前195），字季，秦朝泗水郡沛县（今江苏沛县）丰邑中阳里人，西汉王朝的开国皇帝。公元前202—前195年在位，谥号高皇帝。

毛泽东对刘邦评价很高，说他是"一位高明的政治家"。

毛泽东在读《汉书》时，曾对他的英文秘书林克说："西汉高、文、景、武、昭等读起来较有兴味，东汉两头均无意思，只有光武可以读。"（林克：《难忘的回忆——怀念毛泽东同志》，中国青年出版社1985年版，第227页）

一、推翻秦朝

因为刘邦是农民出身，文化不高。1964年1月7日的一次谈话中，毛泽东提出了一个很直率的命题："老粗出人物！"接着发挥："自古以来，能干的皇帝大多是老粗出身。汉朝的刘邦是封建皇帝里边最厉害的一个。刘敬劝他不要建都洛阳，要建都长安，他立刻就去长安。鸿沟划界，项羽引兵东退，他也想到长安休息，张良说，什么条约不条约，要进攻，他立刻听了张良的话，向东进。韩信要求封假齐王，刘邦说不行，张良踢了他一脚，他立刻改口说，他妈的，要封就封真齐王，何必要假的……南北朝，宋、齐、梁、陈，五代梁、唐、晋、汉、周，很有几个老粗。文的也有几个好的，如李世民。"（陈晋：《毛泽东之魂》（修订本），中央文献出版社1997年版，第345页）

在另一次谈话中，毛泽东又说："可不要看不起老粗。……一些老粗能办大事情，成吉思汗、刘邦、朱元璋。"（陈晋：《毛泽东评点二十四史·人物精选》，时事出版社1997年12月版，第1402页）

（一）"汉高祖是流氓"

流氓，本指无业游民，后用以指不务正业、为非作歹的人。刘邦虽非游民，但作为农民子弟不努力耕田，又经常惹是生非，所以毛泽东说他"是流氓"。毛泽东说："汉高祖是流氓，也是无产阶级推倒贵族阶级的革命，不过在农业社会里，他们革命成功后，又做起皇帝，自己又变成贵族阶级了。"（《毛泽东文集》第一卷，人民出版社1993年版，第35页）毛泽东还说："书读多了，就做不好皇帝，刘秀是大学士，而刘邦是个大草包。"（萧延中：《毛泽东晚年政治论理观述描》，春秋出版社1989年版，第257—258页）

刘邦的父亲叫太公，母亲叫刘媪（ǎo，袄）。先前，刘媪在湖边休息时睡着了，梦中与神相遇交合。这时雷电交加，天昏地暗，刘太公正好去寻找刘媪，只见一条蛟龙盘旋在刘媪身上。此后刘媪便怀了孕，后来就生了刘邦。

刘邦相貌堂堂，留着漂亮的胡须，左腿上有七十二颗黑痣。他平素待人宽厚，喜欢施舍，心胸开阔，有远大志向，不从事家庭的生产劳动。到了成年，他试着做官，当了泗水亭的亭长，和衙门里的官吏表面很亲近，常常戏弄他们。他爱好喝酒，喜女色，经常到王媪和武负的酒店里赊酒喝，喝醉了就在那里睡觉。王媪、武负见到他睡着以后身上有条龙，感到很奇怪。每当刘邦来喝酒，酒店出售的酒就比平常多几倍。等到发现这种奇异现象，年终结账时，这两家酒店常常把刘邦欠账的单据撕毁，不向刘邦讨债。

刘邦经常到咸阳（今陕西咸阳东北）服徭役，有一次秦始皇出巡，准许百姓观看，他看后感慨地说："啊，大丈夫就应当如此！"单（shàn，扇）父县（今山东单县）人吕公，跟沛县的县令要好，为了躲避仇人到县令家里做客，后来索性把家也搬到沛县。县里的豪杰和官吏们听说县令家来了贵客，都去祝贺。萧何是县里的主吏，掌管征收贺礼，对客人们说："贺礼不满千钱的，坐在堂下。"刘邦任亭长，素来瞧不起县里那些官吏，就欺骗他说"我贺一万钱"，其实他一个钱也没有带来。通报进去以后，吕公大吃一惊，急忙起身，出门迎接。吕公喜欢给人看相，见刘邦仪表不凡，很敬重他，就把他引到堂上去坐。萧何说："刘季向来喜欢说大话，很少成事。"刘邦因瞧不起在座的客人，就坐了上座，毫不谦让。

酒宴将要结束时，吕公以目示意刘邦不要走。所以席散时，刘邦留在后面，吕公对他说："我从年少时就爱好给别人看相，相过很多人，没有见过你这样的贵相，希望你多多自爱。我有个亲生女儿，愿意许给你做执箕帚的妻子。"酒宴以后，吕媪埋怨吕公说："你常说要特别看待这个女儿，把她嫁给贵人。沛县县令与你很要好，要你把女儿许给他，你不答应，怎么糊里糊涂地把她许给刘季？"吕公说："这不是孩童、女子所能够知道的。"于是把女儿嫁给了刘邦。吕公的女儿就是后来的吕后，生了孝惠皇帝和鲁元公主。刘邦任亭长时，常休假回家。吕后带着两个孩子在田间除草，有个过路的老人向她讨水喝，吕后请他吃了饭。老人端详了吕后一会，说："夫人是天下的贵人。"吕后又让他看看两个孩子的面相，老人先看了孝惠，说："夫人所以显贵，就是这个孩子的缘故。"又看了鲁元，也说是贵人之相。

老人刚走，刘邦正好从邻居家回来，吕后告诉他，有个过路的老人给我们母子看相，说我们将来都是大贵人。刘邦问："老人往哪儿去了？"吕后说："还没有走多远。"刘邦追上老人，向他请教。老人说："刚才给你夫人和孩子看了相，他们都跟你相似。你是大贵之相，贵不可言。"刘邦向老人道谢说："如果真像您说的那样，我决不忘记您老人家对我的恩德。"到后来，刘邦真成了贵人，但不知道这个老人到哪里去了。

秦始皇常说"东南天子气"，因而巡游东方，加以镇压。刘邦怀疑此事与自己有关，觉得应该躲避一下，就隐藏在芒砀一带的深山沼泽之间。吕后和别人一起去找他，常常一去就找到了。刘邦感到奇怪，询问是怎么回事。吕后说："你居住的地方上面有一股云气，跟着这股云气，一找就找到了。"刘邦心里非常高兴。

沛县的子弟有些人听说了这件事，大都想依附他。刘邦做泗水亭长时，经常戴一顶用竹皮编的帽子，这种帽子是他派人到薛县（今山东藤县东南）定做的，等到显贵时也仍然常常戴着，被人们称为"刘氏冠"。从这件小事可以看出，刘邦是一个特立独行的人物。刘邦虽然只是一个小小的亭长，但他人脉不错，交际颇广，士农工商，三教九流，几乎无所不交。属于上层的如夏侯婴、县府吏员萧何、曹参（shēn，身）、监狱长任敖，还有他的属员周昌、周苛兄弟，乃至市井屠夫樊哙（kuài，快），他都能坦诚相见，结为挚朋好友。

（二）沛县起兵

刘邦当泗水亭长时，有一次，他奉命送一批民夫到骊山秦始皇陵墓工地服劳役，走在路上，这些人开小差的越来越多。他估计，等走到骊山，民夫们差不多也就逃跑光了，到那时，按照秦朝法律，不按期服役或逃跑都要处以死刑。刘邦想，到达咸阳也是死罪，还不如大家逃个活命。一天夜里，他让民夫们吃饱了饭，喝足了酒，然后对大家说："各位都逃吧，我也从此逃走了！"汉高祖带领的民夫中有十多个年轻力壮的人，觉得刘邦挺讲义气，愿意跟着他走。

刘邦带着酒意，当夜抄小路通过一片沼泽地，派两个人到前面探路。不一会儿，探路的人回来报告说："前面有一条大蛇横在路上，我们另找别路吧。"刘邦毅然决然地说："好汉走路，无所畏惧！"于是，他冲到前面，拔出所背的剑把大蛇砍为两段。他带着众人继续往前走，走了几里路，酒力发作，便躺下睡觉。不久后，有人来到高祖斩蛇的地方，看见有一个老太太在哭，便问她："你为什么哭？"老太太哽咽着说："有人把我的儿子杀了，我怎能不哭？"这人又问："老太太，人家为什么杀你的儿子？"老太太说："我儿子是白帝的儿子，化身为蛇，横在路当中，现在被赤帝的儿子杀了。"大家知道老太太说的是刘邦斩的那条蛇，都将信将疑，想要再向老太太问个明白，老太太却忽然不见了。等这人来到刘邦休息的地方时，大家喊醒刘邦，这个人把刚才老太太说的话告诉了他。他听了心里非常高兴，觉得自己不是一般人。那些跟随他的人对他更加敬畏了。对于史书中这种迷信的描写，毛泽东有十分精辟的评论。

1975年5月29日，据当时陪毛泽东读书的北京大学中文系讲师芦荻回忆，毛泽东说二十四史大半是假的问题，举出了如下理由和例证加以说明。他说："一部二十四史，写祥瑞、迷信的文字，就占了不少，各朝各代的史书里都有。像《史记·高祖本纪》和《汉书·高帝纪》里，都写了刘邦斩白蛇的故事，又写了刘邦藏身的地方，上面常有云气，这一切都是骗人的鬼话。"（《光明日报》1993年12月20日）

秦二世元年（前209）秋天，陈胜等在蕲（qí，其）县（今安徽宿州市永济区）起兵，到了陈县（今河南淮阳）自立为王，国号叫"张楚"。各郡县都有人起义，杀死官吏以响应陈胜。沛县县令恐慌，也想率领沛县子弟响应陈胜。主吏萧何、狱掾曹参对他说："你是秦朝的官吏，要率领沛县子弟反秦，恐怕人家不听你的。希望你把逃亡在外的人召集回来，可以得到几百人，有了这股力量，再去号召民众，民众就不敢不听你的命令了。"于是，县令就派樊哙去召刘邦，这时刘邦的队伍已有近百人了。

（三）入关破秦

秦二世二年（前208），陈胜的将领周章率军向西到了戏水（今陕西临潼戏水北岸），兵败而还。燕、赵、齐、魏都自立为王。项梁、项羽叔侄在吴中（泛指春秋时吴地）起兵。秦朝泗水郡的郡监平率兵围攻丰邑（今江苏丰县），两天后，刘邦出兵迎战，打破秦军。刘邦派雍齿守卫丰邑。雍齿是刘邦的同乡，很有才干，刘邦当亭长时，曾被他在大庭广众之下羞辱过。刘邦不计前嫌，让他担当守卫自己的大本营的重任。但刘邦忘了，雍齿一向看不起他，根本不愿在他手下效力，所以，一有机会，雍齿就想脱离刘邦。

刘邦自己引兵去攻打到薛县（治所在鲁县，即今山东曲阜）。泗水郡的郡守壮在薛县战败，逃到戚县（今河南濮阳北），被刘邦的左司马捉住杀了。刘邦领军回到亢父（今山东济南市南），到了方与（今山东省鱼台县西），没有交战。陈胜派魏人周市攻城略地。周市派人对雍齿说："丰邑是以前梁王迁居的地方。现在魏王已攻占几十个城邑。你如果投降魏王，魏王就封你为侯，仍然驻守丰邑。不投降的话，我们的军队就要血洗丰邑。"雍齿本来不愿意隶属刘邦，等到周市招降，就反叛刘邦，为魏防守丰邑。

刘邦得知雍齿背叛，十分恼火，就率军攻打丰邑，没有攻下，后因病回到沛县，怨恨雍齿和丰邑的子弟背叛他。他听说东阳的宁君、秦嘉在留县（今江苏沛县东南）立景驹为假王，住在留县，就前往那里归附景驹，想借兵进攻丰邑。

这时，秦将章邯率军追击陈胜的起义军，另一位将领司马展领兵向北攻占楚地，在相县（今安徽濉溪西北）大肆屠杀，接着来到芒县（今河南永城东北芒山镇）。东阳宁君和刘邦引兵西进，在萧县（今安徽萧县）西面和司马展打了一仗，未能取胜。退到留县（今江苏沛县东南），会集散兵，又去攻打砀县（今安徽砀山），三天就拿下来了。他们收编了砀县的士兵五六千人，攻下了下邑县（治所在今安徽砀山东），然后回军丰邑。听说项梁在薛县，就带领百余骑去会见他。项梁给刘邦增拨士兵五千人，五大夫一级的将领十人。刘邦回来，又领兵进攻丰邑。此战大胜。雍齿败走魏地。

刘邦跟随项梁一个多月，项羽已经攻克襄城（今河南襄城）返了回来。项羽将其他部将都召集到薛城，确信陈胜已死，就立楚怀王熊槐的孙子熊心为楚怀王，都城设在盱眙（今江苏盱眙），项梁为武信君。七月，向北攻打亢父，刘邦跟随项梁救援东阿（今山东平阴东南旧东阿）被秦军包围的齐将田荣，大破秦名将章邯。齐军撤回齐地，楚军单独追击败兵。楚王派刘邦、项羽另派军队攻打城阳（今山东菏泽东北），城破后，大肆屠杀城中军民。刘邦、项羽把军队驻扎在濮阳（今河南濮阳）东面，与秦军交战，取得了胜利，随后秦军又卷土重来，固守濮阳，引黄河水绕城作为护城河，楚军离去，转攻定陶（今山东定陶），没有攻下。

八月，刘邦和项羽率军西进，攻城略地，直到雍丘（今河南杞县）城下，与秦军交战，大破秦军，杀死秦将三川守李由。李由是秦相李斯的儿子，他的被杀，震动很大。他们又回军攻打外黄（今河南兰考东南），没有攻下。

项梁又一次大败秦军，十分骄傲。宋义劝他，不听。秦派兵增援章邯，章邯令士兵夜间偷袭，项梁战死。当时，刘邦、项羽正在指挥部队攻打陈留（今河南开封市祥符区陈留镇），听说项梁死了，他们就带部队和吕臣一起向东进发。吕臣部驻扎在彭城（今江苏徐州）东面，项羽部驻扎在彭城西面，刘邦部驻扎在砀县（今安徽砀山）。

章邯打垮了项梁的部队以后，以为楚地的敌人不用担心了，便渡过黄河，向北进军赵地，大破赵军。当时，赵歇为赵王，秦将王离将赵王歇围困在巨鹿（今河北巨鹿），这支部队就是所谓"河北之军"。

楚怀王熊心，原来是一个牧羊人，却颇有才干，不愿当傀儡。项梁活着，他也许只能当个傀儡，因为项梁是楚军的实际领袖，其威望、实力和军事才能无人能比，况且楚军是以八千江东子弟为核心的项家私人军队。现在项梁的军队被打垮了，项梁战死，他便着手削弱项氏的力量。秦二世三年（前207），他下令把都城从盱眙迁到彭城（今江苏徐州），合并吕臣、项羽的军队，亲自统率。他任命沛公刘邦为砀郡长，封为武安侯，统率砀郡的军队；封项羽为长安侯，号称鲁公；任命吕臣为司徒，吕臣的父亲吕青为令尹。赵国多次请求救援，楚怀王就兵分两路：一路以宋义为上将军、项羽为次将、范增为末将，北上救赵；另一路刘邦率领，向西攻城略地，进攻关中。楚怀王与将领们约定：谁先攻入关中（函谷关以西地区），就封谁为关中王。

这时候，秦军还很强大，常常打败义军，义军将领们没有人认为先入关是有利的。唯独项羽痛恨秦军打败项梁，心中愤激，愿意和刘邦一道西进入关。怀王下面的一些老将都说："项羽为人凶猛狡黠。以前他攻打襄城，襄城的军民几乎全部被坑杀，没剩下几个活着的人。他所经过的地方，没有不遭到残杀毁灭的。况且楚军已经屡次出兵攻打秦军，以前陈胜、项梁都失败了，不如另派能够按照仁义行事的忠厚长者率军西进，向秦地的父老乡亲讲明道理。秦地的父老乡亲遭受他们的君主给予的痛苦已经很久了，如今要是能够派个忠厚长者前去，不用暴戾手段对待他们，就会很容易攻入关中。而项羽凶猛，不可派遣。只有刘邦素来是宽厚长者，可以派遣。"结果，楚怀王不许项羽去，而派遣刘邦西进，同时收编陈胜、项梁的散兵。

沛公刘邦从砀县到了城阳（今山东莒县），与秦军对垒，打败了秦军的两支部队。到昌邑（今山东巨野东南）遇见另一位起义军将领彭越，合兵一处，还军栗（今河南夏邑），夺取楚怀王部将刚武侯的军队，得到4000人，向西进到高阳（今河南杞县高阳镇）。刘邦得到高阳酒徒郦食其的指点。郦食其毛遂自荐，向刘邦献攻打陈留之计。1962年1月30日，毛泽东在扩大的中央工作会议上饶有兴趣地叙述说："从前有个项羽，叫作西楚霸王，他就不爱听别人的不同意见，……另外一个人叫刘邦，就是汉高祖，他比较能够采纳各种不同的意见。有个知识分子名叫郦食其，去见刘邦。初一报，说是读书人，孔夫子这一派的。回答说，现在军事时期，不见儒生。这个郦食其就发了火，他向管门房的人说，你给我滚进去报告，老子是高阳酒徒，不是儒生。管门房的人进去照样报告了一篇。好，请。请了进去，刘邦正在洗脚，连忙起来欢迎。郦食其因为刘邦不见儒生的事，心中还有火，批评了刘邦一顿。他说，你究竟要不要取天下，你为什么轻视长者！这时候郦食其已经六十多岁了，刘邦比他年轻，所以他自称长者。刘邦一听，向他道歉，立即采纳了郦食其夺取陈留县的意见。此事见《史记·郦生陆贾列传》。刘邦是在封建时代被历史家称为'豁达大度，从谏如流'的英雄人物。刘邦同项羽打了好几年仗，结果刘邦胜了，项羽败了，不是偶然的。"（毛泽东：《在扩大的中央工作会议上的讲话》，《毛泽东文集》第八卷，人民出版社 1999 年版，第 295 页）

由于郦食其的指点，刘邦顺利地攻下了西进关中的战略要冲陈留县，夺得了大批粮草，武装了部队。刘邦封郦食其为广野君，其弟郦商为将领，统领陈留的部队 6000 人，与刘邦一起攻打重镇开封。然而，开封城池坚固，很难攻下，就转而向北攻打白马（今河南滑县旧城东）、曲遇（今河南中牟东），大破秦将杨熊。杨熊被迫退到荥阳（今河南荥阳），被秦二世派使者斩首示众。

刘邦最初打算一路向西，从函谷关（今河南灵宝东北）攻入关中，直捣秦都城咸阳（今陕西咸阳）。但他一路猛攻，屡屡受挫。这时，赵将司马卬（áng，昂）正要渡过黄河，进军关中。于是，刘邦就向北进攻平阴（今河南孟津北），切断黄河渡口；然后又向南在洛阳东面与秦军作战，战事不利，退回阳城（今河南登封告成镇），把军中的骑兵集中起来，在犨（chōu 抽）邑东面与南阳郡郡守吕齮（yì，义）打了一仗，取得了胜利，攻下了南阳郡，吕齮退守宛城（今河南南阳），一时攻不下来。

刘邦率军想绕过宛城西进，直取关中。张良进言说："刘邦虽然急于入函谷关，但秦军还很多，又凭险抵抗。如果不攻下宛城，宛城的军队从后面追击，强大的秦军在前面阻挡，这是很危险的。"于是刘邦当夜率军回来，更换了旗帜，天亮时，包围了宛城三层。南阳郡守想要自杀，他的门客陈恢说："要寻死还早呢！不如投降刘邦，投降不成，再死也不迟。"

于是陈恢就翻过城墙去见刘邦，说："我听说足下接受怀王的约定，先攻入咸阳的人就做关中王。如今足下停留在宛城，宛城是大郡的治所，连城数十，人民众多，粮食充足，官吏和民众都以为投降是死路一条，所以大家都登城固守。如果足下整天攻城，士兵死伤一定很多；如果率军解围而去，宛城的军队一定跟踪追击。这样，足下前则失去先入咸阳的约定，又有强大的宛军在后面追击的祸患。为足下着想，不如明约招降，封南阳郡守，让他留守南阳，足下带领宛城的士兵一道西进。这样一来，那些没有降服的城邑听到这个消息，就会争先打开城门，等候足下，足下就可以畅行无阻了。"

沛公说："好。"刘邦就封郡守为殷侯，封给陈恢一千户的属地。刘邦率军西进，所过城邑无不降服。到了丹水，高武侯戚鳃、襄侯王陵也都在西陵归附。他回军进攻胡阳，遇到鄱君吴芮的部将梅鋗（juān，捐），与他一起攻下了析县（今河南西峡）和郦县（南阳内乡有郦县古城）。刘邦派遣魏国人宁昌到关中去，尚未回来。这时，章邯已在赵地率军投降了项羽。

汉元年（公元前206年）十月，刘邦的军队先于各路诸侯到达霸上（今陕西西安东北白鹿原北首）。秦王子婴乘素车，驾白马，脖子上系着丝带，封了皇帝的玉玺和符节，伏在轵道亭旁边向刘邦投降。秦朝灭亡。

（四）约法三章

当时，将领中有人主张杀掉秦王，刘邦说："当初怀王派遣我来，就是因为我能宽大容人；而且人家已经投降，又杀掉人家，不吉祥。"于是，刘邦把秦王交给了官吏看管，就向西进入咸阳。刘邦想在宫殿中住下，经樊哙、张良规谏，才把秦宫中的贵重财宝和府库封闭起来，还军驻扎霸上。

十一月，刘邦把各县的父老、豪杰们召集起来，说："与父老约法三章耳：杀人者死，伤人及盗抵罪。"（汉·司马迁《史记·高祖本纪》）意思是，刘邦对他们说："百姓苦于秦朝的严刑苛法已经很久了，诽谤朝政的要灭族，相聚议论的要斩首。我与诸侯们同受怀王的约定，先入关者被封为关中王，那么现在我应该做关中王。现在，我与父老们约法三章：杀人的判处死刑，伤人和抢劫的依法治罪。其余的秦朝法律全部废除。所有官吏和百姓都照常就业。我到这里来，是为了替父老们除害，不是来侵害你们的，不要害怕！我回军霸上，是等待各路诸侯到来，制定大家遵守的纪律。"他派人和秦朝的官吏一起到各县、乡、邑，向大家广泛宣传。秦地的百姓都很高兴，争着送牛、羊、酒食慰劳士兵。刘邦一再谦让不肯接受，说："我们仓库的粮食很多，并不缺乏，不想再麻烦大家了。"

关于刘邦的约法三章，有三点值得注意：首先，它是刘邦由农民起义领袖向地主阶级代表转变的标志。在秦末农民起义过程中，县杀其令丞，郡杀其守尉的现象屡见不鲜，是合理的。约法三章规定，如果谁敢于再像陈胜、吴广那样杀死将尉，斩木为兵，揭竿而起的话，那就要被处死。因此，这是保护地主阶级生命财产的法令。其次，命诸吏人皆安堵如故，实际上是保留了秦王朝的行政机构和官员，并使之为自己服务，他们行县乡邑，将刘邦的约法三章传达给乡绅百姓，这一做法从本质上讲保护了关中地主集团的利益。再次，更为直接的是，刘邦当众宣布怀王与诸侯的约定，并刻意笼络人心，一再表示他率军入关是为百姓除害，非有所侵暴，便在很大程度上博得了关中地主集团的好感。于是，秦人大喜，争持牛羊酒食献飨军士，而刘邦则辞让不受，说："仓粟多，非乏，不欲费人。"这样一来，人又益喜，他们终于消除了对刘邦的怀疑和戒备，唯恐刘邦不为秦王。这样，刘邦在未来与项羽对关中的争夺中，已经棋先一着了。

有人对刘邦献计说："秦地比其他地方富足十倍，地形又险要。听说章邯已经投降项羽，项羽给了他雍王的封号，要在关中称王。如果现在他来了，你刘邦恐怕就不能占有这个地方了。所以，你应该赶快派兵把守函谷关（今河南灵宝东北），不让诸侯军进来，同时在关中逐步征兵，加强实力，抗拒他们。"刘邦赞成他的计策，照着做了。

十一月中旬，项羽率领各路诸侯大军来到函谷关，可是关门紧闭。听说刘邦先入了关，并派军队把守函谷关，不放诸侯兵入关。项羽大怒，派遣黥布率兵攻打函谷关。十二月，项羽至戏水（今陕西临潼东北戏水西岸），准备攻打刘邦。在项伯、张良的斡旋下，刘邦到戏水与项羽和解。

二、打败项羽

秦王朝灭亡之后，社会矛盾发生了变化。刘邦与项羽争夺天下，成了大事，最终刘邦打败了项羽，建立了汉朝，历史又翻过新的一页。

（一）鸿门宴

刘邦与项羽的第一次较量，应该是鸿门宴。

汉元年（前206）十二月间，项羽到了戏水。刘邦的左司马曹无伤听说项羽发怒，要攻打刘邦，派人对项羽说："刘邦要称王关中，用子婴为国相，占有了全部珍宝。"他打算借此求得项羽封赏。亚父范增劝项羽进攻刘邦。项羽大为愤怒，说："明天准备酒食，好好犒劳士卒，给我把刘邦的部队打垮！"这时候，项羽有兵卒四十万，驻扎在新丰鸿门；刘邦有兵卒十万，驻扎在霸上。范增劝项羽说："刘邦住在山东的时候，贪图财货，宠爱美女。现在进了关，财物什么都不取，美女也没亲近一个，看这势头他的志气可不小啊。我让人觇望他那边的云气，都呈现为龙虎之状，五色斑斓，这是天子的瑞气呀。希望您赶快进攻，不要错失良机！"

楚国的左尹项伯，是项羽的叔父，一向跟留侯张良要好。张良这时正跟随刘邦，项伯连夜驱马跑到刘邦军中，私下会见了张良，把事情全都告诉了他，想叫张良跟他一起离开。项伯说："不要跟刘邦一块儿送死啊。"张良说："我是为韩王来护送刘邦的，刘邦如今情况危急，我若逃走就太不仁不义了，不能不告诉他。"张良于是进入军帐，把项伯的话全部告诉了刘邦。刘邦大为吃惊，说："该怎么办呢？"张良说："是谁给您出的派兵守关的主意？"刘邦说："是一个浅陋小人劝我说：'守住函谷关，不要让诸侯军进来，您就可以占据整个秦地称王了。'所以我听了他的话。"张良说："估计您的兵力敌得过项王吗？"刘邦沉默不语，过了一会儿说："当然敌不过，那怎么办呢？"张良说："请让我前去告诉项伯，就说刘邦是不敢背叛项王的。"刘邦说："您怎么跟项伯有交情呢？"张良说："还是在秦朝的时候，我们就有交往，项伯杀了人，我使他免了死罪。如今情况危急，幸亏他来告诉我。"刘邦说："你们两人谁的年龄大？"张良说："他比我大。"刘邦说："您替我请他进来，我要像对待兄长一样侍奉他。"张良出去请项伯。项伯进来与刘邦相见。刘邦捧着酒杯，向项伯献酒祝寿，又定下了儿女婚姻。刘邦说："我进驻函谷关以后，连秋毫那样细小的东西都没敢动，登记了官民的户口，查封了各类仓库，只等着项将军到来。我所以派将守关，是为了防备其他盗贼窜入和意外的变故。我们日夜盼着项将军到来，哪里敢谋反啊！希望您详细转告项将军，我是绝不敢忘恩负义的。"项伯答应了，对刘邦说："明天可千万要早点来向项王道歉。"刘邦说："好吧。"于是项伯又乘夜离开，回到军营中，把刘邦的话一一报告了项羽。接着又说："如果不是刘邦先攻破关中，您怎么敢进关呢？如今人家有大功反而要攻打人家，这是不符合道义的，不如就此好好对待他。"项王答应了。

第二天一清早，刘邦带着一百多名侍从人马来见项王，到达鸿门，向项王赔罪说："我跟将军合力攻秦，将军在河北作战，我在河南作战。却没想到我能先入关攻破秦朝，能够在这里又见到您。现在是有小人说了什么坏话，才使得将军和我之间产生了嫌隙。"项王说："是您的左司马曹无伤说的，不然，我怎么会这样！"

项王当日就让刘邦留下一起喝酒。项王、项伯面朝东坐，亚父面朝南坐。亚父也就是范增。刘邦面朝北坐，张良面朝西陪侍着。范增好几次给项王递眼色，又好几次举起身上佩戴的玉块向他示意，项王只是沉默着，没有反应。范增起身出去，叫来项庄，对他说："君王为人心肠太软，你进去上前献酒祝寿，然后请求舞剑，趁机刺击刘邦，把他杀死在坐席上。不然的话，你们这班人都将成为人家的俘虏啦。"项庄进来，上前献酒祝寿。祝酒完毕，对项王说："君王和刘邦饮酒，军营中没有什么可以娱乐的，就让我来舞剑吧。"项王说："那好。"项庄就拔剑起舞，项伯也拔剑起舞，常常用身体掩护刘邦，项庄没有办法刺击刘邦。见此情景，张良走到军门，找来樊哙。樊哙问道："今天的事情怎么样？"张良说："很危急！现在项庄正在舞剑，他一直在打刘邦的主意呀！"樊哙说："这么说太危险啦！让我进去，我要跟刘邦同生死！"樊哙带着宝剑拿着盾牌就往军门里闯。交叉持戟的卫士想挡住不让他进去，樊哙侧过盾牌往前一撞，卫士们扑倒在地，樊哙于是闯进军门，挑开帷帐面朝西站定，睁圆眼睛怒视项王，头发根根竖起，两边眼角都要睁裂了。项王伸手握住宝剑，挺直身子，问："这位客人是干什么的？"张良说："是刘邦的护卫樊哙。"项王说："真是位壮士！赐他一杯酒！"手下的人给他递上来一大杯酒。樊哙拜谢，站着喝了。项王说："赐他一只猪肘！"手下的人递过来一只整猪肘。樊哙把盾牌反扣在地上，把猪肘放在上面，拔出剑来边切边吃。项王说："好一位壮士！还能再喝吗？"樊哙说："我连死都不在乎，一杯酒又有什么可推辞的！那秦王有虎狼一样凶狠之心，杀人无数，好像唯恐杀不完；给人加刑，好像唯恐用不尽，天下人都叛离了他。怀王曾经和诸将约定说'先击败秦军进入咸阳，让他在关中为王。'如今刘邦先击败秦军进入咸阳，连毫毛那么细小的财物都没敢动，封闭秦王宫室，把军队撤回到霸上，等待大王您的到来。特地派遣将士把守函谷关，为的是防备其他盗贼窜入和意外的变故。刘邦如此劳苦功高，没有得到封侯的赏赐，您反而听信小人的谗言，要杀害有功之人。这只能是走秦朝灭亡的老路，我自以为大王您不会采取这种做法！"一番话说得项王无话回答，只是说："坐！坐！"樊哙挨着张良坐下来。坐了一会儿，刘邦起身上厕所，顺便把樊哙叫了出来。

刘邦出来后，项王派都尉陈平来叫刘邦。刘邦对樊哙说："现在我出来，没有来得及告辞，怎么办？"樊哙说："干大事不必顾及小的礼节，讲大节无须躲避小的责备，如今人家好比是刀子砧板，而我们好比是鱼是肉，还告辞干什么！"于是一行人离开那里，让张良留下来向项王致歉。张良问："大王来的时候带了什么礼物？"刘邦说："我拿来白璧一双，准备献给项王；玉斗一对，准备献给亚父。正赶上他们发怒，没敢献上。您替我献上吧。"张良说："遵命。"这个时候，项王部队驻扎在鸿门一带，刘邦的部队驻扎在霸上，相距四十里。刘邦扔下车马、侍从，独自一人骑马，樊哙、夏侯婴、靳强、纪信等四人手持剑盾，跟在后面徒步奔跑，从骊山而下，顺着芷阳抄小路而行。刘邦临行前对张良说："从这条路到我们军营，超不过二十里。估计我们到了军营，您就进去。"

刘邦等一行离开鸿门，抄小路回到军营，张良进去致歉，说道："刘邦酒量不大，喝得多了点，不能跟大王告辞了。谨让臣下张良捧上白璧一双，恭敬地献给大王足下；玉斗一对，恭敬地献给亚父。"项王问道："刘邦在什么地方？"张良答道："听说大王有意责怪他，他就脱身一个人走了，现在已经回到军营。"项王接过白璧，放在座位上；亚父接过玉斗，扔在地上，拔出剑来砍碎了，说："唉！这班小子没法跟他们共谋大事，夺取项王天下的，一定是刘邦了。我们这班人就要成为俘虏了！"刘邦回到军中，立即杀了曹无伤。

在秦末的农民大起义中，项羽和刘邦逐渐发展成两支最强大的军事力量，最后共同推翻了秦朝的残暴统治。"鸿门宴"标志着刘项联合反秦到互相争霸的历史转折点，双方出场的人物的谋略、气度，高下立见，预示了刘邦打败项羽的发展趋势。

鸿门宴，后来指含有杀机的宴会，他还给人们留下了一个歇后语："项庄舞剑，意在沛公。"比喻表面上有正当好听的名目，实则别有用心。

1945 年 4 月 20 日，毛泽东在中共六届七中全会上发表《对＜关于若干历史问题的决议草案的说明＞》的讲话。他说："1940 年不许提路线，1941 年谈了路线，以后就发生了王明同志的问题。他养病的时候，我们整了风，讨论了党的历史上的路线问题，'项庄舞剑，意在刘邦'，这是确实的，但'刘邦'很多，连'项庄'自己也包括在内。"（《毛泽东文集》第三卷，人民出版社 1993 年版，第 283 页）

毛泽东在这里用"项庄舞剑，意在刘邦"这个典故，'项庄'指王明，'刘邦'指以毛泽东为首的党中央。1941 年 9 月 10 日至 12 月 22 日，中共中央政治局扩大会议，一致认为十年内战后期的错误是路线错误，但对四中全会的路线是否错误认识不一致。王明拒不承认错误，反而提出要检查中央的路线。所以，毛泽东用了这个典故，意思是说王明反对中央是别有用心，其实他自己也在清算之列。

（二）建立汉中根据地

灭秦后，项羽无论威望还是势力，完全可以主宰天下。但他却没有这样做，以致坐失良机。他带领部队进入咸阳，一把火烧了秦朝宫殿，大火三月不熄，又滥杀无辜百姓，掠夺了秦宫财宝和美女带往彭城。关中百姓看到项羽这些做法，大失所望。有位韩生劝他在关中建都，他拒绝了。他要回乡光宗耀祖。他认为，富贵不回故乡，就像穿着锦绣衣服走夜路，有谁知道呢！所以，有人讽刺他，人们说楚国人就像穿着大衣、戴着人帽的猕猴，外表像人，其实不是人。现在看来，果然如此。这话传到项羽耳朵里，他就把这个人抓来活活烹死。

项羽派人去报告楚怀王。楚怀王说，按原来的约定办。项羽怨恨楚怀王不肯让他与刘邦一起向关中进兵，而派他向西北救赵，在天下诸侯争夺天下的约定中落在后面。他说，怀王这个人，是我叔父项梁拥立的，没有什么功劳，凭什么主持大局？本来使天下安定的人，是各位将领和我项羽。他在表面上推尊楚怀王为义帝，实际上不听他的命令。

汉元年（前206）正月，项羽放弃了"山河四塞，地肥饶，可都一霸"（《史记·项羽本纪》）的关中，东归彭城。他自立为西楚霸王，统辖原魏国和楚国的九个郡，建都彭城。他违背怀王之约，改封刘邦为汉王，让他统辖巴、蜀和汉中，建都南郑（今陕西汉中东）。他把关中一分为三，封给秦朝的三个降将：章邯为雍王，都城建在废丘（今陕西兴平南），司马欣为塞王，都城建在栎阳（今陕西临潼东北），董翳为翟王，都城建在高奴（今陕西延安）。封楚将申阳为河南王，都城建在洛阳；封赵将司马卬为殷王，都城建立在朝歌（今河南淇县城）；赵王歇迁徙异地称王；封赵将张耳为常山王，都城建立在襄国（今河北邢台）；封当阳君黥布为九江王，都城建在六安（今安徽六安）；封楚怀王的柱国共敖为临江王，都城建在江陵（今湖北江陵）；封少数民族首领吴芮为衡山王，都城建在郴县（今湖南郴州）；封燕将臧荼为燕王，都城建在蓟县（今天津市蓟州区）；原来的燕王韩广迁到辽东称王，韩广不服从，臧荼在无终（今天津蓟州区）

攻杀韩广；封成安君陈余河间三县，住在南皮（今河北南皮）；封给梅鋗十万户的封邑。项羽在关东地区共封了14个诸侯王。他自称各路诸侯王的盟主，凌驾在各诸侯王之上。

四月，休兵降旗，各路诸侯率领军队回到自己的封国、封地就任。刘邦本来不同意项羽的分封，但萧何认为寡不敌众，劝他"王汉中，养其民以致贤人，收用巴蜀，还定三秦，天下可图也"，刘邦说"善"。刘邦到封地去，项王让他带三万兵随从，楚国和其他诸侯国中愿意随从汉王的还有好几万人。他们从杜县（今陕西西安东南）南面进入通向汉中的通道蚀中（即子午谷）。军队经过之后，就烧毁栈道，以防备诸侯军的偷袭，也是向项羽表示自己没有东进的意图。

刘邦到了南郑，那些将领和士兵中很多人在中途逃跑，剩下的士兵们唱着思念家乡的歌曲，想回东方。韩信也在夜晚开了小差被萧何连夜追回，这就是有名的"萧何月下追韩信"。萧何认为韩信是难得的军事奇才，他劝刘邦斋戒沐浴，筑坛拜为大将。刘邦如法办了，韩信非常高兴。他劝刘邦说："项羽把有功的将领都封为王，唯独把大王封在南郑，这是贬谪。军中的官吏和士兵都是函谷关以东六国的人，日夜踮着脚盼望东归，利用他们这种急于东归而产生的锋芒，可以建立大的功业。等到天下平定，人们安宁了，就不好再使用他们了。不如作出向东进军的决策，争夺统一天下大权。"他问刘邦："今东乡争权天下，岂非项王邪？"汉王曰："然。"（《史记·淮阴侯列传》）

（三）夺取关中

项羽出了函谷关，派人迁徙义帝。他说，古代做帝王统辖千里见方的土地，必须居住在上游。他派使者把义帝迁徙到长沙郴县，催促义帝快走。群臣觉得项羽太苛刻，义帝虽然没有战功，但他是一面旗帜，在起义军中还是有一定号召力的，项羽这样对待他，太不公平，便逐渐背叛了项羽。项羽命令衡山王、临江王暗害义帝，把他杀死在长江中。

齐相田荣无破秦之功，又与项羽有怨，没有得到项羽封赏。田荣一气之下，自立为齐王，杀死项羽扶持的田都，公开反对项羽的楚政权，把将军印给了彭越，让他在梁地起兵反楚。项羽派萧公角带兵攻打彭越，彭越大败萧公角。

魏地名士陈余怨恨项羽不封自己为王，派夏说劝田荣攻打张耳。张耳逃跑归附了刘邦。陈余从赵郡接回赵王歇，又立为赵王，赵王就封陈余为代王。众皆叛项羽，项羽大怒，出兵向北攻打齐国。

同年七月，张良送刘邦到褒中（今陕西褒城）。此处群山环抱，沿途都是悬崖峭壁，只有栈道凌空高架，以度行人，别无他途。张良观察地势，建议刘邦待汉军过后，全部烧毁入蜀的栈道，表示无东顾之意，以消除项羽的猜忌，同时也可防备他人的袭击。这样，就可以趁机养精蓄锐，等待时机，再展宏图了。刘邦依计而行，烧掉了沿途的栈道。张良此计，可谓用心良苦，它为刘邦的巩固发展和日后东进，取得了重要的保证。刘邦入汉中后，励精图治，积极休整。

汉元年（前206）八月，刘邦乘项羽攻打田荣之机，采取韩信的"明修栈道，暗度陈仓"之计。"明修栈道，暗度陈仓"，是古代一种非常规的用兵法则，是一种军事谋略，在历史上曾有许多非常成功的战例。

所谓"栈道"，是指在悬崖峭壁的险要地方凿孔支架，铺上木板而建成的通道，可以行军、运输粮草辎重，也可供马帮商旅通行。陈仓，是古代县名（今陕西省宝鸡市陈仓区），是汉中通向关中的咽喉要道。

刘邦在去领地途中令部下烧毁了栈道，他这是向项羽表白没有向东扩张的意图。刘邦待具备了一定的实力后，便抓住时机迅速挥师东进，决心与项羽一争，韩信出了"明修栈道，暗度陈仓"的计策。

陈仓是刘邦进入关中的必经之地，两地之间有险山峻岭阻隔，又有雍王章邯的重兵把守。

刘邦按韩信的计策派了最信任的大将——樊哙带领一万人去修五百里栈道，并以军令限一月内修好。当然，这样浩大的工程即使三年也不可能完成。

正是这一点，迷惑麻痹了陈仓的守将。陈仓的雍王章邯万万没想到刘邦的精锐部队摸着无人知晓的小道翻山越岭偷袭了陈仓。

刘邦通过"明修栈道，暗度陈仓"，顺利挺进到关中，站稳了脚跟，从此拉开了他开创汉王朝事业的大幕。

"明修栈道，暗度陈仓"这个成语，在军事上的含义是：从正面迷惑敌人，用来掩盖自己的攻击路线，而从侧翼进行突然袭击。这是声东击西、出奇制胜的谋略。引申开来，是指用明显的行动迷惑对方，使人不备的策略，也比喻暗中进行活动。有时也可将"明修栈道"省略掉，把"暗度陈仓"单独来使用。

刘邦从原来进军汉中的那条路回军，袭击雍王章邯。章邯在陈仓迎击刘邦军，兵败退走，停下来再战，又失败了，逃到废丘（今陕西兴平东南）。刘邦继续东进，到达咸阳，在废丘包围了章邯，汉军引水灌城，城破后章邯自杀。又派将军攻占陇西（今甘肃临洮南）、北地（今甘肃庆阳西南）、上郡（今陕西榆林东南）。派监军薛欧、王吸从武关（今陕西丹凤东南）东出，借助王陵驻扎在南阳的兵力，到沛县去迎接太公、吕雉。项羽听到这一消息，出兵在阳夏（今河南太康）阻挡，刘邦的部队不能通过。项羽封原吴县县令郑昌为王，抵抗刘邦的部队。

汉二年（前205），刘邦向东进攻，塞王司马欣、翟王董翳、河南王申阳都投降了，唯有韩王郑昌不愿归附，刘邦派韩信将其击败。于是，设置了陇西、北地、上郡、渭南、河上、中地各郡，改立韩太尉信为韩王。将领中率领一万人或一郡投降的，封给一万户作食邑。正月，俘虏了雍王的弟弟章平。

刘邦出了函谷关到达陕县（今河南陕县），抚慰关外百姓，回来后张耳来降，刘邦给了他优厚待遇。

二月，刘邦下令废掉秦国号，改国号为汉。

刘邦以摧枯拉朽之势，夺得三秦，占领关中。他为了把关中建成与项羽争夺天下的基地，仍用萧何为丞相，负责政务，并采取了一系列得民心的措施：秦故苑囿地都令百姓耕种；免除蜀汉民众两年的租税，关中民众参军的再加免一年的租税；又令"举民年一五十下以上有修行，能帅众为善，置以为三老，与县令、丞、尉以事相教，复勿繇戍"。刘邦占关中是与项羽争天下的第一步。对于刘邦经营汉中、关中，毛泽东认为这是建立了更巩固的根据地。1937年春天在延安，毛泽东和萧劲光首次登上宝塔山。他说："我们走了二万五千里，把所有的根据地几乎都丢了，只剩下这一块落脚之地。我们要在这里扎根，要学汉高祖，建立根据地。"（《世纪采风》2000年第10期，第8页）

（四）彭城惨败

三月，刘邦从临晋关（今陕西大荔境）渡过黄河，魏王魏豹带兵投降刘邦。攻下河内（今河南武陟西南），俘虏了殷王司马卬，设置河内郡。向南渡过平阴津（今河南孟津东），南渡黄河，到了洛阳。新城（今河南伊川西南）三老董公拦住刘邦，诉说义帝被害的经过。刘邦听后，袒臂大哭，并听取董公的建议，随即为义帝发丧，全军戴孝，哭悼三天。另外，刘邦派遣使者向各国诸侯宣告说："天下共同拥立义帝，对他北面称臣。如今项羽把义帝放逐并击杀在江中，大逆不道，不仁不义。我亲自为义帝发丧，诸侯都要穿白色丧服。我调动关中的全部兵马，征集河南、河东、河内三个郡的士兵，南渡长江、汉水东下，愿意跟随各诸侯王讨伐楚国杀害义帝的那个人。"刘邦为义帝发丧，从道义上孤立了项羽，也从而正面打出讨伐项羽的旗子，楚汉战争拉开了大幕。

各地诸侯群起响应，不到两个月，汇聚到刘邦手下的部队就达五六十万之多。刘邦率领这支大军，浩浩荡荡，一举攻下了项羽的老巢彭城。

项羽得知刘邦东进，仍想待平齐后再回师，当时，项王正在北进攻击齐国，齐王田荣与项羽战于城阳（今山东菏泽东北）。田荣兵败，逃到平原（今山东平原南），平原的民众把他杀了。齐国各地都投降了楚国。项羽焚烧了齐国的城郭，掳掠他们的子女。于是，齐国人又起来反对项羽。

田荣的弟弟田横立田荣的儿子田广为齐王，在城阳反叛项羽。汉王因此得以劫取了五诸侯的兵力，攻入彭城。项羽听说后，立即亲领三万精兵离开齐国，日夜兼程，但为时已晚，彭城已被刘邦攻下。

但项羽毕竟身经百战，经验十分丰富。四月的一天早晨，他从鲁地绕道胡陵（今江苏沛县龙固镇东北部湖田中），直插萧县（今安徽灵璧），截断了汉军的退路。他利用骑兵机动性强的优势，采取包围闪击战术，猛攻刘邦联军侧后。与汉军在彭城、灵璧东面的睢水上大战，并大破汉军，一直追到彭城东北的泗水，杀汉、淹死汉军士卒十万多人，尸体把睢水堵塞得都不流了。

在睢水岸边，刘邦被楚军包围，突围不出。说也奇怪，这时突然刮起一阵西北风，飞沙走石，天昏地暗，大风阻挡了楚军西进，刘邦趁机带领几十个心腹将士，突围出来，直奔沛县，去接家属。

刘邦到家中，没有找到家人，折而西行，半路上遇到了自己的一双儿女。楚军在后面急追，刘邦几次遇险。在楚军追击中，刘邦只嫌车子太慢，几次伸手把儿女推下车去，夏侯婴又都捡了回来，说，追兵太急，我们的马跑得再慢，也不能抛弃孩子不管啊！刘邦大怒，几次手按剑柄，但车子毕竟跑得不快，终于被楚军追上。事有凑巧，领兵的将领是楚军骁将丁公，此人与刘邦有一面之缘。刘邦大呼：丁将军，今天下胜负未可知，你我都是好人，岂可相互危害？望将军网开一面，容后图报！丁公闻言，带着部队回去了。刘邦才终于脱险，但其父刘太公和妻子吕雉却落入项羽之手，成了人质。

彭城惨败，诸侯们看到楚军强大，汉军失败，又都纷纷叛汉降楚。塞王司马欣也逃到了楚国。

对这个战役，毛泽东非常熟悉，有十分精彩的评论。他说："刘邦趁项羽打齐赵之际，迅速东进，数十万大军很快占领了彭城。但刘邦因胜利产生骄傲，对项羽反扑估计不够。当项羽得知刘邦攻占了彭城，大为惊慌，急率精兵三万返彭城。这时的刘邦却在彭城置酒与各路诸侯喝庆功酒呢！楚军在早晨向汉军发起进攻，先击破驻鲁（山东曲阜）的樊哙部，又穿越胡陵，过九里山，大败驻萧县汉军，而后直驱彭城。一日之内赶回彭城，可谓神速。刘邦急于开城迎战，溃不成军，大败而逃。汉军沿谷泗二水退逃，被杀十几万，史书上说'濉水为之不流'。可见死人之多。刘邦只带数十骑逃走，他的父亲和老婆都落到项羽手中，真是惨败啊！"（杨庆旺：《毛泽东指点江山》，中央文献出版社 2000 年版，第 1179—1180 页）

1958 年 9 月 20 日，毛泽东从安徽马鞍山到南京的火车上和张治中等谈话。当江渭清书记向毛主席汇报工农业生产时，说到 1957 年的台风给江苏带来的极大损失，毛主席插话说："你们要知道，台风有时也有好处呢。楚汉相争时，刘邦从关中出兵，一路很顺利，一直打到徐州，正在和文武官员置酒高会的时候，项羽突然率三万精骑来袭，刘邦措手不及，大败，落荒而逃。项羽尾追不舍，正在万分危急的时候，忽然阵前刮起一阵巨大的台风，顿时飞沙走石，天日无光，刘邦才得侥幸保全性命，逃向洛阳去了。"（余湛邦：《张治中和中国共产党》，中共中央党校出版社 1991 年版，第 177 页）

（五）荥阳相持

彭城之败，刘邦率数十骑突围，狼狈逃走。吕雉的哥哥为刘邦带领一支部队，驻扎在下邑（治所在今安徽砀山）。刘邦到他那里，渐渐收集散兵游勇，驻守在砀山（今安徽砀山），后又向西绕过梁（治所在今河南商丘南），到了虞（古城在今河南虞城南三里），派谋士随何到九江去游说黥布。黥布，本姓英，因犯罪受了黥刑，故人称黥布。此人胆气过人，早年曾在长江上当强盗，后入楚军，每战必冲锋陷阵，一马当先，是楚军中的骁将，被项羽封为九江王。他心满意足，安守本分，不太管外面的龙争虎斗。项羽伐齐，他借口有病，只派个部将应付一下了事。刘邦攻彭城，项羽大怒，几次派人责备他，召他去彭城，黥布惧怕不往。项羽两面受敌，还想利用黥黥布，没有立刻翻脸，只派人到九江督促他赶快发兵。

随后几经曲折，才见到黥布，凭他那三寸不烂之舌，对黥布晓以利害，说得他怦然心动，但他嘴上答应助刘邦，实际上还在拖延观望，不敢公开叛楚。随何用反间计，趁楚使催促黥布发兵之时，大模大样地走进大厅，坐在楚使上首，以示他在这里受到的礼遇比楚使高。随何张口就说，九江王已归附汉王刘邦，楚使怎么跑到这里来了。黥布大惊，楚使愤然离去。黥布没有办法，便杀了楚使，宣布归汉。楚军出击，大破九江王，黥布与随何潜行归汉。

黥布来拜见时，刘邦正在洗脚，大大咧咧地召见了他。黥布又悔又恨，想自杀，等到住处一看，吃住的水平与汉王一样，又大喜过望。刘邦封黥布为淮南王，统兵攻楚，与韩信、彭越从侧翼攻击楚军。

汉三年（前204），魏王豹拜见刘邦，请求归还魏地，并借口省视父病，一回到魏国就封锁了黄河渡口，投降了楚国。刘邦派郦食其劝说魏豹，许诺事成后封为万户侯，但魏豹不听，没有成功。刘邦就派将军韩信率大军前去征讨，大破魏军，俘虏了魏豹，平定了魏地，设置了河东、太原、上党三个郡。刘邦命令张耳与韩信东进，打下井陉关（今河北井陉西北井陉山上），进攻赵地，攻杀了陈余和赵王歇。第二年，封张耳为赵王。

刘邦的军队驻扎在荥阳（今河南荥阳东北）、成皋（今河南荥阳泗水镇）以南，是出关东进的必经之路。这里依山傍水，地势险要，黄河从北面流过，西面是函谷关，是进可攻，退可守的战略要地。北面是秦朝最大的粮仓——敖仓。刘邦的军队驻扎在荥阳的南面，修筑了一条直通黄河的甬道，以便运输敖仓的粮食。凭借这些有利的条件，刘邦与项羽在此对峙了一年多。项羽多次侵夺汉军的甬道抢夺军粮。汉军缺乏粮食，项羽趁机围攻刘邦，形势对刘邦颇为不利。刘邦向项羽请和，把荥阳以西划归于汉。项羽没有答应。刘邦为此很忧虑，就采用陈平的计策，他给了陈平四万斤黄金，要陈平去离间楚国君臣的关系。陈平收买项羽部将，离间项羽与他的主要谋士范增的关系，因此项羽对亚父范增产生怀疑。范增当时正劝项羽攻占荥阳，看到自己被怀疑，很气愤，就以年老为借口，恳求项羽把骸骨赐还给自己，回家当老百姓去，结果他还没有走到彭城就死在半路上了。

五月，楚军攻城更急，而汉军已经断了粮，刘邦决定突围。他采用声东击西的方法，就趁着夜色让两千多名妇女披戴铠甲从东门突围，楚军从四面拦击。这时，将军纪信乘着刘邦的车驾，伪装刘邦，诳骗楚军，楚军以为刘邦出降，高呼万岁，都拥向东门外观看，因此刘邦得以带领数十骑出西门逃出。刘邦命令御史大夫周苛、枞公和魏豹一道守卫荥阳，不能跟随刘邦出走的将领和士兵都留在城中。周苛、枞公商量说："魏豹这个反国之王，很难和他一道守城。"于是，他们就把魏豹杀了，专心守城。

刘邦逃出荥阳进入关中，收集兵马，想再次东进。一位姓袁的儒生劝刘邦说："汉与楚在荥阳相持了几年，汉军常常处于不利境地。希望君王这次从武关（今陕西丹凤东南）出兵，项羽必然率军南走，那时君王深沟高垒，易守难攻，让荥阳、成皋一带的军队得到整顿和休息。刘邦派韩信等到黄河以北，去聚集赵地之兵，再联合燕、齐，然后君王再进军荥阳也为时不晚。这样，楚军四面受敌，多方应对，兵力分散；而汉军则得到休整，这时再跟楚军作战，就一定能够打败楚军。"刘邦采用了他的计策，从宛、叶一带（今河南南阳一带）进军，和黥布一道边走边招兵买马，扩大队伍。

项羽听说刘邦出兵宛县，果然率军南下。刘邦坚壁固守，不与项羽交战。这时，彭越渡过睢水，在下邳（今江苏睢宁西北）与项声、薛公作战，打败了楚军。于是项羽领兵向东去攻打彭越。刘邦也领兵向北，进驻成皋。项羽很快击溃了彭越，知道刘邦又驻兵成皋，就又率军西进，攻克荥阳，杀了周苛和枞公，俘虏了韩王韩信，于是围攻成皋。

刘邦只身和滕公夏侯婴乘车从成皋北面的玉门逃出，向北渡过黄河，跑到修武（今河南修武）住了一夜。当时韩信听取李左车的建议，按兵不动。第二天早晨，刘邦自称使者进入张耳、韩信的军营，悄悄地将韩信的兵符和印信拿到手中，夺了他们手下的军队，然后出来将军队重新调动一番，换上自己的亲信。刘邦又派张耳往北收编赵地的兵马，派韩信向东进攻齐国。

韩信伐齐之前，郦食其已奉命出使齐国，说服了齐王田广，齐国以七十城归汉。韩信闻讯想收兵回去。手下谋士蒯通是范增、张良一流人物，陈胜起义后，派武臣进攻赵地，他说服范阳令徐公归降，武臣不战而得赵地三十余城。这次他用激将法说服韩信，趁齐国已解除防备，突然袭击齐国，并劝韩信背弃刘邦自立。齐王认为郦食其欺骗了他，把他下油锅烹了。齐王田广投楚，兵败自杀。齐相田横投降彭越。

项羽得知韩信伐齐，派大将龙居增援，龙居轻敌，兵败自杀。韩信下赵、平齐、破楚，自以为功劳很大，就派人请示刘邦，要求封他为假齐王。

韩信的使者来拜见时，刘邦正指望他能出兵敌后，牵制项羽。见韩信请求封王，顿时大怒，指着使者的鼻子破口大骂：我被围困在这里，日夜盼韩信来相助，他却想自立为王。张良、陈平一听，脸色都吓变了，几乎同时都踩了刘邦一脚。刘邦一愣，马上反应过来了。他继续骂道：妈的，大丈夫平定诸侯，要当就当个真王，当他妈的什么假王呢！此后，他就派张良带上印信，去齐地封韩信为齐王，借以安慰韩信。

项羽也认识到韩信在楚汉战争中的重要作用，可谓"为汉则汉胜，与楚则楚胜"，中立则三分天下。他派说客武涉出使，极力陈说刘邦之不可信，灭楚，韩信也就无法自存的道理，劝韩信附楚。韩信也明白这个道理，但他估计到灭楚后，自己羽翼已经丰满，刘邦未必敢轻易对自己下手，因此他婉言谢绝了武涉的好意。楚使走后，蒯通两次献策，主张不附汉，不助楚，独立发展，做大做强，三分天下。韩信仍不肯叛汉。蒯通叹息，知道韩信难成大业，为免他日之灾，装疯卖傻，做了巫师。

刘邦得到韩信的军队增援后，军威又振作起来，于是他率军到达黄河岸边，在修武南面让士兵饱吃一顿，准备再与项羽作战。郎中令郑忠劝阻刘邦，让他深沟高垒，不要出战。刘邦听了他的话，派卢绾、刘贾率领两万步兵、数百骑兵，渡过白马津（今河南滑县东北古黄河南岸），进入楚地，和彭越一起在燕县（今河南延津东北）外城的西面打败楚军，又攻占了梁地十几座城邑。

汉四年（公元前203年）项羽嘱咐海春侯大司马曹咎说："谨慎防守成皋。如果汉军挑战，千万不要应战，只要不让汉军东进就行了。我在十五天之内，必定平定梁地，那时再与将军会合。"项羽率军出发，一路攻下了陈留（今河南开封祥符区东南陈留镇）、外黄（今河南兰考东南）、睢阳（今河南商丘）。在成皋的汉军果然多次向楚军挑战，楚军不出，汉军派人在阵前辱骂了五六天，曹咎怒不可遏，就领军渡汜水出战。待楚兵刚渡到河中间，汉军出击，大破楚军，缴获了楚国的大量财宝和物资。大司马曹咎、长史司马欣都自杀于汜水。项羽到达睢阳，听说海春侯兵败，就率军回来。汉军正在荥阳东面围攻钟离眜，见项羽军队到，汉军就全部撤到险要地带据守。

楚、汉两军长期相持，胜负未决，刘邦凭险据守，不肯出战。项羽十分着急，有一次，他命令人把刘太公放在高台上，旁边架着油锅，逼刘邦投降。如果刘邦不投降，就把刘太公下油锅烹死。刘邦本来就是一个流氓无赖，哪会吃这一套，他神情自若地说：我和你共事楚怀王时，曾经拜为兄弟，我的父亲就是你的父亲，你一定要烹死你爹，别忘了分给我一杯肉汤喝！项羽大怒，当真要烹刘太公，被项伯劝住了。

楚汉相争，旷日持久，双方人力、物力消耗殆尽。年轻力壮的苦于行军作战，年老体弱的疲于转运粮食。有一天，刘邦和项羽隔着广武涧（今河南荥阳东北，古鸿沟）对话。项羽要与刘邦单身挑战。刘邦历数项羽的罪状，说："起初我和你项羽共同接受怀王的命令，怀王说先入关中的就做关中王。你项羽违背原约，把我封为蜀、汉之王，这是罪状之一。你项羽假托怀王的命令杀死卿子冠军宋义，自己尊为上将军，这是罪状之二。你项羽完成救赵的使命，应当会向怀王报告，而你却擅自胁迫诸侯领兵入关，这是罪状之三。怀王预先规定进入关中不准烧杀掠夺，你项羽焚烧秦朝宫室，挖掘始皇坟墓，盗取其中的财物，这是罪状之四。你又毫无道理地杀死已经归降的秦王子婴，这是罪状之五。在新安，你用欺诈的手段坑杀秦兵二十万，而封秦朝的降将为王，这是罪状之六。你项羽把好的地方都封给你手下的将领，而迁徙、放逐原来的诸侯王，使臣下争先背叛，这是罪状之七。你项羽把义帝赶出彭城，自己在那里建都，又夺去韩王的封地，兼并梁、楚，扩大自己的统治地区，这是罪状之八。你项羽派人在江南暗杀了义帝，这是罪状之九。作为臣子而谋杀君主，屠杀已经投降的人，执政不公平，君主的约定不遵守，为天下人所不容，大逆不道，这是你项羽的罪状之十。我统率正义的军队，跟随各路诸侯，诛伐残暴的贼人，只要让那些受过刑罚的人杀你就可以了，我何苦与你挑战！"

项羽听了大怒，让埋伏的弓弩手射中了刘邦。刘邦胸部受了伤，却摸着脚说："这个贼子射中了我的脚趾头！"

刘邦身受重伤，躺倒在床上，张良劝他勉强起来去慰劳士兵，以安定军心，不让楚军趁机取胜。刘邦到军营巡视一番，创伤加重，就回到成皋养伤去了。

刘邦痊愈以后，向西入关，来到栎阳（今陕西临潼东北），设酒宴，慰问父老，并斩了塞王司马欣，把他的头挂在栎阳的街头示众。刘邦在栎阳住了四天，又回到军中，驻扎在广武（今河南荥阳东北广武山上）。关中的士兵源源开来，增援前方。

这时，彭越率领军队驻扎在梁地，经常骚扰楚军，切断楚军的粮道。田横又去依附彭越。项羽多次攻打彭越，齐王韩信又进攻楚军。项羽三面受敌，军粮短缺，十分恐惧。这时刘邦派谋士陆贾去见项羽，请求释放刘太公和吕雉，项羽不许。接着，刘邦又派侯公去。侯公比陆贾技高一筹，说服项羽与刘邦约定，中分天下，以鸿沟为界，鸿沟以西归汉，鸿沟以东归楚。

鸿沟，古代运河，在今河南荥阳市，楚汉相争时是两军对峙的临时分界，比喻界线分明。荥阳现存鸿沟确切的称呼为"广武涧"，当年刘邦项羽隔涧对话。《史记·项羽本纪》："项王乃与汉约，中分天下，割鸿沟以西者为汉，鸿沟而东者为楚。"而作为运河的鸿沟，是从中原到江南的沟通南北水系的总称。古时的鸿沟运河，是为楚河汉界。鸿沟始建于春秋战国时期，战国的魏惠王开凿，在其后秦、汉、魏晋南北朝时期，一直是黄淮间的主要交通线路之一。该运河在今荥阳北引黄河水，向东经过开封折向南部，经过尉氏、太康、淮阳后汇入淮河。对此，《史记》记载曰："荥阳（今荥阳故城）下引河东南为鸿沟，以通宋、郑、陈、蔡、曹、卫。"

鸿沟划界后，项王归还刘邦的父母妻儿，汉军都高呼万岁，楚军就告别回去了。

以鸿沟划界，从战略上，刘邦背倚豫西山区，进可攻退可守后，比较有利；项羽占据地区全是平原，门户洞开，无险可凭，非常不利。后来楚汉战争的发展，完全证明了这一点。现在围棋棋盘上的"楚河汉界"就是这样来的。

（六）垓下决战

刘邦和项羽订立和约后，东归彭城。刘邦也想回长安，进行休息整顿。后来采用张良、陈平的计策，进兵追击项羽，到达阳夏（今河南太康）南而停住军队。刘邦与齐王韩信、建成侯彭越约定时间，会合攻打楚军。到了固陵（今河南太康南），韩信、彭越的部队没有来会合。楚军进攻汉军，汉军大败。刘邦进入营垒，挖深了壕沟进行防守。

刘邦大惑不解，本来与韩信、彭越约好的，他们怎么不来？急得直呼"奈何"。张良明白其中奥妙，说，楚军败在眼前，而韩信、彭越的封地还没有划定，他们当然不会来。大王能与他们共分天下，二人召之即来；不能分地，胜负尚未可知。刘邦立刻明白应该怎么做了。他派使者骑快马告知韩信、彭越，楚灭后，自陈（今河南淮阳）以东直至大海都归齐王，睢阳（今河南商丘）以北至谷城（今山东平阴西南东阿镇）归建成侯。

汉五年（前202），刘邦和韩信、彭越三路大军以及其他诸侯军队，联合攻打楚军，双方在垓下（今安徽灵璧南沱河北岸）决战。齐王韩信统率三十万大军独当正面，孔将军从左面进军，费将军从右面进军，刘邦跟在大军后面指挥，绛侯周勃、将军柴武紧紧护卫着他。项羽的军队约有十万，韩信首先交锋，没有取胜，向后退却，蓼侯孔熙、费侯陈贺纵兵夹击，楚军抵挡不住，韩信又乘势反攻，在垓下把楚军打得大败，溃不成军。

项羽的军队在垓下筑垒抵抗，兵少绝粮，汉军和各路诸侯军队把他们重重包围起来。夜里，项羽和他的士兵听到四面都响起了楚歌声，项羽大惊，说：汉军已经全部占领楚国了吗？为什么楚国人这么众多呢？

《史记·项羽本纪》是这样叙写"霸王别姬"的："项王军壁垓下，兵少食尽，汉军及诸侯兵围之数重。夜闻汉军四面皆楚歌，项王乃大惊曰：'汉皆已得楚乎？是何楚人之多也！'项王则夜起，饮帐中。有美人名虞，常幸从；骏马名骓，常骑之。于是项王乃悲歌忼慨，自为诗曰：'力拔山兮气盖世，时不利兮骓不逝。骓不逝兮可奈何，虞兮虞兮奈若何！'歌数阕，美人和之。项王泣数行下，左右皆泣，莫能仰视。"

译成现代汉语是："项王的部队在垓下（在今安徽省灵璧县境内）修筑了营垒，兵少粮尽，汉军及诸侯兵把他团团包围了好几层。深夜，听到汉军在四面唱着楚地的歌，项王大为吃惊，说：'难道汉已经完全取得了楚地？怎么楚国人这么多呢？'项王连夜起来，在帐中饮酒。有美人名虞，一直受宠跟在项王身边；有骏马名骓，项王一直骑着。这时候，项王不禁慷慨悲歌，自己作吟唱道：'力量能拔山啊，英雄气概举世无双，时运不济呀骓马不再往前闯！骓马不往前闯啊可怎么办，虞姬呀虞姬，怎么安排你呀才妥善？'项王唱了几遍，美人虞姬在一旁应和。项王眼泪一道道流下来，左右侍者也都跟着落泪，没有一个人能抬起头来看他。"

项羽一连唱了几遍，虞姬拔剑起舞，也应和着和他一起唱："汉兵已略地，四方楚歌声。大王意气尽，贱妾何聊生？"舞蹈最后，突然拔剑自刎而死，项羽悲痛不已，知道虞姬是为了让自己突围而自杀的。

接着，项羽走出营帐，飞身上马，部下壮士骑马随从的有八百多人，趁着深夜冲出包围圈，向南飞驰而去。到了天亮，汉军才发现项羽已经突围，忙派骑兵将领灌婴率五千骑兵去追赶。项羽渡过淮水以后，检点人马，能够跟上他的只有一百多人。到了阴陵（故城在今安徽定远西北），迷失了道路，向一个种田的老人打听，那个老人欺骗他说，向左。项羽和部下向左走，不料陷进了一大片沼泽地中，行动不快，因此被汉军赶上。

项羽又率部下向东跑，到了东城（今安徽定远东南），只剩下二十八名壮士，追赶他的却有好几千人。项羽估计自己难以脱身了，他对汉军发起三次冲锋，斩了汉军两个将军，杀死数百人。项羽本来想渡过乌江，回江东去，重整旗鼓，卷土重来，乌江亭长撑船相待，但他感到无颜再见江东父老，遂把心爱的乌骓马送给亭长，拔剑自刎而死。

项羽已死，楚地归汉，只有鲁地不降。鲁地军民为项羽坚守城池，不投降。刘邦率领诸侯军北进，把项羽的头给鲁地的父老们看，鲁地才投降。当初，楚怀王封项羽为鲁公，于是就用鲁公的封号把项羽埋葬在谷城（今山东平阴西南）。刘邦为之举哀，泣之而去。

各项氏的支属，刘邦一个不杀。他封项伯为射阳侯。桃侯、平皋侯、玄武侯都姓项改赐刘姓。刘邦回到定陶（今山东定陶），驰入齐王韩信的军营，夺了韩信的军队。

在楚汉战争中，刘邦多次打败仗，但他总是败而不馁，屡败屡战。他靠韧劲和毅力，与比他强大得多的项羽周旋了五年，直到汉高帝五年十二月垓下决战，才取得了灭楚的最后胜利。他笑到了最后。

1957年5月7日，毛泽东在政治局听取时任新华社社长吴冷西汇报访问英法等国情况时曾说："汉高祖刘邦比西楚霸王项羽强，他得天下一因决策对头，二因用人得当。"（吴冷西：《新闻的阶级性及其他——毛主席几次谈话的回忆》，《缅怀毛泽东》（上册），中央文献出版社1993年版，第206页）

在另一次谈话中。毛泽东还说："楚汉相争，项羽失败了，最主要的原因是他缺乏群众路线。刘邦的用人之道比他好，所以才有萧何、张良、韩信、曹参、樊哙等文武众官跟随左右。而项羽仅有一个范增，也用不好，最后只成孤家寡人了。"（盛巽昌：《毛泽东眼中的历史人物》，上海辞书出版社2005年版，第80页）

1964年1月7日，毛泽东在一次谈话中，举了有关刘邦纳谏的几件事情。一是听张良劝说，封举足轻重的韩信为齐王，此事详载《留侯世家》。一是楚汉划界鸿沟后，听张良、陈平之劝，乘胜追击引兵东向的项羽，此事详载《项羽本纪》。……有这么一大帮人为其出主意，且又善于采纳，刘邦这位老粗自然胜过刚愎自用的项羽了。（陈晋主编：《毛泽东读书笔记解析》，广东人民出版社1996年版，第989页）

三、开创帝业

汉五年（前202）正月，楚王韩信、韩王韩信、淮南王黥布、梁王彭越、衡山王吴芮、赵王张敖、燕王臧荼联名上书，劝刘邦称帝。他们说："大王起细微，诛暴逆，平定四海，有功者则裂地而封王侯。大王不尊号，皆疑不信。臣等以死守之。"刘邦再三推让后，于二月甲午日即帝位。立刘盈为太子，建都长安。从此开始了他的帝业谋划。刘邦即汉高祖。

（一）定都之议

刘邦称帝时，本打算建都洛阳。车夫出身的娄敬，走后门去见高祖，劝他建都关中。理由是关中表里山河，易守难攻，山东虽乱，也能保住关中。但群臣大都是函谷关以东的人，他们争先恐后地说，周朝建都洛阳，传国数百年，而秦朝建都咸阳，只传两代就灭亡了，因此建都洛阳为好。高祖一时之间不知如何是好。唯独张良说，洛阳四面受敌，非用武之地。长安地险土肥，可以东制诸侯。诸侯安定，山东粮帛可漕运至京师，诸侯有变，又可顺流委输，这可以说是金城千里，天府之国啊！娄敬之言可从。高祖听出了张良的话外之音，韩信等异姓王未除，乱因仍伏，一旦建都洛阳，战争又起，真难料鹿死谁手。高祖大悟，当日就率领文武百官西去，建都长安。为此，娄敬赐姓刘，所以娄敬又叫刘敬，拜为郎中，号奉申君。

（二）封诸侯王与"强本弱末"

汉六年（前201），高祖开始剖符分封功臣，原来古代帝王分封诸侯、功臣时以竹符为信证，剖分为二，君臣各执其一。高祖封萧何、曹参等为彻侯（古代一种官名，秦汉二十等爵的最高级，岁俸一千石）。高祖在位期间，功臣封侯者137人，与外戚合计，共143人。封爵有誓，誓约是："使河如带，泰山若厉，国以永宁，爰及苗裔。"（《史记·高祖功臣年表》）这些得以封侯的人，是汉朝统治集团的核心人物。

在此之前，由于战争的需要，高祖虽不情愿但封了一些异姓王，如楚王韩信、韩王韩信、淮南王黥布、梁王彭越、衡山王吴芮、赵王张敖、燕王臧荼等。另外，还封了一些同姓王，如其兄刘仲封代王、弟刘交封楚王、从兄刘贾封荆王等。高祖对这些人一直放心不下，特别是几个实力强大的异姓王，高祖更视为心腹之患，必欲除之才心安。

汉九年（前189），刘敬出使匈奴回来，因说匈奴离长安，"近者七百里，轻骑一日一夜可至秦中。秦中新破，少民，地肥饶，可益实，夫诸侯初起时，非齐诸田、楚昭屈景莫能兴。今陛下虽都关中，实少人。比近胡寇，东有六国之祖宗强。一日有变，陛下亦未得高枕而卧也。愿陛下徙齐诸田、楚昭屈景、燕赵魏后及豪杰名家居关中。"高祖采纳了他的建议，命令刘敬负责把他所说的齐楚大姓迁入关中，共有十万多人（《史记·刘敬列传》）。

把齐楚大姓迁入关中，加强了汉朝廷的掌控，与此相辅而行的是，以刘姓子弟分封齐楚。汉六年（前201），大夫田肯劝高祖说："陛下得韩信，又治关中。秦，形胜之国，带山河之险，县隔千里，持戟百万，秦得百二焉。地势便利，其以下兵于诸侯，譬犹居高屋之上建瓴水也。夫齐，东有琅琊即墨之饶，南有泰山之固，西有浊河之限，北有渤海之利，地方两千里，带戟百万，县隔千里之外，齐得十二焉。故此东西秦也。非亲子弟，莫可使王矣。"高祖采纳其建议，分楚地为二国，以从兄刘贾为荆王，弟刘交为楚王，以子刘肥为齐王，共七十余城，老百姓能说齐地方言的区域都划给齐国。

这是高祖实行强本弱末的两个措施。高祖晚年还宣布："非刘氏而王者，若无功，上所不置而侯者，天下共诛之。"（《史记·吕后本纪》）

强本弱末是高祖巩固政权的一个战略方针，而除去心腹大患，则也是势在必行的。高祖在灭楚战争中，以韩信功劳最大，威望最高，彭越、黥布次之。楚汉战争结束之后，功高震主的韩信、彭越、黥布便成了高祖的心病。垓下之战，翦灭项羽不久，高祖便故技重施，突然来到韩信军营，夺了韩信的兵权，并将原封韩信齐王加以变动，改封为楚王，韩信成了光杆司令。汉六年（前201）十二月，有人告发楚王韩信谋反，高祖询问身边大臣，大臣都争着要出兵攻打。高祖采用陈平的计策，假托巡游云梦，在陈县（今河南淮阳）会见诸侯，乘韩信出迎时，逮捕了他。这次没有杀他，贬为淮阴侯。汉十一年（前196），陈豨反汉，高祖亲率大军征讨，太子刘盈和丞相萧何在京留守。韩信称病不随军，却暗中派人与陈豨勾结，想里应外合，袭击吕后、太子，部署已定，专等陈豨消息。不料，被人告发。吕后与萧何商谋，派一个人假装从高祖那里回来，说陈豨已被擒住杀死了，群臣都去祝贺。萧何欺骗韩信说，虽然生病，还是勉强进宫祝贺一下为好。韩信进了宫，吕后派武士加以逮捕，把他斩于长乐宫悬钟的房中，并灭韩信父、母、妻三族。

汉十年（前197）八月，赵国相国陈豨在代地（今天津蓟州区）反叛。高祖说："陈豨曾为我使用，很讲信用。代地是我重视的地方，所以封陈豨为列侯，以相国的身份守卫代地，如今他与王黄等勾结起来劫掠代地。但代地的官吏和民众并没有罪，应该赦免他们。"九月，高祖亲自率军自东西夹击陈豨。到了邯郸，高祖高兴地说："陈豨不往南据守邯郸而凭借漳水来阻击，我知道他是没有作为的。"听说陈豨的将领以前都是商人，高祖说："我知道用什么办法对付他们了。"于是，他使用大量黄金去收买和引诱陈陈豨的将领，陈豨的许多将领都投降了。

汉十一年（前196），高祖在邯郸（今河北邯郸）一带征讨陈豨等人尚未结束，陈豨的将领侯敞率领一万多人去打游击，王黄驻军曲逆（今河北顺平东南），张春渡过黄河进攻聊城（今山东聊城）。汉派将军郭蒙与齐国的将领合力夹击张春的军队，打败了他们。太尉周勃从太原进攻，平定了代地。兵至马邑，叛军不投降，周勃指挥大军就把马邑（今山东朔县）打得残破不堪。陈豨的将领赵利固守东垣（今河北石家庄东），高祖率军进攻，一个多月没有攻下来。叛军的士兵在城上辱骂高祖，高祖很生气。后来叛军投降，高祖下令把那些骂过他的人斩首，没有骂过的就宽恕了他们。此后，高祖把赵国山北地区划归代国，立他的儿子刘恒为代王，建都晋阳。

同年，有人告彭越谋反，高祖派使者逮捕彭越，查无实据，将他贬到四川当平民百姓。彭越在路上遇见吕后，哭诉一番，请吕后讲情，愿归故乡。吕后假装答应，把彭越带回洛阳，见了高祖却说，彭越是个壮士，如今流放到四川，无疑养虎遗患，不如杀了。于是杀彭越，并夷三族。

俗话说，兔死狐悲，物伤其类。韩信、彭越被诛，黥布自知在劫难逃，便索性起兵造反。高祖亲率大军征讨。汉十二年（前195）十月，黥布败走，逃到鄱阳，被俘后斩杀。高祖晚年，卢绾被迫逃入匈奴。汉初异姓王只剩下一个长沙王吴芮，国小地僻，没有野心，得以保全。

（三）制定朝仪和法令

汉六年（前201），高祖每五天朝拜太公一次，礼节像家人父子一样。太公家臣对太公说："天上没有两个太阳，地上没有两个君王。如今高祖虽然是你的儿子，却是君主；你太公虽然是高祖的父亲，却是臣子。怎么能让君王拜见臣下呢！这样做，会使皇帝失去威严。"后来，高祖朝拜太公，太公就抱着一把扫帚，到门口迎接，倒退着走。高祖大吃一惊，下车搀扶太公。太公说："皇帝是万民之主，怎么能因为我而乱了天下的法度！"于是，高祖就尊太公为太上皇。

高祖的功臣，多起自草莽，和高祖一样，都是"大老粗"，文化水平不高，待人接物的礼仪不太讲究。他们在朝会时，常常饮酒争功，大呼大叫，甚至拔剑击柱，不成体统。博士叔孙通看到高祖有建立汉朝秩序的想法，便提出"起朝仪"。经高祖同意，制定新的朝仪。汉高帝七年（前200），长乐宫落成，诸侯朝臣朝贺，启用新的朝仪。自诸侯王以下，莫不肃然起敬。"诸侍坐殿上皆伏抑首，以尊卑次起上寿"。御史执法，把不合朝仪的就拉出去。竟朝置酒，没有敢喧哗失礼的。这一朝仪，突出了尊卑不同的封建等级。于是，高祖高兴地说："吾乃今日知为皇帝之贵也。"（《史记·叔孙通传》）

此外，高祖还有多方面的建制。史臣说："初，高祖不修文学而性明达，好谋能听，自监门戍卒见之如旧。初顺民心作三章之约。天下既定，命萧何次律令，令韩信申军法，张苍为章程，叔孙通定礼仪，陆贾造《新语》。又与功臣剖符作誓，丹书铁券，金匮石室，藏之宗庙。虽日不暇给，规募宏远矣。"（《汉书·高帝纪》）这里所说的，自萧何次律令以下，丞相萧何制定《九章律》；张苍为章程，章是历数的章法，程是度量衡的规定，张苍制定章程，包括制定历法和规定汉代度量衡；军法是讲用兵之道，韩信将原来的一百八十二家兵法删定为三十五家；《新语》是讲历代兴衰的原因，叔孙通制定的朝仪比较简易。礼仪内容比朝仪更宽泛得多。这些基本上都属于立法工作，为后世立制垂范。汉承秦制，这样多方面的改造、丰富和创新，开国规模之完善，是前代不曾有的。

（四）对匈奴和亲

匈奴在秦朝末年，趁内地变乱，扩张势力，不断南侵。汉六年（前201），韩王韩信被高祖迁都边地，抵御匈奴。汉七年（前200），匈奴冒顿单于在马邑（治所在山西朔县）侵扰韩王韩信，韩王韩信就跟匈奴勾结起来，进攻晋阳（今山西太原）。白土城的曼丘臣、王黄拥立前赵国的将领赵利为王，反叛朝廷。高祖亲自率军前去镇压。一连打了几个小胜仗，心里骄傲起来。他派了十个人去匈奴收集情报，回来后都说匈奴可打。高祖又派刘敬去探听虚实，刘敬回来却说匈奴不可打。他陈述理由说，两国交兵，理应自矜所长，慑服对手。今臣往，所见士卒皆老弱，马匹皆瘦瘠，其中必定有诈，故匈奴不可击。当时，高祖三十万大军已枕戈待命，他大骂，齐虏（刘敬是齐国人）靠嘴皮子得官，今日竟敢妄言，沮丧军心，下令把他下狱。

高祖指挥韩进长驱直入，深入到匈奴腹地平城（今山西大同），果然中了匈奴的埋伏，被匈奴围在白登山（在大同东北）上，士兵七天七夜水米不曾沾牙，恰好遇到天气酷寒，士兵冻掉手指头的十之二三。后来，用陈平之计，派人用重金买通单于阏氏（皇后），说是汉朝将进献绝色美女，阏氏的位置将受到威胁。于是，阏氏暗中要匈奴将领对汉军网开一面，高祖才得以逃脱，史称"白登之围"。此后，高祖厚赏刘敬。七天后撤军而去。高祖令樊哙留在那里平定代地，立哥哥刘仲为代王。韩王韩信屡屡侵犯边塞，后被汉军击杀。

战后，刘敬提出和亲政策，建议将鲁元公主嫁给匈奴单于，被高祖采纳，并派他前往匈奴缔约。但吕后不愿意她的女儿远嫁匈奴，便让宗室之女代替。和亲政策便从这时开始，以后汉、唐长期实行。这种封建王朝利用婚姻关系与边疆少数民族统治者结亲和好的办法，对缓和民族矛盾起过一定作用，但不能从根本上解决问题。

1965 年 8 月 11 日，毛泽东和中央政治局常委听取总参谋长罗瑞卿汇报关于诱敌深入的备战方针时，他非常高兴地说：就是要诱敌深入。毛泽东即兴谈起自己的读史感受：我最近研究历史，古今中外，凡是诱敌深入的，就把敌人歼灭了；凡是开始打了胜仗，兴高采烈，深入敌境，就打败仗。……高祖也是几次轻敌冒进，被打得大败，差一点被敌人捉住。一次是孤军深入平城（大同）被匈奴单于包围了七天，弹尽粮绝，后来用陈平之计，才冲出来。一次是深入彭城，被项羽一个反击，几十万人被歼，高祖只乘了一辆车和几十个人突围逃走。途中遇到自己的儿女，又因楚军追赶，几次把儿女推下车，夏侯婴几次把他们捡起来。不让敌人打些胜仗，尝到味道，他就不来了。这件事要经常研究才好。（陈晋主编：《毛泽东读书笔记解析》，广东人民出版社 1996 年版，第 515 页）

（五）安排后事

汉十二年（前195）十月，高祖在会甄（zhuì，坠）（今安微宿县东南）击败了黥布的军队，黥布逃走，高祖就派将领去追击。高祖回师，路过故乡沛县，停留下来。在沛宫举行酒宴，把老朋友和父老子弟都请来纵情痛饮，挑选沛县儿童一百二十人，教他们唱歌。喝酒喝得畅快的时候，高祖击着筑，唱起自编的一首歌：

> 大风起兮云飞扬，
> 威加海内兮归故乡，
> 安得猛士兮守四方！

高祖让儿童们也都跟着学唱歌。高祖又跳起了舞，感慨伤怀，淌下几行热泪。此次高祖宴饮了十多天才回长安。

这首诗是这位开国皇帝的心态的真实祖露，既表现出英雄风云际会的豪迈之情，又流露出思得良将保守边疆的愿望，气势雄伟。毛泽东曾对他的表侄女王海容称赞说："这首是写得很好，很有气魄。"（张贻玖：《毛泽东批注历史人物》，鹭江出版社1993年版，第53页）他还认为，"汉高祖的《大风歌》，写得很好，很有气魄。写诗的这个汉高祖没有读过几天书，能写出这样的"好诗"，很不容易。"（董学文等：《毛泽东的文艺美学活动》，高等教育出版社1995年版，第231页）

战争过后，高祖登基，便该立太子了。太子是储君，是皇帝的接班人，也就是未来的皇帝，至关重要。所以，历代王朝围绕废立太子的斗争都十分激烈。汉朝也是如此。高祖在称帝之初，本来有病，在征讨黥布时带病出征，偏又受了箭伤，病得更重了，更急于改立太子，但大臣们异口同声地反对。大儒叔孙通引经据典，据理力争。功臣周昌为人倔强更是以死相争。周昌口吃，高祖问他为什么反对，盛怒之下，他说话更加结结巴巴："臣口不能言，然臣期期知其不可。陛下虽欲废太子，臣期期不奉诏。"（《史记·

《张丞相列传》）张良劝阻，高祖也不听，留在家中养病，不上朝议事。

秦末汉初（前200年左右）的东园公唐秉、角（lù）里先生周术、绮里季吴实和夏黄公崔广四位著名学者。他们不愿意当官，长期隐藏在商山（今陕西省商洛市境内），出山时都八十有余，眉皓发白，故被称为"商山四皓"。高祖久闻四皓的大名，曾请他们出山为官，而被拒绝。他们宁愿过清贫安乐的生活，还写了一首《紫芝歌》以明志向，歌曰："莫莫高山，深谷逶迤。晔晔紫芝，可以疗饥。唐虞世远，吾将何归？驷马高盖，其忧甚大。富贵之畏人兮，不如贫贱之肆志。"高祖登基后，立长子刘盈为太子，封次子如意为赵王。后来，见刘盈天生懦弱，才华平庸，而次子如意却聪明过人，才学出众，有意废刘盈而立如意。刘盈的母亲吕后闻听，非常着急，便遵照开国大臣张良的主意，聘请商山四皓。

有一天，高祖与太子一起饮宴，他见太子背后有四位白发苍苍的老人。问后才知是商山四皓。四皓上前谢罪道："我们听说太子是个仁人志士，又有孝心，礼贤下士，我们就一起来做太子的宾客。"高祖知道大家很同情太子，又见太子有四位大贤辅佐，消除了改立赵王如意为太子的念头。刘盈后来继位，为汉惠帝。

高祖见自己征召不到的商山四皓，现在竟成了太子的辅弼，误以为太子羽翼已成，立即改变了主意。他指着跟随太子离去的商山四皓的背影，无奈地对戚夫人说："我想改立太子，商山四皓辅佐他，辅佐太子的力量已养成，难更改了，以后吕后真是你的主人了！戚夫人哭了起来，高祖说："你给我跳楚舞，我唱楚歌"。歌曰：

> 鸿鹄高飞，一举千里。
> 羽翮已就，横绝四海。
> 横绝四海，当可奈何？
> 虽有矰缴，尚安所施？

他一连唱了好几遍，戚夫人只是叹息流泪，高祖终于没有废太子，这是张良聘请商山四皓的作用。

十一月，高祖从征讨黥布的前线回到长安。高祖征讨黥布时，中流箭受伤，在回来的路上病倒了。病情很重，吕后请来高明的医生。医生进去，高祖问他。医生说："病是可以治好的。"于是高祖谩骂道："我以一个平民提三尺剑而夺取天下，这不是天命吗？命运是由天定的，即使扁鹊来了又有什么用处呢！"不让医生给自己治病，赐给五十斤黄金，让他回去了。不久，吕后问高祖："陛下百年之后，萧相国如果死了，让谁接替他呢？"高祖说："曹参可以。"又问曹参以后谁还行，高祖说："王陵可以。不过他有点莽撞而刚直，陈平可以帮助他。陈平才智有余，不过难以独任。周勃稳重厚道，缺少文才，然而安定刘氏天下的必定是周勃，可以让他做太尉。"吕后再问其次，高祖说："以后的事情你也不会知道了。"卢绾带着几千骑兵在边塞等候消息，希望等高祖病愈以后自己去向高祖谢罪。

十二月，高祖说："秦始皇帝、楚隐王陈胜、魏安釐王、齐湣王、赵悼襄王都绝了后，分别给予十户人家看守坟墓，秦皇帝给予二十家，魏公子无忌给予五家。"被陈豨、赵利所胁迫的代地官吏和百姓，一律赦免。陈豨的降将报告说，陈豨反叛时，燕王卢绾曾派人到陈豨那里去，参与了陈豨的反叛阴谋。高祖派辟阳侯审食其去接卢绾，卢绾称病不来。辟阳侯回来后，详细报告了卢绾反叛的征兆。二月，高祖派樊哙、周勃带兵攻打燕王卢绾，赦免燕地的官吏和民众中参与反叛的人，立皇子刘建为燕王。

四月二十五日，高祖在长乐宫（位于今陕西西安城南隅）驾崩。

四、成就帝业的原因

刘邦"以布衣提三尺之剑取天下",是我国历史上第一个以农民起义领袖的身份登上皇帝宝座的历史人物。从战国时期各封建诸侯分裂割据的分封制,到秦始皇创建中央集权的统一的多民族国家,这标志着处在上升时期的封建制进入了一个新的时期。但秦帝国短命而亡,一度称霸天下的项羽力图恢复分封制。刘邦顺应历史的要求,击败了项羽,继秦始皇之后,重建了中央集权的封建国家,这是刘邦的主要历史功绩。毛泽东在读司马迁《史记·高祖本纪》时,将刘邦和他的主要对手项羽加以对比,批注道:"项王非政治家。汉王则为一位高明的政治家。"(《读〈史记·高祖本纪〉批语》,《毛泽东读文史古籍批语集》,中央文献出版社1993年版,第121页)对刘邦的评价是很高的,也是符合实际的。刘邦的雄才大略,是"一位高明的政治家",不仅表现在他完成统一大业,建立了西汉王朝,而且表现在他为了巩固新生的政权而采取的一系列措施。究其原因,有以下几个:

(一)"汉承秦制"

秦统一后,建立了一套以丞相为核心的中央官僚体制,其主要职官是丞相、太尉、御史大夫。丞相是百官之长,其职责是协助皇帝处理全国政务。所谓"相国、丞相,皆秦官,金印紫绶,掌丞天子,助理万机"。太尉,负责管理军事,"金印紫绶,掌武事""为百官之长"。御史大夫,其位置略次于丞相,是丞相的辅佐。《汉书·百官公卿表》:"御史大夫,秦官,位上卿,银印紫绶,掌副丞相。"在秦代,掌司法是御史大夫的主要职责。御史大夫并不受制于丞相,而是直接受命于皇帝。

西汉建立后，承袭秦制，虽略有所改，但在汉武帝以前的中央行政体制，基本上没有突破秦代模式。故有"汉承秦制"之说。只是在汉武帝时，中央官制出现了内朝与外朝的划分，皇权也进一步集中。

"汉承秦制"，主要包括下列内容：一是职官制度沿用了秦制。皇帝掌握最高权力，实行专制统治。在皇帝之下又同样设有十二个主要朝臣：丞相、太尉、御史大夫、奉常（景帝时更名太常）、郎中令（武帝时更名光禄勋）、卫尉、太仆、廷尉、典客、宗正、治粟内史、少府，而且这些朝臣的职责也与秦朝相同。二是同样实行郡县制，作为全国的基本的政区体制。西汉建国后，在萧何的主持下，以秦律为蓝本，制定完善了法律制度。三是礼乐、度量衡和历法制度。在叔孙通的主持下，以秦的礼乐制度为基础制定了汉王朝的礼乐制度，在张苍主持下制定了历法及度量衡制度，西汉的各种制度基本完善起来。四是根据军功用人和选官。汉初沿袭秦制，主要以军功为主，同时为了弥补军功官吏多武少文的缺陷，刘邦也多次下达求贤令，想方设法笼络知识分子，充实各级官吏队伍。这些制度的建立与完善，使汉朝开创了中央集权帝国发展的新局面。

（二）"了解人民心里"

高祖在洛阳的南宫举行酒宴。高祖说："各位诸侯将领，请你们不要隐瞒我，都坦率地说一说，我为什么能够得到天下？项氏为什么会失去天下？"高起、王陵回答说："陛下傲慢而好侮辱人，项羽仁慈而爱护人。然而陛下派人攻城略地，攻下了城邑就封给他，和大家利益相共。而项羽妒贤忌能，有功的人遭陷害，贤良的人被怀疑，打了胜仗不论功行赏，攻占了土地不给人好处，这就是他为什么失去天下的原因。能与天下共赏利益，这是很重要的一条。韩信、黥布、陈平等，本是项羽部下，因为项羽对有功当封赏者，'刻印刓，忍不能予'。"

王陵所说与天下人共利，是要刘邦论功行赏，不要独吞胜利果实。刘邦是一个平民百姓，生活在底层，比较了解人民的痛苦和要求。他领导起义，以"天下苦秦久矣"作号召，顺应了民众的诉求，代表了他们的利益。刘邦称帝后，从一个农民起义领袖，蜕变为一个封建皇帝，从根本上，他代表的是封建地主阶级的利益，但他采取的一些政策，注意休养生息，轻徭薄赋，释放奴婢，复原士兵，重农抑商等，恢复和发展了封建经济，也符合人民群众的要求，这才是与天下人共利。而项羽力图恢复奴隶制，是历史的大倒退。刘邦顺应历史发展的要求，继秦始皇之后，重建了中央集权的多民族的封建国家，这是他的历史功绩。虽然在称帝前后，他也封了一些异姓王，但不过是权宜之计，局势稳定后，他就着手消灭异姓王，而在他去世之前，他认识到同姓王也有反叛的可能，昭示天下，对叛乱诸侯要"天下共击之"，这就为后来文、景二帝顺利平定同姓诸侯王叛乱，武帝彻底废除分封制做了铺垫。

实行"与民休息"的政策。西汉初年，由于长期战乱，社会经济遭到严重破坏，农民大批流亡，土地荒芜，府库空虚，物资匮乏。刘邦采取减轻田赋，十五税一，与民休息的政策。凡民自卖为奴隶者，皆免为庶人；士兵复员归家，豁免其徭役；继续推行秦代按军功授田宅的制度；战争期间流亡到山泽没有登记户籍的人，令其各归其县，复故爵田宅；规定商人不得衣丝乘车，抑制其社会地位，并加重其租税。这些措施对于经济的恢复和封建秩序的稳定起了重大作用。

早在 1921 年，毛泽东在广州第三届农民运动讲习所讲课时就说："秦朝末年，陈胜、吴广不堪其苦，遂辍耕而叹，揭起义旗，他们纯粹代表农民利益。同时，有汉高祖、项羽起兵讨秦始皇，结果汉高祖胜，项羽等失败。因高祖为地主阶级，初入秦，即与父老约法三章，得一般人之信仰，故当时秦人大悦。项羽入关，粗恶无比，不得一般人之信仰，又一至咸阳，便大焚秦之故宫，遂大失地主阶级之信仰，此其失败之重要原因也。"（王子今：《毛泽东与中国史学》，中央党校出版社 1993 年版，第 122 页）

毛泽东又说："刘邦能够打败项羽，是因为刘邦和贵族出身的项羽不同，比较熟悉社会生活，了解人民心理。"（《读苏联〈政治经济学〉（教科书）的谈话》，1959 年 12 月至 1960 年 2 月，《党的文献》1994 年第 5 期）

汉高祖刘邦是『一位高明的政治家』

刘邦出身下层农民，了解人民疾苦。他"仁而爱人，喜施"。他送刑徒去骊山，"徒多道亡"，便索性把其余刑徒释放，自己也逃走。这些都表现了刘邦同情人民疾苦，了解人民心理。他入关后"约法三章"，深得民心，关中百姓"唯恐沛公不为秦王"。刘邦做皇帝后，实行与民休养生息的政策，对内定律令、定军法、定礼仪，提倡节俭，对外与少数民族匈奴单于实行和亲，以求得政局的稳定，经济的发展，都是符合人民的要求的。所以刘邦成功的诀窍在于符合民意，顺应历史潮流，这是最根本的原因。

（三）知人善任

刘邦知人善任，凡是能为他的政治目标献策出力的，不管其出身经历如何，他都因材使用，发挥其所长。张良是韩国贵族；张苍为秦朝御史；叔孙通为秦朝博士；萧何、曹参为沛县官吏；韩信是贫民；彭越出身渔民，后曾为"盗"；英布本为平民，后因犯法而逃亡为"盗"；樊哙以屠狗为业；灌婴是个布贩子；陈平是个穷书生；刘敬是戍卒。这些人都成为刘邦重用的文臣武将。由于刘邦能知人善任，能听从别人的意见，集中众人的智慧，发挥大家的才干，终成大业。刘邦曾将自己与项羽相比较，分析胜利的原因说："夫运筹策帷帐之中，决胜于千里之外，吾不如子房（张良）。镇国家，抚百姓，给馈饷（kuì xiǎng，溃饷），不绝粮道，吾不如萧何。连百万之军，战必胜，攻必取，吾不如韩信。此三者，皆人杰也，吾能用之，此吾所以取天下也。项羽有一范增而不能用，此其所以为我禽也。"（《史记·高祖本纪》）

（四）“豁达大度，从谏如流”

在中国历史上，刘邦的知人善任为后世所称道。正如毛泽东所说："从前有个项羽，叫作西楚霸王，他就不爱听别人的意见……另外一个人叫刘邦，就是汉高祖，他比较能够采纳各种不同意见。……刘邦是在封建时代被历史家称为'豁达大度，从谏如流'的英雄人物。刘邦同项羽打了好几年仗，结果刘邦胜了，项羽败了，不是偶然的。"（《在扩大的中央工作会议上的讲话》，《毛泽东文集》第八卷，人民出版社1999年版，第295页）

毛泽东认为，刘邦之所以胸襟开阔及乐于听取别人意见，与他是个"大老粗"密切相关。他曾说："书读多了，就做不好皇帝，刘秀是个大学士，而刘邦是个大草包。"（萧延中：《毛泽东晚年政治伦理观述略》，《晚年毛泽东》，春秋出版社1989年版，第257页）有些知识分子书读多了，思想易受限制，往往小肚鸡肠。有些人出身高贵，往往自视甚高，刚愎自用，项羽就是这样。这两种人都不可能"从谏如流"。刘邦自知知之甚少，所以乐意听取别人意见，为人大度，不怕丢面子，才敢于听取别人的意见。

"1967年1月7日，毛泽东在一次谈话中，举了有关刘邦纳谏的几件事情。一是张良劝说，封举足轻重的韩信为齐王，此事详载《留侯世家》。一是楚汉划界鸿沟后，听张良、陈平之劝，鸿沟划界项羽引兵东退，他也想到长安休息。张良说，乘胜追击引兵向东的项羽，此事详载《项羽本纪》。一是刘邦称帝后，听齐人娄敬建议，入都关中长安，此事详载《刘敬列传》。有这么一大帮人为其出主意，且又善于采纳，刘邦这位老粗自然胜过刚愎自用的项羽了。"（陈晋：《毛泽东读书笔记解析》下册，广东人民出版社1993年版，第989页）

确如毛泽东所说，刘邦善于纳谏的事，史书上多有记载。如《郦生陆贾列传》中记载刘邦采纳郦食其攻取陈留之计；《留侯世家》中载刘邦听从张良劝说，封韩信为齐王的事；《项羽本纪》中载刘邦在楚汉划界后听从张良、陈平之劝，乘胜追击引兵东向的项羽之事；《刘敬列传》载刘邦称帝后欲建都洛阳，后听取刘敬建议建都长安，等等。

毛泽东又说："可不要看不起老粗。……一些老粗能办大事情，成吉思汗、刘邦、朱元璋。"（《毛泽东评点二十四史精华解析》，中国档案出版社1999年版，第130页）这三位著名帝王，确实是不折不扣的"大老粗"。

1967年1月7日，毛泽东在一次讲话中又一次讲到这个话题。他说："'老粗出人物'。但是，没有几个人知识分子也不行。自古以来，能干的皇帝大多是老粗出身。汉朝的刘邦是封建帝王里边最厉害的一个。"接着，毛泽东又说："南北朝，宋、齐、梁、陈，五代，梁、唐、晋、汉、周，很有几个老粗。文的也有几个好的，如李世民。"

1951年冬，中国人民志愿军炮兵二师师长朱光在中南海见到毛泽东。当毛泽东问及部队出过什么问题没有时，朱光说："我发现几个战士组织投敌，便给处决了。"毛泽东说："这不好！有了全国政权，这类人可以送出去改造，变成好人，还有用嘛。从历史上看，凡是杀人过多的，都没有好结果。汉高祖刘邦杀人最少，汉朝也就维持得较长，这个问题要十分注意才行。"（《毛泽东思想研究》1995年第1期，第143页）

1959年仲夏，毛泽东在浙江杭州西湖刘庄。谈话时，毛泽东要林克研究历史，还介绍说："《后汉书》《曹操传》《郭嘉传》等史书，值得一读。"据林克《毛泽东和我谈学习》一文说：毛主席曾让他看范晔的《后汉书》，鼓励他学一点历史。还对他说："西汉高、文、景、武、昭读起来较有兴味，东汉两头均无意思，只有光武可以读。"（张贻玖：《毛泽东读史》，中国友谊出版公司1992年版，第25页）

毛泽东总是在刘邦与项羽的对比中，探讨二人的得失原因，总结历史经验，激励后人。他多次称赞刘邦是个"大老粗"，有"豁达大度"的胸襟，"从谏如流"的作风，终于办成了大事，成就帝业。

『汉武帝雄才大略』

一、少受历练

汉武帝刘彻（前 156—前 87），西汉第七位皇帝，杰出的政治家、战略家、诗人。

汉景帝刘启的儿子。初封胶东王，7 岁立为太子，16 岁即皇帝位。公元前 140—前 87 年在位，共计 54 年，71 岁逝世。谥号孝武皇帝，庙号世宗。在汉武帝统治时期，社会经济、政治、军事、外交、文化等都发展很快，使西汉王朝成为中国历史上的鼎盛时期。

毛泽东对汉武帝评价很高。1957 年 5 月 18 日，他在中央政治局听取时任新华社社长吴冷西考察英国、法国等国家的汇报时，对吴冷西说："倒是汉武帝雄才大略，开拓刘邦的业绩，晚年自知奢侈、黩武、方士之弊，下了罪己诏，不失为鼎盛之世。"（吴冷西：《新闻的阶级性及其他——毛泽东几次谈话的回忆》，《缅怀毛泽东》上册，中央文献出版社 1993 年版，第 206 页）

他在读《汉书》时批注道："西汉高、文、景、武、昭等读起来较有兴味，东汉两头均无意思，只有光武可以读。"（陈晋：《毛泽东之魂》（修改本），中央文献出版社 1997 年版，第 351 页）

（一）取名刘彘

俗话说，龙生龙，凤生凤，老鼠生仔会打洞。这是封建社会血统论者经常散布的一种流言蜚语。其目的是蛊惑人心，宣扬统治阶级出身可贵，一般人无法可比，人们只好听天由命，安于现状。这样有利于封建统治的巩固。甚至一些统治阶级人物，出身并不一定高贵。汉武帝刘彻是景帝刘启的儿子，无疑是"龙种"。

王皇后，名叫王娡。王娡的母亲臧儿是汉代初年异姓诸侯王——燕王臧荼的孙女。燕王臧荼因为谋反，被汉高祖刘邦镇压了。臧儿便成了犯官的后代。她先嫁给一个叫王仲的人，生下王皇后兄妹俩，儿子就是后来大名鼎鼎的王信。不久，王仲死了。臧儿改嫁到长陵附近一个姓田的人家，又给田家生了两个儿子，这就是田蚡和田胜。而王皇后则是臧儿与前夫生的长女，仍然姓王。

臧儿带着几个孩子，孤儿寡母，艰难度日，便把大女儿王娡嫁给一个家境一般的金王孙。王娡给金家生了个女儿叫金俗。

臧儿对这种情况很不满意，试图改变自己的命运。一个机会来了：有一天，她听说驿站里来了个宫里的太监，是到别处选秀女入宫的。她找到女儿王娡，两人一拍即合，便瞒着金王孙，偷偷地去参选。

不知臧儿施展了什么手段，蒙骗了选秀女的太监，王娡竟被选入太子刘启的宫中做粗活。花容月貌的王娡，很快就赢得了太子刘启的宠爱。一年后，王娡为刘启生了一个女儿。王娡既为太子所爱，宫中的人便改口称她为王美人。

王美人一口气为刘启生了四个孩子，头三胎都是女儿，这就是后来的平阳公主、南宫公主和隆虑公主；最小的是一个男孩，就是后来的汉武帝刘彻。后来，文帝驾崩，刘启即位做了皇帝，史称汉景帝。

武帝出生在传统的"七夕节"。这个传说牛郎和织女渡河相会的夜晚，作为景帝和王美人爱情产物的刘彻在漪澜殿降生。"王美人生了一位皇子！"内侍飞快地把这个消息报告给汉景帝。

闻听佳节得子，汉景帝的兴奋溢于言表。他很快来到床前，探视疲惫不堪的王美人，然后就着宫灯端详他的第十个儿子。

"这孩子一生下来就长得很壮实，哭声洪亮，将来必定是个英才，真应该向皇上道贺。"在榻边替王美人接生的老宫女对景帝说。

王美人恳求说："请皇上给皇子赐个名吧！"

汉景帝心中早有主意，原来他昨天晚上做了个梦，有一头红色的猪从天而降，直落宫中。汉景帝刘启吩咐说，王美人所生的儿子，应起名叫彘。

彘的意思就是小猪。景帝为什么给这个皇子起这么个不雅的名字呢？原来他想起了民间的小孩，有时故意起个卑贱的名字，据说可以避凶趋吉。况且这小皇子，长得胖胖的，就像一头小猪崽，不妨就叫彘吧。王美人生子以后，晋升为贵妃，地位又提高了。

（二）金屋藏娇

王娡入宫为汉景帝生儿育女之后，毋庸置疑，已经摆脱了贫困生活的困扰，但她并不满足，可当时也没有别的办法。因为当时景帝早已奉祖母薄皇太后之命，娶了薄氏的内侄女为皇后。有薄太后撑腰，当然没有人能动摇她的地位。

但是薄皇后命运不好，一直没有给景帝生下个一男半女。薄皇后不能生育，注定了她将来的悲剧命运。果然，自公元前155年4月，薄太后去世后，薄皇后失去了靠山，不久便被削去了皇后封号。

薄皇后被废后，皇后空缺，而且又一直没有立太子，使野心勃勃的王妃看到了新的希望。一场皇后、皇储的争夺战便在她和栗妃中间展开了。

栗妃是汉景帝做太子时的妃子，清新秀丽，容貌出众，深受景帝宠爱，况且她为景帝生了三个儿子，其中的刘荣又是长子，其地位仅次于薄皇后。现在薄皇后失宠，好像皇后非她莫属。但她心高气傲，目中无人，最终在这场宫闱斗争中输给了王妃。

王妃是个工于心计的人。有一次，她对汉景帝说："妾在怀上彘儿的时候，梦见一轮红日直入怀中。"她编造这样一个梦，暗示刘彘是上天所授的真命天子，为争夺太子之位制造舆论。

当然，栗妃也不是等闲之辈。封建社会是嫡长制，就是说长房长子是理所当然的继承人，这使她在这场立后、立储的斗争中，处于有利的地位。终于在孝景皇帝前元四年（前153）立刘荣为皇太子，封3岁的刘彘为胶东王。明眼人一看便知，只要不能生育的薄皇后被废，皇后便铁定是栗妃了。

王妃在第一回合中败下阵来，但她并没有认输。而使这场争储、争后的斗争发生逆转的，是馆陶公主刘嫖的介入。刘嫖是窦太后的独生女儿，汉景帝一母同胞的姐姐，刘彻的姑母，汉文帝即位后，受封馆陶长公主下嫁到功臣陈婴家，做了陈婴的孙子堂邑侯陈午的妻子。

长公主与陈午只生了一个女儿，名叫阿娇。这个阿娇，受到长公主的无比宠爱。长公主一心想让她做皇后。长公主见景帝已经立刘荣为太子，想如果把阿娇许配给刘荣，阿娇便顺理成章地成为皇后。想到这些，长公主便放下架子，托人向栗妃提亲。

谁知栗妃倚仗自己受景帝的宠爱，加上她心胸狭窄，平时总是妒忌景帝对长公主言听计从，这次要抓住机会报复她一下，所以对于长公主替女儿求亲的事，一口便回绝了，还把前去提亲的人羞辱了一顿。

长公主恼羞成怒，从此与栗妃结下了冤仇。她改变了主意，要把阿娇嫁给刘彻。

而王妃听说此事，认为有机可乘，就去假装劝慰长公主，实则想摸底。谁知长公主在骂了一顿栗妃不识抬举后，便直截了当地提出把阿娇许配给刘彻的事。

王妃自然是求之不得。因为她深知长公主在景帝心中的分量，与长公主结成儿女亲家，这对刘彻争立太子、自己争立皇后都十分有利，所以就满口答应下来，只是意味深长地说："可彻儿不是太子，太委屈了阿娇。"

长公主冷笑说："太子也不是铁定的，自古以来废立太子的事多了！"就这样，王妃与长公主自作主张，结成了儿女亲家。

接着，王妃与长公主定了一计，迫使景帝对这门亲事表态。一天，长公主带着阿娇来宫中见汉景帝，景帝高兴地接待了她们。王妃也带着刘彻来给长公主请安。

长公主把刘彻抱过来，放在自己的膝上，笑着问他："彻儿要不要娶媳妇啊？"刘彻说："要娶。"长公主指着身边的宫女，逐个问了一百多人，刘彻都说不娶她们。最后，长公主指着自己的女儿阿娇问："阿娇好不好？"刘彻回答："好。"长公主又问："阿娇给你做媳妇好不好？"刘彻回答："如果我能娶阿娇当媳妇，应当盖一所金屋让她住。"大家听了，都大笑起来。这就是"金屋藏娇"的故事。

这件事得到景帝的默许，王妃与长公主联手，使她在立后、立储的斗争中处于有利地位。但景帝要废长立幼，有违祖训，遭到了太子太傅窦婴（窦太皇太后之侄）的反对。究竟立谁为皇后，一时仍未定下来。

为了争夺后位，王妃又使出阴招，她使人怂恿掌管宾客之礼的官员大行，向汉景帝建议，册立栗妃为皇后。

大行是个头脑简单的人，以为此事责无旁贷，就去奏请汉景帝说："自古以来都是'子以母贵，母以子荣'，现在刘荣殿下被立为太子，他的母亲栗妃娘娘理所当然地应该立为皇后。"

大行哪里知道，汉景帝正为不能废掉刘荣生气，现在大行还劝景帝立其母为皇后，不禁勃然大怒，厉声斥责大行说："这是你应该说的话吗？"喝令把大行下狱，判处死刑。

由于这件事，汉景帝终于下定决心，于孝景皇帝前元七年（前150），废太子刘荣，改封为临江王。不久，栗妃和刘荣死去。此后，窦皇太后又想让她的小儿子梁王刘武继承皇位。汉景帝当然不愿意将皇位传给弟弟，再加上他的姐姐刘嫖的反对，梁王刘武在皇位的争夺中很快出局，胶东王刘彘便被立为太子。王妃自然也当上了梦寐以求的皇后。

皇太子是皇位的继承人。刘彘被立为太子后，景帝觉得"刘彘"这个名字用来称呼未来的接班人，毕竟有点不雅。他想起来《庄子·外物篇》中有一句"心彻为知"的话。原话是这样的："目彻为明，耳彻为聪，鼻彻为颤，口彻为甘，心彻为知，知彻为德。"唐成玄英疏："彻，通也。颤者，辛臭之事也。六根无壅，故彻。聪明不荡于外，故为德也。""彘"和"知"又是一音之转，所以，景帝将刘彘的名字改为刘彻，希望这个皇太子能够聪明绝顶而又不外露之意。

（三）经历磨炼

7岁的刘彘战胜了对手太子刘荣和梁王刘武，被立为皇太子，取得了继承皇位的资格。为了将来光大帝业，汉景帝很重视对太子的历练。概括起来，他采取了三种方法。

1. 延请名师

当刘彘被立为太子时，窦太后把景帝叫到跟前，对如何教育太子进行指导，早些年大臣贾谊上了一个奏本，说皇太子要成才，就要早期教育，并为他选择贤良的人做老师。只要教育得法，老师品行端正，则皇太子必能品行端正，这样天下就安定了。

景帝选中卫绾。卫绾（？—公元前131），代郡大陵（今山西文水县）人，西汉大臣，官至丞相。汉文帝时，以弄车之技当上郎官，迁中郎将，出为河间王太傅。汉景帝时期，从平七国之乱，升任中尉，加封为建陵侯，拜太子太傅、御史大夫。

汉文帝临终前曾嘱咐太子刘启（即汉景帝）说卫绾是长者，应该好好看待他。及至景帝即位后卫绾仍为中郎将，为景帝出入备乘护卫。如此一年多光景卫绾也不声言。后来，汉景帝游幸上林苑，专召卫绾参乘，回宫后又赐其宝剑。从此受到汉景帝的起用，任为河间王太傅。孝景皇帝前元三年（前154）春"楚吴七国之乱"爆发，卫绾受命率河间国士卒参与平定七国之乱，以功升中尉。三年后又以军功受封为侯。孝景皇帝前元七年废太子刘荣，严治刘荣生母栗氏之亲属。卫绾因系栗氏亲属而受株连，但因他忠厚景帝不忍加诛赐其免官归家。不久刘彻为太子，卫绾又受诏为太子太傅。卫绾是个儒者，后来成为独尊儒术的执行者。他担任太子太傅长达七年之久，对刘彻的思想很有影响，后来魏绾调任御史大夫，他推荐了另一位儒学家王臧给汉景帝。王臧（？—前139），兰陵（治今山东苍山西南）人，西汉儒生。他是申公（申培）的弟子，汉武帝即位之初受到重用，建元元年（前140），官拜郎中令，推行独尊儒术，贬斥黄老，与赵绾建议立明堂、封禅等事。

皇太子刘彻在宫中接受了多种学术思想的影响，在窦太后控制的宫廷氛围内，他接受了黄老思想的熏陶；从父皇景帝那里，接受了刑名思想的影响；从魏绾和王臧那里，又接受了儒家思想的精髓。少年刘彻不仅接受了多种思想的影响，而且喜欢当时流行的辞赋。此外，他还学习骑马射箭，经常到野外去打猎，养成了"自击熊豕，驱逐野兽"的本领。

2. 实践测试

刘彻学习努力，很有悟性，深受景帝喜爱。景帝有时也拿一些问题测试他。

一天，景帝看到一个防年弑母的案件，觉得可疑，就让刘彻去看。

原来这个案件是这样的：有一个叫防年的小伙子，他的继母陈氏与邻人勾搭成奸，被防年的父亲发现了。生性歹毒的陈氏，一不做，二不休，竟用药把防年的父亲毒死。血气方刚的防年，一怒之下，就把陈氏杀了。杀人偿命，欠债还钱，中国法律，自古而然。而且，防年杀死的是继母，是大逆不道之罪，按汉代法律，应判死刑。主管刑法的廷尉认为，应以弑母罪论处。

景帝问刘彻有什么看法。刘彻不慌不忙地说道，大家都说继母就像母亲一样，这明明是说继母到底不如母亲。只是因为子女对父亲有感情，所以才把继母比作母亲的。现在防年这个继母残酷地杀害了他的父亲，可以说是从她伸出罪恶的手杀人那时起，她的夫妻之情、母子之义就不存在了。她变成了一个杀人犯，而防年杀掉她，只是杀掉一个普通的妇人，而不是他的继母了，应该与一般的杀人罪一样处理，而不应该作为大逆不道的弑母罪判决。

景帝见刘彻分析得有条有理，十分满意，周围的人都投以赞许的目光。

3. 铲除障碍

周亚夫（前199—前143），汉族，沛郡（今江苏丰县）人。他是名将绛侯周勃的次子，西汉时期的著名将军，在历史上也非常有名的军事家，在七国之乱中，他统率汉军，三个月平定了叛军。后死于狱中。

为什么周亚夫是刘彻当政的主要障碍呢？

周亚夫，西汉开国功臣周勃的儿子。汉文帝后元二年（前162），袭父爵为条侯。此前做河内郡守。过了三年，周亚夫的哥哥绛侯周胜之犯了罪，文帝选周勃子孙中有贤德的人为侯，大家都推举周亚夫，于是封周亚夫为条侯，继承绛侯爵位。

汉文帝六年（前158年），匈奴大举入侵边关，文帝命宗正刘礼为将军，屯军霸上；祝兹侯徐厉为将军，驻军棘门；河内郡守周亚夫为将军，驻守细柳（今陕西咸阳西南）。三军警备，以防匈奴入侵。

文帝亲自去慰劳军队，到了霸上和棘门军营，都可直接驱车而入，将军和他下面的官兵骑马迎进送出。接着去细柳军营，营中将士个个披坚持锐，刀出鞘，箭上弦，拉满弓，持战备状态。文帝的先导驱车门下，不得入。先导说："天子就要到了！"守卫军门的都尉说："将军有令：军中只听将军命令，不听天子的诏令。"等了不一会儿，文帝到了，又不得入营。于是文帝派使者手持符节诏告将军："我要入军营慰劳军队。"周亚夫才传令打开营门。营门的守卫士兵对皇帝随从人员交代说："将军规定：军营中不准车马奔驰。"于是文帝的车便控着缰绳，慢慢走。到了营中，将军周亚夫手持兵器向文帝拱手说："身着铠甲的将士不行拜跪礼，请允许我以军礼参见。"天子深受感动，改换了姿态，靠在车前横木上向军队敬礼。派人说："皇帝郑重地慰劳将军。"劳军仪式结束后，出了营门，群臣都非常惊讶。文帝称赞道："这才是真正的将军呢！以前到过的霸上和棘门的军营，好像小孩子做游戏。那里的将军遭袭击就可成为俘虏。至于周亚夫，敌人能有时机冒犯他吗？"文帝对亚夫赞美了很久。一个多月以后，三支部队撤兵，文帝便任命周亚夫做中尉，负责京城的治安。周亚夫的治军给文帝留下了深刻的印象，文帝临死时嘱咐太子刘启（后来的景帝）说："国家若有急难，周亚夫真正可以担当带兵的重任。"文帝逝世后，景帝即位，任用周亚夫做车骑将军。

景帝三年（前154），吴、楚等七国叛乱。周亚夫以中尉代行太尉的职务，领兵向东进击吴、楚。周亚夫对景帝说："吴楚勇猛，行动迅捷，我们很难同他们在面对面的作战中取胜。我想让梁国拖住吴兵，再率兵断绝他们的粮道，这样就可以制服吴楚了。"景帝同意了这个战略建议。

太尉周亚夫调集军队在荥阳会合，这时吴国军队攻打梁国，梁国告急，请求援助。周亚夫却领兵向东北急行至昌邑，深沟高垒进行防御。后击败叛军，周亚夫于是派精兵追击，大破吴军。吴王刘濞丢掉他的大部队和几千名精兵逃跑了，躲在江南的丹徒县（今江苏镇江市东南）。汉兵乘胜追击，俘虏了他们，吴军全部投降。周亚夫悬赏黄金千两捉拿吴王。一个多月以后，东越人斩下了吴王的头前来报功请赏。这次平定吴、楚之乱，历时三个月，可谓神速。这时将帅们才领略到了周亚夫的计划谋略得当。由于这次平乱中，梁孝王刘武因周亚夫不救梁，与太尉周亚夫有了矛盾。

周亚夫率军得胜归来，被正式任命为太尉。五年之后，升任丞相，深得汉景帝的器重。

景帝七年（前150），景帝要废掉栗太子刘荣，丞相周亚夫坚决反对，却没有达到劝阻的目的，景帝和窦太后说周亚夫的不是。亚夫在朝中处在了孤立的地位。一次窦太后对景帝说："皇后（景帝之妻王夫人）的哥哥王信可以封侯。"景帝表示："太后的侄儿南皮侯窦彭祖，太后的弟弟章武侯窦广国，先帝（指文帝）都没封他们做侯，到我即位才封他们做侯，王信还不能封呢。"窦太后说："人主各以时行法，不必墨守祖法。我兄窦长君在世之时，不得封侯，死后他的儿子窦彭祖反而得到了封爵，我对这事非常悔恨。你赶快封王信爵位吧！"景帝表示要与丞相商议。周亚夫得知此事后说："高祖规定：不是刘姓不能封王，没有立功的人不能封侯。不遵守这条规定的，天下的人可以共同攻击他。王信虽为皇后之兄，却没有战功，现在封他为侯，是背信弃约的事。"景帝沉默不语，放弃了为王信封侯。

后来匈奴王徐卢等五人降汉，景帝想要赐封他们，用来鼓励后面的匈奴人来降汉。丞相亚夫说："他们背叛了他们的君王而来投降皇上，皇上却封他们以侯爵，那么今后用什么责备不忠实的臣子呢？"景帝说："丞相议不可用。"于是封徐卢等人为侯。这一切引起了景帝的不悦，周亚夫因而称病辞职。

不久，景帝在宫中召见周亚夫，赏赐食物与他。可亚夫的席上只有一块大肉，没有切好的碎肉，而且没有放筷子。周亚夫很不高兴，转头叫管酒席的官员取筷子。于是，景帝笑着讥刺周亚夫说："这难道还不够您满意吗？"亚夫觉出这顿饭不对头，于是免冠告罪请退，便快步走出去了。景帝目送着他离去，说："瞧这个愤愤不平的人，将来能侍奉少主吗？"

周亚夫的儿子给父亲买了五百件皇家殉葬用的铠甲、盾牌，因没有给搬运的人付钱，引起怨恨，于是对方上书告发亚夫的儿子。这事牵连到周亚夫。有关部门把罪行书之于册，一条条询问，周亚夫拒不答话。景帝听了骂道："我不任用他了。"下诏令把周亚夫交给廷尉治罪。廷尉责问亚夫为何造反，周亚夫说："我所买的兵器都是殉葬品，怎么可以说造反呢？"审问的官吏说："你即使不在地上造反，也要到地下造反哩！"当初官吏逮捕条侯时，亚夫本想自杀，后因夫人劝阻，因此没死，进了廷尉的监狱后，他因而绝食五天，吐血而死，他的封国被撤除。

周亚夫之死，除掉了刘彻上台执政的一个最大障碍。

十年的太子生活，刘彻在读书和骑射中度过，如今他已经成为一个英俊少年。景帝后元三年（前141）正月，汉景帝驾崩，刘彻顺利地登上了皇位。

4. 少年皇帝

刘彻继位为皇帝后，尊称皇太后窦氏为太皇太后，王皇后为皇太后。三月，封皇太后同母弟弟田蚡（fén，焚）、田胜皆为列侯。建元元年（前140）冬季十月间，武帝下诏书给丞相、御史、列侯、中二千石、二千石、诸侯相等，令其举贤良方正、直言谏诤之士。丞相卫绾奏说："举荐的贤良之士，有的研究申不害、商鞅、韩非、苏秦、张仪的学说，扰乱国政，请一律罢黜。"这个奏议得到皇帝的认可。

春季二月间，武帝大赦天下，赐给老百姓爵位一级。年纪八十岁者免除两口人的算赋，九十岁者免除革车之赋。使用五铢钱。

夏季四月初九日，武帝下诏令说："古代树立教化，乡里按照人的年龄，朝廷按照官吏的爵位，辅助世道，教化民众，没有比德教更好的了。然而在乡间尊奉年纪高的老人，是自古以来的办法。现在天下孝子贤孙愿意竭尽自己的力量来承奉他们的双亲，外因是迫于公事，内因是缺乏资财，因此孝心缺乏。朕十分担忧这件事。老百姓年龄在九十岁以上，已有给米粟以为糜粥的法令，为他们免除儿子或孙子的赋税，使他们带领妻妾申其供养老人之事。"

五月，武帝下诏说："大河大海滋润千里，命令掌握祭祀之官修理山河祠庙，每年如此，祭礼有所增加。"

武帝下令遣吴楚七国之乱首事者妻子没入为官奴婢。

秋天七月间，武帝下诏说："卫士去故置新，常二万人，省去一万人。养马之苑，旧禁百姓不得刍牧采樵，今罢之。"

武帝让议立明堂（古代帝王宣明政教之所）并派遣使者用以蒲裹轮的平稳车子，束帛之上又加玉璧的礼品，征聘鲁国人申公。

建元二年（前139）冬季十月间，御史大夫赵绾因奏请不要向太皇太后奏呈，和郎中令王臧都被下狱，自杀身死。丞相窦婴、太尉田蚡被免职。

春季二月初一日，发生日食。夏季四月二十四，有个像太阳的星球在夜间出现。

开始设立茂陵邑。

建元三年（前138）春天，黄河水泛滥到两岸平原，发生大灾荒，人相食。

武帝赐给迁居到茂陵的每户二十万钱，田二顷。始建便桥门（出门跨渡渭水通茂陵）。

秋天七月间，有慧星出现在西北天空。

济川王刘明因杀死太傅、宦官被废除封爵，迁谪房陵（今湖北房州）。

二、煌煌文治

　　登上皇帝位的刘彻，从此经营汉王朝半个多世纪，充分展现了他的雄才大略和文治武功，使西汉王朝进入鼎盛时期，也是中国封建社会历史上最强盛的时期之一。

　　毛泽东在1936年2月写的著名词篇《沁园春·雪》中说："江山如此多娇，引无数英雄竞折腰。惜秦皇汉武，略输文采；唐宗宋祖，稍逊风骚。一代天骄，成吉思汗，只识弯弓射大雕。"毛泽东在词中评及了中国历史上五位最著名的皇帝，毫无疑问，毛泽东首先把秦始皇、汉武帝、唐太宗、宋太祖、成吉思汗也看作是争着为江山奔走操劳的"英雄"。这五位曾经在中国历史上叱咤风云的君王，是历代皇帝中突出的代表。封建皇帝最值得称道的是文治武功。如果从这两个方面来衡量，这五大帝王中，"惜秦皇汉武，略输文采"，文采本指辞藻、才华，"略输文采"，是说秦皇汉武，武功甚盛，对比之下，文治方面的成就略为逊色；"唐宗宋祖，稍逊风骚"，"稍逊风骚"与"略输文采"意思相近，是说唐宗、宋祖在文治方面的成就比武功略为逊色；至于一代天骄的成吉思汗，文治就更差了，只以武功见长。

　　1957年6月13日，毛泽东同《人民日报》负责人吴冷西等人谈话时，评述了汉代的几位皇帝。他认为广为史家赞誉的文、景二帝乃守成之君，无能之辈，原因是"萧规曹随"，没有什么创新。他非常欣赏汉武帝，认为他"雄才大略，开拓刘邦的事业，……不失为鼎盛之世"。的确，汉武帝刘彻在位的五十余年，是西汉王朝的鼎盛时期，在政治、经济、文化、军事等方面多有建树，充分展示了汉武帝勇于开拓、锐意进取的雄才大略，与只知守成的文、景二帝形成了鲜明的对比，因而赢得了毛泽东的高度赞誉。

　　马克思曾经说过："人们自己创造自己的历史，但是他们并不是随心所欲地创造，而是在直接碰到的、既定的、从过去承继下来的条件下创

造。"(《路易·波拿巴的雾月十八日》,《马克思恩格斯选集》第1卷,人民出版社1972年版,第603页)

西汉鼎盛局面的出现,当然有其固有的客观基础。汉武帝继位时,西汉王朝已经过六七十年的休养生息,残破凋敝的社会经济已逐步得到恢复和发展,国家已拥有相当充足的经济实力,这是西汉王朝走上它的盛世的最基本的历史条件。西汉盛世出现的又一基本历史条件,是国家统一的局面得到巩固。由于异姓王被消灭,而平定吴楚七国叛乱之后,同姓诸侯的势力也大大削弱,汉景帝又"令诸侯不得治其国",诸侯王只收取封国赋税而不治民,中央政府更加有效地控制全国,加强了统一的封建国家。加上汉武帝本人的雄才大略,在位时间长,诸多因素产生的合力推动封建统治出现了盛世。汉武帝的历史功业可以简单地用"文治武功"四个字来概括,文以治国,武以安邦,便是汉武帝成功的奥秘。

毛泽东曾说:"汉武帝七岁立为皇太子,十六岁即位,在位五十四年,把汉朝推向全盛时期。可是就这么一个还算有所作为的皇帝,一旦臣子拂逆他的意愿,竟下如此毒手。和皇帝老倌有什么道理可讲?汉武帝没有杀掉司马迁,已算是手下留情,不过,施以宫刑,也实在是够残忍了!又说,秦皇汉武都想长生不老,到头来,落得个'万里长城今犹在,不见当年秦始皇'。其实,任何事物都不过是一个过程,人的一生也不过如此,有始必有终。"(盛巽昌:《毛泽东眼中的历史人物》,上海辞书出版社2005年版,第98页)

汉武帝刘彻的文治主要表现在弱干强枝、朝廷铸钱、盐铁官卖、赋税政策、重视农业、独尊儒术和选拔人才等方面。

(一)"强干弱枝"

强干弱枝,又作"彊干弱枝",意思是说加强树干,削弱枝叶。这是拿树木作比喻,干指树木的主干,枝指树木的末枝。语出《史记·汉兴以来诸侯王年表序》："而汉郡八九十，形错诸侯间，犬牙相临，秉其厄塞地利，强本干弱枝叶之势，尊卑明而万事各得其所矣。"《后汉书·班固传》也说："与乎州郡之豪杰，五都之货殖，三选七选，充奉陵邑，盖以彊干弱枝，隆上都而观万国也。"

汉高祖刘邦时，谋士刘敬对高祖献策移民，正式提出强干弱枝思想。高祖派刘敬负责迁徙齐诸田、楚昭、屈、景和燕、赵、韩、魏及豪杰名家居关中，多达十余万人。

文帝时，诸侯王都长大了，开始驱逐汉朝中央政府委派的官员，图谋叛变。谋士贾谊陈政事，提出"欲天下之治安，莫若众建诸侯而少其力。力少则易使以义，国小则无邪心，令海内之执，如身之使臂，莫不制人"。这种"众建诸侯而少其力"的观点，就是把原来的一个诸侯国分成几个小诸侯国，使每个诸侯国无力反抗中央政府，从而有利于在朝廷、诸侯国之间建立封建专制体制。文帝采纳了贾谊的主张，但未认真实行。

汉景帝时，推行晁错提出的削藩政策，也是强本弱末的意思，但因操之过急，激起了"七国之乱"。

晁错（前200—前154），汉族，颖川（今河南禹县）人，西汉政治家、文学家。汉文帝时，任太常掌故，后历任太子舍人、博士、太子家令；景帝即位后，任为内史，后迁至御史大夫。

晁错发展了"重农抑商"政策，主张纳粟受爵，增加农业生产，振兴经济；在抵御匈奴侵边问题上，提出"移民实边"的战略思想，建议募民充实边塞，积极备御匈奴攻掠；政治上，进言削藩，剥夺诸侯王的政治特权以巩固中央集权，损害了诸侯利益，以吴王刘濞为首的七国诸侯以"诛晁错，清君侧"为名，举兵反叛。景帝听从袁盎之计，腰斩晁错于东市。

吴楚七国之乱后，汉景帝把诸侯王国任用官员的权力收归朝廷。王国治权虽减少，但拥地仍大，依然能对朝廷构成威胁。

为了进一步削弱诸侯王的势力，主父偃让武帝"下令诸侯得推恩分子弟，以地侯之"（《史记·平津侯主父列传》）。

武帝采纳主父偃的建议，下推恩令，下诏"诸侯王或欲推私恩分子弟邑者，令各条上，朕且临定其号名"（《汉书·王子侯表序》）。

主父偃（yǎn）（？—前126），临淄（今山东临淄）人，汉武帝时大臣。出身贫寒，早年学长短纵横之术，到中年得知汉武帝重视儒术，改学《周易》《春秋》和百家之言。因在齐受到儒生的排挤，于是北游燕、赵、中山等诸侯王国，但都未受到礼遇。元光元年（前134），主父偃抵长安。拜见卫青，虽卫青多次向武帝引荐，但无结果。后直接上书汉武帝，当天就被召见，与徐乐、严安同时拜为郎中。因主父偃上书《推恩令》，尊立卫子夫为皇后，揭发燕王刘定国的不法行为，很讨汉武帝的欢心，不久又迁为谒者、中郎、中大夫，一年中升迁四次，得到武帝的破格任用。并向汉武帝提出了"大一统"的政治主张，后因接受封国贿赂，被汉武帝灭全族。

按照"推恩令"，使诸侯得以分邑户分封子弟为列侯，由皇帝制定这些侯的名号。按照汉制，侯国隶属于郡，地位与县相当。推恩令颁布后，王国纷纷请求分邑子弟，"于是藩国始分，而子弟毕侯矣"（《汉书·武帝纪》），朝廷"不行黜陟而藩国自析"（《汉书·王子侯表序》）。这样，王国辖地不过数县，其地位与郡相当，诸侯王强大难制的问题进一步解决了。

随后，因淮南王刘安和衡山王刘赐被告谋反，武帝又制左官律和附益之法，严惩诸侯王治下的犯罪官吏，严禁朝臣外附诸侯王，限制诸侯王结党营私。从此以后，"诸侯惟得衣税食税，不与政事"（《汉书·诸侯王表序》），汉制每年八月，举行饮酎（zhòu，宙）大典，诸侯王和列侯献"酎金"（诸侯于宗庙祭祀时献金助祭）助祭。

元鼎五年（前112），汉武帝借口列侯所献酎金分量和成色不足，夺爵一百零六人。经过这一系列打击，诸侯王、列侯的势力大大衰落。

此外，汉武帝还继续采取迁移郡国豪富、惩治地方豪侠的措施，有效地打击地方势力，加强朝廷力量。

（二）"举贤良，明教化"

汉朝在武帝以前，荐举人才尚未形成制度。武帝即位不久，即连续多次大规模征召才能之士。建元元年（前140）五月，武帝诏贤曰："贤良明于古今王事之体，受策察问，咸以书对，著之于篇，朕亲览焉。"（《汉书·武帝纪》）这一次董仲舒和公孙弘都凭借治《春秋》被荐举。董仲舒在对策中，提出"使诸列侯二千石，各择其吏民览者，岁贡各二人"的主张而被采纳（《汉书·董仲舒传》）。这一主张包括岁贡和定员，对象有吏有民。岁举人才，统称为"贤良"或"贤者"，实际上包括才能之士和德才之士，荐举时如果侧重在某一方面，则又称为举茂材、孝廉等。察举制度初行时，有些郡国实行不力，武帝又下诏督责。据《汉书》记载，自建元元年至元封五年（前106），朝廷大规模征召人才即有六次。各方面突出人才大量涌现，武帝对他们加以重用，并让他们参与国家大事的决定："汉之得人，于兹为盛。儒雅则公孙弘、董仲舒、儿宽（又作倪宽），笃行则石建、石庆，质直则汲黯、卜式，推贤则韩安国、郑当时，定令则赵禹、张汤，文章则司马迁、相如，滑稽则东方朔、枚皋，应对则严助、朱买臣，历数则唐都、洛下闳，协律则李延年，运筹则桑弘羊，奉使则张骞、苏武，将率则卫青、霍去病，受遗则霍光、金日磾，其余不可胜记。是以兴造功业，制度遗文，后世莫及"（《汉书·公孙弘卜式儿宽传赞》）。"

举贤良是选拔和任用封建统治所需要的人才。"明教化"则是通过倡导、劝勉的手段，统一人们的思想，形成忠于封建王朝、恪守封建纲纪伦常的社会风气。建元元年，武帝下诏说："古之立教，乡里以齿，朝廷以爵，挟世导民，莫善于德。"（《汉书·武帝纪》）提出在乡间和朝廷遵守封建秩序是有道德。武帝又将教化与举贤良结合起来。元朔五年（前124）夏六月，武帝下诏说："详延天下方闻之士，咸荐诸朝。其令礼官劝学，讲议洽闻，举遗兴礼，以为天下先。太常其议予博士弟子，崇乡党之化，以历贤才焉。"（《汉书·武帝纪》）按照封建纲常伦礼标准荐举的人才，既能为封建政权服务，又能作为乡里的表率，达到"劝元元，历蒸庶、崇乡党之训"的目的。为了切实达到"明教化",武帝还采取了兴太学、郡国学的具体措施。

（三）尚法尊儒

尚法尊儒是武帝统治国家、驾驭天下的根本政策。尚法尊儒是把提倡仁义道德与依靠严施刑罚结合起来。尊儒的目的是为了明教化,即用儒家学说来统一人们的思想。武帝继位第二年,便采纳丞相卫绾的建议,对所举贤良中有法家、纵横家之言的,一律罢去。任命好儒术的窦婴为丞相、田蚡为太尉、赵绾为御史大夫等。爱好黄老学说的窦太后把赵绾、王臧下狱,又逼武帝将窦婴、田蚡免职。但窦太皇太后死后,武帝立即任命田蚡为丞相,大批征召儒生。董仲舒建议:"今师异道,人异论,百家殊方,指意不同,是以无一持一统;法制数变,下不知所守。臣愚以为诸不在六艺之科孔子之术者,皆绝其道,勿使并进。邪辟之说灭息,然后统治可一而法度可明,民知所从矣。"（《汉书·董仲舒传》）武帝采纳董仲舒的这一建议,确立"罢黜（chù,处）百家,独尊儒术"的政策,儒学居于独尊地位,成为此后整个汉代以至中国两千年封建社会统治人民的正统思想。这一政策的实行,对于巩固统一的封建国家、传播封建文化起了重要作用,但又不可避免产生束缚人们思想、禁锢人们头脑的弊端。

在思想文化方面,汉武帝"罢黜百家,独尊儒术",树立了儒学的统治地位。汉高祖用太牢祭孔子,承认儒学在学术上的正统地位。但西汉前期,占统治地位的思想是黄老、刑名之学,其次是阴阳五行学说,儒学博士不受朝廷重视。所谓黄老,黄帝和老子的并称,被后世道家奉为鼻祖。《史记·老子韩非列传》:"申子之学,本于黄老而主刑名。"道家以清净无为作为治世之术,主张无为而治。所谓刑名,是战国时以申不害为代表的学说,主张循名责实,慎赏明罚。后人称其为"刑名之学",亦作"刑名"。所谓阴阳,指星相、占卜、相宅、相墓的方术。所谓五行（xíng）,

指水、火、木、金、土，我国古代称构成各种物质的五种元素，古人常用以说明宇宙万物的起源和变化。《书·甘誓》："有扈氏威侮五行，怠弃三正。"孔颖达疏："五行，水、火、金、木、土也。"《孔子家语·五帝》："天有五行，水、火、金、木、土，分时化育，以成万物。"旧时的星相家以五行相生相克推算命运。

这种风气与汉景帝的母亲窦太后关系很大。窦太后（？—前155），清河观津（今河北衡水东）人，好黄老之学。吕后执政时，她是代王姬。代王入京为皇帝，即汉文帝，她被立为皇后。景帝即位，尊为皇太后。武帝即位，尊为太皇太后。她做了二十三年皇后，十六年皇太后，两年太皇太后，在宫中高位上坐了四十一个春秋，她在朝廷中的权势和影响可想而知。她在做文帝的皇后时，就曾经命令宫中太子和皇子、公主们以及窦家子弟都要读黄老之书。她做皇后时，朝廷召来《诗经》专家辕固生讲儒家经典。辕固生性狂傲，瞧不起黄老之学，他当着窦太后的面鄙视地说："老子的书写的尽是些奴仆的话。"

窦太后一听，大为恼火，反唇相讥道："你又是从哪里得到罪徒们所看的书呢！"儒家骂道家是奴仆，道家骂儒家是罪徒，儒、道两家的冲突非常尖锐。之后，窦太后便罢逐大臣窦婴、田蚡、赵绾、王臧和儒生辕固生等，借以打击儒家思想。

儒、道两家的对立，对政治统一是有害的。汉武帝完成了学术统一这一巨大任务，把道、名、法、阴阳五行各家统一在儒学里面。

汉武帝采用策问（考试）的办法，凡对策公开讲黄老、刑名、纵横的人，一概罢黜不取，独取董仲舒、公孙弘等儒生，并都给官做。

元光元年（前134）五月，武帝诏命贤良说："朕听说从前在唐尧虞舜时代，二帝只画衣服像五刑，而民不敢犯，日月所照，皆循其职责而可使。周代成王、康王，刑法废置不用，德泽及于鸟兽，教化通于四海。海外肃眘（在今东海千余里之外），向北征发渠搜（今内蒙古自治区杭锦一带）而役使之，羌族来臣服。慧星不出，日月不蚀，山陵不崩塌，河谷不阻塞；麒麟、凤凰出现在国都郊外的薮泽之中、黄河洛水出现龙图文字，是帝王受命的祥瑞。唉呀，用什么办法达到这种地步呢？如今我继承王位，早起晚睡，勤奋不懈，像蹚深水，不知从何处渡过。什么措施可以发扬光大先帝的大业美德，上参照唐尧虞舜，下配以夏、商、周三代圣王！我不聪明，德化不能达到远方，这是您大夫所亲眼看到的。贤良文学懂得古今王事的情形，接受策问，都用书简对答，写在竹简上，我亲自阅看。"于是，董仲舒、公孙弘等人被选拔出来了。

董仲舒（前179—前104），汉族，广川郡（今河北衡水景县广川镇大董古庄）人，汉代思想家、哲学家、政治家、教育家。

汉武帝元光元年（前134），汉武帝下诏征求治国方略。儒生董仲舒在《举贤良对策》中系统地提出了"天人感应""大一统"学说和"罢黜百家，表彰六经"的主张。董仲舒认为，"道之大原出于天"，自然、人事都受制于天命，因此反映天命的政治秩序和政治思想都应该是统一的。董仲舒的儒家思想维护了汉武帝的集权统治，为当时社会政治和经济的稳定作出了一定的贡献。

汉武帝元光元年起，任江都易王刘非国相十年，元朔四年（前125），任胶西王刘端国相，四年后辞职回家。此后，在家著书，朝廷每逢大事，就会让使者及廷尉到他家，问他的意见，仍然受到汉武帝的重视。

汉武帝太初元年（前104），董仲舒病逝。

公孙弘（前200—前121），名弘，字季，一字次卿（《西京杂记》记载），齐地菑川人（今山东寿光南纪台乡人），为西汉名臣。

其少时为吏，牧豕海上，四十而学，谨养后母。汉武帝时期，先后二次被国人推荐，征为博士。十年之中，从待诏金马门擢升为三公之首，封平津侯。先后被任为左内史（左冯翊）、御史大夫、丞相之职。汉武帝元狩二年（前121），公孙弘于相位逝世，谥献侯。

公孙弘是西汉建立以来第一位以丞相封侯者，为西汉后来"以丞相褒侯"开创先例。其在职期间，广招贤士，关注民生，并为儒学的推广作出了不可替代的贡献。曾著有《公孙弘》十篇，现已失佚。

"尊儒"与"尚法"相结合，实质是把君王驭下的权术和严施刑罚的法家办法作为根本手段，不过是用儒术加以修饰而已。汲黯当面批评武帝"内多欲而外施仁义"，讲的正是这个特点。公孙弘在其对策中，既标榜儒家的仁、义、礼，又特别强调法家的权术，"不得其术，则主蔽于上；官乱于下。此事之情，属统垂业之本也"（《汉书·公孙弘传》）。史称公弘"习文法吏事，缘饰以儒术，上说之"（《汉书·公孙弘传》）。以"儒术"来缘饰律令法术，正是汉武帝的特点。

（四）选拔人才

元朔元年（前128）冬季十一月，武帝下诏说："公御大夫的职责在于制定总的策略，统一行政措施，广施教化，使社会风尚淳美。以仁义为本，褒扬美德；录用贤良，劝人为善，刑罚加于暴恶，五帝（伏羲、神农、黄帝、尧、舜）三王（夏、商、周）的德业由此昌盛。朕早起晚睡，嘉奖全国有德之士以期达到这种兴盛。所以加惠于耆老之人，像宾客一样优待孝悌之人，选拔豪杰俊才，宣讲文学，稽考参酌政事，以求深入人心，严令官员兴廉洁举孝悌，几乎成风气，以继承先帝之美业。十户之家的小邑，一定有忠信可守的；三人并行，必然有可做我的老师的。现在有的整郡之中不推荐一人，使教化不能达到下民，而积德行善的君子言论被阻遏，不得闻达于天子。二千石（按：指郡守）官长（县之令长）选择人才，将用什么帮助朕照耀幽暗隐晦，劝善民众，提高乡里的教化呢？并且进荐贤才受朝廷赏赐，蒙蔽贤才受到惩罚，这是自古以来的道理。和中二千石、礼官、博士讨论一下不推荐贤才的怎样治罪。"主管官员奏道："古代，地方向朝廷荐举人才，一得其人叫做好德，二得其人叫作举贤明，三得其人叫作有功劳，于是加九锡（有大功，赐予车马、衣服、弓矢等九种物品）；不荐举人才，一则削去爵位，二则削去封地，三则爵、地都削尽。附和偏袒同僚或下属而欺骗君上的官员处死，谄附君上而欺压群僚的加重处罚，参与国政而对百姓没有益处的弃逐，身居高位而不能推荐贤才的免职。这样做是为了劝人为善，免去邪恶。现在诏书光大先帝的伟业，命令二千石级的官员推举孝廉，以此教化百姓，移风易俗。不举孝，不执行诏令，当以不敬君王论处。不察廉，就是不胜任，应当罢免。"奏请之事被允许。

春季三月二十四日，立卫后为皇后。

元朔二年（前127）冬天，赐给淮南王刘安、苗川王刘志几、杖，不进京朝拜。

春季正月间，武帝下诏说："梁王、城阳王亲爱同胞，愿以封邑分给弟弟，朕允了他。诸侯王请求分给儿子、兄弟封邑的奏章，朕将亲自阅看，使子弟们各有自己的爵位。"于是藩国开始分小，而子弟全都得到侯爵。

三年（前126）春天，撤销苍海郡。三月，武帝下诏说："刑罚是用来防治奸邪的，尊崇文德是用来显示重才爱才的；因为百姓不符合教化，朕奖励优待士大夫每天想法子，恰当而不懈怠。"大赦天下。

元狩元年（前122）四月二十一日，武帝立皇太子。武帝赐中二千石右庶爵位，百姓中的男子继承父亲当家长的赐爵一级。武帝下诏说："朕听说陶皋回答禹，贵在知人善任，知人就是贤哲，尧认为知人很难。君王好比人心，老百姓好像身体，身体受到伤害而心里痛悼。近来淮南王、衡山王修饰文学，贿赂公行，两国接壤，诱于邪说，起来造反，这是朕的不修德行所致。《诗经·小雅·正月》说：'忧心惨惨，念国之为虐'。朕已大赦天下，涤除旧恶，使之重新开始。朕奖励有孝悌的德行和努力耕作的人，哀怜年高及孤寡鳏独的或者缺衣少食的人，很怜悯他们。派遣使者到全国巡视，慰劳品送到民众手中，并告诉他们说：'皇帝派使者宣读诏书之文，赏赐县里三老（上寿、中寿、下寿之人）、孝敬父母的人丝织品，每人五匹；乡里三老、孝敬父母的人、努力耕作的人，丝织品每人三匹；年纪在九十岁以上的老人及鳏寡孤独的人丝织品，每人二匹，棉絮三斤；八十岁以上的老人，米每人三石。有冤狱失其常业及常理的人，使者听到后报告。县、乡即行赏赐，各遣就其所居而赐之，不要会聚。'"

（五）经济政策

汉武帝与政治上强化皇权的措施相一致，在经济上实行治水勉农、盐铁官营、均输平准、更钱造币、算缗（mín，民）告缗等一系列重大措施。

汉武帝十分重视兴修水利。在水利灌溉工程方面，开通了渭渠、龙首渠、白渠、灵积渠、成国渠等渠道，用于漕运和农田灌溉。元光六年（前129）春，汉武帝采纳大司农郑当时的建议，调卒数万，开凿了从长安到华阴（今陕西华阴）三百多里的漕渠，引渭水入渠通黄河，灌溉田地万余顷。其后，又发卒数万，引汾水入黄河，开发了五千顷荒芜地。后又开凿由征县引洛水到商颜南麓的龙首渠，灌溉万余顷卤地。

武帝也极为重视黄河的治理。元光三年（前131）五月，黄河在濮阳（今河南濮阳）瓠子决口，移道东南注入巨野泽通淮河、泗水，泛滥成灾。武帝令主爵都尉汲黯、詹事郑当时发卒十万修堵，未果。元封二年（前109），武帝东巡，派汲仁、郭昌发数万人大治黄河，并亲临工地督促，沉白马玉璧，作《瓠子歌》二：

> 瓠子决兮将奈何？浩浩洋洋，虑殚为河。殚为河兮地不得宁，功无已时兮吾山平。吾山平兮巨野溢，鱼弗郁兮柏冬日。正道驰兮离常流，蛟龙骋兮放远游。归旧川兮神哉沛，不封禅兮安知外？皇谓河公兮何不仁，泛滥不止兮愁吾人。齧桑浮兮淮泗满，久不反兮水维缓。

> 河汤汤兮激潺湲，北渡回兮迅流难。搴长茭兮湛美玉，河公许兮薪不属。薪不属兮卫人罪，烧萧条兮噫乎何以御水？隤竹林兮揵石菑，宣防塞兮万福来。

第一首写决河之象，可见灾情严重，不得不堵；第二首叙堵塞决口之事，祝其成功致福。可见他对黄河决口的关切。

决口终于堵住，黄河恢复故道，此后几十年不再为患。

武帝提倡发展农业生产，任命赵过为搜粟都尉，推行二牛抬杠的耦耕法、"代田"法、人力曳引犁作法等。征和四年（前89），武帝巡行齐鲁故地时，还"耕于钜定"，躬自示范，表示对农业的重视。同年任命田千秋为丞相，封为富民侯，表示其使民富裕的愿望。

原来煮盐、冶铁，不受法律限制，私人经营，使权利都落在豪富、王侯和朝廷贵臣手里，成为他们剥削农民、扰乱社会经济的工具。汉武帝把这些权利收归朝廷，实行盐铁官营，分别在产盐区设盐官，雇工煮盐；在产铁区设铁官，经营采冶铸造，发卖铁器。盐铁官统属于中央，盐铁专卖增加了国家财政收入，摧毁了地方势力在经济上对朝廷的影响。

均输平准也是一项重要的经济政策。均输，是由大农派出几十个属官到各个郡国，对各地应上交京师的货物，不再像过去那样长途输送，而是根据各地对货物的需要沿途出卖，然后买回京师所需要的货物；平准，则是在京师设立平准官，统一掌管由天下运至京师的货物根据市场行情卖出或买进，以求物价较为平稳。这样，大商贾便无法囤积居奇，操纵物价。

更钱造币是汉文帝实行的一种重要经济政策。汉初，黄金以斤为单位，钱重三铢，称为"荚钱"。文帝时，改铸四铢钱，并准许诸侯王国铸钱。元狩四年（前119），武帝把铸币权收归朝廷，统一铸造五铢钱，严禁地方和私人铸钱。当时规定使用三种货币：皮币，用一尺见方的白鹿皮制成，边缘绣有花纹，值钱四十万白金（银与锡的合金），分为圆形，有龙形图案，面值三千钱；方形，有马形图案，面值五百钱；椭圆形，有龟形图案，面值三百钱。五铢钱由上林三官（水衡都尉所属均输、钟官、办铜）专铸。五铢钱的法定面值与所含金属量的实际相符，工艺高超，仿造极难，而且主要的铸钱原料——铜为国家垄断，私铸者无利可图。五铢钱通行天下，其他钱币一律废止。自此，铸造钱币也为国家专有了。

算缗与告缗是汉武帝制定的税收制度。算缗是汉代所行的税法之一，对商人、手工业者、高利贷者和车船所征的赋税。课税对象为商品或资产，"缗钱"为计税单位。元狩四年武帝下令"初算缗钱"。颜师古注引李斐曰："缗，丝也，以贯钱也。一贯千钱，出算二十也。"据《汉书·食货志下》记载："诸贾人末作贳贷买卖，居邑积赋诸物，及商以取利者，虽无市籍，各以物自占，率缗钱三千而算一。诸作有租及铸，率缗钱四千算一。……商贾人轺车二算；船五丈以上一算。"责令商人自报财产。陈报不实者，罚戍边一年，财物没收。告缗是指告发富户隐匿财产、逃漏税款的赋税制度。《史记·酷吏列传》："出告缗令，钮豪强并兼之家。"张守节《正义》："武帝伐四夷，国用不足，故税民田宅、船乘、畜产、奴婢等，皆平作钱数。每个钱一算，出一缗，贾人倍之。若隐不税，有告之，半与告人，余半入官。"结果，很多商人被没收了财物、田宅和奴婢。算缗、告缗带有侵夺商人利益的性质，但政府得民财以亿计，从大局看，增强了朝廷的经济实力，缓解了财政危机。汉武帝利用国家力量，抑制了大商人的兼并和投机活动，又增加了朝廷的经济收入，他对商人的政策取得了成功。

三、赫赫武功

汉武帝的赫赫武功，主要表现在抗击匈奴、开通西域、闽越除国和通西南夷，拓展版图，使西汉帝国空前强大。

（一）抗击匈奴

元光二年（前133）冬季十月间，汉武帝巡幸到雍（今陕西凤翔西北），祭祀五帝。

春天，武帝下诏问公卿说："朕装饰打扮女子去配单于，用金钱帛绢待他很丰厚，可单于承诏更加缓慢，侵扰掠略没有停止。边境百姓受到侵害，朕十分怜悯。现在我想起兵攻打单于，怎么样？"大行王恢建议说应该攻打。

夏季六月间，封御史大夫韩安国为护军将军，卫尉李广为骁骑将军，太仆公孙贺为轻车将军，大行王恢为将屯将军，太中大夫李息为材官将军，将三十万众埋伏马邑（今山西朔州朔城区）谷中，引诱单于进谷，想袭击他。单于进入长城以内，发觉有埋伏，跑掉了。六月，撤军。将军王恢因为首先提出这个计谋，反而不进击匈奴，被下到牢中死去。

元光六年（前129），匈奴入侵上谷（郡名，治所沮在今河北怀来南），杀害抢掠官吏和老百姓。武帝派遣车骑将军卫青出上谷，骑将军公孙敖出代（今河北蔚县），轻车将军公孙贺出云中（今内蒙古托克托东北），骁骑将军李广出雁门（郡名，治所善无在今山西右玉南）。卫青奇袭龙城（今蒙古人民共和国鄂尔浑河西侧的和硕柴达木湖附近），获得首级七百个。李广、公孙敖失败而归。武帝诏命说："夷狄不讲信义，由来已久。探子报告匈奴数次侵扰边境，所以派遣将领出击匈奴。古代出则治兵，入则振旅，今之出师，因遭寇虏方入为害，而官兵新会合，上下不熟悉，出代郡的将军公孙敖、雁门将军李广任用不才之人，校尉又违令妄自行动，弃军而败奔，小吏违犯军纪。用兵的方法，不注重加强战备提振士气，是将帅的过错；将令宣讲明白，不能尽力，是兵士的罪过。将军已以身付廷尉，以法律处之，又把处罪加到士兵身上，将军与士兵并罚，不是仁圣的胸怀。朕怜悯众士兵受害，要除其耻辱改行他法，仍恢复正义，一陷重刑，无因；复从正道。赦免雁门、代郡士兵不遵守军法的人。"

元朔元年（前128），秋天，匈奴入侵辽西（郡名，治所阳和在今辽宁义县西），杀死太守；入侵渔阳（今北京密云西南）、雁门，打败汉守将都尉，杀戮抢掠三千多人。派遣将军卫青出兵雁门，将军李广从代地出兵，斩杀匈奴数千人。

二年，匈奴入侵上谷、渔阳，杀死掠夺官吏和百姓一千多人。武帝派遣将军卫青、李息从云中出兵，到高阙塞（在朔方之北），有西至符离（大漠北边塞名），获得匈奴首级数千。收复河南地（今内蒙古黄河以南一带），设置朔方郡（治所朔方在今内蒙古杭锦旗北）、五原郡（治所九原在今内蒙古达拉特旗西北）。

元狩二年（前121）春季三月，派遣骠骑将军霍去病从陇西（郡名，治所狄道在今甘肃临洮南）出兵，到皋兰（今甘肃临夏南），斩匈奴首级八千多颗。

夏，将军霍去病、公孙敖出击北地二千余里，经过居延县（今甘肃额济纳旗东南），斩杀俘获三万多人。

匈奴入侵雁门，杀死掳掠数百人。派遣卫尉张骞、郎中令李广都从右北平（郡名，治所平刚在今辽宁凌源西南）出击，李广部杀匈奴三千多人，但他率领的部队四千多人几乎全军覆没，只身逃回，和公孙敖、张骞都延误期限，应该斩首，后来，他们拿钱赎为平民。

元狩四年（前119）夏天，大将军卫青率领四位将军从定襄出击，将军霍去病从代地出兵，各领五万骑兵，步兵数十万人跟在骑兵后面。卫青到了漠北围攻单于，获敌头颅一万九千颗，追至阗颜山（今蒙古高原杭爱山南面一支）回师。霍去病与匈奴左贤王大战，斩获敌人七万余人，在狼居胥山（在今蒙古人民共和国境内）积土为坛祭祀上天之后回师。两军战死者数万人。前将军李广、后将军赵食其（yì jì，异基）都误了军期。李广自杀，赵食其赎为平民。

天汉二年（前99）夏季五月间，贰师将军李广利率三万兵马从酒泉出击，与匈奴右贤王在天山（祁连山）大战，斩首万余人。又派遣因杆将军从西河（郡名，治所平定在今内蒙古东胜境内）出击，而骑尉李陵率步兵五千人从居延北出击，遭单于八万匈奴兵围攻，虽斩敌万余，但孤立无援，连战八日后，兵尽粮绝，李陵兵败，遂投降匈奴。

三年秋天，匈奴入侵雁门关，太守因惧敌而表现软弱被杀头示众。

四年，武帝调天下各种罪犯及勇敢的人，派贰师将军李广利率领六万骑兵、七万步兵从朔方出击，因杆将军公孙敖率骑兵万人、步兵三万人从雁门关出击，游击将军韩说率步兵三万人从五原（今内蒙古包头西北）出发，强弩都尉路博德率步兵万余人与贰师将军会合。李广利与匈奴单于在余吾水上连日大战，公孙敖与左贤王作战，失利，都撤军而还。匈奴入侵上谷、五原，杀害抢掠官吏和百姓。

征和三年（前90）春正月间，武帝巡视雍州，至安定（今宁夏固原）、北地（今甘肃庆阳西南）。匈奴入侵五原、酒泉，杀死两个都尉。三月，派贰师将军李广利率领七万人马从五原出击，御史大夫商丘成率二万人马从西河出兵，重合侯马通率四万骑兵从酒泉出兵。商丘成到了浚稽山（约今蒙古人民共和国土拉河、鄂尔浑河上源以南一带）与匈奴大战，多有斩首。马通到天山（祁连山），匈奴兵退去，投降车师国。三部率师回还。经过多次打击，匈奴西部的势力一蹶不振，而东部的势力却没有遭受多大损失。

这年春天，匈奴兵入侵右北平（今河北蓟县）和定襄（今内蒙古和城西北土城子）两地，杀掠汉人一千多人。汉武帝决定向匈奴反攻。他派遣卫青和霍去病带五万骑兵攻打匈奴，取得了漠北大战的胜利，一共斩杀和俘虏了七万人之多，匈奴左贤王所部主力损失殆尽。从此以后，匈奴单于在很长一段时间内再也不敢到大漠以南侵扰。匈奴的各个王也不敢在大漠以南建立王廷，"漠南无王廷"，汉朝北部边境也稳定了好长一段时间。

（二）开通西域

为了切断匈奴的"右臂"，也为了发展经济文化事业，汉武帝一再命张骞出使西域。

张骞（前164—前114），字子文，汉中郡城固（今陕西城固）人，中国汉代杰出的外交家、旅行家、探险家。故里在今城固县城南两公里处汉江之滨的博望村。

张骞富有开拓精神，建元二年（前139），奉汉武帝之命出使西域，打通了汉朝通往西域的道路，即赫赫有名的丝绸之路，汉武帝以军功封其博望侯。

张骞是丝绸之路的开拓者，被誉为"第一个睁开眼睛看世界的中国人"。他将中原文明传播至西域，又从西域诸国引进了汗血马、葡萄、苜蓿、石榴、胡麻等物种到中原，促进了东西方文明的交流。

汉武帝元鼎三年（前114），张骞病逝于长安，归葬汉中故里。

汉代把玉门关和阳关以西今日新疆及其以西地区（包括中亚乃至更远的许多地方），称作西域。汉武帝时，西域有三十六国，后分为五十余国。各国语言不一，互不统属。自玉门、阳关出西域有南、北二道。"从鄯善，傍南山北波河西行至莎车，为南道。南道西逾葱岭则出大月氏、安息。自车师前王廷沿北山，波河西行至疏勒，为北道。北道逾葱岭则出大宛、康居、奄蔡焉。"（《汉书·西域传》）。

月氏原是河西游牧民族，被匈奴所逐，西迁葱岭（旧对帕米尔高原和喀喇昆仑山脉诸山的总称）以外。汉武帝听说月氏有报复匈奴之意，于建元三年（前138）派张骞率一百多人由匈奴人甘父做向导，从陇西（今甘肃一带）出发，向西域进发。途中张骞被匈奴俘虏，并押送至匈奴王庭。匈奴单于为笼络张骞，为他娶了妻子，并生了儿子，这样一扣就是十年。但这些并没有动摇张骞完成通西域使命的决心，带去的旌节一直留在身边。后张骞设法逃走，取道车师国（今新疆吐鲁番盆地），进入焉耆（今新疆焉耆一带），又从焉耆溯塔里木河西行，经过龟兹（今新疆库车东）、疏勒

（今新疆喀什）等地，翻越葱岭，到达大宛（今费尔干纳盆地）。

在大宛向导的带领下到达康居（今巴尔喀什湖和咸海之间），最后到达大月氏。但是，大月氏的国情已发生很大变化。他们迁到阿姆河流域后，征服了邻国大夏（今阿富汗北部），决定在此安居乐业，不想再跟匈奴打仗。同时，大月氏人还认为汉朝离自己太远，不能联合起来攻击匈奴，因此张骞"断匈右臂"的目的没有达到。张骞在大夏等地考察了一年余，于元朔元年（前128）启程回国。归途中，张骞为避开匈奴控制地区，改从南道，他们翻过葱岭，沿昆仑山北麓而行，经莎车（今新疆莎车）、于阗（今新疆和田）、鄯善（今新疆若羌）等地，进入羌人居住地区。但在途中又为匈奴骑兵所获，扣押一年多。元朔三年（前126），匈奴内乱，张骞带着妻子和助手甘父等三人，趁机逃回汉朝。汉武帝详细地听取了他对西域的情况汇报后，十分高兴，任命他为太中大夫，赐甘父为奉使君。张骞自请出使西域，历经艰险，前后13年，足迹遍及天山南北和中亚、西亚各地，是中原去西域诸国的第一人。

张骞在大夏时，看到中国邛山（今四川荥经西）的竹杖和蜀地的细布在市场上出售，很觉奇怪。一问商人，得知是从身毒（今印度）买来的。身毒在大夏东南数千里，那里的百姓骑象打仗，临近大海。大夏国远离汉朝一万余里，位于中国的西北方，而身毒国又位于大夏国东南几千里，竟有蜀地产物，可见离蜀地不远。他估计从蜀走身毒到大夏，必是快捷方式，又可免匈奴的阻击。他建议武帝打通西南夷道。武帝采纳了他的建议，命蜀郡、犍为郡派使者分别从駹、莋和邛、僰等四路并出，打开西南通道。但各路使者为昆明夷所阻，未能如愿。而经滇国、夜郎等使者在滇一带活动，取得成效，为武帝经略西南夷奠定了基础。

元狩四年（前119），张骞复劝武帝联合乌孙（在今伊犁河流域），武帝命张骞为中郎将，率三百人，马六百匹，牛羊金帛万数，浩浩荡荡第二次出使西域。此时匈奴势力已被逐出河西走廊，道路畅通。他到达乌孙后，请乌孙东返故地。乌孙王年老，不能做主，大臣都惧怕匈奴，又认为汉朝太远，不想移徙。张骞派遣副使分别赴大宛、康居、大月氏、安息、身毒、于阗、扜弥（今新疆于田克里雅河东）等国展开外交活动，足迹遍及中亚、西南亚各地，最远的使者到达地中海沿岸的罗马帝国和北非。元鼎二年（前115），乌孙王配备了翻译和向导，护送张骞回国，同行的还有数十名乌孙使者，这是西域人第一次到中原。

后来不少国家陆续派人随副使到长安，开启了西域各国与汉朝交往的时代。

"丝绸之路"是指起始于古代中国，连接亚洲、非洲和欧洲的古代路上商业贸易路线。狭义的丝绸之路一般指陆上丝绸之路。广义上讲又分为陆上丝绸之路和海上丝绸之路。

"陆上丝绸之路"是连接中国腹地与欧洲诸地的陆上商业贸易通道，形成于公元前2世纪与公元1世纪间，直至16世纪仍保留使用，是一条东方与西方之间经济、政治、文化进行交流的主要道路。汉武帝派张骞出使西域形成其基本干道。它以西汉时期长安为起点（东汉时为洛阳），经河西走廊到敦煌。

"海上丝绸之路"是古代中国与外国交通贸易和文化交往的海上通道，该路主要以南海为主，所以又称南海丝绸之路。海上丝绸之路形成于秦汉时期，发展于三国至隋朝时期，繁荣于唐宋时期，转变于明清时期，是已知的最为古老的海上航线。

2014年6月22日，中、哈、吉三国联合申报的陆上丝绸之路的东段"丝绸之路：长安—天山廊道的路网"成功申报为世界文化遗产，成为首例跨国合作而成功申遗的项目。

为了保障汉使以及商队往来的供应和安全，元封三年（前108），西汉开始在临近西域的酒泉、玉门（皆在今甘肃西北部）建立亭障。后来，把亭障延伸到盐泽（今新疆罗布泊）一带，并在天山南北屯田。每处有屯田士兵数百人，设置卫司马和校卫戍守，兼护天山南北各国。从此，天山南北三十六国和乌孙，都先后成为汉朝西北边疆的一部分。

毛泽东对张骞出使西域十分欣赏。新中国成立之初，1950年3月，毛泽东在中南海勤政殿接见共和国未来的大使们，并与他们进行了亲切的交谈。他走到黄镇面前，问道："黄镇，你原来那个名字黄士允不是很好吗，改它做什么？"黄镇答话："我的脾气不好，需要提醒自己'镇静'。"毛泽东说："黄镇这个名字也不错。《楚辞》中说，白玉兮为镇。玉可碎而不改其白，竹可黄而不可毁其节。派你出去，是要完璧归赵喽。你也做个蔺相如吧。"几个将军皱起眉头："我们连外国话都不会，怎么搞外交呀？"毛泽东说："班超、张骞也不懂外文么，出使西域而不辱使命。你们不会外文，但是，还是要你们去干外交，因为首先你们跑不了，你们出使可以学学沈括的办法，他每到一处，都把那里的大山河流、险要关口，画成地图，还把当地的风土人情也调查得清清楚楚，并叫随员背得滚瓜烂熟。所以和辽国边界谈判，他对答如流，有凭有据，辽国没有空子好钻哪。"（*尹家民：《将军不辱使命》，解放军文艺出版社 1992 年版，第 10 页*）

（三）通西南夷

西汉时，在今四川西部和西南部、贵州西部、云南一带，分布着许多语言、习俗不同的少数民族，当时称为"西南夷"。

秦时，巴蜀与邛、筰（zuó，作）、冉駹（máng，忙）已有交往。

汉建元六年（前 135），武帝派唐蒙由蜀出使夜郎，汉朝在此建立犍为郡。武帝又派司马相如出使邛、筰，新设置十余县，属蜀。

司马相如（约前 179—前 118），字长卿，汉族，蜀郡成都人，西汉辞赋家。景帝时为武骑常侍，因病免。待梁孝王刘武来朝时，司马相如才得以结交邹阳、枚乘、庄忌等辞赋家。后来因病退职，前往梁地与这些志趣相投的文士共事，此时相如为梁王写了那篇著名的《子虚赋》。《子虚赋》作于司马相如为梁孝王宾客时，时在汉景帝年间，其主题是以这一时期以虚静为君的道家思想为指向的，但是并没有得到景帝的赏识，景帝不好辞赋。景帝去世，汉武帝刘彻在位。刘彻看到《子虚赋》非常喜欢，以为是古人之作，叹息不能与作者同时代。当时侍奉刘彻的狗监（主管皇帝的猎犬）杨得意是蜀人，对刘彻说："此赋是我的同乡司马相如所作。"刘彻惊喜之余马上召司马相如进京。司马相如向武帝表示说，"《子虚赋》写的只是诸侯王打猎的事，算不了什么，请允许我再作一篇天子打猎的赋"，这就是内容上与《子虚赋》相接的《上林赋》，不仅内容可以相衔接，且更有文采。此赋一出，司马相如被刘彻封为郎。

建元六年（前135），相如担任郎官数年，正逢唐蒙受命经略和开通夜郎及其西面的僰中，征发巴、蜀二郡的官吏士卒上千人，西郡又为唐蒙征调陆路及水上的运输人员一万多人。唐蒙又用战时法规杀了大帅，巴、蜀百姓大为震惊恐惧。皇上听到这种情况，就派相如去责备唐蒙，趁机告知巴、蜀百姓，唐蒙所为并非皇上的本意。司马相如在那儿发布了一张《谕巴蜀檄》的公告，并采取恩威并施的手段，收到了良好的效果。

相如出使完毕，回京向汉武帝汇报。唐蒙占据取并开通了夜郎，趁机要开通西南夷的道路，征发巴、蜀、广汉的士卒，参加筑路的有数万人。修路二年，没有修成，士卒多死亡，耗费钱财。当权者多有反对者。这时，邛、筰的君长听说南夷已与汉朝交往，请求汉朝委任他们以官职。皇上任命相如为中郎将，令持节出使。笼络西南夷。相如等到达蜀郡，蜀人都以迎接相如为荣。司马相如平定了西南夷。邛、筰、冉、駹、斯榆的君长都请求成为汉王朝的臣子。于是拆除了旧有的关隘，开通了灵关道，在孙水上建桥，直通邛、筰。相如还京报告皇上，皇上特别高兴。他的一篇《难蜀父老》以解答问题的形式，成功地说服了众人，使少数民族与汉廷合作，为开发西南边疆作出了贡献。可惜好景不长，被人告发接受贿赂，遂遭免官。岁余，被重新起用，仍为郎官。

元鼎六年（前111），汉兵从蜀南下，攻下且兰，设置牂牁（zāng gē，脏哥）郡（今贵州黄平西），夜郎（今贵州北部及西部以及云南东北部、四川南部部分地区）入朝。汉又以邛都为越巂（xī，西，旧读 suǐ，髓）郡（治今四川西昌东南）、筰（zuó，作）都为沈黎郡（治今四川雅安南）。

元狩二年（前121），武帝发兵临滇，降滇王，以其地为益州郡（治今云南晋宁）。武帝开通西南夷和设置各郡，加快中原先进文化向边地的传播，推进西南少数民族地区社会的发展。

（四）闽越除国

武帝时，东南地区居住着越族，包括闽越、东越、南越（粤）。闽越王无诸、越东海王摇，都是越王勾践的后代。

建元三年（前138），闽越王发兵攻东越（东海王所都，今浙江永嘉），武帝遣庄众发会稽兵度海救之，未至，越兵退。东越请举国徙中原，迁四万余众到江、淮间。

建元六年（前135），闽越王击南越，武帝发兵救助，闽越王弟余善杀王以降，余善被立为东越王。后余善又与南越勾结，被闽越繇王居股所杀，汉朝将闽越居民徙居江、淮间。

建元三年（前138），闽越王派兵击南越，武帝命严助率汉军救援。六年，严助又受命出师南越，南越王太子婴齐到长安当人质。后婴齐之子赵兴继位为南越王，上书武帝说"请比内诸侯，三岁一朝，除边关"。南越相吕嘉起兵反，杀赵兴、太后及汉使等。

元鼎五年（前112），武帝派路博德、杨仆等率军攻入南越，俘吕嘉等，越人贵族受汉封为列侯。南越的桂林监居翁，也谕告西瓯40余万户口，一起归汉。汉以南越、西瓯及其相邻之地设立儋耳、珠崖、南海、苍梧、郁林、合浦、交阯、九真、日南等九郡。

汉初，朝鲜王满即与汉朝有藩属关系。汉武帝还因朝鲜王卫右渠袭杀汉辽东东部都尉，派兵从海陆两道攻入朝鲜。卫右渠被他的大臣所杀。汉政府在卫氏统治区设立真番、临屯、乐浪、玄菟四郡。

四、奢侈腐化

汉武帝刘彻是一个有雄才大略的明君，一方面，他的文治武功彪炳史册，毋庸置疑；另一方面，他又是一个地主阶级头子，地主阶级的剥削本性使他奢侈腐化，追求享乐，食色不厌，妄求长生，其剥削阶级的劣根性表现十足。

（一）开池修殿

汉武帝从元鼎二年（前115）起，就大兴土木，修宫殿，凿池沼，先后修建了建章宫、明光宫、柏梁台。长安周围还建有长杨宫、五柞宫等六座行宫。为了便于巡守，各地还将有行宫。例如柏梁台，故址在今陕西长安县西北长安古城内。今属西安未央区。

《三辅黄图》卷五中记载："柏梁台，武帝元鼎二年春起。此台在长安城中北阙内。"《长安志》引《庙记》："柏梁台，汉武帝造，在北阙内道西。"《史记·孝武本纪》载："其后则又作柏梁、铜柱、承露仙人掌之属矣。"《汉书》有"未央宫柏梁台"的记述。由此专家推测，柏梁台可能在直城门大街以南未央宫天禄阁附近，因为未央宫北司马门就在这里。而现在这里已布满民房，土台遗存了无痕迹。

相传汉武帝元封三年（前108），作柏梁台，诏群臣二千石有能为七言诗者乃得上座。

日月星辰和四时（皇帝），骖驾驷马从梁来（梁孝王武）。

郡国士马羽林材（大司马），总领天下诚难治（丞相石庆）。

和抚四夷不易哉（大将军卫青），刀笔之吏臣执之（御史大夫倪宽）。

撞钟伐鼓声中诗（太常周建德），宗室广大日益滋（宗正刘安国）。

周卫交戟禁不时（卫尉路博德），总领从官柏梁台（光禄勋徐自为）。

平理请谳决嫌疑（廷尉杜周），修饬舆马待驾来（太仆公孙贺）。

郡国吏功差次之（大鸿胪壶充国），乘舆御物主治之（少府王温舒）。

陈粟万石扬以箕（大司农张成），微道宫下随讨治（执金吾中尉豹）。

三辅盗贼天下危［尤］（左冯翊盛宣），盗阻南山为民灾（右扶风李成信）。

外家公主不可治（京兆尹），椒房率更领其材（詹事陈当）。

蛮夷朝贺常舍［会］其［期］（典属国），柱枅欂栌相扶持（大匠）。

枇杷橘栗桃李梅（太官令），走狗逐兔张罘罳（上林令）。

啮妃女唇甘如饴（郭舍人），迫窘诘屈几穷哉（东方朔）！

这种人各一句，句句用韵的诗体，被称为联句；因为每句都是七个字，虽不是最早的七言诗，也是较早的七言诗。汉武帝在享乐之中，创造了联句这种诗体，对我国诗歌的发展做出了贡献，这可能是他没有想到的。

又如昆明池，湖沼名。汉武帝元狩三年（前120）于长安西南郊所凿，以习水战。池周围四十里，广三百三十二顷。宋以后湮没。《汉书·武帝纪》："（元狩三年春）发谪吏穿昆明池。"颜师古注引臣瓒曰："《西南夷传》有越嶲、昆明国，有滇池，方三百里。汉使求身毒国，而为昆明所闭。今欲伐之，故作昆明池象之，以习水战，在长安西南，周回四十里。"后亦以泛指帝京附近的湖沼。

遗址大体位于现西宁市长安区南丰村、石匣口村、斗门镇和万村之间，范围东西约4.25公里，南北约5.69公里，沿岸一周长约17.6公里，面积约16.6平方公里。昆明池面积数据是首次科学精确测量得出来的。遗址范围内有普渡、花园、南寨子、下店等20多个村庄。而西安城墙内面积约11平方公里，所以说汉唐昆明池烟波浩淼确实不假。

再如上林苑，汉武帝刘彻于建元三年（前138）在秦代的一个旧苑址上扩建而成的宫苑，规模宏伟，宫室众多，有多种功能和游乐内容。今已无存。上林苑地跨长安、咸阳、周至、户县、蓝田五县区境，纵横300里，有霸、产、泾、渭、丰、镐、牢、橘八水出入其中。上林苑既有优美的自然景物，又有华美的宫室组群分布其中，是包罗多种多样生活内容的园林，是秦汉时期汉族建筑宫苑的典型。上林苑亦是当时汉武帝尚武之地，在此处有皇帝的亲兵羽林军，并由后来的大将军卫青统领。汉武帝从此走向一个崭新的历史舞台。

司马相如的《上林赋》："终始灞浐、出入泾渭。沣镐潦潏，纡馀委蛇，经营乎其内。荡荡乎八川，分流相背而异态。东西南北，驰骛往来。"

上林苑内容，据《汉书·旧仪》载："苑中养百兽，天子春秋射猎苑中，取兽无数。其中离宫七十所，容千骑万乘。"可见仍保持着射猎游乐的传统，但主要内容已是宫室建筑和园池。据《关中记》载，上林苑中有三十六苑、十二宫、三十五观。三十六苑中有供游憩的宜春苑，供御人止宿的御宿苑，为太子设置招宾客的思贤苑、博望苑等。上林苑中有大型宫城建章宫，还有一些各有用途的宫、观建筑，如演奏音乐和唱曲的宣曲宫；观看赛狗、赛马和观赏鱼鸟的犬台宫、走狗观、走马观、鱼鸟观；饲养和观赏大象、白鹿的观象观、白鹿观；引种西域葡萄的葡萄宫和养南方奇花异木如菖蒲、山姜、桂、龙眼、荔枝、槟榔、橄榄、柑橘之类的扶荔宫；角抵表演场所平乐观；养蚕的茧观；还有承光宫、储元宫、阳禄观、阳德观、鼎郊观、三爵观等。

上林苑中还有许多池沼，见于记载的有昆明池、镐池、祀池、糜池、牛首池、蒯池、积草池、东陂池、当路池、太液池、郎池等。

秦汉的上林苑中用太液池所挖土堆成岛，象征东海神山，开创了人为造山的先例。

（二）巡游不止

汉武帝巡游无度，从元光二年（前133）起，他多次携带文武百官和侍卫巡游全国各地，见诸记载的就达二十多次，足迹遍于长江以北各郡县，耗时之多，范围之广，远远超过秦始皇。每次"巡守郡县，所过赏赐，用帛百万匹，钱金以巨万计"。

元狩二年（前121）冬季十月间，武帝巡视到雍，祭祀五方上帝。

元狩四年（前119）冬天，主管官吏说关东（函谷关或潼关以东）贫民迁居陇西（郡名，治所狄道在今甘肃临洮南）、北地（郡名，治所马岭在今甘肃吴忠西南）、西河（郡名，治所平定在今内蒙古东胜县境）、上郡（治所肤施在今陕西榆林东南）、会稽（郡名，治所吴县即今江苏苏州）共七十二万五千人，县官负责移民的衣食救济，费用不足，请求收取银锡制造白金及白鹿皮为币以补不足，开始对储积钱的人计其缗（丝，用以贯钱）贯而让其交税（一贯千钱，出算二十）。

元狩六年（前117）夏季四月二十九日，在宗庙立皇子刘闳为齐王，刘旦为燕王，刘胥为广陵王。开始制作封拜王侯的策文一诰。

六月，武帝下诏说："近来主管官员认为钱轻物重，用不足而奸生，农伤而工商者多，又禁止大家兼役小民、富人兼役贫民的办法，所以革除半两钱，行五铢钱、皮币，以制约奸邪。考之古代，制定适合今天的办法。禁止使用半两钱及余币物，自往年三月至今年四月，一周年零一个月，而山区水乡百姓未晓告示之意。仁爱施行而人向善，信义树立则风俗改变，是奉行法令的人教导百姓而不明白吗？把老百姓安排方法不当，还是假托上命乘势侵犯民众呢？为什么如此纷乱烦扰呢！现在派博士褚大等六人分别巡行全国，慰问鳏、寡、废、疾，不能自己创业的贷款给他们。晓谕三老、孝悌之人作百姓之师，推荐节操高尚、不随俗流的君子，征召到朝廷。朕表彰贤者，喜欢了解这些人。要广泛宣传这种办法，如果士有殊才异行，应当特招的，由使者分别荐之。详细调查他们隐居不被任用的原因，以及受冤屈失其常业，因奸猾之徒为害田亩荒芜，为政害民的人加以举报。郡国如果方便的话，上报丞相、御史得知。"

元鼎四年（前113）冬季十一月，武帝巡视雍，祭祀五帝。他赏赐百姓爵位一级，女子每百户赐予牛、酒。他从夏阳（古县名，治所在今陕西韩城南）出发，巡行到汾阴（古县名，治所在今山西万荣西南宝鼎）。十一月初八日，建立后土祠于黄河东岸之脽（shuí，以其形高如人尻脽）上。祭祀完毕，巡视荥阳（今河南荥阳东北）。回到洛阳（今河南洛阳），武

帝下诏说："在冀州（雎在黄河、汾河中间）遥望黄河和洛水，巡视豫州
（今河南地），观于周王室旧址，发现周庙已长时间没有祭祀。询问老年
人，就访得遭难的周室子弟姬嘉。封姬嘉为周子南君，供奉周代祭祀。"

元鼎五年（前112）冬季十月间，武帝巡视雍，祭祀五帝。并越过陇（今
甘肃陇山），登上崆峒山，西到祖厉河（在今甘肃会宁、靖远境）而还。

十一月二十七日，冬至节。在甘泉宫（今陕西淳化西北）建造泰畤
（古代天子祭天神之处）。武帝亲自到郊外祭祀上帝诸神，春天早晨揖朝
日，秋天晚上揖夕月。下诏说："朕以细末之身位于王侯之上，德行未能安
民，民众有的还不能免饥寒之苦，所以巡狩祭地神以祈祷丰收。冀州雎壤
出现铸有花纹的宝鼎，将其进献于祖庙。渥洼水一带出产神马，朕用来作
坐骑。战战兢兢，唯恐不能胜任，想昭明天地，内心唯想自新。《诗》说：
'四牡庞庞，驾言徂东。'意思是说，四匹马奔驰如飞，去征讨不驯服的
人。朕亲自视察边境，每到一处就祭祀。望见泰一天神，行祭天的文祭。
辛卯日夜间，好像有祥光十二道照耀大地。《易·蛊卦》说：'先甲三日，
辛也。后甲三日，丁也。'意谓王者斋戒必自新，临事必自丁宁。朕很担
忧年成不是大丰收，亲自整理斋戒，丁酉日，在郊外拜告上天垂赐。"

夏季四月间，南越王相吕嘉反叛，杀汉朝使者及其王、王太后。大
赦天下。

元鼎六年（前111）冬季十月间，调陇西、天水、安定骑兵及中尉，河
南、河内兵十万人，派将军李息、郎中令徐自为征西羌。武帝向东巡视，
将到缑氏（今河南偃师境内），到河东桐乡县（今安徽桐城北），听到南越
被打败，而成闻喜县（今山西闻喜）。春天，至汲县（今河南汲县）新中
乡，得吕嘉头，而成获嘉（今河南获嘉）县。驰义侯遗部队未及东下，武
帝便命令其征伐西南夷，将其平定。于是平定越地，而成南海（郡名，治
所番禺即今广州）、苍梧、郁林（郡名，治所布山在今广西桂平西故城）、
合浦（郡名，治所合浦在今广东合浦县东北）、交趾（辖今广东、广西大
部及今越南的北部、中部）、九真（郡名，辖今越南清化、河静两省及义
安省东部）地区、日南（郡名，治所西卷在今越南广治省广治河与甘露河
合流处）、珠压（郡名，治所瞫都在广东琼山东南）、儋耳（治所在今广

东儋县东北）九郡。平定西南夷，设立武都（治所在今甘肃成县西）、群柯、越嶲（治所邛都在今四川西昌东南）、沈黎（治所邛都在今四川汉源东北）、文山（治所在今四川岷山）五郡。

毛泽东知识渊博，熟知历史。1958 年 3 月，他在成都会议上听取了山西省委书记陶鲁笳汇报山西缺水，有引黄河入汾河的设想时，他又问："你们山西有个闻喜县，你知道为什么叫闻喜？"……陶鲁笳说不知道。毛泽东说："汉武帝乘楼船到这里，正好传来了在南越打了大胜仗的捷报，汉武帝就给这个地方起名为闻喜。汉武帝那时就能坐楼船在汾河上行驶，可见当时汾河水量很大。现在汾河水干了，我们愧对晋民呀。"（陶鲁笳：《一个省委书记回忆毛泽东》，山西人民出版社 1993 年版，第 65 页）

（三）荒淫无度

武帝做太子时，就娶了陈阿娇做太子妃，即位之后，便立为皇后，也算兑现了他金屋藏娇的诺言。可是，后宫佳丽三千人，怎能专宠在一身？况且，阿娇性妒，不许武帝亲近其他宫妃，自己又不争气，没有生个一男半女。所以，后来有一次，武帝到姐姐平阳公主家，在众多歌女中一眼便看中了卫子夫。其实，卫子夫不过是平阳公主的家生婢女，她的母亲卫氏就是平阳公主家的仆妇。武帝携其入宫，恩宠有加，不久就怀了孕，封为夫人。其弟卫青也到朝中任职。陈阿娇一再闹个不休，终被废除皇后，打入冷宫。后来，陈阿娇花了一百斤黄金，请大辞赋家司马相如写了一篇《长门赋》，大肆铺写陈阿娇被废后的孤独、寂寞的心情，也没有挽回圣意。

陈皇后被废以后，卫子夫被立为皇后，其弟卫青为将军，后来因讨伐匈奴有功，官至大将军，是西汉名将，封长平侯。卫青的三个儿子也都封侯。韦皇后的姐姐卫少儿的儿子霍去病，因军功官至骠骑将军，封冠军侯。卫氏家族共有五人封侯，荣宠无比。卫皇后的儿子刘据被立为太子。

卫皇后年老色衰了，赵国来的王夫人又得宠了，她生下一个儿子刘闳，封为齐王。

王夫人早早死了，而李姬又得宠了，她生了两个儿子刘旦和刘胥，后来分别被封为燕王和广陵王。

李姬也不长寿，她死后中山的李夫人又得到了汉武帝的宠幸。

李夫人也是红颜薄命，早早死了。她的得宠是很偶然的。他有个哥哥李延年精于音乐，是个乐工，官名协律。有一次李延年为汉武帝演奏了自己写的一首乐曲：

　　北方有佳人，绝世而独立。
　　一顾倾人城，再顾倾人国。
　　宁不知倾城与倾国，佳人难再得！

这里李延年用"倾城"与"倾国"形容女子的极其美丽，使汉武帝垂涎三尺。在座的平阳公主说，李延年有个妹妹长得就这么漂亮。武帝即刻召见，携入后宫，封为夫人，宠爱无比。入宫不久，李夫人也生了一个男孩，这就是后来封为昌邑王的刘髆。

李夫人生来体质单薄，生子之后落下疾病，而且久治不愈，一天天加重，不久便骨瘦如柴，形容枯槁了。到了她奄奄一息的时候，武帝来到病榻前，要见她最后一面，她却用被子遮住转头向里，不肯让武帝再看她一眼。

武帝走后，李夫人长叹一声说："大凡以色事人者，色衰必然爱弛，爱弛必然恩绝。刚才皇上死活要见我一面，乃是因为我平日容颜尚不大丑陋的缘故，现在我这副模样，皇上见了避之唯恐不及，哪里肯追念我而加恩于我的兄弟呢？"

李夫人香消玉殒之后，汉武帝心目中一直保留着李夫人的美好形象，悲痛不已。齐人方士少翁说，能把她的魂魄召唤回来。因此，夜里点燃灯烛，设置帷帐，摆上酒肉，而让武帝在帷帐中远远眺望。果然，看见一个如李夫人美貌的女子在房中坐立不安，走来走去，又不能走近去看。武帝

『汉武帝雄才大略』

就更加思念不已，悲恸欲绝。他作了一首诗："是耶？非耶？立而望之偏何姗姗其来迟！"命令乐府中的乐工配上谱子演唱。汉武帝很信任他，并且封他做了"文成将军"。此外，他又写了一篇《悼李夫人赋》：

美连娟以修嫭兮，命樔绝而不长。饰新官以延贮兮，泯不归乎故乡。惨郁郁其芜秽兮，隐处幽而怀伤。释舆马于山椒兮，奄修夜之不阳。秋气憯以凄泪兮，桂枝落而销亡。神茕茕以遥思兮，精浮游而出畺。托沈阴以圹久兮，惜蕃华之未央。念穷极之不还兮，惟幼眇之相羊。函菱茯以俟风兮，芳杂袭以弥章。的容与以猗靡兮，缥飘姚虖愈庄。燕淫衍而抚楹兮，连流视而娥扬。既激感而心逐兮，包红颜而弗明。欢接狎以离别兮，宵寤梦之芒芒。忽迁化而不反兮，魄放逸以飞扬。何灵魄之纷纷兮，哀裴回以踌躇。势路日以远兮，遂荒忽而辞去。超兮西征，屑兮不见。寖淫敞，寂兮无音。思若流波，怛兮在心。

乱曰：佳侠函光，陨朱荣兮。嫉妒闟茸，将安程兮。方时隆盛，年夭伤兮。弟子增欷，涕沫帐兮。悲愁於邑，喧不可止兮。向不虚应，亦云己兮。嫭姌太息，叹稚子兮。懰栗不言，倚所恃兮。仁者不誓，岂约亲兮？既往不来，申以信兮。去彼昭昭，就冥冥兮。既不新官，不复故庭兮。呜呼哀哉，想魂灵兮！

《悼李夫人赋》是辞赋名篇。在这篇赋中，武帝投入了深挚的感情，写得缠绵悱恻，凄楚动人，为世所称。《汉书·外戚传》曰：武帝宠姬李夫人卒，上思念不已，除作《李夫人歌》外，"又自为作赋，以伤悼夫人。"赋分正文及乱辞两部分。通过汉武帝、李夫人皇家爱恋之"传奇邂逅的浪漫""生离死别的不幸"和"阴阳两世不了情"。

1936 年 11 月至 1837 年 4 月 4 日，毛泽东读西索洛夫、爱伦堡等著，李达、雷仲坚合译《辩证法唯物论教程》（中译本第三版），读到"对立和相互渗透，一个对立向另一个对立的转变，存在于一切过程之中"时批注道："……良药苦口，同时却利于病；忠言逆耳，同时却利于行；羊肉好吃，无奈烫得慌；玫瑰花可爱，刺多扎手；佳人却可倾国，祸兮福所倚，福兮祸所伏；都是互相渗透，互相转变的对立。一切对立都是这样的。"
（《毛泽东哲学批注集》，中央文献出版社 1988 年版，第 78 页）

这个批注中的"佳人却可倾国"，即出自李延年咏其妹李夫人的那首歌。倾城、倾国，既可指颠覆国家，如《诗经·大雅·瞻卬》："哲夫成城，哲妇倾城。"也可以用来形容女子的绝美，如唐代白居易《长恨歌》"汉皇重色思倾国"。毛泽东在这里指旧谓绝色女子可以误国、亡国。可见他对李夫人的故事非常熟悉。

刘夫人死后，又有尹夫人和邢夫人同时受到宠幸。最后的武帝宠幸的是钩弋（yì）夫人。钩弋夫人（？—前88），西汉武垣县人。汉武帝东巡过武垣，被选入宫。因貌美聪敏，善于歌舞受宠，为其修"钩弋宫"号"钩弋夫人。"钩弋夫人擅长纂拳藏玉钩游戏，又称"拳夫人"。后晋封为赵婕好。

太始三年（前94），钩弋夫人生子，取名弗陵，号钩弋子，武帝视为掌上明珠。常对人夸耀："弗陵类我"。遂萌废立太子之意。征和二年（前91），太子刘据因"巫蛊之祸"自杀，卫子夫皇后也自杀身亡。武帝带钩弋夫人移居甘泉官，召画工画周公哺周成王图，向群臣表明了要立弗陵为太子的意图，又担心因"主少母壮"重蹈吕后覆辙；便以"屡践圣意"为由，把钩弋夫人囚禁于云阳宫。后元元年（前88）钩弋夫人忧困而死，葬于甘泉南。近臣都为拳夫人之死而伤感，武帝也深感内疚，在甘泉宫前建"通灵台"以表怀念。

翌年二月，武帝病重，召见众臣宣布立弗陵为太子，拜霍光等人为顾命之臣辅佐少主。不久，汉武帝死，八岁的刘弗陵即位，即汉昭帝。追封钩弋夫人为皇太后，修云陵（甘泉南，又称"阳陵""思合墓""女陵"）重葬，拨三千户居护陵墓。

从以上所述无数所宠幸的宫妃中，可以看出武帝是个喜新厌旧的人。他的后宫众美人竟达七八千人之多。他体格健壮，纵情恣欲，荒淫无度。不仅平时如此，就是外出巡狩，宾妃陪伴同辇车的就有十六人之多。所以，可以说汉武帝是一个荒淫无度的人。

（四）妄求长生

武帝好宠信方士，迷信神怪，他经常与方士们研究所谓长生不老之说，希望通过方士求得不死之药。所谓方士，就是方术士，或称为有方之士，用现在的话说，就是持有方术的人。一般简称为方士或术士，后来则叫作道士。宋玉《高唐赋》以羡门、高溪、上成、郁林、公乐、聚谷等人为"有方之士"，《史记·始皇本纪》秦始皇说："吾悉召文学、方术士甚众。"

起源于战国时燕、齐一带濒海地区，从战国末年，即齐威宣王时候，这些人便已经有了他们自己的传授系统，《史记》中将他们叫作"方仙道"。同时还提到了其中的几个典型人物，如宋无忌、正伯侨、充尚和羡门子高。

秦汉后渐盛。如秦之徐福；汉文帝时"望气取鼎"的新垣平；汉武帝时主张祠灶的李少君等。

方士的中心思想就是讲求长生，认为服食丹药、淫祀可以成为神仙。司马迁说他们是"形皆（解）销化，依于鬼神之事"。班固将他们叫作"神仙家"，《汉书·艺文志》说："神仙者，所以保性命之真，而游求于其外者也，聊以荡平心意，同生死之域，而无怵惕于心中。"

汉武帝多次派人入海求仙，还想亲自入海求神仙，后被东方朔固谏乃止。例如，他对方士公孙卿就很宠信。先是公孙卿在河南等候神仙，说在缑氏（今河南偃师境内）城上看见仙人的脚印，有一种像雉的动物在城上飞来飞去。武帝亲自到缑氏看神仙脚印。他告诉公孙卿：你不要像文成将军、王利将军一样欺骗我！公孙卿答，仙人不是要求皇上，而是皇上要求他。求仙之道在于宽假些时日，否则仙人时是不会出现的。谈到神仙这种事，看起来好像很荒诞，其实一点都不，只要一年的时间，就可以看到了。于是，各郡国都扫除街道，广治宫观，祀山川神祇，祈望神仙的到来。

后来，乐成侯向汉武帝又推荐了一个叫栾大的人，这人长得是一表人才。不但好说大话，而且敢说大话，他对汉武帝说："我曾经到海里去，碰到安期、羡门之类的仙人，但他们认为我身份太低了，不值得给我仙药，而且我担心会像文成一样的下场。"汉武帝安慰他说："我怎么会做这种事呢？文成是自己误吃了马肝中毒死的，只要你能得到仙药，我还有什么舍不得的。"于是，就封他为"五利将军"，并且给他佩了"天士将军、地士将军、大通将军、天道将军"四颗金印。又封他做了"乐通侯"，给他盖了大房子。汉武帝后来又把他与皇后卫子夫生的女儿当利公主嫁给了"五利"。

对于神仙鬼怪、长生不老之类的谎言，现在科学发达了，很少有人相信。1954 年，毛泽东对他的保健医生徐涛说："人哪有长生不死的，古代帝王都想长生不老，最后也还是死了。在自然的生死面前，皇帝与平民都是平等的。"

"每个人都希望自己长寿也是合乎情理的。"徐涛说。

"不但没有长生不死，连长生不老也不可能。有生必有死，生、老、病、死，新陈代谢，这是辩证法的规律。人如果都不死，那孔夫子现在要活着有两千五百岁了吧？那世界上该成什么样子了？"（中央文献研究室：《缅怀毛泽东》上，中央文献出版社 1993 年版，第 167、368—273 页）

到了 1961 年 9 月 22 日，毛泽东再一次谈到这个话题。当时外交官熊向晖和浦寿昌根据周恩来的指示，乘专机从北京到武昌，向正在那里准备次日会见来访的英国元帅蒙哥马利的毛泽东汇报情况。当毛泽东听说蒙哥马利参观医院时曾经对医生说"你们中医中药很神奇，应该发明一种药，让你们的毛主席长生不死"时，他对熊向晖、浦寿昌说："什么长生不老药！连秦始皇都找不到，没有那回事，根本不可能。这位元帅是好意，我要告诉他，我随时准备见马克思。没有我，中国照样前进，地球照样转。"（董保存：《在历史的漩涡中》，中外文化出版公司 1990 年版，第 188 页）

毛泽东的谈话，不仅指出了"长生不死"的荒谬，而且科学地阐明了生死的规律，表达了他对于生死的乐观态度，值得我们学习。

五、晚年罪己

汉武帝晚年，看到穷兵黩武和自己的奢侈腐化所造成的社会动荡、时局不稳，幡然悔悟，下诏自责，改变政策，表现了一个政治家的风范。

（一）废立太子

汉武帝在培养自己的继承人时，犯有严重错误，他晚年首先追悔的就是这件事。

汉武帝先后立过两个太子，就是刘据和刘弗陵。刘据是卫子夫所生，7 岁时被立为太子，史称戾太子；刘弗陵是钩弋夫人所生，武帝死前两天才立，且其母同时被杀。

元狩元年（前 122），年满七岁的刘据被立为太子。武帝还专门派遣德高望重的太傅辅导他学习《穀梁春秋》《公羊春秋》。太子加冠成人后，武帝更是为太子修建"博望苑"，让太子在那里跟宾客往来，培养自己的势力，"从其所好"。

刘据性格"仁恕温谨"，但武帝"嫌其材能少"，认为跟自己不相似。随着卫皇后年老宠衰以及太子据的长大，武帝对卫皇后和太子的关爱减少，令太子"常有不自安之意"。武帝察觉此事，曾对太子之舅、大司马大将军长平侯卫青说："太子敦重好静，必能安天下，不使朕忧。欲求守文之主，安有贤于太子者乎！闻皇后与太子有不安之意，岂有之邪？可以意晓之。"太子经常劝谏武帝减少跟外族的战事，武帝却说这样做是为了太子将来可以安享太平。

太子宽厚，虽然得到民众支持，但是也令一些主张严刑峻法的官员不满。元封五年（前106），大司马大将军长平侯卫青病逝，皇后卫子夫和太子刘据就失去了最有力的后援；随着卫子夫年老色衰，汉武帝已经移情别恋。卫子夫皇后的名位虽在，但想见武帝一面已经十分困难。疏远便生隙、生疑，而且太子与武帝在许多问题上不一致：武帝"用法严，多任深刻吏；太子宽厚，多所平反"；武帝坚持以武力征伐四夷，太子则主张用怀柔之策缓和彼此关系，等等。司马光《资治通鉴》记载："群臣宽厚长者皆附太子，而深酷用法者皆毁之，邪臣多党与，故太子誉少而毁多。卫青薨后，臣下无复外家为据，竟欲构太子。"因此父子二人长久不得沟通，众多小人趁虚而入，竞相诬陷太子。

武帝后来与儿子们逐渐疏远，连皇后也难得见到他。一次，太子进宫谒见皇后，很长时间才从宫中出来。黄门苏文抓住机会向汉武帝报告说："太子调戏宫女。"汉武帝将太子宫中的宫女增加到二百人。皇后卫子夫得知此事，恨得咬牙切齿，让太子禀明皇上杀死苏文等人。太子说："第勿为过，何畏文等！上聪明，不信邪佞，不足忧也！（只要我不做错事，又何必怕苏文等人！皇上圣明，不会相信邪恶谗言，用不着忧虑。）"还有一次，汉武帝感到身体有点不舒服，派常融去召太子，常融回来后对汉武帝言道："太子面带喜色。"汉武帝黯然。及至太子晋见，汉武帝观其神色，见他脸上有泪痕，却强装有说有笑，汉武帝感到很奇怪，再暗中查问，才得知事情真相，于是将常融处死。皇后自己也小心防备，远避嫌疑，所以尽管已有很长时间不再得宠，却仍能使汉武帝以礼相待。每次出外巡游，武帝经常将留下的事交付给太子，宫中事务交付给皇后。如果有所裁决，待汉武帝回来后就将其中最重要的向他报告，汉武帝也没有不同意的，有时甚至不过问。

然而天有不测风云，在江充与苏文等人的不懈努力寻找甚至不惜散布谣言的情况下，外加武帝晚年愈发残酷多疑，最终发生了征和二年（前91）父子相残的悲剧。

巫蛊为一种巫术。当时人认为使巫师祠祭或以桐木偶人埋于地下，诅咒所怨者，被诅咒者即有灾难。

武帝晚年，赵国人江充受武帝重用，且与太子及卫氏一族素不和。征和二年（前91）武帝病重，有不久于世之象，江充、苏文等人更加惧怕将来太子继位后会诛杀他。便想到利用"巫蛊之术"去制造冤案。丞相公孙贺之子公孙敬声被告发为巫蛊咒武帝，与阳石公主奸，贺父子下狱死，诸邑公主与阳石公主、卫青之子长平侯卫伉皆坐诛。武帝命宠臣江充为使者处理巫蛊案，江充使长安城的数万人死于非命。而武帝去了别处休养，如往常般将政事托付与太子，后宫事托付皇后，却并不召见太子与皇后所派的慰问使者。

随后，江充来到皇后宫搜查，将皇后寝殿弄得连放床之处也没有；接着江充去太子宫掘蛊，掘出桐木做的人偶，并栽赃太子咒诅君父。太子信任父亲，并不认为父亲会怀疑自己有弑父之心，本欲亲往武帝处禀明冤情，然而见江充等来势汹汹，因此召问少傅石德，石德认为皇帝在甘泉养病，甚至不见太子与皇后所派慰问使者，有可能不在人世，江充等人是在仿照赵高与李斯冤杀秦皇太子扶苏的故事。为了自保，石德建议太子越权行事，拘捕江充等人及追查他们的阴谋。此时江充逼太子甚急，太子在情急下同意石德所言。七月壬午，太子派人假冒使者收捕江充等人。江充助手按道侯韩说怀疑使者身份，不肯受诏，被来人杀死。太子派人禀告皇后，又分发武器给侍卫，搜查全城涉嫌巫蛊之人，并向百官宣布江充谋反。太子随即杀死江充，处死上林苑中的巫蛊术士。但是百密一疏，让苏文侥幸脱逃，苏文向武帝控诉太子起兵谋反，武帝开始并不相信："太子必惧，又忿充等，故有此变。"派使者召太子，但使者不敢到太子那里，回报武帝说"太子反已成，欲斩臣，臣逃归。"

父子终于失去了最后的沟通机会。被苏文等人连续欺骗两次后终于上当的武帝大怒，下令丞相刘屈氂率兵平乱。太子纠集了数万人，与丞相军激战五日，死者数万人。最终，太子势孤力弱而兵败，唯有逃离长安。皇后自杀，太子宾客多人亦被捕杀。此时武帝暴怒，然而臣下却惧而不言，壶关三老茂上书曰："太子进则不得见上，退则困于乱臣，独冤结而无告，不忍忿忿之心，起而杀充，恐惧逋逃，子盗父兵，以救难自免耳。臣窃以为无邪心。"（太子进则不能面见皇上，退则被乱臣的陷害困扰，独自蒙冤，无处申诉，忍不住忿恨的心情，起而杀死江充，却又害怕皇上降罪，被迫逃亡。太子作为陛下的儿子，盗用父亲的军队，不过是为了救难，使自己免遭别人的陷害罢了，臣认为并非有什么险恶的用心）"智者不敢言，辩士不敢说，臣窃痛之！唯陛下宽心慰意，少察所亲，毋患太子之非，亟罢甲兵，无令太子久亡！臣不胜惓惓，出一旦之命，待罪建章宫下！"（智慧之人不敢进言，善辩之士难以张口，我心中实在感到痛惜。希望陛下放宽心怀，平心静气，不要苛求自己的亲人，不要对太子的错误耿耿于怀，立即结束对太子的征讨，不要让太子长期逃亡在外！我以对陛下的一片忠心，随时准备献出我短暂的性命，待罪于建章宫外）武帝醒悟，有悔意，但并未赦免太子，太子逃到湖县（今河南三门峡灵宝县豫灵镇底董村南）一户贫家，户主常卖屦以维持太子生活所需。太子有一位富有的故人在此地，因为太子派人找他而被人发现，官吏围捕太子，太子因拒绝被捕而自杀，户主亦被杀。

征和三年（前90），武帝对巫蛊之事有所察觉，却难以推翻自己之前的作为，看守高帝庙的小郎官田千秋正好在此时上书为太子鸣冤："子弄父兵，罪当笞；天子之子过失杀人，当何罪哉！臣尝梦见一白头翁教臣言。"武帝大悟，于是借机下台，将太子被逼起兵之事定性为"子弄父兵"，同时召见田千秋，并颇有深意地说道："父子之间，人所难言也，公独明其不然。此高庙神灵使公教我，公当遂为吾辅佐。"并因此在一年间将田千秋连升数级，一跃而成丞相。随后武帝愤而族灭江充及刘屈氂家族，焚苏文于横桥上，曾在泉鸠里对太子兵刃相加的人，最初被任命为北地太守，后也遭满门抄斩。

武帝痛惜太子无辜，于是在爱子丧生的湖县修建思子宫以及归来望思之台，以寄托自己的哀思。此举令天下唏嘘不已。戾太子一案极大刺激了晚年的汉武帝，促使他颁布轮台诏，对自己过去几十年间的作为进行自我反思，并禁苛暴，止擅赋，力本农。修马政复令以补缺，毋乏武备，并为昭宣中兴创造了有利条件。

太子死后，武帝迟迟不立太子，时为武帝长子的燕王刘旦请求宿卫长安（显然意谋太子位），武帝斥之曰："生子当置齐鲁礼仪之乡！"并惩罚燕王，削其良乡、安次、文安三县。后元二年（前87）二月乙丑，武帝病笃，终于决定立赵国钩弋夫人之子刘弗陵为皇太子，翌日以霍光（霍去病异母弟）为大司马大将军，命其与车骑将军金日磾、左将军上官桀、御史大夫桑弘羊共辅少主。第三天武帝驾崩。

刘据有三子一女，长子史皇孙刘进（即汉宣帝刘询之父），一女尚平舆侯嗣子，全部因巫蛊之乱而遇害，只留下皇曾孙刘询。十七年后刘弗陵去世，无子。权臣霍光废刘贺后，扶助刘询登上帝位，是为汉宣帝，即位后刘询颁布诏书：诏曰："故皇太子在湖，未有号谥、岁时祠。其议谥，置园邑。"谥刘据曰"戾"（东汉著作《说文》："戾。曲也，从犬出户下。戾者身曲戾也。"故而"戾"字应取蒙冤受屈之意），所以刘据又称"戾太子"。

戾太子之狱的悲剧表面上看是由许多偶然因素促成的，但实际上源于对"独占""排他"和"终身世袭"的皇权的争夺，是权势欲对人的自然本性的扭曲。从夏、商、周三代开始，延至大一统的秦汉皇朝，国君终身制、君位世袭制就成了社会认可的制度。君权至上，不受限制，君主绝对集权，也成为不容怀疑的理念。由此，觊觎和篡夺君位的事件层出不穷，即或是在骨肉至亲之间，为争夺皇位也酿成了一幕又一幕的惨剧。汉武帝受奸人蛊惑，小人利用武帝晚年的多疑乘虚而入，由是酿成了这对原本亲厚的父子间的悲剧。

戾太子墓位于位于河南省灵宝县西50公里的豫灵镇底董村南约2公里处。位于最南面的墓东西长约150米，南北宽约50米，高约50米，占地面积10余亩，为武帝太子刘据之墓冢。与太子冢西北相接处有皇孙冢两个，乃是刘据之子冢，俗称"皇孙冢"。三冢规模呈由南向北等量递减之势。

（二）轮台罪己诏

汉武帝刘彻是西汉王朝的第6个皇帝。在位50多年，堪称有汉一代颇具雄才大略的君主。汉朝建立后，前几个皇帝吸取秦朝灭亡的教训，推行无为而治、与民休养生息的政策，经过70多年的积累，到刘彻即位时，国库丰盈，国力进入全盛，这是武帝可以大有作为的重要条件。可是积累架不住50多年的征战和肆意挥霍，"海内虚耗，人口减半"，国库即告空虚。造成了"民力屈，财用竭"的恶果。武帝末年，出现了"天下虚耗，人复相食"的局面。广大农民穷困破产，无以为生，流亡农民越来越多，终于导致了天下大乱。

天汉二年（前99），黄河和长江流域纷纷爆发农民起义。声势之大，甚至过于秦朝。其中"南阳有梅免、百政，楚有段中、杜少，齐有徐勃，燕赵之间有坚卢、范主之属"（《汉书·酷吏·咸宣传》）。起义军多则数千人，少则数百人，到处攻城破邑，夺取兵器，杀戮官吏，释放囚犯，开仓放赈。武帝慌忙派遣军队镇压，对起义军大肆屠杀，甚至对供应过起义军饭食的群众也一并处死，他还下令实行"沉命法"，规定：凡是发生起义的地方，如果郡县官员没有发觉，或是捕杀起义军不够多的，有关的大小官吏都要处以死刑。尽管朝廷用尽一切办法，起义还是没有全部镇压下去。

面对着风雨飘摇、危机四伏的局面，汉武帝陷入了深深的反思，他痛下决心，对实行的政策进行调整。征和四年（前89），他曾对群臣说："朕即位以来，所为狂悖，使天下愁苦，不可追悔。至今事有伤害百姓、靡费天下者，悉罢之。"（《汉书·西域传》）武帝又于同年下诏，"陈既往之事"，罢轮台之戍。

轮台，汉代是西域36国中的城邦之一。轮台国于汉太初三年（前102）被李广利所灭。当时搜粟都尉桑弘羊等人建议说：轮台以东可以灌溉良田五千顷以上，应派军队前往开垦，由酒泉、张掖两郡派出司马专门主持这项工作。招募民间有胆量的人前去耕种，加强拓荒。同时兴建亭障和城堡，既可以扬国威于西域，又可以帮助我们的朋友乌孙国。

汉武帝毫不犹豫地否决了桑弘羊等人的建议，对此武帝下诏说："前有司奏欲盖民赋三十（每口增加30钱税收）助边用，是重困老弱孤独也。而今又请奏遣卒田轮台。轮台西于车师千余里，前开陵侯击车师时，虽胜，烽其王，以辽远乏食，道死者尚数千人，况盖西乎！""朕即位以来，所为狂悖，使天下愁苦，不可追悔。自今事有伤百姓，靡费天下者，悉罢之！""当今务在禁苛暴，止擅赋，力本农，修马复令（因养马而免徭赋），以补缺，毋乏武备而已。"他在六月颁发《轮台罪己诏》。

《轮台罪己诏》原文如下：

上乃下诏，深陈既往之悔，曰：前有司奏，欲益民赋三十助边用，是重困老弱孤独也。而今又请遣卒田轮台。轮台西于车师千余里，前开陵侯击车师时，危须、尉犁、楼兰等六国子弟在京师者皆先归，发畜食迎汉军，又自发兵，凡数万人，王各自将，共围车师，降其王。诸国兵便罢，力不能复至道上食汉军。汉军破城，食至多，然士自载不足以竟师，强者尽食畜产，赢者道死数千人。朕发酒泉驴、橐驼负食，出玉门迎军。吏卒起张掖，不甚远，然尚厮留其众。曩者，朕之不明，以军候弘上书言"匈奴缚马前后足，置城下，驰言'秦人，我若马'"，又汉使者久留不还，故兴遣贰师将军，欲以为使者威重也。古者卿大夫与谋，参以蓍龟，不吉不行。乃者以缚马书遍视丞相、御史、二千石、诸大夫、郎为文学者，乃至郡属国都尉成忠、赵破奴等，皆以"虏自缚其马，不祥甚哉！"或以为"欲以见强，夫不足者视人有余。"《易》之卦得《大过》，爻在九五，匈奴困败。公军方士、太史治星望气，及太卜龟蓍，皆以为吉，匈奴必破，时不可再得也。又曰："北伐行将，于鬴山必克。"卦诸将，贰师最吉。故朕亲发贰师下鬴山，诏之必毋深入。今计谋卦兆皆反缪。重合侯得虏候者，言："闻汉军当来，匈奴使巫埋羊牛所出诸道及水上以诅军。单于遗天子马裘，常使巫祝之。缚马者，诅军事也。"又卜"汉军一将不吉"。匈奴常言："汉极大，然不能饥渴，失一狼，走千羊。"

乃者贰师败，军士死略离散，悲痛常在朕心。今请远田轮台，欲起亭隧，是扰劳天下，非所以忧民也。今朕不忍闻。大鸿胪等又议，欲募囚徒送匈奴使者，明封侯之赏以报忿，五伯所弗能为也。且匈奴得汉降者，常提掖搜索，问以所闻。今边塞未正，阑出不禁，障候长吏使卒猎兽，以皮肉为利，卒苦而烽火乏，失亦上集不得，后降者来，若捕生口虏，乃知之。当今务在禁苛暴，止擅赋，力本农，修马复令，以补缺，毋乏武备而已。郡国二千石各上进畜马方略补边状，与计对。

译文如下：

在这篇著名的诏书中，他首先追悔自己以往的过错：

前些时，有司奏报，要求增加赋税，每人多纳三十钱作边防用，这加重了老弱孤独的负担啊。现在又要求派士兵到轮台屯田，朕以为不可。轮台在车师国以西一千多里，记得成娩攻车师，危须、尉犁、楼兰六国子弟在京师长安的都先回国，准备军马草料迎接汉军，又亲自发兵，共数万人，各国王亲自带领，共同围攻车师，迫使其王投降。汉军破城，人和马匹吃得很多，然而士兵自己带的不够食用，强壮的人自吃畜肉，瘦弱的人死在半路上竟有数千人之多。朕调发酒泉郡的驴、骆驼驮粮从玉门关去接应，吏卒们从张掖郡出发，路还不算太远，可已经有很多人滞留掉队，何况轮台更在车师国西边呢？

过去都是朕的不明智，相信占卜。因为主持军纪的军官弘上书说，匈奴都把马的前后蹄子绑缚起来放在城下，告诉汉军说"我把这些马送给你们"。又因汉使者久留不还，朕就派贰师将军李广利率大军进攻匈奴，欲以为使者威重啊。自古以来，卿大夫参与谋略，再参照龟蓍占卜，不吉利就不出发。从前把匈奴缚马的书信让丞相、御史、二千石、诸大夫、郎中有文化的人都看过，甚至郡属国都尉成忠、赵破奴等，都认为"虏自缚其马，太不吉祥了！"有人认为，"这是它要表现它的强大，用我们不足的东西显示他们富足"。《易卦》中得到《大过》，爻辞在九五，匈奴困败。军中的方士、太史治星望气，以及太卜占卜，都认为吉利，匈奴必破，这样的机会不可再得。又说："北伐行将，于鬴山必胜。"给诸将占卜，贰师将军最吉利。所以朕亲自命令贰师将军攻鬴山，嘱咐他不必太深入。现在实际情况却同占卜的结果相反。重合侯得到的敌军消息说："听说汉军来攻，匈奴派巫师在汉军经过道路上埋牛羊以诅咒汉军。"贰师将军大败，兵士非死就是当了俘虏、逃兵。朕每想到这些就难过。单于献给天子的战马和裘衣，经常派巫师祷祝诅咒。绑缚马匹，也是用以诅咒军事的。又卜一卦说"汉将不吉利"。匈奴常说："汉朝极大，然而不能挡饥渴，失去一只狼，跑掉一千只羊。"

后来贰师将军大败，将士大半死的死散的散，悲痛常在朕我心中。现在到远处垦田，还要修亭障和烽火台，这是扰劳老百姓，而不是体恤老百姓。现在朕不忍听。大鸿胪等人又提议，欲招募囚徒送给匈奴使者，明里是报封侯之赏，而实际是发泄对匈奴的愤怒，这是五伯（霸）都做不到的。况且匈奴俘虏汉朝将领，经常挟住两腋将人拎起，问他们所知道的情况。现在边塞不正规，奸细混进来也不能禁止。亭侯长吏命令士兵猎取野兽以肉和皮毛谋取利益，士兵困苦不堪而烽火荒废，出现失误而上级也到不到消息，后来投降的人来了，或者捕获活的俘虏才知道。当务之急，在于严禁官吏的苛刻暴虐，禁止擅自增派赋税。全国人民都要尽力投身农业，恢复养马的人免除徭役的命令。鼓励民间养马，用来填补战马损失后的缺额，不使边塞缺乏戒备能力，这才是正事。

《轮台罪己诏》是征和四年（前89）汉武帝所下的一道自我反省罪过的诏书，重启汉初"黄老"思想，无为而治，与民生息。也是中国历史上第一份内容丰富、保存完整的"罪己诏"。

至此汉朝的统治方针发生转变，回到了与民生息、重视发展经济的轨道，从而避免了像秦朝那样迅速败亡的结局。

与秦始皇至死拒绝认错的为政态度不同，汉武帝后来能够"罪己"，及时转弯，在千秋青史上留下了较好的名声。而他之所以这样做，还是因为秦朝亡国的前车之鉴不远。后人常把《轮台罪己诏》说成是中国皇帝第一个正式的自我批评文件，其实执政者"罪己"的政治传统在中国存在得还要早。《左传·庄公十一年》记载："禹汤罪己，其兴也勃焉；桀纣罪人，其亡也忽焉。"只是当时的历史文献没有像汉代那么丰富、详尽地流传下来，因此说汉武帝是第一个正式下"罪己诏"的皇帝也不算错。后来这个传统一直被沿用。每当皇帝犯了祸国殃民的大错误，往往会下一道"罪己诏"，公开检讨，以表示与民更始。虽然，正如苏轼所言，执政者"罪己"的目的是"收人心"，但这仍不失为是一种在政治上比较高明的做法。试想，在君主专制制度下，皇帝不管做了何等错事，也是万岁、万万岁，而臣子们则以歌功颂德、文过饰非为邀宠进身之阶，这是常态。如果君主能够反其常态而"罪己"，说明起码他认识到了两点：一是无论当朝的舆论如何被掌控，百姓心中总有一杆秤；二是得人心者得天下，水能载舟亦能覆舟。所以即便天子也须得道，考虑民意，不可过分胡来。这应当被看作是中华传统文化中值得肯定的东西。

六、死葬茂陵

后元元年（前88）夏季六月间，御史大夫商丘成犯罪自杀。侍中仆射莽何罗与弟重合侯马通谋反，侍中驸马都尉金日磾（mì dì，密地）、奉车都尉霍光、骑都尉上官桀率军讨伐。后元二年（前87）春季正月间，在甘泉宫接受诸侯王的朝拜，赏赐刘氏宗室之人。二月，巡幸盩厔（zhōu zhì，周至；今陕西周至）五柞宫（故址在今陕西周至东南）。十二日，立皇子弗陵为皇太子。十四日，武帝在五柞宫逝世。入殡在未央宫（故址在今陕西西安西北长安故城内西南隅）前殿。三月初二，葬于茂陵（在今陕西西安西北80里）。

茂陵位于今陕西省兴平县东北原上，南位乡的东南部，西距兴平县12公里，东距咸阳市15公里。其北面远依九嵕山，南面遥屏终南山。东西为横亘百里的"五陵原"。此地原属汉时槐里县之茂乡，故称"茂陵"。封土高46.5米，顶端东西长39.25米，南北宽40.60米。据《关中记》载："汉诸陵皆高12丈，方120丈，惟茂陵高14丈，方140丈。"上述与今测量数字基本相符。总占地面积计为56878.25平方米，封土体积848592.92立方米。陵园四周呈方形，平顶，上小下大，形如覆斗，显得庄严稳重。

综观武帝一生，不愧为一个雄才大略的政治家。他在位时，是汉帝国的鼎盛时期，他采用奖励农耕、发展生产、富国强兵、抗击匈奴的宏伟战略，在政治上加强中央集权制的同时，在经济上实行煮盐、冶铁、运输和贸易的官营制度，兴修水利，发展农业，开展对外贸易；在军事上抗击匈奴，打通了通往西域的道路，牢固地控制了河西走廊，向南直抵海南，基本上形成了中华民族生存空间的格局，从而使汉帝国以统一、繁荣、强大的姿态屹立在世界的东方。因此得到了毛泽东的赞扬。早在年轻时代，毛泽东就说过："吾人揽（览）史时，恒赞叹战国之时，刘、项相争之时，汉武与匈奴竞争之时，三国竞争之时，事态百变，人才辈出，令人喜读。至若承平之代，则殊厌弃之。非好乱也，安逸宁静之境，不能长处，非人生之所堪，而变化倏忽，乃人性之所喜也。"（《〈伦理学原理〉批注》，中共中央文献研究室等编：《毛泽东早期文稿》，湖南出版社1995年版第2版，第185—186页）这种看法一直到晚年也未改变，可谓是英雄巨眼识英雄吧！

魏武帝曹操

『统一中国北方，创立魏国』

1954 年夏，毛泽东在他写的《浪淘沙·北戴河》一词中写道："往事越千年，魏武挥鞭，东临碣石有遗篇。萧瑟秋风今又是，换了人间。"其中的"魏武"，就是魏武帝曹操。

曹操（155—220），字孟德，一名吉利，小字阿瞒，沛国谯县（今安徽亳州）人，东汉末年杰出的政治家、军事家、文学家、书法家，三国中曹魏政权的奠基人。

曹操终生为汉朝丞相，并未称帝，其子曹丕代汉自立称帝后，追赠他为魏武帝。毛泽东寥寥数语，一个政治家、军事家和诗人的形象便跃然纸上了，同时也表现了他对曹操的追慕和景仰。

但是，曹操这样一位英雄人物，在中国古代小说、戏曲中却被写成一个白脸奸臣，一个十恶不赦的小人，这当然是不公平的，因此毛泽东提出要为曹操翻案，同时提出应该翻案的，还有在历史上被骂为"暴君"的商纣王和秦始皇。

一、"现在我们要给曹操翻案"

毛泽东早就对历史上把曹操当作奸臣十分不满。1954年夏，毛泽东在北戴河吟诵了曹操的《观沧海》一诗后，与他的保健医生徐涛谈起了曹操，说："曹操统一中国北方，创立魏国，他改革了东汉的许多弊政，抑制豪强，发展生产，实行屯田制，还督促开荒，推行法制，提倡节俭，使遭受大破坏的社会开始稳定、恢复、发展。这些难道不该肯定？难道不是了不起？说曹操是白脸奸臣，书上这么写，戏里这么演，老百姓这么说，那是封建正统观念制造的冤案。还有那些反动士族，他们是封建文化的垄断者，他们写东西就是维护封建正统。这个案要翻。"这是毛泽东首次提出为曹操翻案。（陈晋：《毛泽东之魂》〔修订本〕，中央文献出版社2001年版，第358页）

1957年4月10日，毛泽东在同《人民日报》相关负责同志谈话时，说："历史上说曹操是奸雄。不要相信那些演义。其实，曹操不坏。当时曹操是代表进步一方的，汉是没落的。"（《毛泽东著作专题摘编》，中央文献出版社2003年版，第2284页）

1957年11月2日，毛泽东正在莫斯科访问。有一次，毛泽东将胡乔木、郭沫若等请来一道用餐。毛泽东与郭沫若等人纵谈三国历史。官渡之战、赤壁之战、夷陵之战，讲了诸多战例。你一段，我一截，夹叙夹议，谈到热烈处，毛泽东忽然转向翻译李越然，问："你说说，曹操和诸葛亮这两个人，谁更厉害些？"李越然听到问话，一时不知如何回答好。毛泽东说："诸葛亮用兵固然足智多谋，可曹操这个人也不简单。唱戏总是把他扮成个大白脸，其实冤枉。这个人很了不起。"（李越然：《外交舞台上的新中国领袖》，解放军出版社1989年版，第157页）

1958年11月10日，毛泽东在郑州召开的部分中央领导人和部分地方负责人的工作会议上，谈及商品生产问题时，说："商品生产从古就有，商朝的'商'字，就是表示当时已经有了商品生产的意思。把纣王、秦始皇、曹操看作坏人是完全错误的。"（《毛泽东文集》第七卷，人民出版社1999年版，第439页）

同年11月20日，在武汉东湖畔的住所召集柯庆施、李井泉、王任重、陶鲁笳等人开的座谈会上，谈到曹操，毛主席说："你们读《三国演义》和《三国志》注意了没有，这两本书对曹操的评价是不同的。"座谈会上有的同志说，一个是贬，一个是褒。主席说："是的。《三国演义》是把曹操看作奸臣来描写的；而《三国志》是把曹操看作历史的正面人物来叙述的，而且说曹操是天下大乱时期出现的'非常之人''超世之杰'。可是，因为《三国演义》又通俗又生动，所以看的人多，加上旧戏上演三国戏都是按照《三国演义》为蓝本编造的。所以，曹操在旧戏舞台上就是一个白脸奸臣。这一点可以说在我国是妇孺皆知的。"毛主席说到这里，愤愤不平地继续说："现在我们要给曹操翻案。我们党是讲真理的党，凡是错案、冤案，10年、20年要翻，1000年、2000年也要翻。"他实事求是地评价曹操说："曹操统一北方，创立魏国，抑制豪强，实行屯田，兴修水利，发展生产，使遭受大破坏的社会开始稳定和发展，是有功的。说曹操是奸臣，那是封建正统观念制造的冤案，这个冤案一定要翻。"（陶鲁笳：《毛主席教我们当省委书记》第二版，山西人民出版社2003年版，第17页）

毛泽东提出为曹操翻案后，1959年，中国学术界展开了一场颇有声势的"替曹操恢复名誉的讨论"。毛泽东对当时史学界举行了关于"替曹操恢复名誉"的讲座表示支持。这场讨论首先由郭沫若、翦伯赞发起。郭沫若连续发表《替曹操翻案》等文章，认为："曹操对于民族的贡献是应该做高度评价的，他应该被称为民族英雄。"翦伯赞在题为《应该替曹操恢复名誉》的文章中也认为："曹操不仅是三国豪强中第一流政治家、军事家和诗人，并且是中国封建统治阶级中有数的杰出人物。"毛泽东对这些文章表示赞同，并且在读了翦伯赞的文章后，又发挥说："曹操结束汉末豪强混战的局面，恢复了黄河两岸的广大平原，为后来的西晋统一铺平了道路。"同年8月11日，毛泽东在庐山会议上所作的讲话里，说："曹操被骂了一千多年，现在也恢复名誉。好的讲不坏，坏的讲不好。"从此，曹操恢复了历史名誉。京剧舞台上的白脸曹操，也在眉心添加了一颗红点，以示是好人也。

有关曹操的主要有两部书：《三国志》和《三国演义》。《三国志》是正史，《三国演义》是历史小说，二者性质不同。《三国志》，西晋陈寿撰，共 65 卷，分魏、蜀、吴三书，是一部纪传体三国史，无表、志。魏书前四卷称纪，蜀吴两书有传无纪。对魏的君主称帝，叙入纪中；吴蜀则称主不称帝，叙入传中，就是说，它以曹魏为正统。南朝宋裴松之为之作注，博引群书，注文多出本文数倍，保存的史料非常丰富。近人卢弼有《三国志集解》。《三国演义》，全称《三国志通俗演义》，是一部长篇历史小说，元末明初罗贯中著。根据陈寿《三国志》和裴松之注，以及范晔《后汉书》、元代《三国志平话》和某些有关传说，再创作而成。书中通过尊刘（备）抑曹（操）等描写，鼓吹封建的正统观念和仁义道德。大意是说，刘备是中山靖王之后、汉献帝的叔父，所以他后来建立蜀汉政权，是刘汉王朝的合法继承者，是正统；曹操"挟天子以令诸侯"，其子曹丕代汉自立，创立魏国，是篡逆。两部书的看法截然相反，自古而然，但也事出有因。毛泽东曾说："《三国演义》的作者罗贯中不是继承司马迁的传统，而是继承朱熹的传统。南宋时，异族为患，所以朱熹以蜀为正统。明朝时，北部民族经常为患，所以罗贯中也以蜀为正统。"（逄先知等：《毛泽东读书生活》，生活·读书·新知三联书店 1986 年版，第 2588 页）至于在旧戏曲中，比如在京剧中，《捉放曹》《战宛城》《打鼓骂曹》《群英会》《华容道》等传统剧目里，曹操都被写成奸臣，扮相是个大白脸。

在 1958 年前后，毛泽东读卢弼撰《三国志集解》卷一《魏书》云："《魏武故事》载公十二月己亥令曰：'……又刘表自以为宗室，包藏奸心，乍前乍却，以观世事，据有荆州。孤复定之，遂平天下'。"此处内容注引：何焯曰："孙刘方睦，而云'遂平天下'，盖其器限之也。史家评操攻伐，至克绍而止，过此则鼎足虎争，非复所能戡定矣。"……或者人见孤强盛，又性不信天命之事，恐私心相评，言有不逊之志。胡三省曰："言其将篡也。"……孤祖父以至孤身，皆当亲重之任，可谓见信者矣，以及子桓兄弟，过于三世矣。孤非徒对诸君说此也，常以语妻妾，皆令深知此意。孤谓之言："顾我万年之后，汝曹皆当出嫁，欲令传道我心，使他人皆知之。"欲明心迹，何至令妻妾改嫁。择言不慎，一至如此。然临终遗命，卖履分香，登台奏伎，闺房恋恋，至死不忘，乃知没曹出嫁之言，为奸雄欺人之语。……然欲孤便尔委捐所典兵众，以还执事，归就武平侯国，实不可也。何者？诚恐已离兵为人所祸也。上文但计投死为国，以义灭亲之言，皆欺人语也。既为子孙计，又己败则国家倾危，是以不得慕虚名而处实祸，此所不得为也。黄恩彤曰："方操夷袁绍，下荆州，天下大势骎骎乎折而入于己，惟其丧师赤壁，十年精锐，付之一炬。孙权既雄踞江东，刘备复奄有荆楚，鼎足势成，始知大物不能骤致，邺中下令，鳃鳃以臣节自明。其令中所云：'人见孤强盛，言有不逊之志。'此乃其肝膈至言，欲盖弥彰者也。陈志削而不录，亦思其言不由衷耳。"……奉国威灵，仗钺征伐，推弱以克强，处小而禽大。意之所图，动无违事，心之所虑，何向不济。"然则汴水之战，何以为流矢所中？濮阳之图，何以坠马烧掌？清水之难，何以丧昂和安民？乌林之役，何以狼狈北归？潼关北渡，何以为马超所困？志骄气盈，言大而夸。（三国志集解·《魏书》卷一，第78—81页）毛泽东读了这段文字，批注说："此篇注文，贴了魏武不少大字报，欲加之罪，何患无辞。李太白云：'魏帝营八极，蚁观一祢衡。'此为近之。"（《毛泽东读文史古籍批语集》，中央文献出版社1993年版，第138页）

大字报，是一种用毛笔书写大字公开爆料张贴示人的形式，1957年反右斗争中，大量采用大鸣、大放、大字报。1958年4月15日，毛泽东在《介绍一个合作社》中说"大字报是一种极有用的新式武器"后，广泛应用。据此，我们可以推定，这条批语当写于1958年前后，也就是毛泽东提出为曹操翻案这一时期。这篇注文中，卢弼除了自己加的三段注文外，还征引了何焯、胡三省、黄恩彤三人的话，共6条注文，而这些注文都是毫无道理的，所以毛泽东说"贴了魏武不少大字报"。毛泽东认为这是"欲加之罪，何患无辞。"意谓想加害于人，即使无过错，也可以罗织罪名作为理由。这是用典。语出《左传·僖公十年》：晋献公死后，晋大夫里克先后杀公子奚齐、公子卓及大夫荀息，新君晋惠公即位后杀里克。将杀里克时，惠公派使臣对他说："微子则不及此。虽然，子弑二君和一大夫，为子君者不亦难乎？"对曰："不有废也，臣何以兴？欲加之罪，岂无辞乎？"伏剑而死。毛泽东用此典，意谓卢弼的注文，是给曹操罗织罪名，这是冤假错案。据《三国志·武帝纪》注记载，建安十五年（210）十二月，曹操下了一个《让县自名本志令》，其内容是叙述自己辗转征战的经历及许多内心活动，表明自己守义为国，并无取代汉室之意，为明此志，决定让出受封的阳夏、柘、苦三县，以解除别人的误会。卢弼对此做了考证、订谬后，对曹操提出许多指责。曹操在令中说，他曾告诉妻妾，自己死后，她们无论嫁到哪里，都希望为他说明无叛汉之心。卢弼在注中说是"奸雄欺人之语"。曹操在令中说，自己之所以不放弃军权，"诚恐已离兵为人所祸也"，这是"既为子孙计，又已败则国家倾危"。卢弼说"皆欺人语也"。黄恩彤认为陈寿写《三国志》对这些话"削而不录"，是"处小而禽大"。卢弼在这里又列举曹操军事生涯中的一系列败仗，指责他"志骄气盈，言大而夸"。对曹操让出食邑中的三县一事，卢弼在注里又引别人的话说，"文词绝调也，惜出于操，令人不喜读耳"。卢弼用旧史学家以刘汉为正统的思想，先入为主地视曹操为奸雄，对曹操的功过是非不能公正、客观地评论，这是毛泽东所不能同意的。

那么，到底应该怎样正确评价曹操呢？毛泽东说："李太白云'魏帝营八极，蚁观一祢衡。'此为近之。"李太白，即唐代伟大诗人李白，太白是他的字。他有一首古诗《望鹦鹉洲怀祢衡》。全文是：

> 魏帝营八极，蚁观一祢衡。
> 吴江赋鹦鹉，落笔超群英。
> 锵锵振金玉，句句欲飞鸣。
> 鸷鹗啄孤凤，千秋伤我情。
> 五岳起方寸，隐然讵可平。
> 才高竟何施，寡识冒天刑。
> 至今芳洲上，兰蕙不忍生。

祢（mí，迷）衡，字正平，般（今山东德平东北）人，东汉末年名士。恃才傲物，狂放不羁。建安初年游许都（今河南许昌），与孔融、杨修友善。常说："大儿孔文举，小儿杨德祖，余子碌碌，莫足数也。"孔融把他推荐给曹操。曹操用为鼓吏，他在曹操面前脱光衣服，换上鼓吏服装，羞辱曹操，后又到曹府大门外大骂。曹操不忍杀之，推荐给荆州牧刘表，刘表也不能容，又推荐给江夏太守黄祖。黄祖的长子黄射在鹦鹉洲上大会宾客，有人献鹦鹉，他就让祢衡写赋以娱宾客。祢衡援笔一挥而就，辞采甚丽，鹦鹉洲由此得名，其地在今湖北汉阳西南。后来，黄祖终因祢衡言不逊顺，把他杀了。毛泽东在批语中引此诗的前两句，赞颂曹操经营天下、统一北方的历史功绩，而把徒有狂名而无实绩的祢衡视作蝼蚁之辈。认为李白这样评价曹操，基本正确。

二、"曹操统一北方，创立魏国"

在中国古代人物中，曹操是得到毛泽东的评价最多的人，据不完全统计，共有三十多次。毛泽东年轻时就对曹操十分推崇。

早在 1913 年他在湖南第四师范读书（后并入一师）时，曾经在《讲堂录》中写道："才不胜今人，不足以为才；学不胜古人，不足以为学。天下无所谓才，有能雄时者，无对手也。以言对手，则孟德、仲谋、诸葛而已。"（《毛泽东早期文稿》，湖南人民出版社 1979 年版，第 587 页）

孟德，曹操的字；仲谋，孙权的字；诸葛，即诸葛亮。这是说三国时期，曹操、孙权、诸葛亮三人棋逢对手，旗鼓相当。

1918 年 8 月，毛泽东乘火车去北京，走到郾城，大雨把路基冲坏，他和罗章龙、陈绍林步行到许昌，瞻仰魏都旧墟，凭吊曹操，并与罗章龙作《过许都》联句诗一首：

> 横槊赋诗意气扬（宇），自名本志好文章（润）。
> 萧条异代西田墓（润），铜雀荒凉落夕阳（宇）。

联句中的"宇"为罗章龙，时化名"纵宇一郎"；"润"为毛泽东，字润之。联句表达了对曹操的钦佩之情。以后，毛泽东在不同场合多次谈及曹操，读史时又多次点评，都给予很高评价。

1952 年 11 月 1 日，毛泽东视察河南安阳，参观殷墟。他向北边挥着帽子，对安阳行署专员程耀吾说："这西面、北面是什么地方？""西面是太行山，北面是漳河。""漳河，就是曹操练水兵的地方。""对。""曹操也是个了不起的人物。这里属于古邺城。邺城建于春秋齐桓公时，战国时属魏国。西门豹为邺令。西汉时邺城是魏郡治所，东汉末年是冀州牧袁绍驻地。曹操破袁绍后，于 204 年进邺建都，此后史称邺都为魏都。东汉建安十八年（213）曹操被封为魏公，后为魏王，掌握中央一切军政大权。邺都成为朝臣聚集、发布政令的中央政权所在地，直到 220 年曹丕代汉，虽建都洛阳，但仍称邺郡为'北都'，七庙不废，直至 365 年司马炎灭魏建晋，故魏国在邺建都 52 年。曹操在邺时，进行大规模的扩建。著名的三台，即金凤台、铜雀台、冰井台，就是那时修建的。晋朝文学家左思曾写《魏都赋》对邺都进行了很好的描写。曹操在这一带实行屯田制，使百姓丰衣足食，积蓄力量，逐渐统一北方，为后来晋统一全国打下了基础。"（杨庆旺：《毛泽东指点江山》，中央文献出版社 2000 年版，第 1232—1233 页）

毛泽东曾对在他身边工作的同志议论说："曹操结束豪族混战的局面，恢复了黄河两岸的广大平原，为后来西晋的统一铺平了道路。"

直到 1975 年，毛泽东谈到三国历史时还说："三国的几个政治家、军事家对统一都有所贡献，而以曹操为最大。"同年，他又对陪他读书的北京大学女教师芦荻说："汉末开始大分裂，黄巾起义摧毁了汉代的封建统治，后来形成了三国，这是向统一发展的。三国的几个政治家、军事家对统一都有所贡献，而以曹操为最大。司马氏一度完成统一，主要就是他那时打下的基础。"（芦荻：《毛泽东谈二十四史》，1993 年 12 月 30 日《光明日报》）

曹操统一北方经历了一个艰苦的过程。

（一）"治世之能臣，乱世之奸雄"

曹操是一个显赫的宦官家庭出身。其祖父曹腾是东汉末年宦官集团中的一员，汉桓帝时任中常侍大长秋，封费亭侯。曹腾死后，其养子曹嵩继承了爵位。曹嵩的出身，当时就弄不清楚，所以《三国志》的作者陈寿称他"莫能审其生出本末"（《三国志·武帝纪》），但也有人认为他是夏侯氏之子，是夏侯惇的叔父，曹操与夏侯惇是本家兄弟。（《武帝纪》注引《曹瞒传》及郭颁《世官语》）曹嵩，字巨高，为司隶校尉，灵帝时擢拜大司农（主管钱粮）、大鸿胪（主管接待宾客），代崔烈为太尉。

曹操是曹嵩的长子，"少机警，有权数"。他自幼养成无拘无束的性格，喜欢飞鹰走狗，游荡无度，不务正业。他的叔父很担心他，有好几次去向曹嵩告状，使曹操受责骂。曹操很讨厌他叔父，为了摆脱困境，他心生一计。一次，曹操远远看见叔父向他走来，便扑通一声倒在地上，翻着白眼，口吐白沫，装作中风的样子。他叔父感到奇怪，连忙跑到跟前，关切地问他原因，曹操说："中了恶风。"他叔父慌忙去告诉曹嵩。曹嵩大惊，急忙赶来叫曹操，曹操样子和平时一样，说话也没有什么不同。曹嵩问他："你叔父说你中风，已经好了吗？"曹操说："我从来就没有中过风，叔父不喜欢我，所以诬告我。"曹嵩开始怀疑其弟弟。从此以后，叔父再去告他的状，其父不再相信，曹操就更加为所欲为了。

曹操博览群书，特别喜欢兵法，他把各家兵法抄录汇集在一起，名叫《接要》，又注《孙武》十三篇，进行深入学习、研究。

青年时期的曹操没有名气，不被时人所重，但素以知人名世的太尉桥玄，一见曹操，就非常惊异，说："我见过许多天下名士，其才能没有一个能超过你的，你好自为之。我老了，把妻子孩子托付给你。"又说："天下将要大乱，没有杰出的治国人才就没法挽救了，能够安定天下的，就是你吧！"桥玄还告诉他："你还没有名气，可与许子将交往。"

当时，汝南人许劭，字子将，才华出众，善于品评人物。曹操听了桥玄的话，就去拜访许劭。他问许劭："我是个什么样的人呢？"许劭不回答。曹操一再追问，许劭才说："子治世之能臣，乱世之奸雄。"曹操大笑。许劭给曹操的评语，本来是一句模棱两可的话，可以有多种解读。最普遍的解释是，曹操在太平盛世是治理国家高才干练的大臣，在动乱年代是一个祸国殃民的奸诈之徒。但不管怎么讲，都肯定了曹操的才干，因而曹操闻听大笑。

灵帝熹平三年（174），20岁的曹操，被地方官举荐为孝廉，进入首都洛阳做郎官（帝王侍从官），从此踏上仕途。不久，被任命为洛阳北部尉，负责洛阳城北部的治安工作。洛阳是东汉都城，是皇亲国戚聚居之地，很难治理。曹操一上任，就修缮四门，申明禁令，严明法纪，制造数十根五色大棒，悬挂在城门两边，每门两边挂十多根，"有犯禁者，皆棒杀之"

（《三国志·魏书·武帝纪》注引《曹瞒传》）。皇帝宠幸的小宦官蹇硕的叔父违禁夜行，曹操毫不留情，立即打死。于是，"京师敛迹，无敢犯者"（同上注），皇帝的近臣、宠臣都很讨厌他，然而也没有办法中伤他，于是，共同以推荐为名，把他任命为顿丘（今河南清丰西南）令，赶出了京城。

不久，曹操因他的本家妹夫宋奇被杀，受株连被免官。因为他懂得古学，又征为议郎。议郎是皇帝的顾问官，可以参与讨论朝政大事。当时，政治腐败，贪污受贿成风。有才能的地方官吏往往得不到举荐和任用，根基浅、没靠山的官吏，往往被陷害，而政绩平庸、为害一方的官吏，未被检举治罪。光和五年（182）正月，汉灵帝下诏太尉、司徒、司空三府各官员，举奏州县政绩不佳、侵扰百姓的官员，经查检举属实，立即免职。曹操两次上书灵帝，谴责三府官员举奏不实，庇护权臣，欺蒙圣上。灵帝有所警觉，把曹操的奏章发给三府，罢免了接受贿赂，偏袒权贵、宦官的太尉许馘、司空张济的官职。

灵帝中平元年（184），黄巾起义爆发，这是东汉末年的农民大起义。"太平道首领"张角秘密进行组织活动，十余年间，徒众达数十万人，遍布青、徐、幽、燕、冀、荆、扬、兖、豫八州，提出"苍天已死，黄天当立，岁在甲子，天下大吉"的政治口号，在中平元年（184）各地同时起义。起义军因头裹黄巾而被称为"黄巾军"。他们焚烧官府，捕杀官吏，攻打地主庄园，旬日之间，天下响应。东汉政府派皇甫嵩、朱儁、卢植等率军镇压，先后在南阳（治所今河南南阳）、颍川（治所今河南禹州）和河北地区被张角、张曼成等打败。后来，由于起义军缺乏战斗经验，在东汉政府军和地主豪强武装的联合镇压下，先后在颍川、南阳失败。

危急关头，曹操被朝廷任命为骑都尉，在卢植的率领下进攻颍川的黄巾起义军，斩首数万级，立了战功。因而，被提升为济南（今山东济南一带）诸侯国国相。

济南国管辖10多个县。各县官吏大多依附权贵，贪赃枉法，危害百姓。曹操之前历任国相都不管不问。曹操上任后，大力整饬，一下奏免八个长吏，大小官员无不惊恐，一些罪大恶极的纷纷逃往外地躲避。"政教大行，一郡清平"。（《三国志·武帝纪》注引《魏书》）

当初，城阳景王刘章对汉朝有功，所以他的封国为他立祠堂，青州各郡县竞相效仿，济南国特别严重，立有六百多座祠庙。一些商人也仿效皇室宗亲立祠庙，假冒官员服装和车辆，一天比一天奢侈，老百姓穷困不堪，当地历任官员都不敢禁止。曹操到任，下令毁坏祠庙，禁止官员和民众立祠，奸邪鬼怪之事一扫而光。

中平四年（187），曹操因政绩优良，被提升为东郡太守（治所在今河南濮阳西南）。当时正是东汉政治极度黑暗的时候，曹操不肯迎合权贵，并多次触犯豪强，引起忌恨，怕因此遭祸累及全家，托病不去就职，回到故乡，春夏读书，秋冬打猎，暂时隐居了。

中平五年（188），汉灵帝为巩固自己的统治，设置西园八校尉，曹操因其家世被任命为典军校尉（略次于将军的军职），成为皇帝警卫部队的将领。官虽不大，位置重要。不久，冀州刺史王芬、南阳许攸、沛国周旌等相互勾结阴谋废掉灵帝，立合肥侯为帝，拉拢曹操参加，被曹操拒绝了，王芬等人的计划遂告失败。

第二年四月，汉灵帝病死。围绕立太子一事，宦官与外戚的矛盾进一步激化。生前，灵帝有意立王贵人所生的刘协为太子，但按封建社会立嫡长子的礼法，应立何皇后所生的刘辩。灵帝死后，何进与何太后立刘辩为帝，太后临朝听政。何进与袁绍蓄谋铲除宦官势力，太后不同意。何进密召并州刺史董卓入京，打算用武力胁迫太后。董卓还没有到京，事情就败露了，何进被宦官杀死。袁绍入宫大开杀戒，宦官两万多人被杀，宦官势力基本上被消灭了。

（二）讨伐董卓

中平六年（189），董卓带兵进入洛阳，废少帝刘辩为弘农王，改立九岁的陈留王刘协为帝，即汉献帝，自任太尉，掌控朝政。后又杀太后及少帝，纵容部下大肆烧杀抢掠，京师大乱。

董卓得知曹操才能出众，上书奏请任命他为骁骑都尉，想把他招至自己麾下，共图大谋。曹操觉得董卓残暴不仁，积怨太深，必然失败，所以不去赴任，带领几个人偷偷地逃出洛阳。出了关卡，来到成皋（今河南荥阳市汜水镇）老朋友吕伯奢家。伯奢和他的五个儿子，备宾主之礼，招待曹操一行。吕伯奢连忙骑驴到邻村打酒，几个家人磨刀的磨刀，烧水的烧水，准备杀猪，做饭菜。曹操听到嚯嚯的磨刀声，便误认为要杀害自己。他手持宝剑，一连杀吕伯奢一家七口。后来，他知道杀错了，便连忙逃走。他一行刚走到村外，正巧遇见吕伯奢打酒回来。曹操硬着头皮向前搭话时，趁机把吕伯奢也杀死了。他感慨地说："宁教我负天下人，不教天下人负我。"之后，他连夜逃走。

曹操一路东行，来到中牟县（今河南中牟），被认出是逃亡的人，抓了起来。当时县令的掾属已接到董卓通缉曹操的文书，县令陈宫心里知道拘捕的人就是曹操。陈宫认为，现在天下大乱，不应该拘捕天下的英雄豪杰，于是下令释放了曹操。

曹操继续东行，来到陈留郡（今河南开封市祥符区陈留镇），曹操的老朋友陈留太守张邈也不满董卓专权、胡乱屠戮百姓。在孝廉卫兹以家财资助下，曹操在陈留招兵买马，组建了一支五千人的队伍，又联合其他义军，准备讨伐董卓。

汉献帝初平元年（190）正月，后将军袁术、冀州牧韩馥、豫州刺史孔伷、兖州刺史刘岱、河内太守王匡、渤海太守袁绍、陈留太守张邈、东郡太守桥瑁、山阳太守袁遗、济北相鲍信，同时起兵，部众各数万人，共推袁绍为盟主。曹操以奋武将军的身份参加。

二月，董卓见各路兵起，形势对自己不利，将弘农王刘辩杀死，胁迫献帝迁都长安（今陕西西安西北），并放了一把大火，把宫殿全部焚毁，自己留居洛阳抵御关东军。董卓的凉州军骁勇善战，其义子吕布英勇异常。这时，袁绍驻扎在河内（治所怀县，在今河南武陟西南），张邈、刘岱、桥瑁、袁遗驻扎在酸枣（今河南延津北），孔伷驻扎在颍川（今河南禹州），袁术驻扎在南阳（今河南南阳），韩馥驻扎在邺县（今河北临漳西南邺镇）。由于董卓兵强，袁绍等人谁也不敢进兵。曹操说："我们兴义兵，是为了讨伐董卓乱贼。现在大军已经会合，各位还有什么迟疑的呢？当初，董卓听到山东起兵，倚仗朝廷的威望，占据洛阳的险要地势，出兵东下控制天下，尽管他用不合道义的手段干这些事，但仍然是很大的祸患。如今他焚烧宫室，劫持皇帝，全国震惊，人们都不知何去何从，这是上天让他灭亡的时候。一战就可平定天下，千万不能坐失良机啊！"

于是，曹操便独自率军西进，想要占领成皋。张邈派部将卫兹带部分军队与曹操一起进军，在荥阳附近的汴水岸边被董卓的部将徐荣打败，伤亡惨重。曹操也被流矢射中，他骑的马也受了伤，骑堂弟曹洪的马，才得以在夜间逃脱。

曹操回到酸枣时，各路义军已经有十多万人，每天摆酒设宴，不考虑进兵的事。曹操责备他们，并趁机为他们谋划说："请各位听我的计策，让渤海太守袁绍率领河内的军队前往孟津（今河南孟津北黄河渡口），酸枣（故城在今河南延津县北十五里）的各位将领防守成皋，占据敖仓（今河南荥阳西北），封锁轘辕（今河南偃师东南）、太谷（今山西太谷）两座关口，把这些险要的地方控制住；再让袁术将军率领南阳的部队进驻丹水县和淅县，挺进武关（今陕西丹凤东南），使关中震恐；各路大军都高筑堡垒，深挖堑壕，不要与敌军交战，多设疑兵，表明天下的形势，以正义之师讨伐叛逆，天下很快就可以平定。现在军队已经高举义旗行动起来了，如果还迟疑不决，不敢进兵，就会使天下人失望，我私下替各位感到羞耻！"张邈等人不肯采纳。

曹操兵少，就和夏侯惇等人到扬州招兵买马，扬州刺史陈温、丹阳太守周昕给了他四千多人。回到龙亢县（治所在今安徽怀远西北），新招来的士兵大多数都已叛逃。到铚县（治所在今安徽宿州西南）和建平县（治所在今河南永城西南）时，又招收一千多名新兵，于是进驻河内（今河南黄河以北地区）。关东各路义军名为讨伐董卓，实际各怀鬼胎，伺机扩张自己势力。不久，各军之间发生摩擦，互相火并。刘岱与桥瑁互相仇怨，刘岱杀了桥瑁，让王肱兼任东郡太守。袁绍和韩馥谋划立幽州牧刘虞当皇帝，曹操反对。袁绍曾经得到一方玉印，从曹操座位举向他的肘旁，曹操因此越发厌恶袁绍。

初平二年（191）春天，袁绍、韩馥立刘虞当皇帝，但刘虞始终不敢当。

夏季四月间，董卓回到长安（今陕西西安）。

秋季七月间，袁绍胁迫韩馥，夺取冀州（今河北衡水市冀州区）。

黑山一带的农民起义军十多万人，在于毒、白绕、眭固等人带领下，到魏郡和东郡抢掠，王肱无法抵挡，曹操率兵进入东郡，在濮阳攻击白绕，并把他打败。袁绍上表举荐曹操任东郡太守，郡治在东武县（今山东诸城）。

初平三年（192），曹操驻扎在顿丘（今河南浚县白寺乡和屯子镇一带），于毒等人听说以后，便放弃东武阳回兵。曹操在半路上截击眭固，接着又在内黄县（今河南内黄）攻打匈奴人于夫罗，全部击败了他们。

夏季四月间，司徒王允定连环计，把义女貂蝉先送给董卓为妾，又许给董卓义子吕布为妻，父子情仇，吕布遂杀董卓。董卓的部将李傕、郭汜等人杀死王允，攻打吕布。吕布战败，向东逃出武关（今陕西丹凤东南）。李傕、郭汜等人把持了朝政。

（三）收编"青州兵"

汉献帝初平三年（192），青州地区黄巾起义军大发展，有部众百万进入兖州地界，杀了任城国相郑遂后，又转入东平境内。兖州刺史刘岱打算攻打他们，济北国相鲍信劝阻说："现在黄巾军有上百万人，百姓都震惊恐惧，我们的士兵也没有斗志，抵挡不住。我看黄巾军有成群的老少跟随，而且部队没有后备的兵器、粮草，全凭强取掠夺作为给养。眼下不如让我们的部队养精蓄锐，坚持固守。这样，他们想打打不着，想攻攻不下，势必军心涣散，然后我们挑选精锐，占据险要，就可以打败他们。"刘岱不听，于是与黄巾军交战，果然失败被杀。

鲍信就和州吏万潜等人，到东郡去迎接曹操兼任兖州刺史。曹操和鲍信进攻寿张县东面的黄巾军，鲍信战死，曹操"设奇谋，昼夜会战"（《武帝纪》注引《魏书》），才勉强打败了黄巾军。曹操悬赏寻找鲍信的尸体，没有找到，大家只好用块木头刻出鲍信的形象，哭着祭奠他。曹操追击黄巾军一直到济南北部，黄巾军请求投降。这年冬天，曹操得降兵三十多万，家属男女百余万口，收编了其中的精锐，号称"青州兵"。

汉献帝初平四年（193）春天，曹操进攻鄄城（今山东鄄城）。荆州牧刘表切断了袁术的运粮道路，袁术率兵进入陈留郡（今河南开封东南45里陈留镇），驻扎在封丘（今河南封丘），黑山黄巾军余部和匈奴于夫罗帮助他。袁术派部将刘详驻守匡亭，曹操率兵攻打，袁术前去救援，双方发生激战，袁术大败，退守封丘，曹操挥师追击。袁术退到襄邑（今河南襄县），曹操追到太寿，决渠水灌城。袁术退到宁陵（今河南宁陵），曹操继续追击，最后一直追到九江（治所寿春，在今安徽寿县）。这年夏天，曹操率兵回到定陶（今山东定陶东北）。

下邳人阙宣聚集几千人，自称天子。徐州牧陶谦和阙宣共同起兵，攻占了泰山郡的华邺（治所在今山东黄县东北）和费县（今山东费县西北），夺取了任城（治所在今山东微山西北）。秋天，曹操率兵进攻陶谦，一连攻下了十多座县城，陶谦退守郯县（今山东郯县北）坚守，不敢出城迎战。

兴平元年（194）春天，曹操军粮将尽，撤围回军。当初，曹操的父亲曹嵩，卸任后回到家乡谯郡（治所在今安徽亳州），董卓作乱时，曹嵩避乱到琅琊（治所开阳，在今山东临沂北），被陶谦的部将张闿杀害，抢劫了他的财物，投奔淮南袁术。因此，曹操决心要为父亲报仇。次年夏天，曹操派荀彧、程昱驻守鄄城，亲率大军再征徐州，先后攻下五座县城，一直打到东海郡地界。曹操回师经过郯县时，陶谦部将曹豹和刘备截击曹军，曹军把他们打败，并攻克襄贲（今山东苍山东南），所过之地，大肆破坏和屠杀，"鸡犬亦尽，墟邑无复行人"（《三国志·魏书·荀彧传》）。

这时曾参加讨伐董卓的陈留太守张邈和曹操部将陈宫叛离曹操，迎接吕布为兖州牧。

当时只有鄄城和东郡的范（今河南范县东南）、东阿（今山东阳谷东北）两县还在曹操掌控之中，分别由司马荀彧和寿张令程昱、东郡太守夏侯惇等人坚守，形势十分危急。

曹操从徐州赶回，吕布攻打鄄城（今山东菏泽鄄城），没有攻下，便向西驻军濮阳（今河南濮阳）。曹操说："吕布忽然之间得到一个州，但没有占据东平，切断亢父、泰山的通道，凭借险要地形来截击我们，反而驻守濮阳，我断定他成不了大事。"于是，进军攻打。吕布出城迎战，先用骑兵侵扰青州兵。青州兵败退，曹军阵势大乱。曹操骑马急速冲出火阵，摔下马来，左手被烧伤。司马楼异扶曹操上马，这才撤出。部队还没有返回营寨就停了下来，将士们没有看见曹操，都很惊慌。曹操硬撑着去慰问将士，下令军中赶快制作攻城器械，再次攻打吕布，双方对峙了一百多天。

这时蝗虫成灾，庄稼颗粒无收，老百姓都很饥饿，吕布军粮也吃完了，各自退兵。曹操退至鄄城。

兴平二年（195）春天，曹操袭击定陶（今山东定陶）。济阴太守吴资固守定陶南城，没有被攻破。正好吕布来援，曹操打败了他。这年夏天，吕布部将薛兰、李封驻守巨野（今山东巨野），曹操前去攻打，吕布又来援，薛兰兵败被俘，吕布逃走，于是曹操把薛兰等人杀死。吕布又从东缗与陈宫率兵一万多人来交战，当时曹操的兵少，便设下埋伏，出奇制胜，把吕布打得大败。吕布连夜逃走，曹操再次发起进攻，占领定陶（今山东定陶），分兵平定周围各县。

吕布东逃投奔刘备，张邈跟随吕布，让弟弟张超带着家属守住雍丘（今河南杞县）。八月，曹操围攻雍丘。十月，汉献帝下诏任命曹操为兖州牧。十二月，曹操攻破雍丘，张超兵败自杀，灭其三族。张邈向袁术求救，被部下杀死。兖州平定后，曹操向东扩张。

曹操从陈留起兵到兴平二年把吕布、张邈赶出兖州（今山东济宁兖州区），被任命为兖州牧，经过六年的打拼，终于有了自己的一块根据地，也有了一支自己掌控的军队。这两个条件，为曹操后来的发展奠定了基础。

（四）征讨徐州

建安三年（198），吕布帮助袁术，派高顺攻打刘备，夺取下邳（今江苏睢宁县古邳镇）。刘备投奔曹操，程昱劝曹操："我看刘备有雄才大略，而且很得人心，不会甘居人下，不如趁早除掉他。"曹操说："现在正是招揽英雄豪杰的时候，杀掉一个人就失掉天下人的心，不能这样做。"

曹操派夏侯惇援助刘备攻打吕布，交战不利。刘备被高顺打败。九月，曹操亲率大军东征徐州，攻打吕布。十月，屠杀了彭城（今江苏徐州），俘获了国相侯谐。进军到下邳（治所在今江苏睢宁西北），吕布亲自率骑兵迎战。曹操大败吕布，俘虏了吕布的勇将成廉，一直追吕布到下邳城下。吕布想投降，但被陈宫等人劝阻，便派人向袁术求救。吕布再次出战，又被打败，就退到城内固守。曹军因连续作战，将士都很疲乏，打算退兵，便采用荀攸、郭嘉的计策，扒开泗河和沂河，用河水灌下邳城。一个多月后，吕布的部将宋宪、魏续等人活捉陈宫，献城投降。吕布见大势已去，下城投降。曹操把吕布、陈宫尽皆处死，收降吕布部将臧霸、孙观等人，初步控制了徐州。

当时，袁绍已经击败了公孙瓒，兼有四州之地，有10万多军队，即将进军攻打许都。曹操的部将都认为抵挡不住，曹操说："我熟悉袁绍的为人，志气大，才能小，外表严厉，内心怯懦，好嫉妒人，威信不高，士兵虽多，部署不当，将领骄横而政令不统一。土地虽广，粮食虽丰，却正好奉送给我。"话虽这么说，但对于这样强大的敌手，曹操还是采取了多项措施，认真对付。八月间，他命令在青州有潜在影响的臧霸、孙观等人进攻青州，占领齐（治所在今山东淄博）、北海（治所在今山东寿光东南）、东安等地，巩固右翼；九月，曹操回许都，又命大将于禁驻军黄河南岸，监视袁军。十一月，占据南阳（今河南南阳）的张绣听从谋士贾诩之计，投降曹操，曹操大喜，拜张绣为扬武将军，解除了后顾之忧。十二月，曹操自率大军驻扎在官渡（今河南中牟东北），准备大战袁绍。

刘备在徐州牧陶谦死后，曾一度出任徐州牧，后徐州被吕布攻占，刘备投奔曹操，来到许都（今河南许昌），曹操待之甚厚。刘备假装在后园种菜，韬光养晦；曹操派人监视，颇不放心。一天，曹操设宴请刘备叙话，以探虚实。来至小亭，只见盘里放着青梅，酒已满上。二人分宾主坐下，开怀畅饮。

酒喝到半醉，忽然天空黑云翻滚，暴雨将至。侍从遥指天外的龙卷风，曹操与刘备凭着栏杆观看。

曹操说："使君知道龙的变化吗？"

刘备说："不太清楚。"

曹操说："龙能大能小，能升能隐；大就兴云吐雾，小就隐藏身影；升就在宇宙之间飞腾，隐就潜伏在波涛之中。现在正是春末，龙随时变化，如同人得志而纵横四海一样。龙这种动物，可以用来比世上的英雄。您久历四方，必定知道当今世上的英雄。请试着说说他们。"

刘备说："我肉眼凡胎，怎能识得英雄？"

曹操说："不要过于谦虚。"

刘备说："我蒙丞相庇护，得以在朝中做官。天下英雄，实在不知道。"

曹操说："即使没有见过面，也听说过他们的名声。"

刘备说："淮南的袁术，兵多粮足，可算英雄？"

曹操笑着说："坟墓中的一把骨头，我早晚一定捉住他。"

刘备说："河北袁绍，四代都位居三公高位，门下有很多做官的老朋友；现在像老虎一样雄踞冀州，部下能办事的人很多，可算英雄？"

曹操笑了笑，说："袁绍颜色严厉，胆子很小，好谋划，不善决断；想干大事，又舍不下身份，贪占小利，忘掉性命，不是英雄啊。"

刘备说："有一个人名列八俊，威镇九州——刘景升可算英雄吗？"

曹操说："刘表徒有虚名，没有实际本领，不能算英雄啊。"

刘备说："有一个人血气方刚，是江东领袖——孙伯符是英雄吗？"

曹操说："孙策凭借其父的名声，不是英雄。"

刘备说："益州的刘季玉，可以算英雄吗？"

曹操说："刘璋虽然是刘氏宗室，是一条看家狗，算什么英雄！"

刘备说："其他像张绣、张鲁、韩遂等人都怎么样？"

曹操拍手大笑，说："这种碌碌小人，何足挂齿！"

刘备说："除了这些之外，我实在不知道。"

曹操说："英雄啊，胸怀远大志向，腹有良谋，有包藏宇宙的心机，吞吐天地的志向。"

刘备问："谁能当得起？"

曹操用手指刘备，然后又指自己，说："现在天下的英雄，只有你与我啊。"

刘备听罢，大吃一惊，手中拿的筷子不觉落到地上。当时正值大雨将至，雷声大作。刘备从容地从地上捡起筷子，说："一声霹雳的威力，竟然这么大啊。"

曹操笑着说："男子汉大丈夫也害怕打雷吗？"

刘备说："孔子遇到疾雷暴雨，必定要改变脸色，怎能不害怕？"他把听到曹操说自己是英雄的话，吓得把筷子掉在地上的原因，轻轻地掩饰过去了。

据毛泽东的秘书林克回忆："1957年3月20日下午，我随毛泽东由南京飞往上海。途经镇江上空时，……毛泽东讲到《三国演义》中曹操煮酒论英雄一节。曹操说：夫英雄者，胸怀大志，腹有良谋，有包藏宇宙之机，吞吐天地之志者也。刘备问：谁能当之？曹操以手指刘备后自指说：今天下英雄唯使君与操耳。接着，毛泽东的话就从文学作品中跳出，指出尽管刘备比曹操所见略同，但刘备这个人会用人，能团结人，终成大事。"

（《潇洒莫如毛泽东》，《历史的真言》，中央文献出版社1998年版，第209页）

曹操认为刘备是个英雄，先后上表奏请任命他为豫州牧、左将军。曹操攻占徐州不久，淮南袁术准备逃往青州，依附袁绍，曹操派刘备率兵去截击。恰在这时，袁术病死了。程昱、郭嘉听说曹操派刘备出兵，就对他说："刘备不能放走！"曹操后悔，派人去追赶，但已经来不及了。当刘备还没有走的时候，曾暗中和董承等人图谋刺杀曹操。到了下邳，刘备就攻杀了徐州刺史车胄（zhòu），把军队驻扎在沛县。曹操派刘岱、王忠率兵攻打刘备，但未能取胜。

建安五年（200）春天，董承、刘备等人的阴谋暴露了，董承等五人及其家族七百余人被杀，只有马腾、刘备在外地得以幸免。曹操要亲率大军东征刘备，将领们都劝阻说："和你争夺天下的是袁绍。现在袁绍正率兵前来许都，而你却撇开他去征讨刘备，要是袁绍抄了我们的后路，怎么办？"曹操说："刘备是人中的豪杰啊，现在不打败他，一定会成为后患；袁绍虽有大志，但遇事难下决断，一定不会怎么样。"谋士郭嘉支持曹操的意见。于是，曹操向东攻打刘备，并把他打败，活捉他的部将夏侯博。刘备投奔袁绍而去，曹操俘虏了刘备的两位夫人和儿子。刘备的部将关羽驻军下邳，曹操去进攻他，关羽也投降了。因为昌豨曾反叛投降刘备，曹操也把他打败。直到曹操回到官渡，袁绍一直没有出兵。

（五）官渡之战

官渡之战是我国历史上以少胜多的著名战役，结果是曹操大胜袁绍，奠定了统一北方的基础。对于此战，毛泽东评价甚高。他在《论持久战》一书中说："主观指导的正确与否，影响到优势劣势和主动被动的变化，观于强大之军打败仗、弱小之军打胜仗的历史事实而益信。中外历史上这类事情是多得很的。中国如晋楚城濮之战，楚汉成皋之战，韩信破赵之战，新汉昆阳之战，袁曹官渡之战，吴魏赤壁之战，吴蜀彝陵之战，秦晋淝水之战等等，外国如拿破仑的多数战役，十月革命后的苏联内战，都是以少击众、以劣势对优势而获胜，都是先以自己局部的优势和主动，向着敌人局部的劣势和被动，一战而胜，再及其余，各个击破，全局因而转成了优势，转成了主动。在原占优势和主动之敌则反是，由于其主观错误和内部矛盾，可以将其很好的或较好的优势和主动地位，完全丧失，化为败军之战，亡国之君。"（《毛泽东选集》第二卷，人民出版社1991年版，第491页）

毛泽东在《中国革命战争的战略问题》一文中又一次指出："虽然是一次不大的战役（指春秋时期的齐鲁长勺之战），却同时是说的战略防御的原则。中国战史中合此原则而取胜的实例是非常之多的。楚汉成皋之战、新汉昆阳之战、袁曹官渡之战、吴魏赤壁之战、吴蜀彝陵之战、秦晋淝水之战等等有名的大战，都是双方强弱不同，弱者先让一步，后发制人，因而战胜的。"(《毛泽东选集》第一卷，人民出版社1991年版，第204页)

我们看曹操在官渡之战中，是怎样以弱胜强打败袁绍的。

袁绍是当时北方最强大的一股割据势力，也是曹操统一北方的主要对手。袁氏一门，自袁绍曾祖父袁安以下，"四世都位居三公"（太尉、司徒、司空），"门生故吏遍于天下"，势力本来很大，后来袁绍又夺得冀、并、幽、青四州之地，实力更强，拥有数十万军队。袁绍令其长子谭、次子熙、外甥高干分守青、幽、并三州，后方巩固，兵精粮足，根本不把曹操放在眼里。他挑选精兵十万人、战马万匹，打算一举消灭曹操。

建安五年（200）二月，袁绍的先头部队在郭图、淳于琼、颜良等将领的带领下，进攻驻扎在白马（今河南滑县旧城东）的东郡太守刘延，袁绍本人也到了黎阳（今河南浚县东），准备渡黄河南进，攻打曹操。白马守将刘延坚持了一个多月，挡住了袁军的进攻。

四月间，曹操要亲自率兵去援助刘延，谋士荀攸献计说："现在我军兵少，袁绍兵多。如果直接去解白马之围，很难取胜，应该设法分散袁绍的兵力，我们才能取胜。您到了延津（古津渡名，指古代黄河流经延津至滑县以北一段），佯装要渡过黄河攻其后方的样子，袁绍一定会分兵向西增援。然后，我们用精锐兵力攻打白马，乘其不备就可以捉住颜良，解除白马之围。"曹操采纳了这一声东击西的策略。

袁绍得知曹操率军要渡河攻占延津，就立即分兵西去迎战。曹操见袁绍中计，率军日夜兼程，向东直奔白马。在离白马十余里时，被颜良发觉，慌忙统兵接战。曹操派张辽、关羽为先锋，大败袁军，关羽阵斩颜良，于是解了白马之围。曹操担心白马难以据守，下令把城中百姓沿黄河西迁。

袁绍得知后，下令大军渡过黄河追击曹军，推进到延津南。曹操下令部队在南阪下扎营，派人登到高处观察袁军动静，观察的人说："大约有五六百骑兵。"过了一会儿，又报告说："骑兵逐渐增多，步兵多得数不清。"曹操说："不要再报告了。"于是，下令骑兵解下马鞭，放开战马。这时从白马缴获的粮草正被运上大道。曹操部将认为敌人太多，不如撤回去保护营寨。谋士荀攸说："这是用来引诱敌人的，怎么能撤走呢？"袁绍的骑兵将领文丑和刘备率领五六千骑兵赶来。曹操的将领又说："可以上马了。"曹操说："还不到时候。"过了一会儿，袁绍的骑兵越来越多，纷纷下马抢夺马匹和物品。曹操说："可以了。"于是，将士一齐上马，向袁军发起攻击，虽然不满六百骑兵，追击砍杀，大败袁军，杀了文丑。颜良、文丑都是袁绍的名将，两仗下来，都被斩首，袁军大为震惊。

曹操在白马、延津的胜利，并没有改变他兵少粮乏的被动局面，他于是决定撤军回官渡，加强防守。袁绍坚守阳武（今河南原阳东南）。关羽趁机逃归刘备。

八月，袁绍的军队前后步步推进，靠着沙滩扎营，东西绵延数十里。当时曹操分兵扎营与之对阵，交战不利，退守官渡。袁绍的谋士许攸劝他说："您不要与曹操互相攻打。赶快分兵数路与之相持，而直接从别的道路去迎接汉献帝，那么事情马上就定下来了。"袁绍不听，说："我要先捉住曹操。"许攸十分恼火。

当时曹军不满一万人，其中受伤的有十分之二三。袁绍的军队又逼近官渡，堆土山，挖地道。曹军也在军营内堆土山，挖地道，与袁军对抗。袁绍见曹操拒不出战，便从高处向曹营射箭、投石，曹兵在营内行走都需用盾牌护身，士兵都很惊慌。曹军则用"霹雳车"抛投石块，击毁袁军在土山上修筑的堡垒。

曹操率军与袁绍对峙数月，不能取胜，军粮也快要吃完了，给谋士荀彧写信说，打算退回许都。荀彧回信认为："袁绍全部人马都聚集在官渡，想要和您一决胜负。您以最弱的兵力，抵挡最强大的敌军，如果不能战胜他，就一定会被对方打败，这可是争夺天下成败的关键时刻。况且，袁绍不过是一个平庸的人，虽能笼络人，但不会使用人才。凭借您非凡的勇敢和智慧，再加上代天子讨伐奸贼的出师名义名正言顺，有什么打不胜的呢！"曹操采纳了荀彧的意见，没有撤兵。

占据江东的孙策，听说曹操与袁绍在官渡对峙，图谋袭击许都，还没有来得及行动，就被刺客杀死了。

汝南投降的刘辟等人反叛曹操，响应袁绍，并抢掠许都城郊，袁绍又派刘备去援助刘辟。曹操则派大将曹仁打败刘备，攻下了刘辟的营地。刘备逃往荆州依附刘表去了。

袁绍从河北运来粮草数千车，曹操采用荀攸的计策，派徐晃、史涣率军伏击，大败袁军，把他们的粮草车全部烧毁。曹操与袁绍相持了好几个月，虽然屡次战斗都斩杀敌将，但兵少粮尽，士兵疲乏。曹操对运粮的人说："再过十五天等打败了袁绍，就不再劳累你们了。"到了十月间，袁绍又派车运粮，命令淳于琼等五位将领带兵一万多人护送，驻扎在袁绍的大营北面40里。

这期间，袁绍的一个谋士许攸贪财，袁绍满足不了他，许攸便来投奔曹操。曹操得知许攸来降，鞋子也没有来得及穿，光着脚便出来迎接，鼓掌笑着说："子远（许攸，字子远）一来，我大事成了！"落座后，许攸问曹操："袁绍的军队气势很盛，您打算怎样对付他？现在还有多少粮食？"曹操回答："还可以吃一年。"许攸说："没有这么多。再说说！"曹操又说："够吃半年。"许攸说："您不是想打败袁绍吗？为什么说假话呢！"曹操说："刚才是开玩笑。实际上只够吃一个月，应该怎么办？"许攸说："您孤军独守，外无援兵而粮草已尽，这是危急的时候。现在袁绍的粮草有一万多车，储存在故市、乌巢，驻守的士兵把守不严，你用轻快的骑兵去袭击，出乎他们意料，烧掉所存粮草，过不了三天，袁绍自己就败走了。"

曹操大喜，于是派全部精锐骑兵和步兵，都用袁军的旗号，人衔枚马束口，夜间从小道出动，每人抱一抱柴草，经过的道路上有人问，告诉他："袁绍将军恐怕曹军抄后路，派兵增加后方力量。"问的人都信以为真，置若罔闻。曹军到了地方，把袁军包围起来，放起大火，袁军营中大乱。这一战大败袁军，把他们的粮草全部烧毁，督将眭元进、骑都尉韩莒子、吕威璜、赵叡等被斩首，淳于琼先被割鼻，后也被杀。

袁绍刚得知曹操攻打淳于琼的时候，对大儿子袁谭说："趁曹操攻打淳于琼，我们去攻占他的大营，他就无处可归了。"于是派张郃、高览去攻打曹洪。张郃等人听说淳于琼失败，就投降了曹操。

袁军溃散，袁绍和袁谭丢下部队逃跑，渡过黄河。曹操大获全胜，缴获了袁军的全部粮草、地图、户口册和珍宝，斩首七万余级，俘虏了大批袁军将士。曹操在缴获的袁绍的信件中，发现有自己部下写给袁绍的信，他全部都烧了，说："当绍之强，孤犹不能自保，而况众人乎？"（《三国志·魏书·武帝纪》引《魏氏春秋》）。随后，冀州很多郡县都投降了曹操。

建安六年（201）夏季四月间，曹操在黄河边炫耀武力，攻打袁绍驻仓亭的守军，打败了他们。袁绍逃回冀州后，又收罗了溃兵，平定了反叛的郡县。

袁绍自从官渡败回后，发病吐血，建安七年（202）五月死去。小儿子袁尚接替了他的职位，袁谭自称车骑将军，驻扎在黎阳。这年九月，曹操讨伐他们，接连打了几仗，袁谭、袁尚屡次战败，退兵固守。

建安八年（203）二月，曹操攻打黎阳城，袁军出战，曹操大败袁军，袁谭、袁尚连夜逃走。四月，曹操进攻邺城。五月间，曹操回到了许都，留贾信守黎阳。之后，袁谭、袁尚弟兄不和，发生火并。袁谭不敌袁尚，向曹操请降。

建安九年（204）二月，曹操趁袁尚攻打袁谭之机，进军围攻邺城。袁尚率军回援，依滏水（今滏阳河）安营扎寨，曹操进军把他包围起来。袁尚害怕，请求投降，曹操不许。袁尚趁夜逃走，袁军溃散。袁尚逃奔中山（今河北定州）。曹操派人拿着缴获的袁尚的印绶节钺招降邺城守军，守军斗志瓦解，邺城这个袁氏的政治中心遂被曹操攻破。以后邺城变成了曹操统治的政治经济中心。

曹操围攻邺城的时候，袁谭夺取甘陵、安平二县和渤海、河间二国。袁尚战败回到中山后，袁谭又进攻袁尚，袁尚逃往故安县，袁谭兼并了袁尚的部队。曹操以袁谭违反约定为借口，进军讨伐。袁谭很害怕，便离开平原县（今山东平原），逃到南皮（今河北南皮）据守。十二月，曹操进入平原县，又夺取和平定了几个县。

建安十年（205）正月，曹操进攻袁谭，打败袁军，杀了袁谭和他的妻子、儿女，冀州因而平定。于是，曹操让还兖州牧，改任冀州（今河北衡水市冀州区）牧。

袁尚兵败后，投奔幽州刺史袁熙。不久，袁尚、袁熙又逃奔三郡乌桓（对辽西、辽东、右北平三郡之乌桓人的统治。乌桓，中国古代北方游牧民族之一）。

官渡一战，曹操击溃了最强大的敌人袁绍，接着又连败袁绍的儿子，夺得冀州，奠定了他统一北方、创立魏国的基础。

（六）东征乌桓

乌桓，也作"乌丸"。原是东胡族的一支，西汉初被匈奴击败，迁到乌桓山，因此为名。东汉末年，辽西、辽东、右北平三郡乌桓结为一体，称为三郡乌桓，其首领是辽西部的蹋顿。三郡乌桓与袁氏关系一直很好，还屡次侵扰边塞，掳掠人口、财物。

汉献帝建安十二年（207），为了彻底肃清袁氏残余势力，解决三郡乌桓入塞为害的问题，曹操决定亲征乌桓。将领们都说："袁尚只不过是一个逃敌罢了，夷狄贪婪而不讲亲情，哪能被袁尚利用呢？现在深入乌桓境内，刘备肯定会劝说刘表偷袭许都。万一出了事，就后悔莫及了。"只有谋士郭嘉料定刘表必不会信任刘备，劝曹操东征乌桓，他说："明公您虽然威震天下，但胡人仗着他们地处僻远，鞭长莫及，必定对我军不加防备。我军现在趁他们没有防备，突然袭击他们，一定会击败、平定他们。况且，袁绍对乌桓北夷的人有恩，袁尚兄弟还活着。如今原属青、幽、冀、并四州的民众，不过只是因为惧怕您的兵威而暂时归附，您对他们的恩德施舍还没有加到他们身上。如果舍弃袁尚等而去南征刘表，袁尚要是依靠乌桓的军队，再招回愿为他效命的旧臣，胡人们再一支持，汉、胡民众群起响应，乌桓单于蹋顿又因此萌生南下中原的野心，形成觊觎窥伺帝业的奸计，恐怕到那时青、冀等州就不是我们自己能保有的了。刘表只是一个坐而论道的政客。他自知才略不足以驾驭刘备，重用刘备，恐怕刘备不受节制；轻用呢，刘备又不会甘心为他所用。因此，我们就是国内空虚去远征乌桓，您也不必有什么顾虑。"

于是，曹操就率大军北行了。大军开进到易县（今河北易县），郭嘉对曹操说："兵贵神速，如今千里行军，奔袭他人，辎重过多，就难以驱驰赴利，而且如果让敌人知道了，必定早做准备。我看不如留下辎重，率轻装的精兵日夜兼程，在他们没有防备时发动突然袭击。"

这年五月，曹操亲率大军到达无终（今天津蓟州区）。七月，正是雨季，雨下得很大，沿海大路，"浅不通车马，深不载舟船"，无法前进。

曹操听从本地人田畴的建议，改从一条久已断绝，但"尚有微径可寻"（《三国志·魏书·田畴传》）的路线进军。田畴做向导，人马跟着他前进。大军出卢龙塞（今河北喜峰口一带），但塞外路断不能通行，就开山填谷五百多里。经过白檀、平冈等地，跋涉直捣乌桓老巢柳城（今辽宁朝阳南）。曹军推进到离柳城不到二百里的地方，乌桓才发现，于是蹋顿与袁尚、袁熙等人率数万骑兵迎击。

八月，曹操率兵登上白狼山（今河北建昌城到喀左太阳山下），突然和乌桓的军队遭遇，敌兵很多，当时曹操粮草、兵器都在后面，穿铠甲的士兵很少，随从都很害怕。曹操登高瞭望，远看乌桓阵容很不整齐，就派张辽为先锋，带领军队发起猛攻，乌桓军一下子崩溃了，交战中杀死蹋顿和许多乌桓首领，胡、汉 20 万人投降。辽东单于速仆丸和辽西、右北平的许多乌丸酋帅，丢下他们本族的人，和袁尚、袁熙一同逃奔辽东，只剩下几千名骑兵跟随。

当初，辽东太守公孙康仗着居地僻远，不服从曹操。到了曹操大破乌桓，有人劝他乘胜征讨公孙康，这样就可以抓住袁尚、袁熙兄弟。曹操说："我要让公孙康斩袁尚、袁熙的头送来，不要再用兵了。"

九月，曹操率兵从柳城（治所在今辽宁朝阳市南十二里营子）回来，公孙康果然杀了袁尚、袁熙和速仆丸等人，把他们的头送了过来。有的将领问曹操："您一班师，公孙康就斩了袁尚、袁熙的头送来，这是为什么？"曹操说："公孙康平常就怕袁尚等人，我逼急了，他们就会合力抵抗，我暂缓进攻，他们就会互相残杀，这是必然的事。"

十一月，曹操到达易水（在今河北西部），代郡乌桓代理单于普富卢、上郡乌桓代理单于那楼率领乌桓首领前来祝贺。

曹操攻破三郡乌桓，也彻底肃清了袁氏势力，把管辖地域扩展到辽东一带。

（七）赤壁之战

北方稳定后，曹操便把斗争矛头指向荆州的刘表和江东的孙权。

刘表（142—208），字景升，东汉末山阳高平（今山东邹城）人，是当时著名的"八俊"（名士）之一。八尺多高，身体雄伟。毛泽东读《三国志·魏书·刘表传》时，批注说："虚有其表。"（《毛泽东读文史古籍批语集》，中央文献出版社1993年版，第140页）刘表是东汉皇族。初平元年（190）任荆州刺史，取得豪族蒯良、蒯越等人的支持，据有湖南、湖北地方。后为荆州牧。对当时军阀的混战，采取观望态度，因此，他所据地区破坏较少，中原人前去避难的很多。他原来和袁绍的关系较密切，刘备反对曹操失败后，也逃到他那里，没有固定地盘，没有多少兵力。

刘备（161—223），字玄德，涿郡涿县（今河北涿州）人。三国蜀汉的建立者，公元221年至223年在位。幼贫，与母贩鞋织席为业。东汉末起兵，参加镇压黄巾起义军的战争。在军阀混战中，曾先后投靠公孙瓒、陶谦、曹操、袁绍、刘表。建安十二年（207），刘备"三顾茅庐"，从南阳请出诸葛亮当军师，军事力量不断增强。

孙权（182—252），字仲谋，吴郡富春（今浙江富阳）人。三国时吴国的建立者，公元222至252年在位。东汉末继其父孙坚、兄孙策开创的基业，据有江东六郡。

为了顺利平定南方的刘表、刘备和孙权，曹操做了充分准备。建安十三年（208），在邺城开凿了一个玄武池训练水军，又派人到凉州（今甘肃武威）劝降马腾，并把马腾调入京城任职，解除西方关中的后顾之忧。

这年七月，曹操率兵进攻荆州的刘表。当时刘表已病重，两个儿子刘琦、刘琮为争夺继承权明争暗斗。刘表死后，次子刘琮继任荆州牧，驻守襄阳（今湖北襄樊），长子刘琦出任江夏太守，驻军夏口（今湖北武汉）。

九月，曹军抵达新野（今河南新野），软弱无能的刘琮遣人投降。正在樊城训练水军的刘备，率部撤往江陵（今湖北江陵）。当他走到当阳长坂坡（今湖北当阳东北），被曹操率5000骑兵追上，刘备被打得溃不成军，跟随刘备的数万百姓四散逃亡，刘备的糜夫人跳井而死，赵云于千军万马中出生入死救得刘备儿子阿斗，人马和辎重大多被俘获，刘备和诸葛亮等人率残部逃到夏口。除江夏外，曹操先后控制了江陵、长沙、零陵、桂阳四郡，收编荆州投降的士兵七八万人，缴获大小战舰一千多艘。

曹操攻占荆州后，远在益州（今四川成都）的刘焉表示愿意归顺曹操。野心勃勃的曹操准备顺江东下，攻打孙权，统一江南。

当初，鲁肃听到刘表的死讯，就向孙权建议说："荆州与我们邻接，地势险要，土地肥沃，百姓富足，如果占有了这个地方，这是创建帝王大业的资本。如今刘表刚死，他的两个儿子又不和睦，军队中的将领各有打算。刘备精明强干，与曹操有旧仇，刘表却嫉妒他的才能不肯重用。如果刘备与刘表同心协力，我们就同他们结成联盟；如果他们互不合作，我们就另想办法夺取荆州，以成就大业。请派我去向刘琦、刘琮吊丧，并慰问他们军队中的将领，说服刘备安抚刘表的部众，同心一意，共抗曹操，刘备必然高兴地同意。如果能够合作，天下可以平定了。如今不快去，恐怕让曹操抢了先。"孙权立即派鲁肃出发。鲁肃到了夏口，听说曹操已经向荆州进发，日夜兼程，到了南郡（今湖北荆州），而刘琮已向曹操投降，刘备正率部队向南撤退，鲁肃径直迎上去，在当阳长坂坡与他相遇。鲁肃先向刘备转达了孙权联合抗曹的意见，又纵论天下大势，致慰问之意。他问刘备："豫州您现在向哪里去？"刘备说："我与苍梧太守吴巨是老朋友，想去投奔他。"鲁肃说："讨虏将军孙权聪明仁惠，敬贤礼士，江东英雄都归附他。他已占据江东六郡，兵精粮多，足以成大事。如今我替您打算，不如差遣心腹之人与江东结好，以共同成就大业。而您却想投奔吴巨，吴巨是个平凡的人，又在僻远的州郡，即将被人吞并，难道值得托付吗？"一席话，说得刘备大喜。鲁肃又对诸葛亮说："我是令兄子瑜的朋友。"当即商定共抗曹操。刘备采纳了鲁肃的计策，率部进驻鄂州的樊口。

此时，曹操已攻占江陵，并准备顺江东下，形势十分危急。诸葛亮对刘备说："事情太危急了，请让我奉命去向孙权将军求救。"于是，同肃一起去拜见孙权。

诸葛亮在柴桑（在今江西九江西南）拜见孙权，说："天下大乱，将军您在江东起兵，刘豫州在汉南收服部众，与曹操共争天下。如今曹操削平北方军阀，战乱已经平定。如今又打破荆州，威震四海。英雄无用武之地，所以刘备才逃到这里。愿将军估计自己的力量办吧！如果能用吴、越之兵与中原抗衡，不如早与曹操断绝关系；如果不能，为什么不停止进军，捆起武器，向曹操投降称臣！如今将军您表面上服从，而内心犹豫不决，战事紧急而不能决断，大祸就要临头了！"孙权说："假如像你说的那样，刘备为什么不向曹操称臣！"诸葛亮说："田横，只是齐国的一个壮士，还保守道义不受污辱。况且刘备是皇室的后代，英才盖世，众士景仰，就像江河水流向大海一样。如果事情不能成功，这是老天的安排，怎么能位在曹操的下面呢！"

孙权听了，勃然大怒，说："我不能带着全吴国的地盘，十万大军，受别人的管辖。我的计策决定了！不是刘备没有能抵挡曹操；然而，刘备新近被打败之后，还能抵挡这次灾难吗？"诸葛亮说："刘备的军队虽然在长坂坡被打败，如今回来的战士和关羽的水兵精锐还有一万人，刘琦集合江夏的士兵也不少于一万人。曹操的军队远来疲惫，听说追赶刘备，轻装骑兵一天一夜跑三百多里，这就是人们所说的'强有力的弓弩射出的箭，到了最后力尽的时候，连鲁国出产的一种薄绢也射穿不了'。所以，《兵法》忌讳这种情形，说'必使主将受挫折'。并且，北方的士兵不熟悉水战；再说，荆州的老百姓归附曹操，是被军事形势逼迫，不是真正心服。如今将军真能派猛将统领数万精兵，与刘备同心协力，肯定能打败曹操。曹操失守，必定回北方去。这样，荆、吴的势力强大，三足鼎立的局面就形成了。成败的机遇，就在今天。"孙权大喜，与群臣商量共同抗曹这件事。

当时，曹操给孙权写信说："近来我奉皇帝圣旨讨伐有罪的人，主将的大旗向南一指，刘琮小儿就束手就擒。如今我训练水军80万人，正要与将军会合在一起去吴地打猎。"孙权把曹操的来信让群下看，没有不震惊失色的。

长史张昭等人说："曹操，是个豺狼虎豹一样的人物。挟天子来征讨四方，动不动就说是皇帝的旨意，今天抵抗他，事情更难办。并且，将军您可以抗拒曹操的，优势是长江。如今曹操得到荆州，占领那地方，俘获刘表水军的蒙冲斗舰上千艘。曹操把兵舰全都沿江摆开，再加上步兵，水陆齐下，长江天险已与我们共有了，而双方势力大小又无法相提并论。我想最好的计策不如迎降。"只有鲁肃不表态。

孙权上厕所，鲁肃追到屋檐下。孙权知道他的意思，拉住鲁肃的手说："你有什么话说？"鲁肃说："刚才我听众人的议论，专想误导将军，不能够和他们商量国家大事。现在我鲁肃可以投降曹操，但将军您不行。为什么这样说呢？如今我投降曹操，曹操会把我交到乡里去品评，品其名位，也不失在地方政府做下层长官，乘牛车，有小吏、士兵跟随，在官场中交朋结友，积累年月上升到州郡长官。将军您投降曹操，想得到什么归宿呢？愿将军早定大计，不要采纳那些人的建议。"孙权叹息道："各位臣工的主张，很使我失望；如今你阐明大计，正如我的想法相同。"

当时周瑜受孙权派遣，在番（即鄱 pó）阳湖训练水军，鲁肃劝孙权把他召回来。周瑜回来后，与老将程普一起，被孙权任命为正、副都督，统率大军与刘备共抗曹操。孙权还任命鲁肃为赞军校尉，帮助制定作战方案。

刘备驻军樊口（在今湖北鄂城西北），每天派巡逻兵在江边等候孙权的部队。士兵看见周瑜的船只后，就飞速报告刘备。刘备派人来慰问周瑜的部队。周瑜说："军务在身，不能随便委托给别人。假如刘豫州能降低身份前来，那是我的殷切期望。"于是，刘备乘小船前去会见周瑜，说："如今联合抗击曹操，是条好计策。你带来了多少人马？"周瑜说："三万人。"刘备说："恐怕少了点。"周瑜说："这就足够了，你就看我怎样打败曹军吧。"刘备想叫鲁肃等人来共商作战计划，周瑜说："鲁肃有公务在身，不能前来见你；如果你想见鲁肃，另外去看他吧。"刘备感到惭愧，但见周瑜治军严整又很高兴。

孙吴联军继续前进，十一月，在长江南岸的赤壁（今湖北蒲圻西北）与曹军相遇。当时，曹军中已经发生了瘟疫。刚一交战，曹操的先头部队就被打败，退到长江北岸驻扎在乌林（今湖北洪湖市东）。

周瑜等人率军驻扎在长江南岸，老将黄盖献计说："现在敌人兵多，我军兵少，很难与它长久对峙。曹军正在把舰船都连接起来，首尾相接排在一起，如果用火烧就能大破曹军。"于是，黄盖带了十艘蒙冲、斗舰，装上干燥的芦苇、柴草，在中间浇上油，外面用帐幕围住，船头插上大旗，又准备了逃走用的快艇拴在大船的后面。黄盖先派人给曹操送信，假意说要向他投降。

当时东南风刮得正急，黄盖的十艘斗舰走在最前面，到了江心扯起风帆，其余的船只按顺序跟进。曹军官兵都走出营帐观看，用手指着说，这是黄盖投降来了。黄盖等船只行驶到离曹营只有两里远的时候，命令各船同时点火，火借风势，风助火威，熊熊燃烧的船像箭一样驶向北岸的曹军，把曹军的舰船全部烧坏，又烧到岸上曹军的营帐。一会儿，烟焰满天，人马烧死和淹死的无法计算。周瑜率轻装精锐部队随后杀来，擂鼓进军，曹军大败。

曹操带领残兵败将从华容道（今湖北监利西北）徒步逃走，碰上道路泥泞不堪，无法行走，天又刮着大风，全靠瘦弱老兵背草填路，马匹才得以通过。瘦弱士兵被人马践踏，陷入泥中，死的很多。刘备与周瑜水陆并进，一直把曹操追击到南郡。此时，曹军除了战场上的伤亡，还有饥饿和瘟疫，死亡一大半。曹操留下征南将军曹仁、横野将军徐晃守江陵，折冲将军乐进守襄阳，自己带兵回北方去了。

赤壁之战是我国历史上以弱胜强的著名战役。曹操的二十多万军队，被五万孙刘联军打败。战后，曹操再也无力进攻南方，孙权地位更加巩固，刘备据有荆州的大部分，不久又得到益州，形成了曹、孙、刘三方鼎立的局面。

毛泽东曾两次在自己的军事理论著作中援引这个战例。他在《中国革命战争中的战略问题》一文中，用来说明作战双方强弱不同，弱者先让一步，后发制人，因而制胜的道理，阐明了战略防御的重要意义。在《论持久战》一书中，则用来说明指挥员的主观指导的正确与否，影响到优势劣势和主动被动的变化，从而导致战争的不同结局。赤壁之战影响深远，正如毛泽东所说："孙刘联合，一把火烧了曹操，烧出一个三国鼎立。"（权延赤：《真实毛泽东》，内蒙古人民出版社 1999 年版，第 70 页）

据毛泽东的秘书林克回忆："1957年3月20日下午，我随毛泽东由南京飞往上海，途经镇江上空时，毛泽东触景生情，随手写下宋人辛弃疾的《南乡子·登京口北固亭有怀》："何处望神州？满眼风光北固楼。千古兴亡多少事，悠悠。不尽长江滚滚流。年少万兜鍪，坐断江南战未休。天下英雄谁敌手，曹刘。生子当如孙仲谋。"

写完后，毛泽东又讲了很多。开始还是围绕词的内容，说辛词里"不尽长江滚滚流"，是借引杜甫诗的句子。"生子当如孙仲谋"，是借引曹操的话。"（《潇洒莫如毛泽东》，《历史的真实》，中央文献出版社1998年版，第208—209页）

1975年5月3日，毛泽东召集在京的政治局委员开会。很长时间毛泽东没有召集政治局会议了。毛泽东在外地休养了十个月，刚回到北京，在会议最后快结束时，他对自己所作《水调歌头·游泳》一词的两句做了解释："我说'才饮长沙水'，就是白沙井的水。'武昌鱼'不是今天的武昌，是古代的武昌，在现在的武昌到大冶之间，叫什么县我忘了，那个地方出鳊鱼，所以我说'才饮长沙水，又食武昌鱼'。孙权后来搬到南京，把武昌的木材下运到南京，孙权是个能干的人。"毛泽东念了辛弃疾的一首《南乡子》中的两句："天下英雄谁敌手，曹、刘，生子当如孙仲谋。"他指着叶剑英说："他看不起吴法宪。刘是刘震，曹是曹里怀，就是说吴法宪不行。"毛泽东让叶剑英念这首《南乡子》。叶剑英随口念道："何处望神州，满眼风光北固楼。千古兴亡多少事，悠悠。不尽长江滚滚流。年少万兜鍪，坐断东南战未休。天下英雄谁敌手，曹刘。生子当如孙仲谋。"毛泽东很高兴，对大家说："此人有文化。"他指的是叶剑英，并且又重复了一遍刚才念过的这首词中间的那两句，以及吴法宪不行，曹刘为谁的话。（《毛泽东人际交往实录》，山西人民出版社2013年版第351至352页）

毛泽东两次谈到宋代词人辛弃疾的《南乡子》，主要是赞扬孙权的，而对孙权的赞誉的话"生子当如孙仲谋"，是曹操对他的评价，所以这里也包含着对曹操有识人之明的欣赏。

当然，赤壁之战，曹操失败的原因很多，但他的骄傲轻敌、把战舰连在一起的瞎指挥、盲目相信黄盖诈降，都属于他作为指挥员的主观指导的失误。因此，毛泽东在《读卢弼〈三国志集解·武帝纪〉》批注说："赤壁之战，将抵何人之罪？"（《毛泽东读文史古籍批语集》，中央文献出版社 1993年版，第 138 页）意思是反问曹操：既然你颁布的军令要追究败军之将的责任，那么赤壁之战的惨败，应该追究谁的罪责呢？事先，据《文帝纪》载：建安八年，曹操颁布了一道法令："是古之良将者，军破于外，而家受累于内，自命将征行，但赏功而不罚罪，非国典也。其令诸将出征，败军者抵罪，失利者免官爵。"事后，并未见曹操有自贬自罪的举动，所以毛泽东有此一问，实是批评曹操缺乏自我批评精神。

（八）后期武功

汉献帝建安十六年（211），三月，曹操派司隶校尉钟繇率大将夏侯渊讨伐汉中（治南郑，今陕西汉中东）张鲁为名，进兵关中（函谷关以西）。马超、韩遂、杨秋等十部心生疑惧，一时俱反。曹操立即派大将曹仁进攻关中，马超等人率军驻扎在潼关（在今陕西潼关县境）。七月，曹操率大军亲征。九月，曹军渡过渭河，马超等人多次挑战，曹操都不予理睬。马超又一再请求割地并愿派子弟作人质，曹操采用贾诩的离间计，假装答应他。

韩遂请求与曹操相见。曹操与韩遂的父亲同年举孝廉，又和韩遂年纪相当、辈分相等，于是并马而行，晤谈多时，只叙京城老友旧事，不涉及眼前军情，谈到高兴时拍手大笑，从而引起马超等人的怀疑。过了几天，曹操给马超送来一封信，并将信中内容篡改多处，像是韩遂改的样子，马超等人更加怀疑韩遂了。

曹操约定日期会战，先派轻装部队挑战，在交战很长时间后，才出动骑兵前后夹击，斩了成宜、李堪等将领，马超、韩遂兵败，逃往凉州（今甘肃武威），杨秋逃到安定（治临泾，今甘肃镇原南）。十月，曹操进军安定，杨秋投降，曹操恢复了他原来的官职，让他留在本地安抚百姓。关中地区基本平定。

建安十七年（212）十月，曹操发兵四十万，亲自南征孙权。次年正月，曹军进到濡须口（今安徽巢湖东南），攻破孙权设在江北的营寨，俘获了孙权的都督公孙阳。

孙权亲率七万大军，进至濡须口抵御曹军。曹操出濡须口，夜渡至水陆洲。孙权指挥水军围攻，俘虏三千多人，淹死也有好几千人。孙权屡次挑战，曹操坚守不出。孙权亲自来到前线，乘快艇，从濡须口进入曹军防区。曹军将领以为是来挑战的，要攻击他。曹操说："这一定是孙权亲自来窥视我军阵容的。"命令部队检选良弓利箭，弓弩不得随便发射。孙权船行五六里，返回时奏起音乐。曹操看见船只、兵器、部队整肃，大声叹道："生儿子应当像孙仲谋，刘景升（表）的儿子好像猪狗啊！"孙权给曹操写信，说："春天江水正在涨，你应该赶快离开。"曹操临别赠言："足下不死，我不得安宁。"曹操对部将说："孙权不骗我。"于是，撤军北还。（《三国志·吴书·吴主传第二》注引《吴历》）两军对峙两个多月，皆无所获。

建安二十年（215）三月，曹操得知刘备夺得益州，而汉中是益州北部的门户，"若无汉中，则无蜀矣"（《三国志·蜀书·杨戏传》），刘备必然要夺取汉中。于是，曹操便抢先一步，率十万大军亲征占据关中的张鲁。

张鲁，字公祺，沛国丰县（今江苏丰县）人。东汉末年天师道首领。天师道创立者张道陵之孙，世为天师道教主。初平二年（191），任益州牧刘焉的都督司马，率徒众攻取汉中，以教中祭酒管理地方，统治汉中长达三十多年。毛泽东读清卢弼撰《三国志集解》卷八《张鲁传》写了两段一千多字的批语：

一

这里所说的群众性医疗运动，有点像我们人民公社免费医疗的味道，不过那时是神道的，也好，那时只好用神通。道路上饭铺里吃饭不要钱，最有意思，开了我们人民公社公共食堂的先河。大约有一千六百年的时间了，贫农、下中农的生产、消费和人们的心情还是大体相同的，都是一穷二白。不同的是生产力于今进步许多了。解放以后，人们掌握了自己这块天地了，在共产党的领导之下。但一穷二白古今是接近的。所以这个张鲁传值得一看。张鲁的祖父创教人张陵，一名张道陵，就是江西龙虎山反动透顶的那个张天师的祖宗，《水浒传》第一回描写了龙虎山的场面。三国时代的道教是遍于全国的，群众运动的。在北方有天公将军张角三兄弟最为广大的革命的群众运动，他们的口号是"苍天当〈已〉死，黄天当立"。苍天，汉朝统治阶级。黄天，农民阶级。于吉在东吴也有极大的群众运动，是那时道教的一派。张道陵张鲁是梁、益派。史称这派与北方派的路线基本相同。其后，历代都有大小规模不同的众多的农民革命斗争，其性质当然与现在马克思主义革命运动根本不相同。但有相同的一点，就是极端贫苦农民广大阶层梦想平等、自由，摆脱贫困，丰衣足食。在一方面，带有资产阶级急进民主派的性质；另一方面，则带有原始社会主义性质，表现在互助关系上。第三方面，带有封建性质，表现在小农的私有制、上层建筑的封建制——从天公将军张角到天王洪秀全。宋朝的摩尼教、杨么，钟相，元末的明教，红军，明朝的徐鸿儒，唐赛儿，李自成，清朝的白莲教，上帝教（太平天国），义和团，其最著者。我对我国历史没有研究，只有一些零星感触。对上述性质的分析，可能有错误。但带有不自觉的原始社会主义色彩这一点就最贫苦的群众来说，而不是就他们的领袖们（张角、张鲁、黄巢、方腊、刘福通、韩林儿、李自成、朱元璋、洪秀全等等）来说，则是可以确定的。现在的人民公社运动，是有我国的历史来源的。我国的民族资产阶级没有来得及将农民中的上层和中层造成资本主义化，但是帝国主义与封建主义的反动联盟，却在几十年中将大多数农民造成了一支半无产阶级的革命军，就是说，替无产阶级造成了一支最伟大最可靠最坚决的同盟军。

毛泽东

一九五八年十二月七日，在武昌

二

我国从汉末到今一千多年，情况如天地悬隔。但是从某几点看起来，例如，贫农、下中农的一穷二白，还有某些相似。汉末北方的黄巾运动，规模极大，称为太平道。在南方，有于吉领导的群众运动，也是道教。在西方（以汉中为中心的陕南川北区域），有五斗米道。史称，五斗米道与太平道"大都相似"，是一条路线的运动。又称，张鲁等，张陵（一称张道陵，其流风余裔经千余年转化为江西龙虎山为地主阶级服务的极端反人民的张天师道，《水浒传》第一回"冯太尉误走魔鬼"有极神气的描写，一看使人神旺，同志们看过了吧？），张修，张鲁祖孙三世行五斗三世，行五斗米道。行五斗米道，"民夷便乐"，可见大受群众欢迎。其法，信教者信教者出五斗米，以神道治病；置义舍（大路上的公共宿舍），吃饭不要钱（目的似乎是招来关中区域的流民）；修治道路（以犯轻微错误的人修路）；"犯法者三原而后行刑"（以说服为主要方法）；"不置长吏，皆以祭酒为治"，祭酒"各领部众，多者为治头大祭酒"（近乎政社合一，劳武结合，但以小农经济为基础），这几条，就是五斗米道的经济、政治纲领。中国从秦末陈涉大泽乡（徐州附近）群众暴动起，到清末义和拳运动止，二千年中，大规模的农民革命运动，几乎没有停止过。同全世界一样，中国的历史，就是一部阶级斗争史。

毛泽东

一九五八年十二月十日，于武昌

（《毛泽东读文史古籍批语集》，中央文献出版社1993年版，第142—151页）

1958年12月，中共八届六中全会期间，毛泽东批示印发《三国志》中的《张鲁传》，让中央委员认真学习，他还在1958年12月7日和10日写下长段文字，对区区几百字的《张鲁传》进行了两次倾情批注。第一个批语铅印件毛泽东用笔划去没有用，深思后他另写了第二个，连同会议文件一同印发给与会人员。从中共历史看，在高规格的中央全会上把古代的

214

个人传记作为会议材料下发的，唯有《张鲁传》，也只有这一次。这令与会的中央委员感到突然，也令后人感到不解。

在大跃进和人民公社运动出现混乱局面，不少人质疑其正确性的时候，毛泽东仍然拿出《张鲁传》说服党内同志认同中国历史上早就有人民公社这种乌托邦式的模式，这在我国是有历史来源的，不要大惊小怪，不要当小脚女人，而是应该面对现实，大刀阔斧地把公社化运动引向深入。此是题外话，顺便提及。

七月，曹操大军进到阳平关（今陕西勉县西北）。张鲁得知阳平关失守，逃往巴中（今四川巴中地区）。曹操进军南郑（今陕西汉中东），得到张鲁府库所有珍宝。十一月，张鲁投降曹操，被任命为镇南将军，封阆中侯，汉中遂为曹操所有。

曹操主力退出汉中后，刘备随即亲率大军进至阳平关，夏侯渊等人与刘备夹关对峙。七月，曹操亲率大军赶往关中，在长安坐镇指挥。建安二十四年（219）正月，刘备从阳平关南渡沔水（今汉水），依山推进，在定军山（今陕西勉县东南）安营扎寨，夏侯渊与刘备争夺地势，被刘备老部将黄忠杀死，曹军大败。曹操于是放弃汉中，军队全都撤回长安。当年七月，曹操刚从汉中撤出，镇守荆州的刘备大将关羽，从荆州向他的东南防线襄、樊一带发起进攻。曹操得知，立即派大将于禁率兵增援曹仁，驻守樊城，抵抗关羽。八月，关羽趁汉水泛滥之机，在樊城上游筑坝蓄水，然后放水，水淹七军，于禁大败，投降关羽。

关羽围住樊城，城内曹军只有数千人，城被水淹，水面离城楼仅有数尺，曹仁率军死守。曹操又派徐晃领兵去救樊城。十月，曹操从关中赶回洛阳，亲自指挥救援樊城。

关羽据守的荆州处在孙吴的上游，孙权不愿意看到关羽势力发展，而且他早有夺取荆州之意，于是趁机联结曹操，准备派大将吕蒙偷袭荆州要地江陵。曹操接信后，把这个消息通知曹仁，命他继续坚守，自己进至摩陂（今河南郏县东南），就近指挥，又派12营兵增援徐晃，命令他反击关羽。当时关羽只顾前方进攻，而后方空虚。不久，吕蒙偷袭荆州得手。关羽败走麦城被吴兵活捉，不屈而死。

建安二十五年（220）正月，曹操还军洛阳。正月二十三日，曹操在洛阳病逝，享年66岁。入殓时穿平时衣服，不让在墓中埋葬金银珠宝。二月二十一日，葬在高陵。这年十月，其子曹丕代汉称帝，国号魏，追尊曹操为太祖武皇帝，史称魏武帝。

曹操的俘虏政策比较好，也是他取胜的原因之一。《三国志·魏书·刘表传》写道："司马彪《战略》曰：'刘表之初为荆州也，江南宗贼盛。遂使（蒯）越遣人诱宗贼，至者55人，范书作'诱宗贼帅，至者15人。皆斩之。袭取其众，或即授部曲。'"所谓宗贼，就是土霸豪酋胁迫同姓人及附近农民据地作盗贼。盗贼投降，就是俘虏，弃暗投明，应该受到优待，不应受到严惩。刘表使人诱降盗贼，杀掉，这不是好的俘虏政策。所以，毛泽东读了以后，批注道："杀降不祥，孟德不为也。"孟德，是曹操的字。在俘虏政策的对比中，批评了刘表，赞扬了曹操。

曹操戎马一生，参加了大小近50次战役，足迹遍及大半个中国。在战争中，他不但充分发挥自己卓越的军事才能，还善于采纳群下智慧，因此常能变被动为主动，化劣势为优势，以少胜多，以弱胜强，把北方的许多割据势力各个击破，显示了非凡的军事天才，不愧为我国历史上一位卓越的军事家。

三、文治有成

曹操不仅从马上得天下，统一北方，创立魏国，是一位卓越的军事家，也是一位杰出的政治家。他不仅武功盖世，其文治也斐然有成。

（一）"挟天子以令不臣"

汉献帝刘协自从被董卓劫到长安后，一直处在颠沛流离之中。建安元年（196）七月，献帝终于回到京都洛阳，但洛阳经过董卓之乱，已成一片废墟。官员没有地方居住，"披荆棘，依丘墙间"（《三国志·魏书·董卓传》），洛阳也没有粮食吃，"州郡各拥强兵，而委输不至，群僚饥乏，尚书郎以下自出采稆，或饥死墙壁间"（《后汉书·献帝纪》）。早在初平三年（192），曹操的谋士毛玠，就向曹操提出"奉天子以令不臣，修耕植，畜军资"（《三国志·魏书·毛玠传》）的战略性建议，曹操深以为是。建安元年（196）八月，曹操亲自到洛阳朝见献帝，随即挟持献帝迁都许昌。从此，曹操取得了挟天子以令诸侯的政治优势。挟天子以令诸侯，意思是控制天子，并用其名义号令诸侯。《三国志·魏书·武帝纪》建安三年"夏五月，刘表遣兵救（张）绣，以绝军后"裴松之注引《献帝春秋》："田丰使（袁）绍早袭许，挟天子以令诸侯，四海可指麾而定。"这是说袁绍的谋士田书，建议他"挟天子以令诸侯"，而袁绍没有采纳，而后来曹操却身体力行，在讨伐各地军阀中占据政治上的有利地位，是政治上一大成功。曹操在政治上占据主动后，从建安元年（196）开始，便有计划地进行统一战争。他先派钟繇奉朝廷命到关中，稳定韩遂、马腾等十几股大割据者。曹操首先率军击败自称皇帝的袁术，袁术渡淮南逃。建安三年（198），曹操击杀骁勇善战的吕布，夺得徐州。建安五年（200），曹操以一比十的劣势兵力在官渡大败地广兵强的袁绍。此后，连年进击，建安十年（205），袁绍军全部溃灭，北方大割据者或死或降，黄河流域基本上统一了。建安十三年（208），曹操进击刘表军，夺得荆州。能和曹操对抗的只剩下占据吴、会稽等江东六郡的孙权与声望甚高且拥有一万精兵的刘备。在赤壁之战中，曹操败北，建安二十四年（219）死去，结束了他的戎马生涯。在这些战争中，曹操始终"挟天子以令诸侯"，在政治上占据主动。

曹操做丞相多年，"挟天子以令诸侯"，后封魏公，再封魏王，位极人臣，与皇帝相差无几，一些文武官员劝他登皇帝位，他却始终不肯。建安二十四年（219），曹操在孙权擒杀关羽，夺得荆州后，表奏孙权为骠骑将军、荆州牧。孙权派遣使者进献贡品，向曹操称臣，并劝曹操代汉称帝。曹操把孙权的来信遍示内外群臣，说："是儿欲踞吾著炉火上邪！"（《三国志·魏书·武帝纪》注引《魏略》）曹操手下群臣趁机又向他劝进。曹操还是不肯废献帝自立，他宣布一篇语词恳切后《让县自明本志令》，说自己实在没有"不逊"（灭汉）的野心，还说："若天命在吾，吾为周文王矣。"（《三国志·魏书·武帝纪》注引《魏氏春秋》）表示自己不称帝。他在一篇文告中说："如国家无孤一人，正不知几人称帝，几人称王！"他位止魏王，终为人臣，不沾皇位，这在三国中，只有曹操能做到这一点。曹操之所以这样做，自然有上层士族的阻力，但主要是出于政治上的考量，这表现出一个杰出政治家的高明处。

毛泽东对曹操这种做法非常欣赏。1970年4月下旬，毛泽东在中共中央政治局会议上第三次提出他不当国家主席，也不设国家主席。他说："孙权劝曹操当皇帝，曹操说，孙权是要把他放在炉火上烤。我劝你们不要把我当曹操，你们也不要做孙权。"（王年一：《大动乱的年代》，河南人民出版社1988年版，第393页）

毛泽东用曹操不当皇帝的故事，表示坚决不当国家主席，坚持不再设国家主席，粉碎了林彪要当国家主席、急于抢班夺权的阴谋。曹操不做皇帝，更不做割据一方的"土皇帝"。而刘表却以做土皇帝自得。《三国志·魏书·刘表传》载："长沙太守张羡叛表。表围之，连年不下。羡病死，长沙复立其子怿。表遂攻并怿。南收零桂，北据汉川，地方数千里，带甲十余万。《通鉴》："建安五年，表攻张怿，平之。表地方数千里，带甲十余万。遂不供职贡，郊祀天地，居处服用，僭拟乘舆焉。"袁宏记："张昭为孙策与袁术书，亦云：'刘表僭乱于南。'"何焯曰："刘表郊祀天地，事在《孔融传》。"王补曰："荆州牧刘表不供职贡，多行僭伪，遂乃郊祀天地，拟斥乘舆。事见范书《孔融传》，而《表传》略不之载。"

毛泽东读了这段话，批注道："做土皇帝，孟德不为。"这里又把曹操与刘表进行对比：刘表是荆州牧，属于地方官，他却郊祀天地，僭用皇帝的车驾仪仗，不向汉献帝进献贡品，这就是割据一方，做土皇帝，实际是盘踞一方的军阀。而曹操是不屑于这样做的，高下立判。

（二）发展农业生产

东汉末年，由于战乱不止，人民流亡，土地荒芜，"出门无所见，白骨蔽平原"（王粲《七哀诗》），"白骨露于野，千里无鸡鸣"（曹操《蒿里行》），生产严重破坏，人民大量死亡。粮食供应成为各军事集团的最大问题，有的军队甚至用桑葚和蚌蛤充饥，有的军队"瓦解流离，无敌自破"。

为了解决军粮问题，建安元年（196），曹操采纳部下枣祗、韩浩的建议，在许县招募流亡农民实行屯田。屯田分民屯和军屯两种。民屯是把招募来的农民，按军事编制组织起来耕种荒地，称作"屯田客"（也称典农部民）。屯田有管理系统，中央设大司农，大郡设典农中郎将，小郡设典农校尉，县设见农都尉和屯司马。每个屯司马管屯田客50人。屯田的农民直属于国家，可以不服徭役。屯田的收获物采用分成制：用官牛耕种的交纳收获物的十分之六，自备耕牛的交十分之五。

军屯和民屯大致相同，由大司农和度支中郎将调遣。军屯保持军事建制，以营为生产单位，每营有佃兵60人。曹操在许县屯田的第一年，就获得谷物一百万斛。以后，又把屯田制推广到扬州、淮南等地。屯田以外，曹操还督促荒田的开垦，按照各州郡户口数比较垦田多少，作为赏罚地方官的标准。

曹操自己也身体力行，某次行军，路过麦田。他下令：践踏麦子者死。话音刚落，他自己的马一惊，窜到麦田里，把麦苗踏倒一片，他教部属议罪。部将都说是主帅不可妄杀，割一绺头发放在地上，以发代首。这虽然是一种权术，但也说明他对农业的重视。到了建安末年，上等地已经逐渐开垦出来，结果，"数年中，据积粟，仓廪皆满"，不但保证了军粮供应，使军队"征伐四方，无运粮之劳"，而且安定了人民生活，为曹操战胜割据军阀、统一北方打下坚实的物质基础。

（三）"唯才是举"

曹操在延揽人才方面，也颇有值得称道之处。他实行"唯才是举"的用人方针，延揽人才，充实和加强统治机构，曾三次颁布求贤令。

建安十五年（210）春，曹操发布《求贤令》，明确提出"唯才是举，吾得而用之"，意思是只要有才能就推荐上来，使我能够任用他们。这种用人的新方针是对汉末视门第高低任用官吏制度的挑战，是对"廉士"才能选用的反拨。

建安十九年（214），曹操颁布《求贤第二令》，进一步指出："夫有行之士，未必能进取，进取之士，未必能有行也。……由此言之，士有偏短，庸可废乎？"意思是有德行的人，不一定有所作为；有作为的人，不一定有德行。……由此说来，对于有缺点的人，怎么能废弃不用呢？强调对于有作为的人，即使有缺点错误也要任用。

建安二十二年（217），曹操颁布《求贤第三令》，强调说："……负污辱之名，见笑之行，或不仁不孝而有治国用兵之术，其各举所知，勿有所遗。"意思是有的人背负着不好的名声，有被人耻笑的行为，或者被认为不仁不孝，却有治国用兵能力的人，对于这些人才，你们要各自举荐自己所知道，不要有所遗漏。

曹操这种"唯才是举"的用人方针，简而言之，只要"有治国用兵之术者"，不论出身门第高低、名声好坏，一律录用。

在实际行动上，曹操也是按照这种方针办的。他手下的几位谋士，如郭嘉、满宠等都出自寒门，有的仅当过小吏，曹操均破格提拔他们担任要职，参与军国大事。他手下能征惯战的几位名将，于禁、乐进拔自行伍，张辽、张郃、徐晃、庞德则是敌方被俘人员。曹操不仅不杀降，还敢于任用他们。这种例子不少。建安三年（198），曹操在兖州，任用毕谌，后张邈叛，将毕谌的母、弟、妻劫去，曹操对他说："卿老母在彼，可去。"毕谌去后就没有回来。及其讨平张邈，毕谌被捕，大家都为他的性命担心，曹操说："夫人孝于其亲者，岂不亦忠于君乎？吾所求也。"他不仅没有杀毕谌，反任为鲁相。

董卓的部将张绣，曾和曹操多次交战，在一次战斗中，杀死了曹操的长子曹昂和贴身护卫典韦，最后投降了曹操。曹操知道他有指挥作战的才干，便不念旧恶，任命他为扬武将军，仍让他指挥军队。后他在官渡之战中立有战功，曹操又封他为列侯。

原是袁绍谋士的陈琳，官渡之战时曾作讨曹檄文，不仅罗列曹操罪状，还骂他祖宗三代，曹操惜其有才，被俘后不但不杀，还留在身边，掌管文书，充分体现了一位政治家的宽宏大度。

十分难能可贵的是，曹操还非常重视对子弟的培养。毛泽东对此也进行了充分的肯定。1958年8月中旬，中共中央在北戴河召开政治局扩大会议，毛泽东召集各大协作区主任开会，他在会上说："我们与劳动者在一起，是有好处的，我们感情会起变化，影响几千万干部子弟，曹操骂汉献帝'生于深宫之中，长于妇人之手'是有道理的。"毛泽东以这种历史教训来告诫干部不要脱离群众。

还有一次，毛泽东同湖北省委副秘书长梅白谈起领导干部子女的教育问题，毛泽东问梅白："你记得曹操评汉献帝的话吗？"梅白回答："记得，有这样两句：'生于深宫之中，长于妇人之手'。"毛泽东称赞说："不错，你读书不少。现在有的高级干部的子女也是'汉献帝'，'生于深宫之中，长于妇人之手'，娇生惯养，吃不得苦，是温室里的花朵，有些是'阿斗'呀！中央、省级机关的托儿所、幼儿园、部队的八一小学，孩子们相互之间比坐的是什么汽车来的，爸爸干什么，看谁的官大，这样不是从小培养一批贵族少爷吗？这使我很担心呀！"

曹操还广开言路，采纳部下的正确意见。建安十一年（206），他下《求言令》，规定："自今以后，诸掾属、治中、别驾，常以月旦各言其失，吾将览焉。"意思是从今以后，各掾属、治中、别驾，要经常在每月初一各自写出我的过失（送给我），我要阅看。曹操能多方面听取不同意见，集中群众智慧，是他制胜的原因之一。

由于曹操重视选拔人才，听取他人意见，当时投奔他的人很多，在他的周围形成"猛将如云，谋臣如雨"的盛况。

（四）"曹操就多谋善断"

1959 年 6 月，毛泽东同《人民日报》负责人吴冷西谈话时说："有些人是书生，最大的缺点是多谋寡断。刘备、孙权、袁绍都有这个缺点，曹操就多谋善断。要反对多端寡要，没有要点，言不及义。要一下看到问题所在。曹操批评袁绍，'志大而智小，色厉而胆薄'，没有头脑。还批评袁绍其他缺点，兵多而分工不明，将骄而政令不一，地虽广，粮虽多，完全可为我所用。"（《要政治家办报》，《毛泽东新闻工作文选》，新华出版社 1983 年版，第 215—216 页）

毛泽东称赞曹操"多谋善断"，批评袁绍"多端寡要"是有根据的。建安五年（200）春天，曹操即将东征占据徐州的刘备，手下将领都说："与曹公您争天下的人是袁绍。袁绍正在逼近。他如果乘人之危袭击我们，怎么办？"曹操说："刘备是豪杰之士，现在不攻打，将来一定是大患。袁绍虽有大志，但他见事迟，他不会用兵来攻的。"谋士郭嘉也劝曹操东征。于是，曹操大破刘备。刘备丧失了立足点，去荆州依附刘表去了。

袁绍的缺点是"多端寡要"，瞻前顾后，下不了决心，以致坐失良机。曹操东征刘备的时候，袁绍的谋士田丰建议他从背后攻打曹操。袁绍却以儿子有病作为理由进行推辞，田丰用手杖捣着地面说："你遇到了千载难逢的机会，却以小孩子生病为由白白丧失，太可惜了！"后来官渡之战中，袁绍进军黎阳，派颜良到白马去攻打曹军。谋士沮授提出："颜良气量狭窄，性情暴躁，虽然勇猛但不能独当此任。"袁绍不听，结果颜良被关羽斩首，袁军大败。袁绍"没有头脑"，"志大而智小"，于此可见一斑。

　　毛泽东又认为，曹操"有时也优柔寡断"。1963年3月，毛泽东在杭州的一次谈话中就说："曹操打过张鲁之后，应该打四川。刘晔、司马懿建议他打。刘晔是个大军师，很能看出问题。他说刘备刚到四川，立足未稳。曹操不肯去，隔了几个星期，后悔了。曹操也有缺点，有时也优柔寡断。"

四、"真男子气，是大手笔"

曹操不但是中国历史上一位杰出的政治家、军事家，也是一位杰出的诗人。曹操多才多艺，擅长草书，精于围棋，特别在文学上有很高的造诣，善诗歌，用乐府旧题，抒发自己的政治怀抱，气魄雄伟，慷慨悲凉，对汉末人民的苦难生活也有反映。曹操所写散文也清峻质朴，是一位很有成就、影响当世、泽及未来的文学家和诗人。

曹操非常重视文化，在恢复和发展经济的同时，下令郡国兴办学校，县满 500 户，置校官；同时提倡文学创作，奖励有才华的文士。由于曹操惜才，奖励文学，他及其儿子曹丕、曹植的周围聚集了许多文人学士，著名代表，他们形成了一个邺下文学集团。我国文学史上出现了"俊才云蒸"的建安文学时期。在曹操的推动下，建安文学继承和发扬了《诗经》《楚辞》和汉乐府的优良传统，创造了一种"志深而笔长""梗概而多气"（刘勰：《文心雕龙·时序》）的建安风骨。史载：曹操"御军三十余年，手不舍书，昼则讲武策，夜则思经传，登高必赋，及造新诗，披之管弦，皆成乐章"。

曹操尚存乐府诗二十余首，散文四十多篇。作为一个政治家、军事家的诗人，他的诗文多数和他的政治、军事生涯密切相关。他常常用诗歌抒写征战中的感受，表达对现实社会的态度，抒发自己的政治理想。

毛泽东非常喜爱曹操的诗文，在中南海故居菊香书屋的藏书中，有四种不同版本的《古诗源》和一本《魏武帝魏文帝诗注》，其中曹操的《短歌行》《观沧海》《土不同》《龟虽寿》《却东西门行》等篇，毛泽东都多次圈画。大多数诗的标题前画着圈，诗中有浓圈密点。他特别喜爱《龟虽寿》《观沧海》，不仅反复阅读，多次圈点，还用他那龙飞凤舞的狂草手书全诗。在一本《古诗源》的"武帝"旁，毛泽东用红蓝铅笔画着两条粗线，"武帝"下编者评注曹操的诗风说："孟德诗，犹是汉音。子桓以下，纯乎魏响。沈雄俊爽，时露霸气。"毛泽东对此注圈点断句，足见其对这个评价的重视。

曹操的《短歌行》："对酒当歌，人生几何。譬如朝露，去日苦多。慨当以慷，忧思难忘。何以解忧，唯有杜康。……月明星稀，乌鹊南飞。绕树三匝，何枝可依。山不厌高，海不厌深。周公吐哺，天下归心。"在这些句旁，毛泽东都加了密圈。而且 1949 年，毛泽东所作的七律《人民解放军占领南京》，"天翻地覆慨而慷"句中后三字，即由此诗中"慨当以慷"变化而来。

1954 年 7 月 23 日，毛泽东致女儿李敏、李讷信中说："北戴河、秦皇岛、山海关一带是曹孟德（操）到过的地方。他不仅是政治家，也是诗人。他的碣石诗是有名的。"（《毛泽东文艺论集》，中央文献出版社 2002 年版，第 306 页）信中提到的"碣石诗"，即《步出夏门行·观沧海》。原诗如下："东临碣石，以观沧海。水何澹澹，山岛竦峙。树木丛生，百草丰茂。秋风萧瑟，洪波涌起。日月之行，若出其中；星汉灿烂，若出其里。幸甚至哉，歌以咏志。"

《步出夏门行》，是汉乐府《相和歌辞·瑟调曲》名，大曲之一。夏门，指汉代洛阳的城门。此诗分五部分，最前是"艳"，下为"观沧海""冬十月""土不同""龟虽寿"四章。"观沧海"首句为"东临碣石"，故也称"碣石诗"。碣石，山名，一说在今河北省昌黎县西北，尚有他说。

建安十二年（207），曹操北征乌桓（当时聚居在辽西的少数民族），五月出发，七月出卢龙塞（今河北喜峰口一带），九月从柳城（今辽宁朝阳）班师，归途中登碣石山，写了这首诗。全诗生动地描写了辽阔雄伟的沧海景观，表现了诗人开阔的胸襟和叱咤风云的英雄气概，抒发了艰苦转战的胜利豪情，它被清代著名诗评家沈德潜誉为"有吞吐宇宙气象"。毛泽东非常喜爱。

毛泽东的保健医生徐涛回忆说：

1954 年夏季，毛泽东在北戴河休息时常读曹操的《观沧海》。我问主席这是谁写的诗，很有气魄，主席告诉我是曹操写的《步出夏门行》的第一章《观沧海》。"曹操还会写这么好的诗？"我感到奇怪。

"大学生连这个也不知道，该补课。"

"我从小到现在，凡所认识的人都说他是奸臣，戏台上也是个大白脸。"

"曹操是政治家、军事家，还是个诗人，能文能武，那时封建军阀混战，天下大乱，三国时代魏蜀吴的魏国就是他建立的……"

有一天，他向秘书要地图，边看边说，"曹操来过这里。"

"来过北戴河，登过碣石山，在建安十二年五月，他出兵打败乌桓，得胜回来经过碣石时写了《观沧海》这首诗。"

主席后来还要登碣石山。

"曹操能带兵打仗，也能了解民间疾苦，征战环境三十多年，手不释卷，喜读书学习又喜作诗，登高必赋，我喜读他的诗。南唐后主写过一首《浪淘沙》你读过吗？"

"是'帘外雨潺潺，春意阑珊'那首吗？

"是，他的用词、意境都很美，但是情调柔弱、伤感。婉约派的作品我不大喜欢。你看曹操的诗气魄雄伟，给人鼓舞。真男子气，是大手笔。"

1954年夏，主席写的那首《浪淘沙·北戴河》，我当时根本不知道。直到1957年我在书店里买了一本《诗刊》（1月号）才看到这一首。这才使我联想起当时情景，那年他回北京较晚，北戴河连日大雨，海上确实是白浪滔天，晴天时点点渔舟，此时帆影全无。这首词真正体现了雄健豪放的浪淘沙情调。

主席还向我讲述："曹植是曹操的儿子，很有才华，作品有他自己的风格；曹丕也是他的儿子，也有些才华，但远不如曹操，曹丕在政治上也平庸，可是他后来做了皇帝，是魏文帝。历史上所称的建安文学，实际就是集中于他父子的周围。一家两代人都有才华、有名气，在历史上也不多见呐！"

"一家两代出名的还有吗？"我问。

"二王（王羲之、王献之）三苏（苏洵、苏轼、苏辙）也是。"

隔了些天，又谈到诗词时，主席劝我多读读曹操的诗。他说："《龟虽寿》也是一首好诗。你当医生的更该读读。"

"曹操不信天命，不信神，他承认人总要死去，不能长生不老。本来嘛，有生就有死，哪里有长生不死之理，连长生不老也不可能，生、老、病、死，这是新陈代谢，是辩证法的规律。孔夫子如果一直不死，恐怕快

2500岁了吧？那世界该成个什么样子了！"

"那么说，曹操还是唯物主义者呢？"我笑着说。

"陆游也说过'死去原知万事空'，都是唯物的。"

"人会变老，老不服老，'老骥伏枥'那四句讲得多好呀！要老当益壮嘛！"

"在医学上讲'生理年龄'老了，'心理年龄'要年轻才好。"

"'盈缩之期，不独在天。养怡之福，可得永年。'更说明自己要掌握自己的命运。曹操多年军旅生涯，生活不会很安逸，离现在一千七百多年前，医疗条件也不会怎么好吧，他活了65岁，该算是会养生的长寿老人喽！你们搞医疗保健的应该学学，不要使人养尊处优，只想吃好、穿好，不想工作还行？更不能小病大养。保健不是保命，不要搞什么补养药品，我是从来不信这些的。主要是革命乐观、心胸开朗，锻炼身体。我的原则是：遇事不怒，基本吃素，多多散步，劳逸适度。"（徐新民编：《在毛泽东身边》，中共中央党校出版社1993年版，第231—233页）

毛泽东在与徐涛的谈话中认为，"曹操是政治家、军事家，还是个诗人"，不仅高度评价他统一北方、创立魏国的历史贡献，也赞扬了"曹操的诗气魄雄伟，给人鼓舞。真男子气，是大手笔"。这是很高的评价，同时还特别讲解了曹操的《观沧海》和《龟虽寿》两首诗。

《龟虽寿》原诗如下：

> 神龟虽寿，犹有竟时。
>
> 腾蛇乘雾，终为土灰。
>
> 老骥伏枥，志在千里；
>
> 烈士暮年，壮心不已。
>
> 盈缩之期，不但在天。
>
> 养怡之福，可得永年。
>
> 幸甚至哉，歌以咏志。

全诗共14句，除最后两句是为合乐时所加的套语外其余12句，每4

句是一层，共分 3 层。"神龟虽寿"等四句以神龟和腾蛇终变土灰为喻，写人终究是要死的。"老骥伏枥"等四句是说，千里马虽然老了伏在槽下，但它的心仍然驰骋于千里之外。英雄到了晚年，壮志仍然不减。它表现了诗人在有生之年要积极进取的精神。"盈缩之期"等四句是说，人的寿命长短不全由上天安排。只要会怡心保健，照样可以益寿延年。

这首具有朴素唯物主义色彩而又富于积极进取精神的诗篇，表现曹操的养生之道，毛泽东非常欣赏，他在与徐涛的谈话中已经讲得很清楚了。不仅如此，他还推荐给别人阅读。1961 年 8 月 25 日，他在写给因病休养的胡乔木的信中说："你须长期休养，不计时日，以愈为度。曹操诗云：盈缩之期，不独在天。养怡之福，可得永年。此诗宜读。"（《毛泽东书信选集》，人民出版社 1983 年版，第 585 页）1963 年 12 月，他又给因病休养的林彪写信说："曹操有一首题名《龟虽寿》的诗，讲养生之道的，很好。希你找来一读，可以增强信心。"

毛泽东还用这首诗中讲养生之道的诗句，批注其他作品。《南史》卷二十二《僧虔传》，叙述刘宋时光禄大夫刘镇之九十岁曾得过一次大病，家人皆以为必死无疑，已置办棺木，不料不久病情好转，最后活到九十多岁。史家因而写道："因此而言天道未易知也。"毛泽东读至此，随即批注道："盈缩之期，不独在天。养怡之福，可得永年。"意思是说并非是"天道"不可知，全在人们自己的养怡而已。实乃"己可造命也"。所谓"己可造命"，是一种达观的生命意识。毛泽东认为，这里面有唯物的因素。

1959 年 9 月，毛泽东与他的二儿媳妇邵华谈话时又说："曹操的文章诗词极为本色，直抒胸臆，豁达通脱，应当学习。"（毛岸青、邵华：《爸爸勤奋读书和练书法》，《瞭望》1993 年第 12 期）

直到晚年，毛泽东对曹操的看法也未改变。1975 年，毛泽东对陪他读书的北大女教师芦荻说："汉末开始大分裂，黄巾起义摧毁了汉代的封建统治，后来形成了三国，这是向统一发展的。三国的几个政治家、军事家对统一都有所贡献，而以曹操为最大。司马氏一度完成了统一，主要就是他那时打下的基础。"（芦荻：《毛泽东谈二十四史》，1993 年 12 月 20 日《光明日报》）

1976 年 3 月 3 日，毛泽东在一次谈话中，用孔子、秦始皇、汉武帝、曹操、朱元璋没上过大学来说明只有在实践中才能增长才干。(《十年后的评说"文化大革命"史论集》，中共党史资料出版社 1987 年版，第 308 页）当然，毛泽东对曹操也有批评，主要有两点：

第一，曹操有时也优柔寡断，例如打过张鲁后，没有及时去打四川。

第二，不能严于律己，例如赤壁之战大败后而不自责。

唐太宗李世民

『聪明一世，懵懂一时』

1936 年 2 月，毛泽东在他的著名词作《沁园春·雪》中写道："惜秦皇汉武，略输文采；唐宗宋祖，稍逊风骚。一代天骄，成吉思汗，只识弯弓射大雕。"他一口气评价了中国历史上五位最杰出的封建帝王：秦始皇、汉武帝、唐太宗、宋太祖和成吉思汗，其中"唐宗"就是指唐太宗李世民。"风骚"，本指《诗经》里的《国风》和《楚辞》里的《离骚》，后来泛指文章辞藻。"稍逊风骚"，是说唐太宗李世民武功甚盛，文治方面的成就，相比之下，略有逊色。这其实是很高的评价。

李世民（599—649），即唐太宗，祖籍陇西成纪（故址大约在今天平凉市静宁县西南）唐代第二位皇帝。公元 627—649 年在位，杰出的政治家、战略家、军事家、诗人。

一、"李世民起兵时才十八岁"

在毛泽东眼中，李世民是一个英武的少年英雄，年轻时就很有作为，他十八岁参加起义军，当了总司令，二十六岁当了皇帝，十分令人神往。

（一）"济世安民"

李世民是唐高祖李渊次子。母亲是太穆顺圣皇后窦氏。

关于李世民的家世，历来众说纷纭。有人认为李家是胡族血统，也有人认为其先世本为汉族，后来才渐与胡族通婚。不论李家是胡族还是汉族血统，到北朝时期，李家已跻身于关陇贵族的行列。

所谓关陇贵族，是指北魏末年在关陇地区（今陕西、甘肃一带）崛起并创建了西魏、北周政权的军事贵族集团。他们多以军功起家，代表西魏、北周乃至隋唐的鲜卑族和汉族贵族集团的利益。

李世民出生于关陇集团一个世家大族。据《新唐书·高帝纪》记载，李世民的八世祖是晋末西凉武昭王李暠。李暠生李歆，继任西凉王，后为蒙逊所灭。李歆生季重耳，任北魏的弘农太守。重耳生李熙，任金门镇将。李熙生季天赐，官至幢主。天赐之子为李虎，就是李世民的曾祖父，西魏时赐姓大野氏，官至太尉。他追随宇文泰开创关中政权，因佐北周取代北魏有功，成为著名的八柱国之一，死后追封唐国公。祖父李昞，袭封唐公，曾任北周安州总管、柱国大将军。父亲李渊，年幼袭封唐国公，而且是隋文帝独孤皇后的姨侄。在隋朝时，他历任谯、陇、岐等州刺史，荥阳、楼烦等郡太守，以及殿内少监、卫尉少卿等职务。这就是后来李渊建国号为"唐"的原因。综上所述，不难看出，李氏家族是关陇贵族集团之一。

李世民的母亲窦氏，是隋朝贵族神武将军窦毅的女儿，其先世源于西北少数民族，有人认为李世民有胡人血统，即由此而来。窦氏聪明能干，善于书法，"工为篇章规谏，文有雅体"，李世民爱好书法，可能与母教有关。可惜窦氏于隋大业九年（613）就在涿郡去世了。

隋朝开皇十八年（598）十二月二十二日，李世民出生于李渊在武功（今陕西武功西北武功镇）的别馆里。武功别馆是李氏家族的旧宅之一，在武功县南18里，南临渭水。武德六年（623），改名庆善宫，所以史籍上又说："太宗生于武功庆善宫。"据说，他出生时，有两条龙在别馆门外戏斗，三天后才离去。这当然不过是为了神化李世民编造的谎言。

李世民为什么取名"世民"呢？原来李渊到岐州（治所在今陕西凤翔南）任刺史时，世民才4岁。有个书生擅长相面，拜见李渊说："您是贵人，而且有贵子。"见到世民，说："龙凤一样的相貌姿态，天庭隆起的仪表，快二十岁了，必能济世安民。"李渊怕他这话泄露出去惹祸，想杀掉他，那书生却忽然不见了。于是取"济世安民"的意思作为名字。这当然也不可信。古代往往认为"龙种自与常人殊"，李世民既然做了皇帝，必是"龙凤之姿"，所以编造出这种离奇的故事。

李世民弟兄五人，哥哥李建成，世民排行第二，三弟李元霸，四弟李元吉，五弟李智云。元霸早夭，智云不是窦氏所生，在晋阳起兵后被隋朝官吏捕杀。所以后来是李世民与李建成、李元吉争权，发生了"玄武门之变"。

李世民年幼时，聪明过人，处事果断，不拘小节，好骑马射箭，不甚喜读书。据他后来自己回忆说："朕小好弓矢，自谓能尽其妙"，"朕少尚威武，不精学业，先王之道，茫若涉海"。这些自我表白，说明李世民年少时不是文弱书生，而是一个强悍骁勇的贵族子弟，读书不多，善于骑射，性情刚烈，意志倔强。

大约在隋大业九年，李世民16岁时，与长孙氏结婚。长孙氏，河南洛阳人，其先世源于北魏皇族拓拔氏，因担任过宗室长，故改姓长孙氏。祖父长孙兕，曾任北周左将军。父亲长孙晟，为隋朝右骁卫将军。可见，长孙氏家族与李氏家族一样，都是军事贵族高门。长孙氏"年十三，嫔于太宗"。他们之间的联姻，门当户对，进一步夯实了李世民的社会基础。

（二）"太原公子，褐裘而来"

隋大业末年，昏君隋炀帝在雁门（治所在今山西代县）被突厥军队围困。这时才十八岁的世民，应募入征，前去救援，隶属于屯卫将军云定兴。部队出发前，世民对云定兴说："一定要多带旗帜和战鼓，用以虚设队伍，迷惑敌人。况且突厥始毕可汗带领全国的军队，敢来围困天子，一定认为隋朝仓促间派不出援兵。我方虚张声势，让数十里旗帜相连，夜晚又钟鼓齐鸣，敌人肯定望风而逃。否则，敌众我寡，敌人全军前来应战，我方肯定抵挡不住。"云定兴采纳了世民的建议。部队在崞县（治所在今山西原平东北平阳）宿营，突厥的侦察骑兵跑回去报告始毕可汗说："隋朝的大军已经来到。"突厥因此解围而去。这次雁门解围，李世民提出"多齎旗鼓为疑兵"的策略，很有点初生牛犊不怕虎的气概。

李渊驻守太原的时候，世民跟随在身边。有高阳农民起义领袖魏刀儿（？—618），自称"历山飞"，北连突厥，南寇燕赵，拥有十万之众。他派部将甄翟儿领大军攻打太原，守将潘长文被打死。李渊既为太原留守，便率部迎战敌人。至河西郡永安县雀鼠谷，双方发生遭遇战。当时敌众我寡，甄翟儿部众多达两万多人，李渊深陷敌阵。世民用轻骑兵冲入敌阵，射杀贼兵多人，所到之处，敌兵皆倒退。当时李渊所率部骑仅五六千人。李渊"乃分所将兵为二阵，以羸兵居中，多张幡帜，尽以辎重继后，从旌旗鼓角，以为大阵"。"太宗以轻骑突围而进，射之，所向皆披靡，拔高祖于万众之中。"（《旧唐书·太宗本纪》）这时恰好步兵也赶到了，李渊父子指挥部队，奋力攻打，大破贼兵，取得了胜利。这可以说是李世民小试牛刀。这与雁门解围所用策略一样，是否出自世民提议，史无明载。

隋大业十三年（617）春夏间，隋朝面临最后垮台的局面：杜伏威据历阳，自称总管；窦建德自称长乐王；梁师都据郡起兵；刘武周进取咸阳宫；薛举自称西秦霸王；李密攻下兴洛仓，逼近东都。在此形势之下，世民暗中策划起义，常常屈己下士，舍财养客，巨盗大侠没有不愿为他效力的。他奉父命"密交豪友"，与晋阳令刘文静相交甚深。长孙顺德和刘弘基亡命晋阳，他以优礼待之。后来，这两人协助世民募兵，起了重要作用。刘文静、裴寂都成为起义的决策者，这是为起兵反隋做组织上的准备。大业十年三月，马邑人刘武周引突厥直逼太原。李渊以讨伐刘武周为辞，自行招募士兵。"远近附集，旬日间近万人"。这支队伍是李渊、李世民父子私自控制和指挥的，成为晋阳起兵的主力军。

大业十三年五月，李渊果断杀掉隋炀帝派来监视他的副留守王威和高君雅，举起了义旗。六月，李渊派李建成、李世民率部直捣河西，斩杀了郡丞高德儒，首战告捷，往返仅用了九天时间。李渊决心南下入关。于是，建置大将军府，分为三军：李建成为陇西公、左领军大都督，指挥左三军；李世民为敦煌公、右领军大都督，指挥右三军。裴寂为长史，刘文静为司马，唐俭和温大有为记室，温大有也参与机密，长孙顺德和刘弘基等为统军。

七月，李渊在野外誓师，留李元吉守太原，亲自率领建成、世民从太原出发，拥兵三万，南下贾胡堡，在霍邑打败隋将宋老生。接连攻取临汾郡（今山西汾阳）和绛郡（今山西绛县）。八月癸巳，李渊至龙门（今山西河津）。九月，李渊父子率兵围河东。隋骁卫大将军屈突通据城坚守，攻之不克。这时发生军事策略分歧。裴寂主张先解决屈孙通而后入关。世民认为兵贵神速，应立即入关。他说："宜趁机早渡，以骇其心。我若迟留，彼则生计，……屈孙通自守贼耳，不足为虞。若失入关之机，则事未可知矣。"李渊采取"两从之"的办法，分兵两路，主力部队渡河入关，直攻都城长安，同时留相当兵力对付屈孙通。这是着妙棋。

李渊父子率大军渡黄河后，李建成和刘文静等屯守永丰仓（今陕西华阴县东北渭水南岸广通渠口）和潼关（今陕西渭南市潼关），防止来自东方之敌；世民率统军刘弘基、长孙顺德等数万人定渭州，包括泾阳、武功、鄠诸县。十月，二十万大军将长安团团围住。十月，命建成率精兵赴长乐宫，世民率新兵屯长安故城。世民屯兵金城坊，从西南方攻城，李建成从东方攻城。十一月，建成部将雷永吉首先登上城头，长安遂被攻破。

大业十三年（617）一月，李渊立隋代王杨侑为皇帝，即隋恭帝。改元为义宁元年。李渊为假黄钺、使持节、大都督内外诸军事、尚书令、大丞相，进封唐王，以武德殿为丞相府，独揽军国机务。又以建成为唐世子，世民为京兆尹、秦公，元吉为齐公；以裴寂为丞相府长史，刘文静为司马。

义宁二年（618）三月，李世民改封赵国公。五月，隋恭帝禅位，李渊即皇帝位于太极殿，国号唐，改元武德，建都长安；推五运为土德，色尚黄。武德元年六月，李世民为尚书令，裴寂为右仆射、知政事，刘文静为纳言。不久，又立李建成为皇太子，世民为秦王，元吉为齐王。

毛泽东早年就熟读新旧《唐书》和《资治通鉴》，特别赞赏李世民青少年时期的戎马生涯。1926年，毛泽东在广州农民运动讲习所讲课时就说："唐太宗、李密皆当时草泽英雄。有两句俗话说李世民，其词曰'太原公子，褐裘而来'。"（陈晋：《毛泽东之魂》修订本，中央文献出版社1997年版，第361页）世民常劝他父亲不可固守太原，需要化家为国。李渊大悦，遂起兵直趋陕西，并用种种方法，见悦一般人。如兑钱粮，放二千宫女等。

"褐裘"，亦作"裘褐"，粗陋衣服。语出《庄子·天下》："使后世之墨者，多以裘褐为衣，以跂蹻为服。"成玄英疏："裘褐，粗衣也。"裘，用毛皮制成的御寒衣物。《诗经·豳风·七月》："一之日于貉，取彼狐狸，为公子裘。"褐，指粗布或粗布衣。古时候为贫贱所服，最早用葛、兽毛，后通常用大麻、兽毛的粗加工品。《诗经》同篇："无衣无褐，何以卒岁？"郑玄笺："褐，毛布也。"唐杜甫《壮游》："放荡齐赵间，裘马颇清狂。"意谓骑马射箭，放荡不羁。李世民作为太原留守的公子，穿着粗糙衣服，显得放荡不羁，英姿勃发。

1958年3月，毛泽东在成都会议上提出敢想敢说敢做，破除迷信，解放思想，他特别强调说："从古以来，发明家创立新学派的，在开始时都是青年，学问比较少，被人看不起的，被压迫的人，这些发明家在后来才变成壮年、老年，变成有学问的人。"他又说："青年人打倒老年人，学问少的人打倒学问多的人，这种例子多得很。"接着，他一连举了十七个例子，其中一个就是李世民，他说："唐太宗李世民起兵时，只有18岁，做皇帝时只有26岁。（王子今：《毛泽东与中国历史》，中共中央党校出版社1993年版，第197—199页）两个月后，即同年5月8日，他在中共中央八大二次会议上又说："唐太宗李世民起兵时，才18岁，做皇帝时只有26岁。"

唐太宗李世民『聪明一世，懵懂一时』

（王梦初：《"大跃进"亲历记》，人民出版社 2008 年版，第 290 页）可见毛泽东对李世民少年时俊伟英武是非常认同的。

（三）"玄武门之变"

李世民是通过"玄武门之变"夺得政权的。唐王朝建立后，李渊做了皇帝，其长子李建成立为太子，李世民封为秦王，李元吉封为齐王。在反隋战争中，世民战功最多，便与其谋臣、部将逐渐形成一个政治集团。世民势力日益强大，严重威胁着李建成的太子地位。建成便与李元吉联合起来，组成一个与之对抗的政治集团，双方斗争的核心是皇位问题。最初双方都努力争取高祖的信任和支持，削弱对方，扩大自己。最后发展到水火不容，兵戎相见。

李建成首先下手了。武德九年（626）六月初，建成与元吉邀请李世民入东宫宴饮。李世民饮酒后，突然"心中暴痛，吐血数升"，由同来的淮安王李神通扶世民回府，才免一死。这次鸩杀李世民的目的没有达到。

恰在这时，突厥数万骑兵入塞来犯。平时，这种事却都是李世民挂帅出征，建成恐扩大世民的势力，这次要元吉和李艺出战，而且要借调世民的大将尉迟敬德、秦叔宝等随从征战，再调秦府程知节出任康州刺史，通过高祖让房玄龄、杜如悔离开秦王府，不许私谒秦王世民。这是釜底抽薪之计，岂能瞒住世民？李建成与李元吉商定在元吉出发、大臣们为其饯行时刺杀李世民。不料李建成手下的一位官员王至向李世民告了密。

在这千钧一发之际，李世民和房玄龄、长孙无忌和杜如悔密谋后，决定先发制人，在玄武门伏杀建成和元吉。

六月初三日（7 月 2 日），李世民向高祖密奏太子与元吉"淫乱"后宫，高祖答应次日查清。

六月初四，李渊先召裴寂、萧瑀、陈叔达等在太极宫中"泛舟海池"，等候三个儿子到来。他做梦也没想到，李世民通过常何的关系，已带领长孙无忌、尉迟敬德、房玄龄、杜如晦、宇文士及、高士廉、侯君集、程知节、秦叔宝、段志玄、屈突通、张士贵等人率精兵埋伏在玄武门（长安太极宫北面正门）内，以待李建成、李元吉经过时下手。

玄武门是宫城北门，是皇宫禁卫部队屯宿之所。当时负责警卫的将领是常何。早在武德五年（622），常何就随建成讨平河北，是建成的心腹之一。所以，后来建成举荐他担任玄武门卫队首领。其实，武德七年，常何已被世民收买，而建成毫不知情。

当李建成、李元吉进了玄武门，走到临湖殿时，发现情况异常，立刻勒转马头往回走。这时，李世民大喊着冲出，李元吉连忙拈弓搭箭射击，但被李世民躲过，而李世民一箭就把李建成射死了。尉迟敬德等 70 余精兵一齐杀出，杀死了李元吉，并杀建成、元吉诸子，所部冯立、薛万彻等率众与李世民激战失败。这就是有名的"玄武门之变"。

六月初八，李世民被立为太子，各种政令都由他处理。李世民下令放掉禁苑中所养的鹰犬，停止各地进献珍异物品。世民政治上崇尚简约严肃，天下人都非常高兴。又命令百官上书密封的奏章，详细陈述治国安民的要领。

十三日，发布命令说："依照礼制的规定，两个字的名字不单个分开避讳。近代以来，两个字的名字都单个分开避讳，名号、词语、书籍等废弃、空缺已多。随意用异字代替，违背经典本意。凡官号、人名、公私文书，有'世民'两字不相连者，都不必避讳。"当日撤销幽州大都督府。

十六日，废除陕东道大行台，设置各州都督府；废除益州道行台，设置益州大都督府。二十六日，幽州都督庐江王李瑗图谋造反，废黜为平民。二十九日，撤销天策府。

七月初六，封太子左庶子高士廉任侍中，右庶子房玄龄任中书令，尚书右仆射萧瑀任尚书左仆射，吏部尚书杨恭仁任雍州牧，太子左庶子长孙无忌任吏部尚书，右庶子杜如晦任兵部尚书，太子詹事宇文士及任中书令，封德彝任尚书右仆射。

八月初六，高祖李渊传位给皇太子，李世民在东宫显德殿即皇帝位，是为唐太宗。

二、武功:"自古能军无出李世民之右者"

(一)"打仗要像唐太宗那样"

毛泽东认为,李世民是我国古代第一流的军事家。据冯文彬回忆说:"有一天,毛主席和我谈到作战问题时说:'打仗要像唐太宗那样,先守不攻,让敌人进攻,不准士兵谈论进攻的事,谈论者杀。待敌人屡攻不克,兵士气愤已极,才下令反攻,一攻即胜。这样一可练兵,二可练民。'"

(冯文彬:《毛泽东与青年》,辽宁人民出版社 1992 年版,第 160 页)

不打第一枪,后发制人,毛泽东非常欣赏这种战略思想。明代小说家冯梦龙编笔记小说《智囊·兵智部·孙膑》中在写孙膑帮田忌与齐诸公子赛马后,引述道:"唐太宗尝言:'自少经略四方,颇知用兵之要,每观敌阵,则知其强弱,常以吾弱当其强,强当其弱。彼乘吾弱,奔逐不过数百步;吾乘其弱,必出其阵后反而击之,无不溃败。'盖用孙子之术也。宋高宗问吴璘以胜敌之术,璘曰:'弱者出战,强者继之。'高宗曰:'此孙膑驷马之法。'"

毛泽东读了这段话,批注说:"所谓以弱当强,就是以少数兵力佯攻敌诸路大军。

"所谓以强当弱,就是集中绝对优势兵力,以五六倍于敌一路之兵力,四面包围,聚而歼之。自古能军无出李世民之右者,其次则朱元璋耳。"

(《毛泽东读文史古籍批语集》,中央文献出版社 1993 年版,第 65—66 页)

冯梦龙引述了李世民和宋高宗赵构及南宋名将吴璘三人的话,指出"以弱当强,以强当弱",用的是战国军事家孙膑的驷马之法。所谓孙膑驷马之法,是孙膑为田忌在这次赛马中出的高招:"今以君(指田忌)之下驷(劣马)与彼之上驷(好马),取君上驷与彼中驷,取君中驷与彼下驷。"结果是"田忌一不胜而再胜",换言之三打两胜,赢了。李世民可谓深得孙膑驷马之法的精髓，建立了赫赫武功。

毛泽东认为："自古能军无出李世民之右者，其次则朱元璋耳。"这是就中国历代的皇帝而言，李世民最会打仗，第二个会打仗的是明朝开国皇帝朱元璋。"无出李世民之右者"，就是没有人能超过李世民。"右"，古代崇右，故以右为上，为贵，为高。《管子·七法》："春秋角试，以练精锐为右。"尹知章注："右，上也。"

作为一个优秀的军事家，李世民的军事思想是"以吾弱当其强，强当其弱"。他曾说："自少经略四方，颇知用兵之要。每观敌阵，则知其强弱，常以吾弱当其强，强当其弱。彼乘吾弱，奔逐不过数百步；吾乘其弱，必出其阵后反而击之，无不溃败。"明代小说家冯梦龙认为李世民这种战术，用的是战国著名军事家孙膑的"驷马法"。孙膑到齐国住在相国田忌家里，在田忌同齐王、公子比骑射时，他让田忌以最劣的马与对方最好的马比赛，以最好的马与对方中等马比赛，以中等马与对方最劣的马比赛。结果田忌二胜一负，赢得了这场比赛。这种制胜之术，后人称之为"驷马法"。

毛泽东在读冯梦龙《智囊》卷二十二《兵智部·制胜·孙膑》时的批注，对孙膑的"驷马法"和李世民的"以吾弱当其强，强当其弱"之法，做了进一步的阐释和发挥，指出其要旨就是"以少数兵力佯攻敌诸路大军"和"集中绝对优势兵力，以五六倍于敌一路之兵力，四面包围，聚而歼之"。这个观点，也是毛泽东从自己的军事指挥实践中总结出来的。他在《集中优势兵力，各个歼灭敌人》一文中做了精辟的论述：

"（一）集中优势兵力、各个歼灭敌人的作战方法，不但必须应用于战役的部署方面，而且必须应用于战术的部署方面。

"（二）在战役的部署方面，当着敌人使用许多个旅（或团）分几路向我军前进的时候，我军必须集中绝对优势的兵力，即集中六倍、或五倍、或四倍于敌的兵力、至少也要有三倍于敌的兵力，于适当时机，首先包围歼击敌军的一个旅（或团）。这个旅（或团），应当是敌军诸旅中较弱的，或者是较少援助的，或者是其驻地的地形和民情对我最为有利而对敌不利的。我军以少数兵力牵制敌军的其余各旅（或团），使其不能向被我军围击的旅（或团）迅速增援，以利我军首先歼灭这个旅（或团）。得手后，依情况，或者再歼敌军一个旅（例如我粟谭军在如皋附近，八月二十一、二十二日歼敌警察部队五千，八月二十六日又歼敌一个旅，八月二十七日又歼敌一个半旅。又如我刘邓军在定陶附近，九月三日至九月六日歼敌一个旅，九月六日下午又歼敌一个旅，九月七日至九月八日又歼敌两个旅）；或者收兵休整，准备再战。在战役部署上，必须反对那种轻视敌人、因而平分兵力对诸路之敌、以致一路也不能歼灭、使自己陷于被动地位的错误的作战方法。

"（三）在战术的部署方面，当着我军已经集中绝对优势兵力包围敌军中的一路（一个旅或一个团）的时候，我军担任攻击的各兵团（或各部队），不应企图一下子同时全部地歼灭这个被我包围之敌，因而平分兵力，处处攻击，处处不得力，拖延时间，难以奏效。而应集中绝对优势兵力，即集中六倍、五倍、四倍于敌，至少也是三倍于敌的兵力，并集中全部或大部的炮兵，从敌军诸阵地中，选择较弱的一点（不是两点），猛烈地攻击之，务期必克。得手后，迅速扩张战果，各个歼灭该敌。

"（四）这种战法的效果是：一能全歼，二能速决。……"（《毛泽东选集》，第四卷，人民出版社1991年版，第1197—1198页）

毛泽东继承我国古代军事理论中"以弱当强，以强当弱"的思想，并在革命战争中发扬光大，成为其军事思想的重要组成部分。

（二）翦灭群雄

李世民的武功，首先表现在反隋战争中横扫群难，为唐王朝的创建立下了赫赫战功。他指挥的主要有以下几大战役：

1. 贾胡堡之战

隋大业十三年（617）七月，李渊指挥起义大军向西攻打贾胡堡（今山西灵石西南），隋将宋老生率领二万精兵屯驻霍邑（今山西霍州），阻挡义军前进。正赶上连阴雨，军粮用尽，李渊与裴寂商议，准备把部队撤回太原，以后再作打算。

世民说："原本举行起义是为了把老百姓从苦难中拯救出来，一定要先攻入咸阳，号令天下；遇到小部敌军就撤兵，恐怕跟随起义的人将会在一天之内就解散了。回去固守太原一城之地，这不过是贼寇罢了，怎么能保全自己呢！"李渊不听，催促他带兵返回。世民于是在大帐外放声大哭，声音传入军帐。李渊召他进帐，询问原因，世民回答说："现在部队为正义而战，前进、战斗，就是胜利，后退一定会失败。部队解散在前，敌人趁机追击在后，死亡将顷刻而至，因此悲伤。"李渊于是醒悟，停止退兵。

八月一日，雨过天晴，李渊率领部队直奔霍邑。世民唯恐老生不出城交战，便带着数名骑兵先到霍邑城下，用马鞭指指点点，做出要攻城的样子，以激怒老生。老生果然大怒，大开城门，让士兵背城列阵。李渊及其长子李建成在城东列阵，世民和将军柴绍列阵在城南。老生迅速指挥士兵发起攻击，先逼近李渊，这时李建成忽然坠马，老生趁机进攻，李渊和李建成的部队纷纷后退。世民带两名骑兵从城南高地俯冲而下，把老生的部队冲断为两截，然后领兵奋战，敌军大败，纷纷扔掉兵器逃跑。这时城门忽然关闭，老生手拉绳子想爬上城去，结果被士兵砍死，霍邑平定。

2. 浅水原之战

唐高祖武德元年（618）七月，薛举在泾州（今甘肃泾川北）作乱为寇，世民率部队讨伐，把他打败，胜利班师回京。九月，薛举死去，其子薛仁杲继位。世民再次担任元帅，率兵前去讨伐，双方在折墌城（今甘肃泾川东北）相持，各自挖战壕筑堡垒，对抗 60 余天。贼寇有 10 余万人，锋芒毕露，多次挑战，世民却按兵不动以挫其锐气，严令："敢言战者斩！"

到十一月，敌军粮食用尽，其将领牟君才、梁胡郎前来投降。世民对其部将说："敌军士气衰落，是我们击败他们的时候了。"于是便派将军庞玉先在浅水原南列阵引诱，敌将宗罗睺大喜，率全军出战，在庞玉的部队几乎被打败、宗罗睺的部队也颇感疲乏之时，李世民及时捕捉战机，亲率大军，忽然从浅水原北杀出。罗睺看见，连忙回师抵抗。世民率领数十名骁勇的骑兵冲入敌阵，内外夹击，罗睺大败。斩敌军首级数千，落入涧谷而死的敌兵不计其数。世民率领左右 20 多名骑兵追击逃敌，直至折墌城下。仁杲非常害怕，全城固守。快到傍晚的时候，大军赶到，把个折墌城围得水泄不通。次日清晨，仁杲请求投降。这次战役，俘敌精兵一万多人、男女百姓五万多口，取得了巨大胜利。同月，秦王李世民凯旋回长安，薛仁杲被斩于市。十二月，世民升太尉、使持节陕东道大行台，镇长春宫，蒲州、河北诸府兵马并受节制。

3. 柏壁之战

宋金刚攻陷浍州（今山西翼城）时，军队锋芒毕露。高祖李渊因为王行本还占据蒲州（今山西永济），吕崇茂又在夏县（治所朔方，在今内蒙古乌审旗南白城子）发动叛变，晋州（治所白马城，在今山西临汾东北）、浍州相继陷落，关中震动，就亲自给世民写信说："贼寇的势力如此强大，难同他们交战以决胜负，应该放弃河东（今山西），谨慎防守关西（泛指函谷关或潼关以西地区）就可以了。"

世民上奏章说："太原是王业的基础，国家的根本，河东富足，是京城的依托。如果本来据有而要放弃它，我感到心痛。请陛下给我三万精兵，一定能消灭刘武周，收复汾阳、晋州。"高祖于是征发所有关中的部队，加强世民的兵力，又亲到长春宫送世民出征。

武德二年（619）十一月，世民率领大军直奔龙门关（今山西河津西北），踏冰渡过黄河，进驻柏壁（今山西新绛西南二十里），与贼将宋金刚相持。

接着，永安王李孝基在夏县打了败仗，于筠、独孤怀恩、唐俭都被贼将寻相、尉迟敬德俘虏。十二月，敌军想撤出浍州，世民派殷开山、秦叔宝在美良川伏击，大破敌军，寻相等独自逃脱，其部下全部被俘，殷开山、秦叔宝又回到柏壁。

将领们全来请战，世民说："金刚孤军千里，深入到我军腹地，精锐部队，都集中在这里了。刘武周据守太原，只不过依靠宋金刚保卫。敌人士兵虽多，内实空虚，想速战速决。我军加固营垒，养精蓄锐，挫伤敌人的锐气，等到粮尽计穷，敌人自然逃走。"

武德三年（620）二月，宋金刚因军粮匮乏，士气低落，不得不后撤，世民追至介州（今山西介休）。四月，又在昌州（今山西离石）大破寻相，乘胜追击，一昼夜行军二百多里，战斗数十回合。进至高壁岭，士兵饥饿疲劳，不肯再追，但世民策马扬鞭，冲锋在前，士兵紧紧跟上。追到雀鼠谷，一日八战，俘虏斩杀敌人数万人。夜宿雀鼠谷西原，世民两天没吃上饭，三天不解甲睡觉。接着，追到介休城。当时宋金刚还有两万部队，出西门，背城而战，南北七里，欲决死战。世民命令李世勣、程咬金、秦叔宝等当其南北，翟长孙、秦武通当其南，亲率三千精骑冲其阵后，宋金刚大败而逃，世民追到张难堡。敌军将领尉迟敬德、寻相等率余部8000人来降。

刘武周得知全军溃败，便带了百余人，弃太原北走，投突厥去了。世民进驻太原，并、汾旧地也收复了。

4. 洛阳之战

武德三年（620）七月，世民总领各军去洛邑（今河南洛阳）攻打王世充。部队在谷水（今河南新安西）宿营。王世充率领三万精兵在慈涧（今河南新安东30里）列阵，世民率轻骑兵向敌人挑战。当时敌众我寡，抵挡不住，军队陷入重围，世民身边的将士都十分害怕。世民命令随从先撤，自己率兵苦战，俘获敌大将燕欣，王世充于是撤去慈涧的兵力，回到东都洛阳。

世民派行军总管史万宝从宜阳（今河南宜阳）占据龙门（今河南洛阳南），刘德威从太行山向东包围河内（今河南沁阳），王君廓在洛口（今河南巩义东南）截断贼寇的运粮通道。又派黄君汉率水军夜间从孝水河乘船袭击洛阳，攻克了它。黄河以南的各支义军，纷纷响应，城一个接一个地陷落，守将前来请求受降。大军进驻邙山（在洛阳北）。

九月，世民率五百名骑兵先去观察地形，突然与世充率领的一万多部队遭遇，双方混战一场，又破敌军，斩敌首级三千余，俘虏大将陈智略，王世充独自逃脱。他委派的筠州总管杨庆派人请降，世民派李世勣率军出

唐太宗李世民「聪明一世，懵懂一时」

辕道安抚杨庆的部队。荥、汴、洧、豫等九州先后前来投降。王世充于是向农民起义领袖窦建德求救。

武德四年（621）二月，世民又进驻青城宫。工事还没有修好，王世充的部队两万多人，出方诸门面对谷水列阵。世民率精锐骑兵在北邙山列阵，派屈突通率五千步兵渡过谷水向敌军发起攻击，告诫屈突通说："两军一交战，就放烟为号，我就率骑兵南下夹击敌军。"

战斗刚打响，世民便率骑兵冲击敌人，他冲在队伍的最前面，与屈突通夹攻敌人。敌军拼死抵抗，散而复合多次。交战从辰时（上午 7—9 时）到午时（上午 11 时—下午 1 时），敌军才开始后退。世民乘胜追击，俘虏、杀死敌人八千人，部队前进到洛阳城下扎营。

王世充不敢再出城挑战，只在城内固守，专等窦建德来援。世民下命各部队在军营外挖战壕，准备长期围困。另一个农民起义军领袖杜伏威派部将陈正通、徐召宗率二千精兵与世民的部队会合。伪郑州司马马悦献虎牢关（今河南荥阳汜水镇）投降，将军王君廓同他配合，擒获了城内的伪荆王王行本。

5. 虎牢关之战

恰巧窦建德领兵十余万来救王世充，行至酸枣（今河南延津西）。萧瑀、屈突通、封德彝等都认为，唐军腹背受敌，有战败的危险，要求把部队撤到谷州以观察形势变化。世民说："王世充粮草已耗尽，军心已动摇，我们应当不劳师攻打，坐等他们破败而得利。窦建德刚击败孟海公，士气骄横，疏于守备，我们应该进兵虎牢关，扼住要塞。败寇如果敢冒险与我们决战，我们肯定能打败他们。如果贼寇不挑战，十日内王世充当自行崩溃。如果我们不主动进攻，贼寇占据虎牢关（今河南荥阳东北），刚刚归附我们的各个城池，肯定无法守住。到那时，如果王世充和窦建德两贼合军一处，向我军进攻，我们怎么办呢？"屈突通又要求解东都之围，移驻险要之地，以等待敌军的变化，世民不许。于是留下屈突通辅佐齐王李元吉包围王世充，世民亲率步、骑兵 3500 人奔往虎牢关。

窦建德从荥阳西上，在板渚修筑营垒，世民驻守虎牢关，双方相持二十余日。侦探报告说："窦建德在等我军粮草用尽，得知我军在黄河北岸放牧马匹，趁机要偷袭虎牢关。"世民得知敌人的作战计划，于是便在黄河北岸放牧马匹，以引诱敌人。次日晨，窦建德果然全军出动，在汜水边列阵，王世充的部将郭士衡也在窦建德部队南列阵，绵延数里，击鼓骂阵，世民的部将都很害怕。世民带领几名骑马登上高地观察敌阵，对将领们说："这些贼寇从山东起兵，没有遇到过强敌。现在他们要通过要塞却喧闹不止，这是军令不严的表现；逼近城堡列阵，这是有轻我之心。我们按兵不动，敌军的锐气就会渐渐衰弱，列阵时间一长，兵士饥饿，一定会自己退兵，到那时进攻敌人，战无不胜。我与诸位相约，在午后一定破敌。"

窦建德摆开军阵，从辰时（上午七时至九时）至午时（上午十一时至下午一时），士兵饥饿疲倦，都坐下休息，又争水喝，他犹豫不决，准备退兵。世民说："可以出击了！"说罢，便亲自率领轻骑兵去追赶并引诱敌人，大部队紧随其后向敌军杀来。窦建德连忙命令部队掉头迎战，还来不及整理部队，世民率先发起冲锋，敌军望风披靡。一会儿，众军合战，杀声震天，尘土飞扬。世民率领史大奈、程咬金、秦叔宝、宇文欣等将领挥旗杀入敌阵，一直冲杀到敌阵最后，打出唐军的旗帜。贼寇看见唐军旗帜，刹那间溃不成军。世民等一直追击三十多里，斩敌首级三千余，俘虏敌兵五万名，活捉了窦建德。世民斥责他说："我兴师讨伐王世充，得失存亡，与你无关，为什么越过自己的境域，触犯我军？"窦建德吓得两腿发抖，嗫嚅着说："现在我如果不送上门来，恐怕还得劳您远道去抓我。"

高祖听到胜利的消息，非常高兴，亲自给世民写诏书说："隋朝分崩离析，崤山和函谷关隔绝不通。两个豪杰势力联合，在短时间就把他们清除。军队既取得重大胜利，又没有多少伤亡。无愧于臣子的职责，不让自己的父亲忧虑，这些都是你的功劳。"

世民于是带着窦建德来到东都城下。王世充非常害怕，率领他的属下两千多人到营门请求投降，华山以东地区全被平定。世民进驻东都宫殿，命令萧瑀、窦轨等封闭并把守仓库，不拿任何财物，又命令记室房玄龄收集隋朝的地图和户籍。接着诛杀和窦建德、王世充一起作乱的段达等五十多人，被冤枉囚禁的人一律释放，无罪被杀的人都进行祭奠并写有悼文。犒赏将士，按功行赏。高祖派尚书左仆射裴寂劳军。

六月，唐军凯旋。世民身披黄金甲，队伍中有披甲战马一万匹，带甲的步兵三万人，前后部击鼓吹号，俘虏的两个伪王和隋朝的器物、辇车等献到太庙。高祖非常高兴，在太庙举行盛大宴会仪式犒赏世民。

6. 洺水之战

武德四年（621）七月，窦建德的旧将刘黑闼又起兵反叛，占据洺水州（治所在今河北永年东南）。十二月，世民和元吉率领各军前去征讨。

武德五年（622）正月，刘黑闼自称汉东王，改元天造，定都洺州。世民率军收复相州（今河南安阳），进军肥乡（治所在今河北肥乡东南），分兵截断敌军的运粮道路，双方相持达两月之久。二月，刘黑闼引兵攻洺水，被唐将秦叔宝打败。三月，世民移营于洺水之南，分兵屯守南北。刘黑闼窘迫，求战心切，亲率步、骑兵两万人，南渡洺水，清晨逼近唐军。世民亲自率领精锐骑兵，进攻并打败了敌军的骑兵，然后乘胜追击敌军的步兵，敌军大败，斩敌首级一万多颗。在这之前，世民派人在洺水上游筑坝蓄水，河水变浅，让刘黑闼认为能够涉水过河。等到战斗打响，下令决坝，水流大增，水深丈余，敌军溃败后，涉水逃跑的人全被淹死。刘黑闼和二百多骑兵向北突围，投奔突厥，他的部下全部被俘，河北平定。

此前徐元朗于徐、兖二州拥兵自重，世民班师时将其讨平，于是黄河、济水、长江、淮河流域各郡县全部被平定。十月，加授世民为左右十二卫大将军。

（三）拓疆扩土

李世民的另一个武功，就是安定边疆，拓疆扩土，主要表现在降东突厥、定吐谷浑和统一高昌等。

1. 降服东突厥

唐王朝是疆域空前辽阔的泱泱大国："东极于海，西至焉耆（今新疆焉耆），南尽林邑（即占婆，在今越南中南部），北抵大漠，皆为州县"，在此广袤的国土上形成一个统一的多民族国家。唐太宗是这个多民族国家的主要奠基者之一，他在各民族中享有崇高的威望，被匈奴尊为"天可汗"，成为各民族的共主。

唐太宗实行的团结、德化、和亲的民族政策，是很开明的。他对少数民族的基本态度是，"降则抚之，叛则讨之"（《资治通鉴》卷198，太宗贞观二十年）。少数民族只要不公开与唐王朝对抗，就对其实行羁縻政策，以各部的酋长为都督、刺史，仍按其原来的风俗习惯、社会制度，对本民族进行统治。反之，侵扰内地或对唐王朝有严重威胁的，就用武力解决。

突厥是我国北方境内的一个古老民族，北周、北齐时期渐渐强大，建立了"控弦二十万"的军队。隋朝初年，突厥贵族集团分为东、西两部。东突厥被隋文帝打败，纳贡称臣；西突厥也一度衰落。隋朝末年，天下大乱，东突厥趁机复起，成为雄踞漠北、西域，威胁中原的强大军事力量。

唐朝初年，逐鹿中原，战事正酣，高祖曾一度"称臣于突厥"，对其纳贡。到全国统一后，突厥贵族仍贪得无厌，经常大军压境，甚至兵进关中，进行抢掠，威胁京师。武德七年（624），颉利、突利两可汗率军攻打原州（今甘肃固原），旋又南下，入扰朔州（今山西朔州朔城区）、忻州（今山西忻州），世民奉命率军抵御，由于关中暴雨成灾，粮道不通，只得屯兵豳州（今甘肃宁县）待粮。颉利、突利指挥万余骑兵居高列阵，唐军畏惧。李世民率百余骑奔往敌阵前，指责颉利背约入扰，并要和颉利单独决战。颉利不知唐军虚实，不敢贸然出击，只得狐疑而退。

武德八年（625）颉利又率劲骑十余万，抢掠朔州后，又进犯太原，唐将张瑾寡不敌众，全军覆没，仅以身免。

武德九年（626）八月二十日，颉利率二十万大军，突然进犯武功（今陕西武功），京城戒严。二十四日，突厥侵犯高陵。二十六日，行军总管尉迟敬德率军同突厥军在泾阳（今甘肃平凉）作战，大败敌军，斩首一千余人。但突厥主力未受损失，继续前进，二十八日，突厥颉利可汗在渭水便桥北边，派他的酋长执失思力入朝察看形势，擅自绘制地图，被抓获后，太宗下令囚禁。太宗亲出玄武门，乘六匹马驾的车到渭水南岸。与颉利隔河谈话，指责他负约。一会儿大部队跟随而来。颉利见唐军阵容威武，又知道执失思力被擒，因此要求讲和，太宗允许。当日回宫。三十日，太宗又亲临便桥，与颉利可汗"刑白马为盟"（《旧唐书·太宗纪上》），突厥被迫退兵。

太宗有鉴于此，大力加强军事训练，提高士兵战斗力。每天引数百人在显德殿前教射箭，亲自临试，对射中的人奖给弓刀、布帛，由此"士卒皆为精锐"（同上）。太宗又整顿府兵制度，改天下军府为折冲府。当时共有军府634个，而关中置府261个，"举关中之众以临四方"，足以克敌制胜。

九月一日，颉利进献战马三千匹、羊一万头，太宗不收，让颉利送回所掠夺的中国百姓。

正当唐太宗积极准备反击突厥的时候，突厥汗国由于颉利可汗"纵欲逞暴，诛忠良，暱奸佞"，统治集团内部矛盾激化，又加"塞北霜早，糇粮乏绝"（《资治通鉴》卷193，太宗贞观三年），给唐朝出兵提供了有利时机。

贞观三年（629），唐太宗决定反击，因为当时敌我双方的力量对比，发生了唐军力量超过突厥的有利态势。十一月，世民派兵部尚书李靖为定襄道行军总管，并州都督李勣为通汉道行军总管，华州刺史柴绍为金河道行军总管，灵州大都督薛万彻为畅武道行军总管，率领十万大军，分两路出击东突厥。

贞观四年（630）正月，李靖率领三千精锐骑兵由马邑（今山西朔州朔城区）直趋恶阳岭（在定襄故城南），神速到达颉利驻扎的定襄（今内蒙古清水），乘夜突袭，大胜突厥，颉利狼狈而逃，李靖夺取定襄。

李勣出云中（今山西大同东），埋伏在颉利撤军必经的白道（今内蒙古呼和浩特西北），颉利败兵被李勣杀得七零八落，"由是酋长率部落五万降于勣"。

颉利遭此惨败，只得遣使请和，表示愿举国内附。唐太宗识破他的缓兵之计，将计就计，同意遣使谈判。此时，李靖、李勣已会师白道，他们猜透唐太宗的意图，不经请奏，两人共同制订了作战计划。李靖挑选一万精骑，携带二十天的干粮，从白道出发。李勣军跟进，至阴山，俘获突厥千余骑，然后伏兵碛口（今内蒙古二连浩特西南）。李靖"督兵疾进"，追上颉利，颉利遁逃，部众溃散。李靖大获全胜，斩首万余，俘获男女十余万口，牲畜数十万头。颉利率残兵败将万余人逃到碛口，被李勣阻击，只得调转马头，西逃吐谷浑，途中被唐将张宝相生擒，时值贞观四年三月。东突厥灭亡，原来隶属于东突厥的各族都推举唐太宗为"天可汗"。前后不到半年时间，把骄横的东突厥征服了。于是，唐太宗把西起阴山、北至大漠的广阔地区收入了版图，统一了唐朝的北部边境。

2. 平定吐谷浑

吐谷（yù，欲）浑，隋唐时我国境内鲜卑族所建的政权。本是鲜卑慕容氏一支，游弋于今辽宁锦县西北。西晋末年，首领吐谷浑率所部，率所部西迁至今青海、甘肃一带，再传至孙叶延，始以吐谷浑为姓氏。从事游牧，用汉文。南北朝时，先后属宋、齐、北周，其王夸吕始称可汗，居伏俟城（今青海湖西岸 15 里）。隋开皇年间，其王娶公主。

唐朝初年，吐谷浑虽一度与唐通好，但多次侵扰兰州、凉州（今甘肃武威）等地，阻碍唐与西域的交通。

贞观九年（635），唐太宗命李靖为西海道行军大总管，统率侯君集、李道宗、李大亮各部进击吐谷浑。

次年闰四月，李道宗在库山（今青海天峻南库库诺尔岭）击溃了吐谷浑精锐骑兵。吐谷浑王伏允为阻挡追兵，沿途遍烧野草，轻骑逃往沙碛，为唐军追击制造困难，以致引起唐军内部争议。多数将领认为，路无野草，马乏人饥，不如撤回兰州休整，待机再攻。侯君集却认为，吐谷浑新败之后，"鼠逃鸟散，取之易于拾芥"，不乘胜追击，"后必悔之"。他提出的"以轻骑掩不备"的方案，得到了主帅李靖的赞同，决定兵分两路，分进合击。

李靖指挥的北路军，一败吐谷浑于曼头山，二败其于牛心堆，三败

唐太宗李世民『聪明一世，懵懂一时』

其于赤水源。赤水源之战特别激烈。李靖部将薛万均被吐谷浑大军围困，其弟薛万彻率部解围，二人浴血奋战，受伤下马，又继续步战，所部死伤过半，被团团围住。幸而另一唐将契芯何力及时赶到，内外夹击，反败为胜，"虏披靡去"。李靖另一部将李大亮在蜀浑山大败吐谷浑，伤虏其名王 20 人。

侯君集指挥的南路军，穿过荒无人烟的不毛之地，"人吃冰，马吃雪"，五月一直追伏允到达柏海（今青海鄂陵湖和扎陵湖），将其主力击溃，俘其名王。伏允逃到且末（今新疆东南部），打算转向和阗。契芯何力和薛万彻合兵一处，继续追赶，进入沙碛，袭破伏允牙帐，斩首数千级，获杂畜二十余万头，其妻被俘，伏允狼狈逃窜，途中被部将杀死，其子慕容顺降唐。至此，李靖胜利地结束了对吐谷浑的战争，解除了吐谷浑对河西走廊的威胁。

唐太宗对归附的吐谷浑，仍以慕容氏为可汗，居其故地。

贞观十四年（640）二月十三日，太宗派左骁卫将军、淮阳王李道明送宗室女弘化公主（623—698）远嫁吐谷浑诺曷钵可汗。

3. 统一高昌

平定吐谷浑以后，唐太宗继续经营西域，用兵高昌。

高昌，北朝、隋、唐时西域一带的政权之一。公元 442 年，沮渠无讳率北凉余众逐高昌太守据有其地，次年自立为凉王。460 年柔然灭沮渠氏，立阚伯周为高昌王。491 年，高车灭阚氏，改立张孟明为王；496 年为国人所杀，改立马儒为王；497 年又为国人所杀，改立麴嘉为王。531 年建年号为章和。麴氏传九世十王，141 年，都高昌城（今新疆吐鲁番东 20 里）。初疆域只有原高昌旧地。450 年西并车师国，始有全吐鲁番盆地；其后逐渐扩大，至麴氏盛时，南接河南（指罗布泊以南的吐谷浑境），东临敦煌（今甘肃敦煌），西次龟兹（今新疆库车一带），北邻敕勒（在天山北麓）。境内多汉魏以来屯戍西域的汉人后裔，语言风俗、制度与中原相同。

贞观十三年（639）冬，唐太宗为了打击麴文泰的分裂割据活动，决定出兵平定高昌、统一西域。多数大臣谏阻，太宗"皆不听"，下令交河道行军大总管、吏部尚书侯君集率数万人进攻高昌。契苾何力为葱岭道副大总管。鞠文泰闻知，一笑置之。次年八月，侯君集大军越过"地无水草，寒风如刀，热冈如烧"（《资治通鉴》卷195，太宗贞观十四年），长达两千多里的沙碛，进抵碛口，鞠文泰得知，惊惧发病而死。其子鞠智盛继位为王。唐军击破田地城（今新疆鄯县西南鲁克沁），迅速包围高昌都城。唐军填池攻城，飞石雨下，副将薛万均"麾军进，智盛惧，乃降"。唐军取得了高昌三州五县二十二城的地方，以其地为西州，置安西都护府。命郭孝恪为安西都护、西州刺史，州治为高昌旧都，并"流徙罪人与镇兵混杂成守"。

4. 平定焉耆

焉耆，又作乌耆、乌缠阿耆尼。古西域国名，国都在邑渠城（今新疆焉耆西南四十里城市附近），位于高昌西部。居民务农、捕鱼、畜牧。有文字，语言属印欧语系。

初属匈奴，西汉神爵二年（前60）后属汉西域都护府。西汉末又属匈奴。东汉永和六年（141）班超破匈奴，又属汉。唐初附西突厥。高昌灭后，西突厥势力孤单，极力拉拢焉耆，结成姻亲，共拒唐朝。

贞观十八年（644），由于焉耆（今新疆焉耆西南）王突疏支叛唐归附西突厥欲谷设前汗，安西都护郭孝恪奏请太宗让其出兵平叛。唐太宗允请，命郭孝恪以西州道行军大总管身份，率领步骑兵三千人，绕出银山道，夜袭王庭，生俘突骑支。平定焉耆，是唐太宗统一西域的重要组成部分。不久，唐朝设焉耆都护府。

5. 统一龟兹

龟兹（qiū cí），又作鸠兹、屈茨、屈支、丘兹等。汉唐时代西域古国名。位于天山南麓，在焉耆之西，今新疆库车县一带。古龟兹国王治延城。居民主要务农，兼营畜牧，冶铸、酿酒等也较发达。有文字，擅长音乐。贞观初年，与唐有使节往还，不久，西突厥乙毗咄陆可汗勾结龟兹阿黎布希毕，与唐为敌。

贞观十八年（644），郭孝恪进攻焉耆，龟兹派兵援助突骑支。焉耆平，西突厥加紧控制龟兹。为了完成统一大业，贞观二十二年（648），唐太宗任命阿史那杜尔、契芯何力、郭孝恪等将军，率领铁勒十三部及突厥骑兵十万大军，共讨龟兹。次年，阿史那杜尔攻破龟兹却都城，龟兹王轻骑逃跑，后据大都拔城，凭险固守。阿史那杜尔围攻40余日，城才被攻破，生擒龟兹王，又乘胜连下五大城。阿史那杜尔乘唐军声威大震之机，遣使晓以利害，"降者70余城，宣谕威信，莫不欢服"。

唐军平定龟兹后，西突厥慑于唐军威力，亦"争犒师"。西域各族首领趁机摆脱了西突厥的统治，归附唐朝，贡使往还，通商频繁。唐太宗为了加强对西域的治理，设置龟兹（今新疆库车）、疏勒（今新疆喀什）、于阗（今新疆和田）、碎叶（今吉尔吉斯坦北市部托马克城附近）四镇，合称"安西四镇"。至此，唐太宗基本上完成了西域的统一。

6. 和合吐蕃

吐蕃（bō，波），公元7至9世纪，唐朝时我国古代藏族所建政权。据有今西藏地区全部，盛时辖有青藏高原诸部，势力达到西域、河陇一带。

唐太宗除用军事力量对付敌对势力外，也用和亲政策保持边疆的安定，而唐与吐蕃和亲影响最为深远。

吐蕃是唐太宗时新兴的强国。松赞干布是吐蕃杰出的君主。他仰慕汉族文明，在贞观八年（634）派遣使者给唐朝进贡，后来又向唐朝上书求婚。

贞观十五年（641），唐太宗命令送养宗室女文成公主（？—680）与吐蕃松赞干布联姻，由礼部尚书、江夏郡王李道宗亲自护送入藏。松赞干布也特地从拉萨赶到青海迎接。

文成公主进藏时，不仅带去了大量的金银、绸缎、珍宝，还带去了内地先进的农业技术和精美的手工业品、生产工具、蔬菜种子、医疗器械，以及经史、诗文、工艺、医药、历算等典籍，也带去了工匠和乐队。

松赞干布对这桩婚事十分满意。为了照顾文成公主的生活习惯，他

"别筑城廓宫室而处之"，自己还改服汉人的"纨绮"（《资治通鉴》卷196，太宗贞观十五年）。文成公主进入吐蕃，对吐蕃经济、文化的发展，以及汉藏两族人民友好关系的加强作出了积极的贡献。

7. 亲征高丽

高丽是朝鲜古代（918—1392）的封建王朝。我国习惯上多用来指称朝鲜。隋炀帝攻高丽，引起国内民众大反抗。唐高祖曾和高丽国交换本国流亡的人，高丽还送中国流亡的人近万人，足见两国关系是友好的。

唐太宗灭突厥，高丽表示支持。唐太宗滋长了扩张野心，自恃国大兵多，一定能取胜，结果恰如愿望相反，造成少有的失败。

贞观十六年（642），高丽西部酋长泉（姓）盖苏文（名）杀高丽大臣百余人，又杀国王高建武，立高藏为国王。泉盖苏文专擅朝政，严刑峻法，树立威望，朝中大臣人人自危。唐太宗觉得有机可乘，不顾群臣多次劝阻，决定亲自率兵往攻。

贞观十八年（644）十一月三十日，太宗命令太子詹事、英国公李勣为辽东道行军总管，率步骑六万，出柳城（今辽宁朝阳），直趋辽东，礼部尚书、江夏郡王李道宗为副将；刑部尚书、郧国公张亮为平壤道行军总管，率水军四万三千人，分乘战舰500艘，从莱州（今山东掖县）出发，左领军常何、泸州都督左难当作副手。两路共调集全国披甲士兵，又招募新兵十万人，一齐开往平壤（今朝鲜平壤），讨伐高丽国。又令新罗、百济、奚、契丹配合唐军进攻高丽。

贞观十九年（645），唐太宗率各路大军从东都洛阳出发到幽州（今北京西南）。李勣进攻辽东城（今辽宁辽阳），唐太宗亲自到城下督战，唐兵破辽东城，又攻下白岩城（今辽宁辽阳北）、盖牟城（今辽东盖平）。张亮袭卑沙城（今辽宁金县东），陈兵鸭绿江上。唐太宗进攻安市城（今辽宁海城东南），高丽将领高延寿、高惠真率十五万大军往救，唐太宗看到大量敌人，高兴得亲自上阵指挥。唐军大破高丽军，高延寿、高惠真率残兵三万余人到军门投降。唐太宗对他们说："东方年轻人，在海边跳来跳去，说到打仗，那能比得上我老人，今后还敢与皇帝打仗吗？"又写信给太子（李治）和留守大臣高士廉说："我做将官，本领怎样？"傲气十足。

让他没想到的是，虽然唐军把安市城围得水泄不通，但守城官兵坚守不屈，这时候天气寒冷，草枯水冻，粮食又快用完，兵马无法久留，唐太宗只好下令撤兵回国。唐军夺得十个城，虏获辽、盖、岩三州居民七万人，算是这次战争的收获。唐太宗深悔不该出兵，叹道："魏征如果活着，一定不让我走这一趟。"

唐太宗当然不肯认输。贞观二十一年（647），唐太宗又要进攻高丽。朝臣建议：派遣偏师，轮番攻击，使高丽民众不能耕种。唐太宗采用了这种险恶的战术，派海陆两军，在高丽境内侵扰。第二年，唐太宗大造舰船，运送军粮，准备明年发 30 万大军灭高丽。贞观二十二年（648），唐太宗死后，战事暂时停止。

8. 灭薛延陀

薛延陀，唐朝时我国北部铁勒族所建的政权，铁勒各部之一，由薛部和延陀部合并而成，是铁勒诸部中最强的，部众有七万帐，初属于突厥。唐贞观三年（629），唐太宗封其首领夷男为真珠毗伽可汗，建牙帐于郁督军山（杭爱山东支）。夷男隶属铁勒诸部及靺鞨、霫等部，成漠北大国，有兵二十万。贞观四年，曾帮助唐朝灭掉突厥。

贞观十九年（645），薛延陀真珠毗伽可汗死，内部发生动乱。六月，太宗派兵部尚书、固安公崔敦礼，特进、英国公李勣在郁督军山（今蒙古国境内杭爱山东支）北大败薛延陀，斩首五千余人，俘虏男女三万余人。八月十一日，太宗驻扎泾阳镇（今甘肃平凉西北）。铁勒回纥、拔野古、同罗、仆骨、多滥葛、思结、阿跌、契苾、泽、斛薛等十一姓各派使者朝拜，进献贡品，奏道："延陀可汗不附大国，部落如鸟兽散，不知跑到哪里去了。奴婢等各有领地，不能把延陀驱逐走，归命天子，请求派驻汉官。"太宗命令他们到灵州（今宁夏灵武西南）会合。

贞观二十年（646），唐太宗派江夏郡王李道宗等分兵数路，进攻薛延陀，将其灭亡，原来附属薛延陀的各部都投降唐朝。

贞观二十二年（648）二月初二，西番少钵罗叶护率众归附，以俟斤屈斐禄为忠武将军，兼大俟斤。四月初四，戈壁滩北蕃人争夺牧马出了边界，太宗亲自去评断，双方都佩服。初七，右武侯将军梁建方率兵攻打蛮人，攻下 72 个部落。

唐朝在回纥等部置六个都护府七个州，以各酋长为都督、刺史。唐朝设燕然都护府在西受降城（今内蒙古五原）东南的大单于台，以统领新置各府、州。还根据各部酋长的请求，在回纥以南，突厥以北，开了一条"参天可汗道"，置 68 个驿站，以供往来使者食宿。唐朝的势力已达到漠北广大地区。

五月十二日，太宗派右卫率长史王玄策领兵攻打帝那伏帝国，俘虏其国王、王妃及王子等人，俘获男女一万两千人、牛马两万只，到朝廷进献。吐蕃赞普打败中天竺国（今印度），派使者报告胜利消息。

十一月二十一日，右卫将军梁建方平定眉、邛、雅三州獠人叛乱。二十三日，契丹率领窟哥、奚帅可度者都率领部属归附朝廷。以契丹部为松漠都督，以奚部设立饶乐都督。

唐太宗在统一边疆的过程中，采用了比较开明的民族政策。他认为："夷狄亦人耳，其情与中夏不殊。人主患德泽不加，不必猜忌异类。盖德泽恰，则四夷可使如一家；猜忌多，则骨肉不免为仇敌"（《资治通鉴》卷197，太宗贞观十八年）。因而他很注意改善民族之间的关系，加快了多民族国家形成的历史进程。

三、文治："贞观之治"

唐太宗是一个有雄才大略的皇帝，他的文治武功，与秦始皇、汉武帝相比，毫不逊色。他的赫赫武功已于上述，他的文治业绩，用一句话来说，就是创造了被史学家称誉的"贞观之治"。

（一）"贞观之治"

贞观是唐太宗的一个年号（627—649）。贞观，意思是以正道示人。贞，正。观，示。语出《易·系词下》："天地之道，贞观者也。"韩康伯注："天地万物莫不保其贞以全其用也。"孔颖达疏："天覆地载之道，以贞正得一，故其功可为物之所观也。"引申为澄清天下，恢宏正道。这就是唐太宗取为年号的用意。

所谓"贞观之治"，是对唐太宗贞观年间治绩的美誉。由于隋末农民大起义沉重打击了封建统治，推动了生产力的发展。唐太宗即位后，以隋朝的灭亡为鉴戒，偃武修文，励精图治，选贤任能，虚心纳谏。贞观年间，吏治比较清明，刑罚也较宽简，赋役有所减轻，因而社会经济获得显著发展，阶级矛盾相对缓和，政治上处于相对稳定，物价比较平稳，人口有所增加，国力较为强盛。史学家们称："贞观初，户不及三百万，绢一匹易米一斗。至四年，米斗四五钱，外户不闭者数月，马牛被野，人行数千里不赍粮，民物蕃息"，"是岁，天下狱死罪者29人，号为太平"，"致治之美，庶几成康"。史家誉为"贞观之治"。

毛泽东自学生时代就精读深研《贞观政要》，在瑞金任中华苏维埃共和国主席后，更有了实际感受，对《贞观政要》有着极深的见解。1934年

12月，他在长征途中与徐特立谈起唐太宗和《贞观政要》，就唐太宗与房玄龄、魏征谈论创业与守成孰难孰易发表了见解，说："其实，他们两个都是从自己的经验出发，都有片面性。唐太宗说得很清楚：'玄龄昔从我定天下，备尝艰苦，出万死而遇一生，所以见草创之难也；魏征与我安天下，虑生骄逸之端，必践危亡之地，所以见守成之难也。草创之难，既已往矣，守成之难，当思与公等慎之。'他的看法是很全面的，而且是从实际情况出发的……但我们目前既是草创也是守成，所以两者皆难。"

（二）形成原因

人们可能要问，唐太宗怎样创造了"贞观之治"这个封建社会里最好的历史时期呢？

1. "国以人为本，人以食为本"

轻徭薄赋，与民休息，是李世民创造"贞观之治"的基础。唐太宗吸取隋末农民大起义的教训，认为解决民众的问题，主要是发展生产，与民休息。他说："国以人为本，人以食为本，凡营衣食，以不失时为本。夫不失时者，在人君简静乃可耳。"（《贞观政要》卷八《务农》）在这种思想指导下，他曾下诏停建劳民伤财的东都乾元殿。为了不违农时，他还把为太子举行加冠礼的日子由二月改为十月。当有人提出"用二月为胜"时，他又明确表示"农时甚要，不可暂失"。（同上）

大体上，唐朝前期的经济繁荣，主要表现在农业生产的兴盛上。封建经济的根本在于农业。农业生产的兴衰，与当时实行的均田法和租庸调法密切相关。唐高祖武德七年（624），下令在全国实行均田法和租庸调法，唐太宗即位没有改变。

《旧唐书·食货志》说，男女自初生以上称为黄，4岁以上为小，男丁16岁以上为中男，21岁以上为成丁，60岁为老。每年造一次人口册，

3 年造一次户籍。

均田法规定：男丁 18 岁以上给田 1 顷，其中十分之二为世业（永业），八为口分。老男、残疾人给 40 亩。寡妻、寡妾给 30 亩，如果是户主，再加给 20 亩。受田人死亡，世业田得由继承人接受，口分田归官，另行分配。

唐太宗很重视均田法的推行。贞观元年（627），他刚即位，就和朝臣们商议，让狭乡（人均土地少）民户自由迁移到宽乡（人均土地多）。贞观十八年（644），唐太宗曾到灵口（在今陕西临潼境内），问每丁受田数，当他知道每丁受田只 30 亩，感到很危险，令地方官查明受田尤其少的人，给予一些便利，迁移到宽乡。

租庸调法规定：租，每丁每年纳粟 2 石或稻 3 石。调，随乡土所产，蚕乡每丁每年纳绫、绢、絁各 2 丈，绵 3 两，非蚕乡纳布 2 丈 5 尺，麻 3 斤。庸，每丁每年服役 20 日，闰月加 2 日；如不服役，每日纳庸绢 3 尺或布 3 尺 7 寸 5 分。中男受田后，纳租庸调并服役，成丁后，服兵役。国家有事，20 日外加役 15 日，可免调；加役 30 日，租调都免。加役连同正役，总数不得超过 50 日。如水旱虫霜成灾，十分损四以上免租，损六以上免调，损七以上，课役全免。

唐太宗也很重视减轻人民的负担。他在位期间，还多次下诏减免赋税。贞观元年（627），山东大旱，免当年租赋。贞观二年（628），关中旱灾，民有卖子为生者，他命出御府金市代为赎回。贞观三年（629），免关中二年租赋，关东徭役赋税一年。这类例子还很多。

总之，唐朝实行的均田法，保证丁（劳力）有田种，租庸调法比前朝赋税制较轻也较合理，对农业生产发展起着积极作用。

此外，唐太宗还竭力防止统治集团内部骄奢淫逸，他下诏"奢侈者可以为戒，节俭者可以为师矣"（《资治通鉴》卷 129，太宗贞观元年）。这些措施，都有利于农民发展生产。

2. "马周才德，迥乎远矣"

惟贤是与，因材施用，是李世民创造"贞观之治"的第二个原因。

能否知人和善于用人，是判断君主贤愚的一个重要标准。唐太宗能知人，又能用人，是历史上少有的明君。他在即位之初，就对群臣申明用人的宗旨："人君必须至公无私，才能服天下人的心。我和你们每天的衣食，都是由民众供给，所以设立官职，要为民众做事。"

唐太宗曾经和魏征讨论用人问题。他说，为事择官，不可粗率。用一好人，别的好人都来了；用一坏人，别的坏人却都跟着进来。魏征说，这是对的。天下未定，主要用人的才干，顾不得德行；天下已定，那就必须才德兼备才可用。

在用人方面，唐太宗用人基本上坚持才德兼备的标准，不管是哪一种政治力量，只要有才就加以任用。他说："朕以天下为家，惟贤是与。"（同上）又说："应当选用贤才，不该按关系的亲疏、资格的新旧定官职的大小。如果疏人、新人中有贤才，亲人、旧人中有庸劣，怎么可以舍贤才取庸劣？现在我的秦府（唐太宗即位前封秦王）旧官属专凭关系和资格来较量官职，发出怨言，实在是不识政体。"这和曹操的"惟贤是举"的用人办法是一样的。

唐太宗主张"惟贤是与"，反对以新旧划线，对各种政治力量一视同仁。他还明确提出："吾为官择人，惟才是与。苟或不才，虽亲不用，……如其有才，虽仇不弃。"（《资治通鉴》卷194，太宗贞观七年）在这种思想指导下，"玄武门之变"后，尽管李建成集团中，"同谋害太宗者数千百人，事后，复引居左右近侍，心术豁然，不有疑阻"。（《贞观政要》卷一《政体》）他起用李建成集团的重要谋臣魏征、王珪等人。随后，唐太宗进行了人事调整，他把秦王府高参房玄龄、杜如晦任命为左右仆射，执掌枢机，任命精通兵法的李靖为兵部尚书，魏征为秘书监，参与朝政。王珪、韦挺等原李建成旧属也被任命为谏议大夫，让他们在朝中议事。

唐太宗十分重视人才的选拔任用。他曾要大臣封德彝举荐贤才。封德彝说："我不是不留心，只是当今没有奇才。"他驳斥说："用人如用器，各取所长。古时有过太平世，难道那时候的贤才是从另一时代借来的吗！你自己不能知人，那可妄说今世没有奇才。"他相信人才就在今世，随时留心，从新人疏人甚至敌人中得到了许多文武奇才。这种用人之道，使大批人才聚集在唐太宗周围。贞观十七年（643），唐太宗在凌烟阁画二十四功臣像。唐刘肃《大唐新语·褒锡》："贞观十七年，太宗图画太原倡义及秦府功臣赵公长孙无忌、河间王孝恭、蔡公杜如晦、郑公魏征、梁公房玄龄、申公高士廉、鄂公尉迟敬德、郧公张亮、陈公侯君集、卢公程知节、永兴公虞世南、渝公刘政会、莒公唐俭、英公李勣、胡公秦叔宝等二十四人于凌烟阁，太宗亲为之赞，褚遂良题阁，阎立本画。"

唐太宗还擅于因材施用，不求全责备。他说："智者取其智，愚者取其力，勇者取其威，怯者取其慎，无智（愚）勇怯，兼而用之。"（《帝范·审官篇》）对人取其所长，充分发挥每个人的作用。唐太宗选拔任用马周是个典型的例子。

马周（601—648），字宾王，博州任平（今山东任平）人。少孤贫，勤奋好学，精通《诗经》《春秋》等古籍。他性格豪放，落拓不羁，才华横溢，却不为乡里所重。唐高祖武德年间（618—626），补博州（今山东聊城）助教，日饮醇酒，不以讲授为事，受到州刺史达奚恕的多次指责，遂拂袖而去。

马周客游密州（今山东诸城），刺史赵仁本很看重他的才华，资助路费，让他到关中去发展。马周在西行途中，客住汴州浚仪（县治在今河南开封），受县令崔贤羞辱，遂西往长安。至新丰（今陕西临潼东北），旅店主人只顾供奉商贩，而不理睬马周。马周要了一斗八升酒，悠然独酌。毛泽东在读《新唐书·马周传》时，在开头的天头空白处用墨笔批注"马周"二字，并在旁边加了曲线。在"资旷迈，乡人以细谨薄之"句旁画了墨圈，在"为浚仪令崔贤所辱，遂感激而西"句旁画着密圈，在"主人不之顾，周命酒一斗八升，悠然独酌"，"众异之"句旁画着墨圈，并在上方天头处批注道："饮酒过量，使不永年。"毛泽东还在《旧唐书·马周传》的天头上，批注道："马周年四十八。"表示毛泽东对马周这位治国英才英年早逝的惋惜。

马周到了京都长安，做了中郎将常何的门客。常何是守卫玄武门的皇宫卫队将领，本是太子李建成的部下，因在"玄武门之变"的关键时刻，向李世民告密，助李世民成功，因而颇受李世民的信任。

唐太宗贞观五年（631），天大旱，太宗命文武百官，极言朝政得失，为国事出谋划策。常何是武将，不擅长写文章。他让马周替自己写了一篇奏疏，针对当时的朝政得失，向朝廷提出 20 多条建议。常何上朝时把奏疏呈上，太宗看后十分诧异，便问常何："朕观此书，援引事类，商榷古今，言简意赅，会文切理，读之使人振聋发聩，掩卷令人久久不忘。此书定非卿之所作，速为朕荐举此人。"常何说："此是家客马周为臣所草。马周博学多才，每与臣言，愿报效朝廷。"

唐太宗立即召见了马周。通过谈话，唐太宗发现马周是个杰出的人才，于是对他予以破格提拔。当日，年仅 20 岁的马周，被授予门下省（官署名，与中书省同掌枢要，共议国政）当值。一个平民百姓，被皇帝召见，并立即任用，这在中国历史上也很少见。

由于马周的政治才干和刚直不阿的性格，贞观十五年（641）被擢升为治书侍御史兼知谏大夫、晋王（李治）府长史。贞观十七年（643），为中书侍郎兼太子左庶子。第二年八月，为中书令，仍兼太子左庶子。这年十月，唐太宗亲征高丽，太子李治留镇定县（今河北定州），令马周和高士廉、刘洎等辅之。太宗返，马周以本官兼吏部尚书。

贞观二十年（646），马周得了消渴疾（糖尿病），久治不愈，太宗十分着急，令求胜地，为起宅第，名医中使，络绎不绝；供以御膳，又亲为调药。命太子过府探视。临终前，马周把自己的奏章草稿，全部烧掉，他说："管仲、晏子彰君之过，求身后名，吾勿为也。"

贞观二十二年（648）正月，马周病逝，太宗为之举哀，陪葬昭陵。高宗李治继位后，特追赠马周为尚书左仆射、高唐县公。武则天在垂拱年间，也特意将马周的灵牌放在高宗庙中陪祭。

马周一生，为官二十多年，曾多次向太宗上书，提出他的治国方略，并多为太宗所采纳，成为唐太宗的重要谋臣，不愧为一个卓越的政治家。但是，令人遗憾的是，在新、旧《唐书》本传中，有关马周在治国安民的实绩可以说全无记载，所能看到的只有他的几个长篇奏疏，其中《新唐书·马周传》所载一个奏疏是这样的：

"……臣伏见诏宗室功臣，悉就藩国，遂贻子孙，世守其政。窃惟陛下之意，诚爱之重之，欲其裔绪承守，与国无疆也。臣谓必如诏书者，陛下宜思所以安存之，富贵之，何必使世官也？且尧、舜之父，有朱、均之子。若令有不肖子袭封嗣职，兆庶被殃，国家蒙患。正欲绝之，则子文之治犹在也；正欲存之，则栾黡之恶已暴矣。必曰与其毒害于见存之人，宁割恩于已亡之臣，则向所谓爱之重之者，适所以伤之也。

"臣历观夏、商、周、汉之有天下，传祚相继，多者八百余年，少者犹四五百年，皆积德累业，恩结于人。岂无僻王，赖先贤以免。自魏、晋逮周、隋，多者五六十年，少者二三十年而亡。良由创业之君，不务仁化，当时仅能自守，后无遗德可思，故传嗣之主，其政少衰，一夫大呼，天下土崩矣。

"今陛下虽以大功定天下，而积德日浅。固当隆禹、汤、文、武之道，使恩有余地，为子孙立万世之基，岂特持当年而已。然自古明王圣主，虽因人设教，而大要节俭于身，恩加于人；故其下爱之如父母，仰之如日月，畏之如雷霆，卜祚遐长，而祸乱不作也。今百姓承丧乱之后，比于隋时，才十分一，而徭役相望，兄去弟还，往来远者五六千里，春秋冬夏，略无休时。……四五年来，百姓颇嗟怨，以为陛下不存养之。……陛下少处人间，知百姓辛苦，前代成败，目所亲见，尚犹如此。而皇太子生长深宫，不更外事，即万岁后，圣虑之所当忧也。臣窃寻自古黎庶怨叛，聚为盗贼，其国无不即灭。人主虽悔，未有重能安全者。……"

毛泽东读了马周的这个奏疏，批注说："贾生《治安策》以后第一奇文。宋人万言书，如苏轼之流所为者，纸上空谈耳。"（《毛泽东读文史古籍批语集》，中央文献出版社1993年版，第235页）

马周的这个奏疏，高屋建瓴，以宏观的政治眼光，事无巨细，都归结到国家的长治久安上，特别是重视人民群众利害，认为人民群众拥护与反对，攸关国家的兴亡，这种看法，不只在封建社会堪称卓见，而且给后人以不少教益，因此受到毛泽东的高度赞扬，称它是"贾谊《治安策》以后第一奇文"。

贾谊是什么人呢？他的《治安策》又是一篇怎样的文章呢？

贾谊（前201—前168），洛阳人，汉文帝的主要谋臣，西汉著名政论家、文学家。因受吴公推荐，20岁便当上了博士。不久迁太中大夫，后又先后拜为长沙王、梁王太傅，多次上书，批评时政。他建议用"众建诸侯而少其力"的办法，削弱诸侯王势力，巩固中央集权。这个办法，便是唐代柳宗元在《封建论》中所说的"封土地，建诸侯"的本义，意谓通过多封诸侯，从而削弱诸侯的力量，使之无法与中央政府对抗。汉文帝部分采纳了其中的一些办法，把领土最大的齐国分成六个小国，把淮南国分成三个小国，初步削弱了诸侯王的势力。贾谊的这一思想，主要表现在他的《治安策》一文中。《治安策》及其他一些政论文章，诚如鲁迅先生在《汉文学史纲》所说："为西汉鸿文，沾溉后人，其泽甚远。"

毛泽东把马周的奏疏和贾谊的《治安策》相提并论，足见他对马周奏疏的评价之高，并且认为马周给唐太宗的奏疏是宋代一些洋洋大论，如宋代苏轼的《上皇帝书》（万言书），是不能与之相提并论。当然，这主要是指是否切中时弊、直陈现实而言的。

在《新唐书·马周传》末，欧阳修、宋祁赞曰："周之遇太宗，顾不异哉！由一介草茅言天下事，若素宦干朝、明习宪章者，非王佐才，畴以及兹？其自视与筑岩钓渭，亦何以异。迹夫帝锐于立事，而周所建皆切一时，以明佐圣，故君宰间不胶漆而固，恨相得晚，宜矣。然周才不逮傅说、吕望，使后世未有述焉。惜乎！"

毛泽东读了这段赞论，批注说："傅说、吕望，何足道哉。马周才德，迥乎远矣。"（《毛泽东读文史古籍批语集》，中央文献出版社1993年版，第236页）

毛泽东的批注，把马周与历史上著名的谋略家傅说、吕望比较，一反赞论作者"周才不逮傅说、吕望"的看法，认为马周的才德比他们两位高明得多。

傅说（前1335—前1246），商朝人，相传他原来是傅岩地方从事建筑的奴隶，后被商王武丁发现，任为宰相。后来，他协助武丁完成了统一天下的大业。吕望。姜姓，名望，一字子牙，俗称姜太公。因其封于吕地，从其封地改姓吕。他半生落拓，80岁时在磻溪垂钓，得遇周文王姬昌，被聘为"师"（武官名），兼任周朝三军统帅，也称师尚父。后辅佐武王姬发伐纣灭商，立下大功，封于齐，是齐国的始祖。

应该说，傅说、吕望从一个平民百姓到为国主所知，大施韬略，建立了不朽功勋，与马周"一介草茅""言天下事"而得到唐太宗的赏识和提拔，成为国之栋梁，是极其相似的，就他们对国家的贡献来看，也是难以轩轾的，但毛泽东却不这么看，他认为马周的才德远远地超过了傅说、吕望。这种看法，历史上并没有人说过，完全是毛泽东本人所下的断语，可算是一家之言。

3. "李世民的工作方法有四"

励精图治，兢兢业业，是李世民创造"贞观之治"的第三个原因。唐太宗是一个很有作为的明君。他生活简朴，宵衣旰食，勤劳政事。

贞观二年（628），时任礼部侍郎的李百药撰写了一篇《封建论》，其中写道："陛下（李世民）每四夷款服，万里归仁，必退思进省，凝神动虑，恐妄劳中国，以事远方，不藉万古之英声，以存一时之茂实。心切忧劳，迹绝游幸，每旦视朝，听受无倦，智周于万物，道济于天下。罢朝之后，引进名臣，讨论是非，备尽肝膈，唯及政事，更无异辞。才及日昃，命才学之士，赐以清闲，高谈典籍，杂以文咏，间以玄言，乙夜忘疲，中宵不寐。此之四道，独迈往初，斯实生民以来一人而已。"（《旧唐书》卷七十二《李百药传》，第12—13页）

毛泽东读到这里，批注道："李世民的工作方法有四。"（《毛泽东读文史古籍批语集》，中央文献出版社1993年版，第221页）

李百药在这段文字中，对李世民的为政之道做了一个简要总结，全面概括了李世民临朝听政的四个特点：

第一，平定四方，用怀柔政策，不急功近利，不劳民损兵；

第二，不贪图玩赏游乐，每次早朝，用心听取各种建议，出言谨慎周详；

第三，罢朝之后，和亲近大臣推心置腹，辨别是非曲直，分别给予功过刑赏；

第四，闲暇时，孜孜不倦地学习经典，酣畅文咏。

毛泽东对李世民的这些做法颇感兴趣，认为是李世民的工作方法，不仅对这段原文逐一加以圈点，还写了"李世民的工作方法有四"的批语。说明毛泽东读史，善于总结和借鉴别人的经验。

4. "兼听则明，偏听则暗"

虚怀纳谏，广开言路，是李世民创造"贞观之治"的第四个原因。纳谏的意思，是倾听不同的意见，判断是非，择善而从。这是一种集中众人智慧的方法，也是对臣下的尊重。在封建社会，唐太宗应该是最善于纳谏的一位皇帝。他广开言路，集思广益，君臣和合，把国家治理得很好。这种君臣关系，是儒家"君使臣以礼，臣待君以忠"的具体表现。唐太宗和魏征的关系，便是这种思想的典型。

魏征（580—643），字玄成，馆陶（今河北馆陶）人。少时出家为道士。隋末投瓦岗起义军，后投唐。又被窦建德所俘，任起居舍人。窦建德失败后，他入唐成为李建成太子洗马，本来是唐太宗的敌对力量。但是"玄武门之变"以后，太宗擢为谏议大夫，魏征视唐太宗为"知己之主"，"知无不言"，前后陈谏200余事，唐太宗非常满意，其言论见于《贞观政要》。贞观七年（633），任侍中，主持梁、陈、齐、周、隋诸史的编纂工作。封郑国公，著有《隋书》的序论和《梁书》《陈书》《齐书》的总论，并主编《群书治要》。

魏征的名言是"兼听则明，偏听则暗"。据《资治通鉴·唐纪八》载："上（指唐太宗）问魏征曰：'人主何为而明，何为而暗？'对曰：'兼听则明，偏听则暗。昔尧清问下民，故有苗（即三苗，四凶之一）之恶得以上闻；舜明四目，达四聪，故共（共工）、鲧、驩兜不能蔽也。秦二世偏信赵高，以成望夷之祸；梁武帝偏信朱异，以取台城之辱；隋炀帝偏信虞世基，以致彭城阁之变。是故君兼听广纳，则贵臣不拥蔽，而下情得以上通也。'上曰：善。"

这段对话译成现代汉语是：

唐太宗问魏征："皇帝怎样才能明辨是非，怎样算是愚昧不明？"魏征回答说："多方面听取意见，才能明辨是非，偏听偏信，就愚昧不明。过去尧能够下问老百姓，所以有苗的恶迹能够反映到上面；舜眼观六路，耳听八方，所以共工、鲧、驩兜三凶就不能掩蔽他们的罪恶。秦二世胡亥偏信赵高，因而造成了在望夷宫的杀身之祸；梁武帝萧衍偏信朱异，因而落了个饿死台城的耻辱；隋炀帝偏信虞世基，因而导致彭城阁被杀的事变。为了这个缘故，所以做皇帝的应该广泛听取并吸纳多方面意见，那么地位显贵的权臣不能蒙蔽，而下面的情况就能够顺利地反映到上面了。"唐太宗说："好。"

太宗很赞成魏征的见解，并告诫群臣说："中书、门下都是执掌机要的机关，诏书敕令有不便实施的，他们却都应该提出疑议。现在只见他们顺从，不见反对。如果单做行文书的事，那么谁都会做，何必选拔人才来做这些机关的官。"当时，朝廷有一种议事制度，凡是军国大事，中书省各官员都得用本人名义提出主张，可以各执己见，不受限制，称为五花判事，中书省长官中书侍郎、中书令审核这些主张，再由门下省的给事中、黄门侍郎加以驳正，最后奏请皇帝裁决。唐太宗申明这个制度，令各级官员负责执行，因此军国大事很少有错误。

上面所引，是唐太宗与他的大臣魏征的一次谈话记录。魏征在回答李世民提出的问题时，主张广泛听取各方面的意见，不能偏听偏信。他举出尧和舜两位上古明君为例子，说明"兼听"的好处，又举了秦二世、梁武帝、隋炀帝三个亡国之君，作为"偏信"的坏典型，使李世民听了，点头称"善"。魏征这种要求全面看问题，反对主观偏面性的方法，是可取的。

魏征的这种意见，也不是他的发明，"兼听则明，偏听则暗"一语，出自《管子·君臣上》："夫民别而听之则愚，合而听之则圣。"汉王符《潜夫论·明暗》："君之所以明者，兼听也；其所以闇者，偏信也。"而魏征把这个意思概括得更简练明快。

毛泽东在《矛盾论》中谈到研究问题切忌片面性时说："唐朝人魏征说过：'兼听则明，偏听则暗。'也懂得片面性不对。可是我们的同志看问题，往往带片面性，这样的人就往往碰钉子。"毛泽东同志引用"兼听则明，偏听则暗"一语，在于批评教条主义和经验主义者的主观的错误思想方法，从而教育我们看问题要防止片面性。

一个封建时代的官员魏征，都"懂得片面性的不对"，我们以马克思主义、毛泽东思想为理论基础的共产党人，有什么理由不去克服片面性呢？我们一定要克服片面性，学会全面地看问题。因为，片面地看问题，"是不能找出解决矛盾的方法的，是不能完成革命任务的，是不能做好任何工作的，是不能正确地发展党内的思想斗争的"。

唐太宗鼓励群臣犯颜直谏，魏征在谏臣中特别突出。魏征敢于据理力争，即使引起唐太宗的盛怒，也还是神情自若，坚持讲理。有一次，唐太宗退朝回到宫中，发怒说，"总有一天杀死这个乡下佬！"长孙皇后问他杀谁。他说："魏征常常当众侮辱我。"长孙皇后道贺说："魏征正直，正因为陛下是明主。"他听后怒气才消了。他曾对群臣说："人家却都说魏征态度粗暴，我看起来却觉得更加柔媚。"这是因为他知道魏征对他忠心耿耿，是在帮他避免亡国之祸，谏诤愈激烈，正好证明他爱朝廷之切。贞观十七年（643），魏征病故，唐太宗大哭，说："人用铜作镜，可以正衣冠，用史作镜，可以见兴亡，用人作镜，可以知得失。魏征死去，我丧失了一面镜子啊。"直谏比较容易，纳谏实在很难，唐太宗能虚心纳谏，所以魏征敢犯颜直谏。

四、"聪明一世，懵懂一时"

（一）冤杀名将

创造了"贞观之治"的唐太宗，虽然不愧为一代明君，但他一生中也有过一些错误。名将盛彦师、李君羡冤死，便是两个例证。

1. "盛彦师名将，冤死"

《旧唐书·盛彦师传》载："盛彦师者，宋州虞城（今河南虞城）人。大业中，为澄城（今陕西同州）长。义师至汾阴（今山西万荣西南），率宾客千余人济河上谒，拜银青光禄大夫、行军总管，从平京城。俄与史万宝镇宜阳（今河南宜阳）以拒东寇。及李密之叛，将出山南。史万宝惧密威名，不敢拒。……彦师笑曰：'请以数千之众邀之，必枭其首。'万宝曰：'计将安出？'对曰：'军法尚诈，不可为公说之。'便领众逾熊耳山南，傍道而止。……或问之曰：'闻李密欲向洛州，而公入山何也？'彦师曰：'密声言往洛，实走襄城就张相善耳，必当出人不意。若贼入谷口，我自后追之，山路险隘，无所展力，一夫殿后，必不能制。今吾先得武谷，擒之必矣。'李密既度陕州，以为余不足虑，遂拥众徐行，果逾山南渡。彦师击之，密众首尾断绝，不得相救，遂斩李密，追擒伯当。……会徐圆朗反，彦师为安抚大使，因战，遂没于贼。圆朗礼厚之。……贼平，彦师竟以罪赐死。"

毛泽东读到"贼平，彦师竟以罪赐死"时，批注道："盛彦师名将，冤死。"（《毛泽东读文史古籍批语集》，中央文献出版社1993年版，第220页）

盛彦师，是唐太宗手下一员智勇双全的名将。少任侠，隋末曾为澄城长，后率宾客千余人投起义军，被授行军总管。武德元年（618），瓦岗军首领李密（582—618）在与割据洛阳的王世充交战失败后，入关投唐。不久又叛唐自立。在别的将领都不敢追击李密时，盛彦师自告奋勇，以数千之众在熊耳山南伏击李密，一战擒杀李密及其大将王伯当，立下大功。

武德四年（621）八月，李世民平定洛阳后，依附于王世充的山东义军首领徐圆朗请求投降。李世民命盛彦师前去安抚，恰逢河北义军首领刘黑闼（？—623）再次起事，徐圆朗遂执盛彦师响应刘黑闼。徐圆朗待之甚厚，迫使他写信劝其弟举虞城降，盛彦师信中只字不提劝降之事，反而表示要"誓之以死"。不久，盛彦师逃回，刘黑闼、徐圆朗被平定后，李世民竟将盛彦师处死。所以，毛泽东读到这里，批注道："盛彦师名将，冤死。"说盛彦师是位"名将"，肯定了他的战功和军事才能，说他被"冤死"，是对李世民处置错误的严厉批评。

这是李世民早年所犯的一个错误，而错误处死李君羡则发生在太宗晚年。

2. "李君羡冤死"

《旧唐书·李君羡传》载："李君羡者，洺州武安（今河北武安）人也。初为王世充骠骑，恶世充之为人，乃与其党叛而来归。太宗引为左右。……贞观初，太白频昼见。太史占曰：'女主昌。'又有谣言：'当有女武王者。'太宗恶之。时君羡为左武卫将军，在玄武门。太宗因武官内宴，作酒令，各言小名。君羡自称小名五娘子。太宗愕然，因大笑曰：'何物女子，如此勇猛！'又以君羡封邑（武连郡公）及属县皆有武字，深恶之。会御史奏君羡与妖人员道信潜相谋结，将为不轨，遂下诏诛之。"（《旧唐书》卷六十九《李君羡传》，第16—17页）

毛泽东读到这里，批注道："李君羡冤死。"（《毛泽东读文史古籍批语集》，中央文献出版社1993年版，第221页）

李君羡，武安（今河北武安西）人。初投高祖李渊，跟随李世民打败宋金刚，讨伐王世充，进攻窦建德、刘黑闼，冲锋陷阵，所向披靡，又与尉迟敬德大败突厥，封武连郡公，官拜兰州总督。贞观初年，太白星频频白天出现，太史占卜说："女人称王吉利。"又有谣言说："将有一个女人出来称武王。"这使李世民惶恐不安，疑神疑鬼。李君羡当时任左武卫将军，在玄武门戍卫皇宫，也就是说是卫队司令，这是个要害部门的最高领导者。李世民是通过"玄武门之变"夺得皇位的，对掌握玄武门这个要害之地的李君羡，便产生了怀疑。事有凑巧，李君羡是武安人，又任左武卫将军，封邑又是"武连郡公"，他的小名又叫"五娘子"。于是，好事之徒便诬告李君羡与妖人道士"将为不轨"，李世民也不调查取证，便下令把李君羡杀了。毛泽东批注道："李君羡冤死"。这是颇为中肯的结论，对李世民错误、荒唐做法的谴责和批评，可谓一针见血。

（二）废立太子

唐太宗一生中最大的错误，则是在太子废立上的优柔寡断，而且最后做了错误的选择。我们现在看到的是李治继承了皇位。

1. "李元昌与李承乾谋反"

唐太宗对继承人的选择，有个长期而复杂的废立过程。

唐太宗共有 14 个儿子。正宫长孙皇后生有三个儿子，即长子李承乾，四子李泰，九子李治。依据封建皇位的嫡长子继承制，应该立李承乾为皇太子。

李承乾在武德二年（619）生于长安宫承乾殿，所以取名承乾。

太子承乾，少时聪慧敏捷，太宗十分喜爱，因此着力培养。武德三年（620）封恒山王，武德七年（624）徙封中山王。武德九年十月，即"玄武门之变"太宗继位之初，便被立为太子，同时，李泰受封魏王，李治受封晋王。

唐太宗特别重视对皇太子的培养教育。首先，为他延请名师。贞观四年（630）七月，唐太宗选择年高望重的"前太子少保李纲为太子少师，以兼御史大夫萧瑀为太子少傅"。贞观九年（635）五月，太上皇李渊因患"风疾"，驾崩广安宫垂拱殿。此时太子承乾 17 岁，太宗因在丧期中，也为了培养太子的办事能力，便诏令他在东宫处理政务。六月，将一般的小事务都交由太子处理，太子颇能听断，太宗很满意。从此以后，每当太宗外出行幸，都让他留守监国。这说明，唐太宗对李承乾寄予厚望。

然而李承乾年长以后，沾染了一些坏习气。"好声色，漫游无度，然惧太宗知之，不敢见其迹。每临朝视事，必言忠孝之道，退朝后，必与群小亵狎。宫臣或欲进谏者，承乾必先揣其情，便危坐敛容，引咎自责。枢机办给，智足饰非，群臣拜答不暇，故在位者初皆以为明而莫之察也。"他在太宗面前搞两面派，文过饰非，企图掩盖"其迹"。

唐太宗从不疏忽或间断对他的培养。贞观五年（631）六月，太子少师李纲病故，太宗便让太子左、右庶子于志宁、李百药担任起教育太子的任务。贞观七年（633），太宗又命中书侍郎杜正伦为太子右庶子。之后，又选择当时宿儒孔颖达为太子右庶子，最后又命著名诤臣张玄素为太子右庶子，以匡正太子之失，效果都不佳，太子依然我行我素，使太宗非常失望。对他的喜爱便渐渐消失，而"魏王泰有当时美誉，太宗渐爱重之"，承乾已经失宠了。

当然，太子承乾的失宠，还有更深刻的原因，那就是政见不同。

首先，文治与武嬉不同。唐太宗执政以来，以文治国，尊贤礼士，而承乾毫不懂得储君守成重在守文的道理，一味嬉戏废学。贞观十三年（639）以后，嬉戏愈演愈烈，发展到嗜好突厥的尚武风习，"造五狼头纛，分朝为阵，系幡幢，设穹庐自居。……又勤布阵，与汉王元昌分统，大呼刺击为乐"。说什么"使我有天下，将数万骑到金城，然后解兹，委身思摩，当一设，顾不快邪"！"思摩"，即阿史那思摩，是突厥阿史那部落的酋长；"设"，突厥酋长部下的官员。武德年间，思摩入唐，赐姓李。李承乾表白有朝一日自己当了天子，心甘情愿去思摩手下当一名头领，岂不大谬！

其次，纳谏与拒谏不同。唐太宗即位后，大力提倡纳谏，希望太子也像自己一样，广纳善言。而太子承乾却拒谏饰非，反其道而行之。从贞观初到被废前，太宗给他派出的谏臣师傅李百药、于志宁、杜正伦、孔颖达、张玄素等，不是被赶跑，就是关系紧张。一次，张玄素上书劝谏，承乾不但不听，还"遣户奴夜以马挝击之，殆至于死"。他甚至口出狂言：
"我作天子，当肆吾欲；有谏者，吾杀之，杀 500 人，岂不定？"

再次，亲贤与疏贤有别。唐太宗立国以后，求贤若渴，礼贤下士，在他周围聚集了一大批栋梁之材，君臣共治天下，出现了"贞观之治"的鼎盛气象。承乾却与其父相反，正如太宗所指出的："不闻爱贤好善，私所引接，多是小人。"张玄素说他"亲嬖幸，远忠良"，"宫臣正士，未尝在侧；群邪淫巧，昵在深宫。"可谓一语中的。

唐太宗为了巩固"贞观之治"的成果，必然按照自己的模式培养太子。而承乾在交治、纳谏、用人等方面不符合太宗所望，被疏远是理所当然的。

李泰得知太宗对太子不满，便竭力讨好太宗，赢得了太宗的好感。

唐太宗对李泰的偏爱，使太子不安其位，竟然网罗一帮对太宗有旧怨的人，图谋以武力夺得皇位。

参与承乾密谋政变的心腹有汉王李元昌、吏部尚书侯君集、左屯卫中郎将李安伊、洋州刺史赵节、驸马都尉赵荷等。其中李元昌、侯君集都受过太宗指责。其他几个人也"预其反谋"，"凡同谋者皆割臂，以帛拭血，烧灰和酒饮之。誓同生死，潜谋引兵入西宫"。"西宫"，即大内，为唐太宗的寝宫。"潜谋引兵入西宫"，就是发动宫廷政变。

但这场宫廷政变还没有上演，齐王李祐抢先于贞观十六年（642）在齐州造反，承乾闻知，喜形于色地对纥干承基说："我宫西墙，去大内正可二十步耳，与卿为大事，岂比齐王乎！"齐王叛乱被迅速平定，朝廷审理这一谋逆案件，供词牵连到纥干承基，承基被传讯中，供出了承乾密谋政变的事。唐太宗下令立案，命令长孙无忌、房玄龄、萧瑀、孙伏伽、岑文本、马周、褚遂良等组成专门法庭进行审理。在证据确凿，即"反形已具"的情况下，判承乾及其党羽谋反未遂罪。汉王李元昌赐死，侯君集以下皆斩杀，承乾因是太子减死刑为流放，废为庶人（百姓），发配黔州（今四川彭水），两年后死去。

这件事在《旧唐书·李元昌传》也有记载："汉王元昌，高祖第七子也。少好学，善隶书。武德三年（620），封为鲁王。贞观五年（631），授华州刺史，转梁州都督。十年（636），改封汉王。元昌在州，颇违宪法。太宗手敕责之。初不自咎，更怀怨望。知太子承乾嫉魏王泰之宠，乃相附托，图为不轨。十六年（642），元昌来朝京师，承乾频召入东宫夜宿。因谓承乾曰：'愿陛下早为天子。近见御侧有一宫人，善弹琵琶，事平之后，当望重赐。'承乾许诺。又刻臂出血，以帛拭之，烧作灰，和酒同饮。共为信誓，潜伺间隙。十七年（643）事发。"

毛泽东读后，批注说："李元昌与李承乾谋反。"（《毛泽东读文史古籍批语集》，中央文献出版社1993年版，第218页）

贞观十八年（644）十二月初一，李承乾死去。

2."李恪英物，李治朽物"

太子李承乾被废后，按长幼顺序，该立次子李泰为太子。

李泰的得宠与承乾的失宠大体上同时发生、交互消长。"时泰有宠，太子承乾多过失，太宗微有废立之意"。太宗为了立李泰为太子，采取了三个步骤：一是置馆默示。贞观十二年（638）二月，唐太宗"以泰好文学，礼接士大夫，特命于其府置文学馆，听自引召学士"。这是仿照自己在武德年间秦王府置文学馆故事。二是以语言暗示。贞观十二年（638）正月，礼部尚书王瑾奏请：三品以上公卿路遇亲王时下马拜见，不符礼法规定，要求取消这一仪式。唐太宗却说："人生寿夭难期，万一太子不幸，安知诸王他日不为公辈之主？何得轻之！"三是以行动显示。贞观十四年（640）正月，唐太宗临幸魏王府，赦免雍州长安县囚徒死刑以下罪犯，蠲免延廉里当年租赋，赐泰府僚属及同里老人各有等差，这是一种特殊的恩宠。唐太宗通过这些行动，表明他欲立李泰为太子的鲜明态度，但最终却没有成功，其关键是当时重臣都持反对态度。

因为支持李家打天下、坐天下的关陇集团不看好李泰。以长孙无忌、魏征、褚遂良等元老重臣坚持立嫡长子制，反对废承乾改立李泰；承乾被废后，太宗"阴许立泰"，消息泄露，"宰相岑文本、刘洎请遂立泰为太子"，而"长孙无忌固欲立晋王"。李治、李泰都是长孙无忌的亲外甥，为什么无忌如此厚此薄彼呢？这与他想搞外戚专政有关。李治"仁弱"，易于掌控；李泰强悍，不易控制。无忌不愿失势，就非扶立李治不可。这是客观原因。

从李泰主观方面来看，也有他自身的弱点。李泰的班底，以功臣子弟为主，如驸马柴绍之子柴令武，房玄龄之子房遗爱，杜如晦之弟杜楚客等。在太宗看来，这些"功臣子弟多无才行，藉祖父资荫遂处大官，德义不修，奢纵是好"。李泰如上台，必然任用亲信，很难光大自己开创的事业。

魏王李泰得知朝中意见分歧，便借废太子李承乾之事恐吓李治。李泰还千方百计讨好太宗，他乞求立为太子时，许了一个奇怪的愿："臣惟有一子，百年后，当杀之，传国晋王。"唐太宗把这话对褚遂良一讲，褚遂良马上反诘："陛下失言。安有为天下主而杀其爱子，授国晋王乎？"太宗无言以对。

不久，唐太宗在两仪殿朝见群臣，等百官退后，独留司徒长孙无忌、司空房玄龄、兵部尚书李勣议立太子。他情绪激动，对三人说："我三子一弟，所为如此，我心无谬。"三子，承乾谋反，泰、治争立；一弟，李元昌赐死，为此感到痛心！"因自投于床，抽佩刀欲自刺"，长孙无忌急忙向前拉住，夺刀递给李治，这一行动再次表现出长孙无忌力挺李治的态度。唐太宗刚说了半句："我欲立晋王"，长孙无忌马上说："谨奉诏。有异议者，臣请斩之。"唐太宗还有下半句："未知物论如何？"长孙无忌以"召问百僚，必无异辞"打消他的顾虑，又以"臣负陛下万死"，发誓以死辅佐李治，才使太宗"建立遂定"。

唐太宗终于舍李泰而立了李治。原因是，太宗发现李泰工于心计，担心他上台，会杀死李承乾、李治及其他兄弟，来巩固自己的地位。而晋王李治宽厚仁弱，如果他继位，诸王子皆可保全，为了防止"玄武门之变"骨肉相残的惨剧重演，太宗决定立晋王李治为太子。贞观十七年（643），唐太宗正式策立晋王李治为太子，并将魏王李泰降为东莱郡王。

后来，太宗因对怯懦软弱的李治，有无统驭大唐江山的才能发生怀疑，曾提出改立杨妃之子吴王李恪为太子。李恪善骑射，文武兼备，太宗认为"英果类我"，并对他有意加以培养、教导，封为吴地藩王，其母为隋炀帝女，地亲望高，中外所向，应该说是太子的适宜人选，但却遭到李治的舅舅长孙无忌的坚决反对。

长孙无忌（？—659），字辅机，河南洛阳人。先世出于北魏皇族。太宗长孙皇后之兄。武德九年决策发动"玄武门之变"，助太宗夺得皇位。以皇亲和元勋地位，历任尚书右仆射、司空、司徒等职，封赵国公。是太宗极为信任之人，他力挺自己的外甥李治，可谓公私兼顾。他的意见最终被太宗接受，太宗遂放弃改立李恪的打算。

这种情况在《新唐书·李恪传》中有明确记载："郁林王恪始王长沙，俄进封汉。……高宗即位，拜司空、梁州都督。恪善骑射，有文武才。其母隋炀帝女，地亲望高，中外所向。帝初以晋王为太子，又欲立恪。长孙无忌固争，帝曰：'公岂以非己甥邪？且儿英果类我，若保护舅氏，未可知。'无忌曰：'晋王仁厚，守文之良主。且举棋不定则败，况储位乎？'帝乃止，故无忌常恶之。永徽中，房遗爱谋反，因遂诛恪，以绝天下望。临刑呼曰：'社稷有灵，无忌且族灭！'"

毛泽东读了这段文字，批注道："李恪英物，李治朽物，知子莫若父。然卒听长孙无忌之言，可谓聪明一世，懵懂一时。"（《毛泽东读文史古籍批语集》，中央文献出版社1993年版，第233—234页）

在毛泽东看来，李恪是个杰出的人才，李治只是个庸才，作为父亲，唐太宗对李恪、李治两个儿子的看法是对的，但仅因近臣长孙无忌的坚决反对，就放弃了自己的主张，把立储君这一国之根本处理得太糊涂了，所以说他"聪明一世，懵懂一时"。意谓唐太宗一生聪明，一时糊涂，惋惜之情意溢于言表。

毛泽东这种看法无疑是正确的。后来，李治继位，是为唐高宗，大权旁落，最后发展为武则天以周代唐，几乎杀尽李家宗室子弟，使李唐江山毁于一旦，不能说不是个惨痛教训。

（三）圣主暴亡

贞观初年，唐太宗一再嗤笑秦始皇祈求神仙、追求长生不老的荒唐，说："神仙事本虚妄，空有其名。秦始皇非分爱好，遂为方士所诈。"说得何等好啊！想不到，他到了晚年，也愚蠢地服食丹药、追求长生。之所以形成这种情况，有两方面的原因：一是太子承乾被废，魏王李泰被黜，对他的刺激很大，一度产生过轻生的念头；二是贞观十九年亲征高丽失利。

秋末"辽东还，发定州，在道不康"。所谓"不康"，是指"患病"。年底退至并州，以作休整，次年二月起程，三月返京。据胡三省注："并州至京师1360里"，由于长途劳累，再加战争失利，心情郁闷，到京后再次病倒。"上疾未痊愈，欲专保养"，军国大事交由太子处理。同年十月，病虽愈，体尚虚弱。归到灵州，又"冒寒疲顿"。至次年正月，"上疾新愈"。二月，又"得风疾"，直至十一月"疾愈，三日一视朝"。可见，从贞观十九年秋冬以来，连续一年多患病，太宗除了原有的"气疾"，又患胃病、感冒、风疾等症，已是多病缠身。

积极的药物治疗效果不佳，太宗就寄希望于方士的丹药收到奇效。于是从贞观二十年年底，他开始服用丹药。国内方士的丹药不见效，他又服用外国方士的丹药，特别是天竺"自言寿二百岁，云有长生之术"那个方士的谎言，正符合他追求长生不老的急切心理，于是"深加礼敬，馆之于金陵门内，造延年之药"。经过一年多的炼制，"药成，服竟无效"。

贞观二十三年（649）四月二十五日，太宗亲临翠微宫。

五月二十六日，太宗在含风殿逝世，享年52岁。遗命皇太子李治在灵枢前即皇帝位，丧葬制度，以用汉代制度为宜。机密不发布讣告。二十七日，派旧将统领骑马劲旅随太子先回京城，调六府披甲士兵4000人，分别排列在道路两旁及安化门，辅翼随太子回京，太宗用的马匹和车辆，随从侍卫像往常一样。二十九日，发布太宗驾崩公告。

六月初一，太宗入殓后停灵于太极殿。

八月初五，百官上谥号称云皇帝，庙号太宗。十九日，安葬在昭陵。

高宗李治上元元年（674）八月，改上尊号称文武圣皇帝。玄宗天宝十三载（754）二月，改上尊号称文武大圣大广孝皇帝。

太宗52岁突然去世，与他服用丹药有关。如果不服用丹药，可能多活若干年，然而服用之后，病情急剧恶化，名医束手无策，以致提前结束了生命。宪宗时大臣李蕃曾说："文皇帝服胡僧长生药，遂致暴疾不救。"所谓"暴疾"，就是丹药中毒。清代史学家赵翼说："太宗之崩，由于服丹药也。"服丹药，求长生，导致暴亡，也是这位英主的"懵懂一时"吧！

宋太祖赵匡胤『稍逊风骚』

　　毛泽东在1936年2月写的著名词篇《沁园春·雪》中有"唐宗宋祖，稍逊风骚"之句，其中的"宋祖"就是宋太祖赵匡胤。可见，在毛泽东看来，宋太祖也是和秦始皇、汉武帝、唐太宗一样的英雄，是一个伟大的皇帝。他们虽然武功甚盛，文治稍差，但总的来看，仍称得上文治武功俱佳。较之于被称为"一代天骄"的成吉思汗，只有武功，不懂文治，他们显然要高一个档次。毛泽东认为，"书读多了，就做不好皇帝"（萧延中：《晚年毛泽东》，春秋出版社1998年版，第258页）。赵匡胤是行伍出身，读书不多，可以说是个大老粗。但毛泽东却说："可不要看不起老粗。……一些老粗能办大事情，成吉思汗、刘邦、朱元璋。"（《毛泽东评点二十四史精华详析》，中国档案出版社1999年版，第130页）

　　在这里，毛泽东没有说到赵匡胤，但毫无疑问，赵匡胤也是一个大老粗，是一个"能办大事情"的大老粗皇帝。

　　赵匡胤（927—976），字元朗，小名香孩儿，赵九重，祖籍涿郡（今河北涿州），宋王朝的开国皇帝，公元960—976年在位。

一、武功之一：初出茅庐

（一）"香孩儿"

后唐天成二年（927）二月十六日，在洛阳离皇宫不远的夹马营赵府，一名男婴呱呱坠地了，此人便是后来的北宋开国皇帝赵匡胤。

关于赵匡胤的出生，有一个离奇的传说。据说，其母曾梦见太阳落入怀中，因而有孕。生他时胞衣如菡萏（荷花），身上有金色，三日不变；生下来后，他身上有一种奇异的香气，经夜不消，夹马营前三日不散。由于这个传说，夹马营后来改为应天禅院，后人也就称这应天禅院为"香孩儿营"。"香孩儿"就这样叫开了。

香孩儿之所以这样受宠爱，还有一个原因，就是他上边有一个哥哥夭折了。所以，对这个初生的婴儿，父母更是倍加呵护了。

赵匡胤出生时，正是后唐明宗李嗣源即位第二年。据说，这位出身于沙陀族的少数民族皇帝，年过花甲（60岁）而目不识丁，自以为难以胜任一个中原皇帝的重任，因而即位之后，每天晚上都要在宫中焚香祷告，祈求"真龙天子"出世。一部很严肃的历史著作记载：李嗣源每晚焚香祷时，口中总是念念有词："吾本蕃人，因世乱被众人推举，愿上天早生圣人，与百姓为主。"显然这与"香孩儿"的传说一样，都是为了神化赵匡胤编造出来的。

父亲给赵匡胤起了一个意味深长的名字：赵匡胤。匡，挽救，救助。《书·盘庚上》："不能胥匡以生。"孙星衍疏："匡者，杜氏注《左传》云：'匡，犹救也。'"胤（yìn），后嗣，子嗣。《书·尧典》："胤子朱启明。"蔡审集传："胤，嗣也。"取这么一个名字，希望他不要再夭折，长大成人，延续赵家香火，期望值并不高。

望子成龙，是天下父母共有的心愿。大凡一个人要有所作为，特别是成就一代帝业，那都是非常之人。而一旦成就帝业，哪怕是出身卑贱，也会造出很多神话来。

据宋人的记载，赵氏家族颇不寻常。据说他的先人可以追溯到帝高阳氏（远古帝王颛顼氏有天下好的称号），其远祖为周穆王赶车，打败徐偃王（徐国国君）后，封在赵城（今山西洪桐北），所以用赵作为姓氏。自从汉朝京北尹赵广汉居涿郡（今河北涿州），便成了涿郡人。

关于赵氏家族的史料，比较确切的记载，可以追溯到赵匡胤的高祖赵眺。赵眺生活在唐代，曾当过永清、文安、幽都县令。赵匡胤曾祖父赵珽，生活在唐代藩镇势力上升的时期，历任藩镇属官，屡兼御史中丞。其祖父赵敬，曾出任营、蓟、涿三州刺史。到后周显德年间（954—960），赵敬因为其子赵弘殷的显贵，被后周世宗柴荣赐封为左骁卫上将军。

靠着赵敬打下的基础，赵匡胤的父亲赵弘殷，已经是一位堂堂正正的职业军人了。赵弘殷后梁时，在成德军节度使王镕手下为将，奉命率500骑兵，参加晋王李存勖的部队，攻打后梁而被留用，后唐建立后，任后唐禁军将领，迁居都城洛阳（今河南洛阳）。赵弘殷后汉时仍任禁军将领。乾祐元年（948），王景崇带着凤翔叛变投降后蜀，后蜀派兵进攻王景崇，攻占宝鸡。赵弘殷随赵晖征讨王景崇，在陈仓（今陕西宝鸡西南）大败蜀兵，因功升任侍卫马军护圣军都指挥使。

后周侍卫亲军编制扩大，赵弘殷改任铁骑第一军都指挥使。显德元年（954），升任侍卫马军龙捷军（护圣军改称）右厢都指挥使、加领岳州防御使。显德三年，后周世宗柴荣攻打南唐，出兵淮南，赵弘殷随侍卫马军都指挥使韩令坤攻占扬州，升任侍卫马军副都指挥使。同年七月病死。

赵匡胤在幼年时，其父曾给他请过几个塾师，他接受过儒家教育。但他出生在武人之家，在那个武人擅权、知识分子贬值的年代，赵匡胤的读书只不过是初识文字而已。他无意于学问，继承了父亲的秉性，喜欢舞枪弄棒。他学骑马射箭，颇有天赋。《宋史·太祖本纪》说，一次有人拉过来一匹没有驯化的烈马，他竟等不及配上马鞍和笼头，就飞身上马，快马加鞭而去，烈马朝城门冲去，赵匡胤猝不及防，一头撞在城门楣上摔了下来。旁边的人都吓坏了，认为非死即伤。谁知他却一跃而起，奋力追上烈马，又骑了上去。这多少反映出少年赵匡胤争强好胜的尚武精神。

（二）军旅生涯

在此后的十余年间，赵匡胤所处的时代发生了一些重大变化：短短十几年，换了三个朝代，五个皇帝，政治风云变幻莫测，时局动荡不已，生灵涂炭，苦不堪言。

后晋开运三年（946）十二月，赵匡胤20岁时，契丹再度南侵，攻入都城开封。由于赵弘殷是后晋的禁军将领，其家室也随之从洛阳迁到开封。

在此前一年，赵匡胤与贺家小姐成婚。进入成年的赵匡胤，决心离家去闯荡，开创自己的事业。他想利用父亲的关系来实现自己的志愿，南下投奔父亲的朋友。他第一个投奔的是随州（今湖北随县）刺史董宗本，董宗收留了他，但董的儿子董遵诲却处处与他过不去，无奈他只得走人。他继续南下来到复州（今湖北天门），复州防御使王彦超，只资助了些银两，便打发了他。赵匡胤做皇帝后，对此事还耿耿于怀。有一次宴会，他诘问王彦超："你从前在复州，我去投靠你，为何拒之门外？"王彦超尴尬之余，急中生智奉承道："当时在下不过是一小小刺使，勺水岂可容神龙？倘使愚臣当初挽留陛下，陛下何能有今日！"连吹带捧的辩白，说得赵匡胤龙颜大悦。

此后赵匡胤又到了襄阳（今湖北襄樊），遇到一个老和尚资助，才得以北归。他又来到应天（今河南商丘），也没有找到什么差使。于是他又到了关中，在长安，他食不果腹，衣不蔽体，十分狼狈。随后，赵匡胤又先后到了泾州（今甘肃泾川）、原州（今宁夏固原）、镇州（今甘肃镇原）。他长途奔波，一无所获，只好灰溜溜地回到了洛阳。

给赵匡胤带来命运转机的是，他参加了郭威的部队。郭威（901—945），邢州尧山（今河北隆尧）人，即后周太祖，五代时后周王朝的建立者，公元 951 至 954 年在位。后汉时为邺都留守，后汉乾祐元年（948），郭威奉命讨伐叛乱的李守贞，时年 22 岁的赵匡胤应募投郭威帐下从军。

乾祐三年（951）十月，后汉隐帝派使者持诏杀郭威，并把郭威留在京都开封的妻儿老小全部杀光。郭威一怒之下，统率大军，自澶州（今河南濮阳）、滑州（今河南滑县）出发，一路夺关斩将，直取京都，代汉自立，自己做了皇帝，成为后周王朝的开国之君。

后周广顺元年（950），赵匡胤补为禁军近卫班直，任东西班行首，成为一名禁军的下级军官。不久，又被提升为滑州（今河南滑县）驻军的副指挥使。郭威把养子柴荣任为开封府尹（首都市长）时，柴荣把赵匡胤调到自己部下，担任开封府马卫军使（骑兵军官）。由地方军官提升任京城卫戍部队军官，是赵匡胤发迹的关键一步。当时，赵匡胤 27 岁。

后周广顺三年（953）十二月，郭威病故。显德元年（954）正月，柴荣即帝位，是为后周世宗。柴荣（921—959），邢州龙冈（今河北邢台西南）。郭威养子，公元 954—959 年在位。赵匡胤随后也调回禁军。同年三月，后周与北汉的高平（今山西晋城东北）之战，柴荣御驾亲征，发三路大军，赵匡胤在殿前都指挥使、郭威女婿张永德指挥下，负责保卫柴荣的安全。

两军交战，后周的军队溃散，"危机之势，顷刻莫保"。皇帝周世宗被暴露在前线。在此千钧一发之际，赵匡胤大声疾呼："君危臣死，何能不拼死效忠！"他建议和张永德分成左右两翼，夹击敌军。于是，两人各带 2000 人出击，挽救危局。赵匡胤身先士卒，跃马直冲敌阵，奋勇拼杀，士兵"无不以一当百"。汉兵先锋张元徽，被后周将领马仁瑀一箭射中，落马后被乱兵杀死，汉军全部溃败。赵匡胤的勇敢和军事才能，受到世宗的赏识，回京后升任殿前都虞候、领严州（今广西来宾东南，时为南汉辖地）刺史，虽是加衔，但已属中高级将领。十月，又升任永州（今湖南永州，时为楚国属地）防御使。

赵匡胤作为殿前司的副长官，随后参与世宗整顿殿前司的工作，组建新的殿前司所属诸班直及龙捷（马军）、虎捷（步军）、铁骑、控鹤等各种禁军，殿前司所属禁军遂成为后周最精锐的军队，殿前司地位虽低于统辖大部分禁军的侍卫亲军司，但它所统辖的禁军是皇帝的亲卫军，赵匡胤成了世宗的亲信将领之一。显德三年（956）春，赵匡胤随周世宗进攻南唐。南唐，五代十国之一。公元937年李代吴称帝，建都金陵（今江苏南京），国号唐，史称南唐。曾灭闽楚，极盛时有今江苏、安徽淮河以南和福建、江西、湖南及湖北北部。世宗任进军淮南，首攻寿县（今安徽寿县），途中两军遭遇，大败南唐军，获首次胜利。南唐主将皇甫晖退至滁州（今安徽滁州）清流关拒守。一月二十六日，赵匡胤奉命出击。他先派一百余名骑兵向南唐兵营进攻，然后又让他们假装胆怯逃跑，在涡口（今安徽怀远境内涡河入淮河处）设下伏兵。南唐军进入伏击圈后被歼。南唐军大败，兵马都被杀，后周军缴获战舰50艘。涡口一役，解除了南唐军来自北面的威胁。

驻守在滁州清流关的十万南唐军，由皇甫晖、姚凤统领，倚山背水，以天险为防线，严阵以待。赵匡胤只带了5000士兵，他采用声东击西战术，一面摆出要与唐军开战的架势，一面带领兵马，绕到清流关后突袭南唐军。唐军猝不及防，退入滁州城内，断桥自保。赵匡胤率兵追到城下。皇甫晖被逼无奈，登上城头，向赵匡胤下了道战书："人各为其主，愿容列阵而战。"赵匡胤一听，正中下怀。他懂得兵不厌诈的道理，当皇甫晖整军出战、立足未稳之时，他突然跃马挺枪冲了过去，大呼道："我只取皇甫晖人头，其他人一概不管。"南唐军大乱，最后在姚凤带领下，向周军投降，滁州失守。这一仗，赵匡胤以五千之众，击溃十万之敌，打出了威风。

滁州之役后，世宗兵发扬州（今江苏扬州）。赵匡胤屯兵六合（今江苏扬州西北），阻止扬州周军后退。唐将李景达率两万大军从瓜步渡江，逼近六合。当时赵匡胤手下不足2000兵，敌强我弱，他采取按兵不动，待机破敌的策略。相持数日后，唐军浮躁起来。唐军摇旗呐喊蜂拥而至，赵匡胤下令反击。他亲自披挂上阵，看到士兵有不尽力的，"阳为督战，以剑斫其皮笠，明日，遍阅其皮笠，有剑迹数十，皆斩之，由此部兵莫敢不尽死"。这一仗，杀敌五千余人，残敌急忙渡江而逃，争渡落水溺死者不计其数。

赵匡胤屡立战功，显示了他的军事才能。十月，赵匡胤升任殿前都指挥使、领匡（宋避讳改定）国军（同州，今陕西大荔）节度使。时年30岁的赵匡胤，只经过了八九年时间，就由"无名小卒"升为高级将领，并获得了武官最高的节度使衔。虽然这次的节度使衔因"未于正衙宣制",不算正式任命,但他的名望已随之迅速升高。由于殿前司增设都检点、副都检点为最高长官,都指挥使遂成为次长官。

显德四年(957)春,周世宗再次亲征南唐。赵匡胤又一次领兵从征。他此次攻击的目标,是寿州城外紫金山下南唐的先锋营寨及山北的另一个营寨。他率军出击,斩首三千余,攻破两寨,使寿州成为一座孤城。南唐大将朱元率领万余人向周军投降,余部陷入慌乱之中。世宗柴荣挥军大进,将寿州城外唐军杀得人仰马翻。敌主将许文稹等被俘。南唐军残部乘船沿淮河溃逃。后周军队水陆并进,两岸夹击,南唐援军遭到全歼。这次战役,共消灭和俘虏四万余人,缴获战舰、兵器不计其数。寿州投降。五月,31岁的赵匡胤被加封检校太保,正式授予义成军节度使,仍担任殿前都指挥使。

九月,世宗第三次亲征南唐,赵匡胤率骑兵从征。十一月六日,世宗亲率部队攻打濠州(今安徽凤阳)东北的十八里滩,唐军在滩内设栅栏固守。世宗命令士兵骑骆驼涉水,令赵匡胤率骑兵跟进。赵匡胤身先士卒,策马渡河,部队急进,唐军水寨被攻破。接着,周军攻泗水城(今江苏盱眙北)。二十三日,世宗在城上监军,赵匡胤首攻城南,焚其城门,又借俘获敌舰,攻唐军水寨,迫使泗水军投降。

十二月六日,世宗亲自率军沿淮河北岸,命赵匡胤率步骑沿淮河南岸,水军乘船,东下攻楚州(今江苏淮安),在清口(今江苏淮阴西南)大败南唐军,追奔数十里,赵匡胤擒获南唐援军都应援使陈承昭,缴获战舰三百余艘,俘虏唐军七百余人。南唐水军几乎全军覆没。次年正月初,赵匡胤又在瓜州(今江苏扬州南)击败南唐水军,南唐被迫求和,把江北之地割给后周,世宗罢兵北归。赵匡胤在这次淮南战役中,奋勇作战,战功第一。五月,因功移领忠武军节度使,仍任殿前都指挥使。

显德六年(959)三月,世宗北伐攻辽,侍卫亲军指挥使韩通任陆军都部署,赵匡胤任水军都部署。后周军队进至益津关(今河北霸州),辽守将终延辉率全城投降。四月末,赵匡胤率军首先进抵瓦桥关(今河北雄县西南),辽守将姚内斌出城迎战,被赵匡胤生擒活捉,后投降。接着辽莫州（今河北任丘）刺使刘楚信、瀛州（今河北河间）刺使高彦辉也率全城投降。世宗出兵 42 日，得三州十六县，不折一兵一卒。五月二日，世宗大宴部将，准备再接再厉谋图幽州，不幸在军营中染病。五月八日，世宗下令韩令坤、陈思让留守新置的雄、霸二州，起驾回京，北伐就此中止。

（三）"陈桥兵变，黄袍加身"

"陈桥兵变，黄袍加身"，是赵匡胤发动取代后周、建立宋朝的兵变事件。赵匡胤一举夺得了政权，建立了宋朝。当然，这不是偶然的，是他处心积虑长久谋划的结果。

首先，培植自己的骨干队伍。五代时，军队中的军官常有结义兄弟之类的组织，像三国时刘备、关羽、张飞"桃园三结义"一样，不求同年同月生，但求同年同月死，是一种生死与共的宗派。赵匡胤从军后结成"十兄弟"，除他本人外，其他九人是杨光义、石守信、李继勋、王审琦、刘庆义、刘守忠、刘廷让、韩重斌和王政忠。（李攸：《宋朝事实》卷九《勋臣·太祖义结兄弟》）

十人之中，从《宋史》有纪、传的赵匡胤、石守信、李继勋、王审琦、刘廷让、韩重斌（赟）六人看，他们都在后汉时投军于郭威部下，当时的地位应大体相当，属于下级军官，结为"义社兄弟"当是此时或是后周广顺初年，也可能不是赵匡胤为首。

后周设殿前司，赵匡胤、石守信、王审琦、韩重斌四人在殿前司，李继勋、刘廷让则在亲军司任职。经过十年军旅生涯，到后周末期，赵匡胤晋升最快，官职最高，成为"义结兄弟"的首领。石守信继赵匡胤任殿前都指挥使，王审琦继石守信任殿前都虞候，韩重斌任殿前司骑兵主力控鹤军都指挥使。侍卫亲军的李继勋原先升迁得最快，地位最高，早于赵匡胤任殿前都虞候、节度使，高平之战后调入侍卫亲军司，淮南战役中失利后降官，地位比赵匡胤低；刘廷让原在侍卫亲军司任龙捷都校，后入殿前司任铁骑右厢都指挥使；史无明载的杨光义、刘庆义、刘守忠、王政忠四人，也应是禁军中级以上军官。这些人是赵匡胤陈桥兵变的基本力量。

其次，父亲在禁军中的部属、好友，是赵匡胤的借用力量。赵匡胤的父亲赵弘殷在禁军侍卫亲军司中，从低级军官到京高级军官，任职长达三十多年，有许多部属、好友都自然成了赵匡胤可利用的力量。

再次，赵匡胤培植的私人势力。大致在显德三年（956），后周大将、永兴军节度使刘词死后，赵匡胤接收了他的幕僚的主要成员：王仁赡、楚昭辅，两人都颇有才干；特别是后来成了赵匡胤重要谋士的赵普。另外，幽州人吕馀庆、宋州人刘熙古、开封人沈义伦、潞州人李处耘等，也都被赵匡胤拉拢到自己的圈子中。

通过这些帮派活动，赵匡胤有了政变的资本，但当时他还不是禁军的最高统帅。当时禁军最高统帅张永德是郭威的女婿，柴荣是郭威姑表侄，两人是君臣加亲戚，关系非同一般。周世宗北征时，发生了一件怪事，帮了赵匡胤的大忙。据《旧五代史·周世宗纪》载：世宗北征时，"一日，忽于地中得一木，长二三尺，如人之揭物者，其上卦全题云：'点检做'，观者莫测何物也"。《宋史·太祖纪》的记载稍有不同："世宗在道，阅四方文书，得书囊，中有木三尺余，题云'点检做天子'，异之。"意思是殿前都检点张永德想做皇帝。

这一道谶符，很显然是人为的。宋史专家邓广铭先生推测，是与张永德矛盾很深的李重进（世宗女婿）为了陷害张永德而作（邓广铭：《赵匡胤的得国及其与张永德李重进的关系》，《东方杂志》第 41 卷第 21 期，1945 年）。愚意认为更合乎逻辑的解释，是赵匡胤指使人制造的。而且，应该在世宗得病后返京途中。因为赵匡胤看到了希望，但只有排挤掉张永德，他才能取而代之，成为禁军的最高统帅，牢牢地把禁军掌握在自己手中，为其争夺政权创造最有利的条件。

五月三十日，世宗驾车回京。六月初，世宗免掉了张永德的殿前都检点职务，无意中扫除了赵匡胤政变的最后一个障碍。赵匡胤如愿以偿，被任命为殿前都检点，成了禁军的最高统帅。

数日后，世宗病逝。

后周世宗柴荣从得病到去世，不足两月，英年早逝，对后事没有充分准备，仓卒（cù）之间，将符氏立为皇后，年仅7岁的皇长子柴宗训继位，任命文臣范质为丞相，王溥（pǔ）为副相，魏仁辅为枢密使，自然有"托孤"之意。孤儿寡母，"主少国疑"，加上不久前发生的"点检做天子"的谶符，引发了赵匡胤篡夺后周政权的野心。于是，他自编自导了一出"陈桥兵变，黄袍加身"的闹剧。

显德七年（960）大年初一，后周君臣正在庆贺新年，京城到处一派节日景象。正在这时传来北部边防军报称，镇州（今河北正定）、定州（今河北定州）报告北汉勾结契丹入侵。执掌朝政的宰相范质、王溥一时没了主意，情急之下，也未对这份军情边报进行核实，便以周恭帝的名义下诏，令赵匡胤率领禁军北上御敌。

赵匡胤奉命出征时，做了周密的安排：高怀德、张令铎等随军出征，殿前都指挥石守信、都虞候王审琦留在京城开封。他让年老德高的殿前副都检点慕容延钊初二率前军先出发。当天，开封城内就传出了"将以出军之日，策点检做天子"的流言。

正月初三，赵匡胤率大军离东京北去，值得注意的是，他的重要谋士赵普、李处耘、楚昭辅等人也随行。

赵匡胤离开京城后，禁军军校苗训在军中指着太阳对人说："天上有两个太阳，黑光磨荡争斗了很长时间。"并煞有介事地对赵匡胤的亲信幕僚解释说："一日克一日，这是天命。"两人一唱一和，一传十，十传百，在士兵中很快就传开了。

当天下午，赵匡胤率军行40里，屯扎在京城东北的陈桥驿（当时在黄河南，今河南封丘东北、黄河北岸陈桥镇）。当晚，赵匡胤指使他的谋士赵普、李处耘及其弟赵光义进行活动，制造哗变舆论，自己却喝酒后闷睡。将士议论说，"当今皇上年幼，不能亲政，不如先立点检做天子，然后北征"。将士们找赵普拿主意。赵普弄清他们拥护赵匡胤做天子后，让他们回去约束自己的部下。立即派人连夜飞马进入京城报信，要留在京城的石守信、王审琦做好里应外合的准备。

"夜五鼓，军士集驿门，宣言策点检（赵匡胤）为天子，或止之，众不听。迟明，逼寝所，太宗（赵光义）入白，太祖（赵匡胤）起。诸校露刃列于庭，曰：'诸军无主，愿策太尉（对高级将领尊称）为天子。'未及对，有以黄衣加太祖身，众皆罗拜，山呼万岁，即掖太祖乘马"（《宋史》卷一《太祖纪》）。太祖拉住马缰绳对将领们说："我的号令，你们能够服从吗？"众将下马答道："坚决服从命令。"太祖说："太后、皇帝，我都北面侍奉他们，你们这些人不能惊扰、冒犯；各位大臣都是我的平辈、同事，你们不得侵犯凌侮；朝廷的府库、官宦百姓的家庭，不得侵犯、掠夺。听从命令有重赏，违抗命令就杀你们的头。"将领们再次下拜，队伍严整地回到京城（今河南开封）。

当日早朝未退，侍卫亲军副都指挥使韩通自内廷奔出，调集人马去攻打石守信把守的殿前司公署，在左掖门中了石守信的埋伏，兵士逃散，韩通逃回家中，被禁军将领王彦升追上杀死。这次政变中唯一的抵抗就这样结束了。赵匡胤在众人的簇拥下，登上明德门，命令将士回到军营去，自己也回官署。过了不久，将士们押着宰相范质、王溥等大臣，来到殿前司公署，已脱下黄袍的赵匡胤见了他们，哭着说："吾受世宗厚恩，为六军所迫，一旦至此，惭负天地，将如之何？"范质等人还没有来得及答话，殿前司散指挥都虞候罗彦谦立即手按宝剑对范质等人说："今日必得天子！"早已暗中向赵匡胤表示愿拥立他为帝的王溥"降阶先拜"，丞相范质不得已随后也拜，"遂称万岁"（《续资治通鉴长编》卷一，建隆元年正月甲辰）。

赵匡胤随即来到崇元殿行禅代礼，赵匡胤的党羽、翰林学士承旨陶谷立即拿出后周恭帝退位制书，宣徽使引导赵匡胤到了殿前庭院，北面下拜接受制书后，然后登上崇元殿，换上龙袍、皇冠，登上皇帝宝座，是为宋太祖。次日（正月初五，公元960年2月4日）下诏，因所领归德军节度使州名宋州，建国号宋，国都仍设在东京开封，改后周显德七年为宋建隆元年，宋朝正式建立，史称北宋。

赵匡胤建立宋朝后，随即对有"翊戴之勋"的开国功臣石守信、高怀德、张令铎、王审琦、张光翰、赵彦徽等，以及其余领军的军官升官晋爵。其中石守信、王审琦属殿前司，又是"义社兄弟"；其余的都是侍卫司。领有重兵巡守北边的侍卫马步都虞候韩令坤，率领前军先行的殿前副都点检慕容延钊，二人虽未参加"陈桥兵变"，但对防御辽军可能趁宋朝新建而南犯至关重要。当他们都表示听命时，赵匡胤不仅将他们分别升任为侍卫、殿前两司正长官，并都授予节度使兼同平章事或同中书门下二品衔，首先成为宋朝名位最高的使相（享有宰相的礼遇）。

随后，赵匡胤又提升他原归德军节度使幕府的属官刘熙古、赵普、吕馀庆、沈义伦、李处耘、张彦柔等的官职，把他们都安排到重要位置上：赵普任枢密直学士，李处耘任枢密承旨，掌枢密院实权。

赵匡胤又礼遇后周王室，封周恭帝为郑王，迁居西京洛阳；对后周从朝廷到地方的文武官员一概留任；对原臣属于后周的荆南高保融、吴越钱镠等割据政权，也分别升官晋爵。

二月，原后周宰相范质升为侍中，次相王溥也加司空衔，但同时免去了他们参知枢密院的兼职，明升暗降，完成了重要人事调整。

对于赵匡胤"陈桥兵变，黄袍加身"，毛泽东有精辟论述。1975 年 5 月 29 日，据当时给毛泽东读书的北大中文系讲师芦荻回忆，毛泽东就二十四史大半是假的问题，举出了以下的理由和例证，加以说明。他说，一部二十四史，写祥瑞、迷信的文字，就占了不少，各朝各代的史书里都有。像《史记·祖本纪》和《汉书·帝纪》里，都写了刘邦斩白蛇的故事，又写了刘邦藏身的地方，上面常有云气，这一切都是骗人的鬼话。而每一部史书，都是由继建的新王朝的臣子奉命修撰的，凡关系到本朝统治者不光彩的地方，自然不能写，也不敢写。如宋太祖赵匡胤是后周的臣子，奉命北征，走到陈桥驿，竟发动兵变，篡夺了周的政权。《旧五代史》（宋臣薛居正等撰）却说他黄袍加身，是受将士们"擐甲将刃""拥迫南行"被迫的结果，并把这次政变解释成是"知其数而顺乎人"的正义行为（芦荻：《毛泽东读二十四史》，《光明日报》1993 年 12 月 20 日）。

毛泽东从历史书籍的撰写情况，揭示了旧史书写祥瑞、迷信的原因，并对赵匡胤陈桥兵变进行了中肯分析，指出它是一次篡夺后周政权的政变。至于他出生时香气三日不散及两次"点检做天子"的符谶，都是为了神化他，说明他篡夺政权是合乎天意，顺乎人心的。这统统是骗人的鬼话。

二、武功之二：一统山河

赵匡胤出身武将世家，自幼习武，青年从军，屡立战功，抓住有利时机，发动兵变，夺得政权，可以说是他初出茅庐，牛刀小试，也是他的武功表现。而登上皇位后的平定叛乱，翦灭各国，一统山河，才是他武功的主要业绩。

（一）平定二李叛乱

赵匡胤新建的宋王朝，当时还只得到首都东京及部分地区的认可，各地节度使大多按兵不动，静观局势变化。其中，后周昭义军节度使李筠和淮南节度使李重进，则公开打出反叛大旗，赵匡胤只得用武力剿平，别无选择。

李筠，并州太原人，是后周建国功臣，自称与周世宗"义同兄弟"，以昭义军节度使驻守潞州（今山西长治）八年，领泽、潞、邢、洺、卫等州，掌有河东、河北两个重要财赋区，是当时势力最强大的一个藩镇。广顺元年（951）时已是节度使，赵匡胤当时只是禁军的小校。李筠不仅自广顺二年移镇潞州以来，一直是北周抗击北汉的主将，而且资历远远高于赵匡胤，对于赵匡胤的取代周朝十分不满。最初，赵匡胤想拉拢李筠，许他进京当中书令，他的儿子李守节进京任皇城使，掌管宫门禁令、宿卫。李筠不为所动，北汉皇帝刘钧写了封密信，送交李筠，鼓动他与北汉联合，共同起兵，反对宋朝。四月，李筠决定臣属北汉，联合反宋。

这是后周节度使首起反宋事件，赵匡胤十分重视。他立即命令侍卫副都指挥使石守信和殿前副都点检高怀德，他的这两个亲信率军出征。五月初，又派殿前都点检、镇宁节度使慕容延钊，彰德军留后王全斌率兵从东路与石守信、高怀德会合，同时准备亲征。

在完成军事部署同时，赵匡胤对首都的事也做了安排。吴延祚被任命为东京留守，吕馀庆协办；其弟、殿前都虞候赵光义为大内都点检；侍卫马步军都指挥使韩令坤率兵驻守河阳（今河南孟州）。赵光义控制后宫，不会出大问题；韩令坤驻守河阳，进可攻李筠，退可防东京变故。这个安排，表现出赵匡胤作为一个军事家的战略眼光。

五月初五，李筠部队与石守信、高怀德的先头部队在长平（今山西高平西北）交战。李筠的部队被斩首 3000 人，据点大会寨被攻破。

五月二十一日，赵匡胤从京城出发，二十四日到达荥阳（今河南荥阳），洛阳留守向拱建议，急渡黄河，翻越太行山，对李筠进行突袭。赵普也建议，日夜兼程，攻其不备，一战而胜。

赵匡胤接受二人建议，挥军北上，翻越太山，他率先在马上抱着石头前进，群臣、部众都学他背石头铺路前进。

五月二十九日，石守信、高怀德在泽州（今山西晋城）之南大败李筠部队三万余人，俘虏北汉河阳节度使范守图，斩杀北汉派驻李筠部队的监军卢赞。李筠溃败逃入泽州城内，固守不出。

六月一日，赵匡胤到达泽州城外，督军攻城，十天没有攻下，战争陷入胶着状态。赵匡胤采用控鹤左厢却都指挥使马全义强攻的建议，他命马全义率敢死汉首先登城，飞箭穿透手臂，马咬牙拔出箭头，继续攻城。赵匡胤率警卫部队紧紧跟进。十三日，泽州城被攻破，李筠自焚而死。

十七日，宋军乘胜攻打潞州（今山西长治），两天后，李守节举城投降。至此，李筠的反叛被镇压下去了。

第二个敢向赵匡胤叫板的是淮南节度使李重进。

李重进，沧州（今河北沧州）人，他是后周太祖郭威的外甥，后周王朝的开国功臣，也是周世宗的顾命大臣。周太祖时，历任武信军节度使。随世宗征淮南有功，历任庐、寿等州招讨使。他长期在侍卫司、殿前司任高级军官，又先后担任殿前司、侍卫司长官，屡建战功，名位战功都在匡胤之上，而且又与赵匡胤早有矛盾。后周末期，他任统辖大部分禁军的侍卫马步都指挥使兼领淮南节度使，以镇服新归属的淮南地区。赵匡胤建立宋朝后，随即罢免李重进的军权，以首先效忠于赵匡胤的韩令坤代为侍卫马步军都指挥使，李重进则升兼中书令，即为最高级别的使相，给予很高的礼遇。但是，当李重进接受新任命的同时，即请求回京朝见。赵匡胤也许是由于宋朝新建，害怕李重进在禁军中的影响，李重进的进京可能会动摇宋朝政权的基础，因而赵匡胤婉言谢绝了李重进回京的请求，使李重进产生了怀疑。

李重进无路可走，于是便想与李筠联合反宋。李筠起兵时，他派出心腹翟守珣去联络，准备起兵响应。不料翟守珣去了开封，通过枢密承旨李处耘求见赵匡胤，告密并出卖了李重进。九月，赵匡胤在平定李筠后，下诏移李重进为北方的平卢军（青州，今山东青州）节度使，接着又派六宅使陈思诲手持"铁卷"以安其心，反而更增加了他的疑惧之心。

李重进拘押了陈思诲，并派人向南唐求援。南唐不敢接纳使者，反把这一消息报告了宋廷。这时，李重进的扬州都监、右屯卫将军安友规投降宋朝。李重进怕引起连锁反应，便囚捕了数十名军校，并把他们杀害。

十月二十一日，赵匡胤决定御驾亲征，石守信出任扬州行营都部署兼知扬州行府事，王审琦为副手。李处耘为都监，宋延渥为排阵使，负责战术，统领禁军征讨。任命赵光义为大内都部署，吴延祚和吕馀庆为东京留守。

赵匡胤乘船经宋州（今河南商丘县南）、宿州（今安徽宿县）到达泗水（今江苏泗洪东南），命令诸将击鼓前进。

十一月一日，赵匡胤到达扬州城下，当日城被攻破。李重进自焚而死，淮南平定。

李筠、李重进的迅速溃败，使得其他对宋朝不满的节度使相继俯首听命。

（二）假途灭虢平荆、湘

假途灭虢，假，借；途，道路；虢，春秋时诸侯国，在今山西平陆及河南三门峡一带。假途灭虢泛指用借路的名义而灭亡这个国家，语出《左传·僖公二年》："晋荀息请以屈产之乘，与垂棘之璧，假道于虞以伐虢。"

宋朝建立时，北方有强大的辽国，太原有北汉，南方分布着南唐、吴越、后蜀、南汉、南平（荆南）等国和周行逢在湖南、留从效在泉州、漳州的割据。在平定李筠叛乱之后，赵匡胤没有乘胜北征北汉、辽国，而是首先集中兵力去统一经济富庶的江南。他制定这个"先南后北"战略，是权衡各方面的利弊作出的。建隆三年（963），赵匡胤把这一战略方针向赵光义做过说明："中国自五代以来，兵连祸结，帑廪虚竭，必先取西川，次及荆广、江南，则国富饶矣。今之劲敌，只在契丹，自开运以来，益轻中国，河东与契丹接境，若取之，则契丹之患我当之也。姑存之，以为我屏翰，俟我富实则取之。"

这一战略的制定，大体上是以宋朝的兵力和国力为基础的，比较符合赵宋王朝新立的实际情况。建隆二年（961），赵匡胤分别派遣众将驻守北边和西北各州，以防御辽国和北汉。西北既无后顾之忧，集中力量向南方进攻，逐个消灭了各割据国。

1. 平定荆南

宋太祖赵匡胤建隆三年（962）九月，湖南武平军（朗州，今湖南常德）节度使周行逢死，其子周保权继任，大将张文表起兵反保权，割据谭州（今湖南长沙）。周保权派使者向宋朝求援，这正好给宋朝以出兵的借口。

同年，割据荆南的高保勖（xù）死，其侄高继冲继位。荆南处在各割据国的包围之中，国势衰弱，兵不过三万。赵匡胤审时度势制定了假道荆南，攻取湖南，一举荡平荆湘的战略方针，这叫假途灭虢（guó）之计。《左传·僖公五年》记载，晋国向虞国（今山西平陆西北）借道去打虢国（今河南陕县东南），虞国答应了晋国的要求，但晋国灭了虢国之后，在回师途中，顺便把虞国也灭了。后用以泛指以向对方借路为名行灭亡对方之实的计谋。这是我国古代著名的"三十六计"之一。

宋太祖赵匡胤乾德元年（963）正月，赵匡胤起用宿将慕容延钊为湖南道行营都部署，以枢密副使李处耘作监军，调集安、复、郢、澶、孟、宋、亳、颍、光等州州兵会师襄阳（今湖北襄樊），向荆南进发，同时诏荆南发北兵 3000 人赴潭州（今湖南长沙）会攻。二月，李处耘率宋兵到达襄阳，派丁德裕晓谕高继冲，宋兵征讨张文表须借道荆南，要他供应粮草。当时荆南负责军政事务的孙光宪和梁延嗣一阵犹豫之后，答应下来。兵马副使李景威力陈不可："今王师虽假道以收湖湘，然观其事势，恐因而袭我。"并请自带 3000 人马，在荆门途中险要处伏击宋军，未被采纳。李处耘率宋兵到达距江陵仅有百里之遥的荆门，与高继冲派的犒赏宋兵的梁延嗣相遇，殷勤相待，并让他次日先回。就在当天晚上慕容延钊宴请梁延嗣时，李处耘已率轻骑数千直达荆南都城江陵（今湖北江陵），高继冲在城北 15 里出迎，而李处耘留他候见慕容延钊，而自己则率部队入城。到高继冲与慕容延钊进江陵时，城中宋兵已满列街巷。高继冲大惊，迫不得已，只得奉上 3 州 17 县，143300 户图籍降宋，荆南平。

2. 灭湖湘

宋兵继续向湖南进发，湖南周保权派杨师璠讨伐张文表，在平津亭大败张兵，并攻占了潭州，活捉了张文表，后其部下杀死了张文表。

张文表既诛，宋兵不但不撤，而且日夜兼程，奔赴朗州（今湖南常德）。璠周保权决定抵抗，其大将张从富拒不接待慕容延钊派的使者，而且拆毁境内桥梁，沉没船只，砍伐树木，阻塞道路，严阵以待。慕容延钊不敢贸然进攻，连忙上表请旨。赵匡胤的诏书火速到达，他强词夺理地说："尔本请师救援，故发大军以拯尔难，今妖孽既殄，是大造汝辈也，何为反拒王师，自取涂炭，重扰生聚！"

二月，慕容延钊派战棹都监武怀节等分兵，直取岳州（今湖南岳阳），在三江口大败敌军，获战船七百余艘，岳州城破。

三月，张从富出兵在澧州城南拒迎宋军，尚未交战，部兵溃散，李处耘乘胜追击，攻破敖山寨。十日，慕容延钊率兵进入朗州，在西边山下擒获张从富，斩首示众。周保权及其家人藏到江南寺中，被李处耘部将田守奇活捉。至此，周保权政权的抵抗被平息，湖南平。共获 14 州，1 监，66 县，97388 户。

宋朝出兵，旗开得胜，占有荆、湘。从此，西逼后蜀，东胁南唐，南方可直取南汉，战略上处于极为有利的地位。

（三）两面夹击平蜀、唐

赵匡胤平荆、湘后，就策划西取后蜀，而后进攻南唐。

1. 灭后蜀

后蜀，五代十国之一。公元 926 年，孟知祥任后唐西川节度使，公元 933 年后唐封为蜀王，次年称帝，建都成都，国号蜀，史称后蜀。据有今四川和陕西南部、甘肃东南部、湖北西部之地。土地肥沃，物产丰富，较少受中原战乱之扰。

孟知祥在称帝当年死去，传位给儿子孟昶（chǎng），在位 31 年，是五代十国时期在位最长的一位皇帝。他初继位时曾一度励精图治，但不久就无意于朝政，专事享乐起来。

乾德元年（919）四月，赵匡胤把华州团练使调任凤州（治所在梁泉县，今陕西凤县东北凤州镇）团练使，兼西南行营巡检壕寨使，专门探听后蜀国内虚实、山川形势。张晖到凤州后，"尽得其山川险易"，密报赵匡胤。赵匡胤还多次召见熟悉西川形势的原荆南御医穆昭嗣，询问蜀国地理形势。穆昭嗣说："荆南是西川、江南、广南的交会之地，如今荆南已克，则水路、陆路均可直奔蜀国。"听了这番话，赵匡胤决心出兵。他依据事先绘制的后蜀详细地图，制定了进军路线和作战方略，出兵前，做了充分的准备。

赵匡胤正愁师出无名，后蜀枢密使王昭远，派遣去联络北汉共同抗宋的使节到了开封，赵彦韬偷取蜡丸帛书献给了赵匡胤。赵匡胤大喜，说："我西讨有名义了！"

十一月，赵匡胤以忠武军节度使王全斌为西川行营凤州路都部署，武信节度使崔彦进为副都部署，枢密副使王仁瞻为都监，组成北路军；宁江节度使刘光义为归州路副都部署，内务省使曹彬为都监，组成东路军。调集六万大军伐蜀。王全斌自凤州出兵，刘光义自归州出兵，两路夹击。

蜀主孟昶任命王昭远为西南行营都统，赵崇韬为都监，韩保正为招讨使，李进为副使，率军抵抗。主帅王昭远自幼熟读兵书，自以为是诸葛亮再世，根本不把宋兵放在眼里。在宰相李昊为他举行的宴会上，他大言不惭地说："此行何止战胜宋军，我必率我的三万雕面恶少年，轻易夺取中原。"

十二月十九日，北路军在王文斌统率下，攻克乾渠渡和万仞、燕子寨等蜀军据点，夺得兴州（今陕西略阳），击溃蜀军7000人，缴获军粮四十余万斛。刺史蓝思绾和韩保正退守西县（今陕西勉县西）。宋军马军都指挥使史延德率先头部队追击，生擒韩保正及其副手李进，缴获军粮三十余万斛。宋兵追至三泉（今陕西宁强西北），再至嘉州（今四川乐山），蜀军被迫烧毁栈道，后退至葭萌（今四川剑阁东）。

王全斌一方面令兵士修复栈道，另一方面进兵罗川。两军在深渡交战，蜀军依江列阵，宋兵分三路进攻，夺取桥梁。后蜀精锐来攻，又大破之，并乘胜攻克大漫天寨等蜀军据点，生擒义州刺史王审超、监军赵崇渥及三泉监军刘延祚。蜀军主帅王昭远引兵来战，三战三败，退保剑门（今四川剑阁北），王全斌率军进入利州（今四川广元），获得军粮80万斛。

乾德三年（965）正月，王全斌率军从利州攻剑门，兵到益光，被天险阻隔，得蜀降卒指点，得知益光江东越过几座大山，有条来苏小道。蜀兵只在长江西岸布防，从东岸可以渡江，从那里出剑门20里，到达青强店，即可同官修大道会合。王全斌派偏师经小道渡过长江，架设浮桥，蜀兵弃寨逃跑，宋大军沿青强店大道进军。蜀副将赵崇韬战败被俘，主帅王昭远脱去甲胄逃跑。宋兵占领剑州（今四川剑阁）。王昭远逃到东川，藏入老百姓们的仓库里，涕泪交流，哭得两眼红肿。宋军追至，束手就擒。

王全斌率军到魏城（今四川梓潼西南魏城镇），蜀国主孟昶降宋。宋兵进入成都。

东路军在刘光义指挥下，连破松木、三会、巫山等寨，杀蜀将南光海等，歼敌五千多人，活捉战棹都指挥使袁德弘等1200人，缴获战舰二百余艘，斩获水军六千多人。当初，后蜀在夔州（今重庆奉节东）架设浮桥封锁长江，浮桥设置三道御敌栅栏，长江两岸布置火炮。宋兵按照赵匡胤的指示，在离浮桥30里处，舍舟登岸夺取浮桥，再令战舰沿江而上，于是攻破夔州（今重庆奉节东），部队在白帝庙西扎营。后蜀宁江节度使（治所夔州）高彦俦主张坚守，监军武守廉坚持出城作战。二十六日，武独率部众一千余人出战，被宋马军都指挥张廷翰打败，宋军乘胜攻入城内，高彦俦登楼自焚而死。

刘光义、曹彬率军自夔州进兵，连降万、施、开、忠、遂等州，峡中各郡，全被占领。刘光义领兵到成都，和王全斌部众会合。后蜀灭亡。

从王全斌等京师出兵至孟昶投降，前后仅66天，共取后蜀46州，240县，534029户。

在这里，我们不妨多说几句亡国之君孟昶。孟昶（919—965），五代后蜀末代君主，公元934—965年在位。孟知祥第三子，初名仁赞，字保元。即位后，抑制权臣，加强集权，想有一番作为，得后晋秦、阶、成三州归附，又攻取凤州，悉有前唐故地。但不久便耽于享乐，不思进取，沉溺于靡靡之音之中，过着花天酒地生活。他特别宠爱花蕊夫人，留下不少风流艳事。

1975年6月，一天深夜，中南海派人来接冒广生（鹤亭），舒湮奉命陪父亲去见毛泽东。……后来，他们谈词的问题。冒广生提到：诗变为词，小令衍为长调，不外增、减、摊、破四法。蜀后主孟昶的《玉楼春》（冰肌玉骨）是两首七绝，经东坡的增字、增韵而成83字的《洞仙歌》，诗贵简练含蓄。孟昶原作本意已足，东坡好事，未免文字游戏。毛泽东真是风趣解人。他说："东坡是大家，所以论者不以蹈袭前人为非，如果是别人，后人早指他是文抄公了。"（舒湮：《1957年夏季，我又见到了毛泽东》，《新华文摘》1989年第1期）

孟昶的《玉楼春》原作是："冰肌玉骨清无汗，水殿风来暗香满。绣帘一点月窥人，欹枕钗横云鬓乱。起来琼户启无声，时见疏星渡河汉。屈指西风几时来，只恐流年暗中换。"

苏轼的《洞仙歌》原文如下："冰肌玉骨，自清凉无汗，水殿风来暗香满。绣帘开，一点明月窥人，人未寝，欹枕钗横鬓乱。起来携素手，庭户无声，时见疏星渡河汉。试问夜如何？夜已三更，金波淡，玉绳低转。但屈指，西风几时来，又不道、流丰年暗中换。"

两词均写蜀后主孟昶与宠妃花蕊夫人避暑摩诃池上之事，题材相同，而所用词牌不同，孟昶用的《玉楼春》，八句共 56 个字，说是两首七绝未免不可；苏轼用的《洞仙歌》，共 83 字，平心而论，也没有更多新意。应该说冒广生的看法十分精辟，不愧为词学专家。而毛泽东似乎不同意冒广生的意见，但不驳辩，却从东坡是大家说开，风趣解人，使人乐于接受。从两词所写孟昶与其宠妃花蕊夫人，在摩诃池水殿避暑纳凉情事与感触，可见这位皇帝糜烂生活的一斑。

2. 灭南唐

南唐，五代十国之一。公元 937 年李昪代吴称帝，建都金陵（今江苏南京），国号唐，史称南唐。曾灭闽楚，极盛时有今江苏、安徽淮河以南和福建、江西、湖南及湖北东部。共历三主，始主李昪，李昪之后是李璟，到赵匡胤建立宋朝时，国主是璟子李煜（yù），史称李后主。

南唐是江南大国，但又是弱国。和后蜀的骄躁轻敌不同，南唐向宋朝屈服求自保。宋朝建立后，后唐元宗李璟即派遣使臣，以锦绮、金帛来贺赵匡胤即位。公元 961 年唐元宗死，子李煜继位。李煜爱好文学，覃思经籍，本不愿做皇帝，但阴差阳错，被推向了政治舞台，时年 25 岁。

李煜即位之初，即派中书侍郎冯延鲁给赵匡胤送上《即位上宋太祖表》，宣称自己是"徒以伯仲（兄弟）继没，次第推迁"，是不得已才当皇帝的。贡纳金器 2000 两，银器 20000 两，沙罗绘彩 30000 区，奉表告以袭位之故。奉朔称号待礼，悉遵后周旧制，表示"事大国不敢有二"。

李煜仍然每年向宋朝贡献大批金银、锦绮、珍玩。宋朝每次出兵，也还要遣使贡献犒师。建隆三年（962），南唐入贡三次，国库空虚，以致"民间鹅生双子，柳条结絮"，都要纳税。乾德三年（965），宋朝灭掉后蜀，南唐更加恐慌不安。次年，李煜奉宋朝命令，不顾国耻，派龚慎仪持引出使南汉，约其共事宋朝。开宝四年（971），宋灭南汉后，南唐陷入包围之中。李煜大为恐惧，向宋朝上表，自动削去南唐国号，称江南国主。第二年，李煜又贬损仪制，改"诏"为"教"。他还降封子弟，将封王诸弟改为公，又向宋朝贡钱 30 万，纳米 20 万石，以示"唯将一心，上结明主"。

李煜企图以对宋朝的恭顺，苟且偷安，来维持他在江南的统治，宋朝当然不会容忍这个割据政权的长久存在。赵匡胤灭南唐主意已定，便接二连三制造借口。开宝四年（971），李煜派遣弟弟韩王李从善往宋朝纳贡，被赵匡胤扣为人质，不准回去；接着使用反间计，离间南唐君臣关系，李煜中计，错误地毒死了骁将林仁肇。

宋太祖赵匡胤开宝六年（973），赵匡胤派翰林学士卢多逊为信使去贺李煜生表。回国途中，停舟宣化口，派人告诉李煜：朝廷重修天下图经，史馆独缺江南诸州，愿各求一本带回。李煜不知是计，便命中书舍人徐锴通宵达旦校对后，送给卢多逊。于是，南唐江南 19 州的地理形势、屯戍远近、户口多寡等情况尽在宋掌握之中。

开宝七年（974）七月，卢多逊回朝后，派遣阖门使梁迥出使南唐，对李煜说："大宋天子今冬有些燎之礼，国主宜往助祭！"李煜想到其弟前车之鉴，"唯唯不答"。九月，宋朝再派知制诰李穆为信使，带来赵匡胤的诏书说："朕将以仲冬有事圆丘，思与卿同阅牺牲祀礼。"李煜称疾辞谢，表示若强相逼迫，"有死而已"。李穆威胁说："朝与否，国主自处之。然朝廷兵甲精锐，物力雄厚，恐不易当其锋也，宜熟计虑，无自贻后悔。"

与此同时，赵匡胤还成功地收买了吴越王钱俶。向钱俶的使者透露讨伐南唐信息，使钱俶不得不支持赵匡胤的这次军事行动。

当年十月，赵匡胤以曹彬为昇州西南面行营都部署，潘美为都监，发兵 10 万伐南唐。在此之前，宋朝已在荆湖造大舰黄黑龙船数千艘，作南伐的准备。曹彬自荆湖发战舰东下，直趋池州（今安徽贵池），守将蒋戈彦弃城逃跑。进至广铜陵（今安徽铜陵），大胜南唐兵，缴获战舰二百余艘，生擒八百多人。接着，又连克芜湖（今安徽芜湖）、当涂（今安徽当涂），进屯采石矶，已至长江北岸。大破南唐兵 20000 人，缴获战马 300 匹。十一月中旬，赵匡胤听从南唐落魄文人范若冰的建议，用战舰在长江上成功架设浮桥，宋军通过浮桥，顺利到达南岸，在秦淮河大败南唐水陆兵十万余人，直逼金陵城（今江苏南京）下。与此同时，钱俶率吴越兵攻克了常州、江阴、润州，形成了对金陵的外线包围。于是，金陵成了一座孤城。

李煜整天在后宫与僧徒道士谈经，不问政事。政事都委托门下侍郎陈乔及学士张洎，军事交给都指挥皇甫继勋处置，徐元瑀、刁衍为内殿传诏。宋军兵临城下，竟然茫然不知。直到有一天自出巡城，见宋兵旌旗满野，大为惊慌。李煜急忙派遣"博学有辩才"的徐铉两次到东京去，企图说服赵匡胤言和。徐铉见到赵匡胤，极言李煜事宋甚恭，宋伐南唐师出无名，他谴责赵匡胤："李煜以小事大，如子事父，未有过失，为什么要兵戎相见呢？"赵匡胤反问："既称父子，为何要分南北两家？"徐铉还要唠叨，赵匡胤大怒，对徐铉说："不须多讲江南有什么罪，只是天下一家，卧榻之侧，岂容他人鼾（hān）睡！"徐铉仓皇逃回南唐。

事已至此，李煜只得令镇南节度使朱令赟（yūn）火速勤王。朱令赟发兵15万，旌旗战舰和木筏，自鄱阳湖至长江，绵延数十里，蔚为壮观。进至皖口，与宋水军相遇，忙乱之中，朱令赟令军士纵火烧宋战舰，不料风向转变，北风大起，反烧自家船只，南唐军溃散，朱令赟投火而死，其副将王珲被宋军活捉。

南唐最后一支大军覆没，金陵危在旦夕。赵匡胤下令给曹彬，宋兵入城，不得杀掠，以保存江南财富为国家之用。十一月末，宋兵整队进入金陵，李煜奉表降宋，被俘到东京，南唐亡。江南19州，3军，108县，655065户悉入宋朝版图。

李煜到东京后，被赵匡胤封为"违命侯"，住在城外西北角一个小院里（此处现名"孙（逊）李唐庄"）。两年多屈辱的俘虏生活，"旦夕只以眼泪洗面"，还要陪王伴驾。有一次赵匡胤设宴，让他背诵自己的得意之作助兴，李煜诵其《咏扇》诗中"揖让舟在手，动摇风满怀"二句，赵匡胤称他是一个"翰林学士"。他的夫人小周后美貌绝伦，跟随李煜到东京，封为郑国夫人。她按例随命妇入宫，但每次入宫必被留数天才出。出必大泣，大骂李煜，李煜只能好言安慰她。尽管李煜行为十分小心谨慎，还是无法消除宋天子的猜忌。他42岁那天，宋太宗赵光义，派其弟赵廷美给李煜送去的酒中下了牵机药，鸩杀了这位可怜可悲的亡国之君。他的被毒死，据说与他这一时期写的著名词句"小楼昨夜又东风，故国不堪回首月明中"和"问君能有几多愁，恰似一江春水向东流"(《虞美人·春花秋月何时了》)有关。

李煜这个亡国之君，也是毛泽东颇为关注的人物。李煜（957—978），徐州人，初名丛嘉，字重光，号钟隐，五代南唐国主，世称"李后主"。他能诗文、音乐、书画，尤以词名。前期作品大都描写宫廷享乐活，风格柔靡；后期作品，抒写对往昔生活的怀念，吟叹身世，表现了浓厚的伤感情绪，形象鲜明，语言生动，在题材与意境上，也突破了晚唐五代词以写艳情为主的窠臼，在文学史上有一定地位。

毛泽东认为书多读了，就当不好皇帝。1957年4月10日下午，他找当时的《人民日报》总编辑邓拓谈话时，批评邓拓是"书生办报"，"很像汉元帝"，说："南唐李后主虽多才多艺，但不抓政治，终于亡国。"（陈晋：《毛泽东之魂》修订本，中央文献出版社1997年版，第367页）

1964年2月13日，毛泽东在北京召开的春节座谈会上说："历代状元都没有很出色的。李白、杜甫不是进士，也不是翰林，韩愈、柳宗元只是二等进士，王实甫、关汉卿、罗贯中、蒲松龄、曹雪芹也不都是进士和翰林。就是当了进士、翰林都是不成功的。明朝搞得好的只有明太祖、明成祖两个皇帝，一个不识字，一个则识字不多。以后到嘉靖，知识分子当政，反而不成了，国家就管不好。书读多了，就做不好皇帝，刘秀是大学士，而刘邦是个大草包。"（陈明显：《晚年毛泽东》，江西人民出版社2008年版，第257—258页）这里虽然没点名，但李煜当在读书多却做不好皇帝之列。

同年3月24日，毛泽东在一次谈话中说："可不要看不起老粗。知识分子是比较最没有知识的。历史上当皇帝，有许多是知识分子，是没有出息的。隋炀帝就是一个会做文章、诗词的人。陈后主、李后主都是能诗能赋的人。宋徽宗既能写诗，又能绘画。一些老粗能办大事情，成吉思汗、刘邦、朱元璋。"（《毛泽东评点二十四史精华详析》，中国档案出版社1999年版，第130页）在这里，毛泽东认为，很多知识分子皇帝没有出息，其中之一就是李煜，但他肯定了李煜的文学成就。

1945年9月，毛泽东在重庆谈判期间，单独会见通俗小说作家张恨水。当他得知张恨水原名心远，恨水是后来的笔名衍化为名字，是从李煜

"自是人生长恨水长东"句中截取两字时，就说："先生著作等身，堪可欣慰。后主词哀怨凄凉之作，竟被先生悟如此深意，可敬可佩！我也用过许多笔名，却无先生之名寓意隽永。""自是人生长恨水长东"，出自李煜《乌夜啼》："林花谢了春红，太匆匆。常恨朝来寒雨夜来风。胭脂泪，留人醉，几时重？自是人生长恨水长东。"

词有豪放、婉约二派，毛泽东认为二派不分轩轾。李煜的词属婉约派，毛泽东也比较喜欢，李煜留下的词三十多首，毛泽东圈点的就有 14 首，其中《虞美人·春花秋月何时了》和《浪淘沙·帘外雨潺潺》这两首名作还手书过。

1954 年，毛泽东在北戴河写了著名的《浪淘沙·北戴河》：

大雨落幽燕，白浪滔天，秦皇岛外打鱼船。一片汪洋都不见，知向谁边？往事越千年，魏武挥鞭，东临碣石有遗篇。萧瑟秋风今又是，换了人间。

"南唐后主李煜也写过《浪淘沙》。李煜的词，意境和语言都好，但是风格柔靡，情绪伤感……不大喜欢。"（权延赤：《红墙内外》，昆仑出版社 1989 年版，第 62 页）

据毛泽东的秘书林克回忆："1962 年 4 月，他（毛泽东）同我谈到《浪淘沙》一词的写作缘由。他说，李煜（五代史南唐国主，世称李后主）写的《浪淘沙》都是婉约的，没有豪放的，他要反其意而行之。因此，以《浪淘沙》的词牌写了一首豪放的词。"（林克：《我所知道的毛泽东》，中央文献出版社 2000 年版，第 26 页）

李煜《浪淘沙》词原文是：

帘外雨潺潺，春意阑珊，罗衾不耐五更寒。梦里不知身是客，一晌贪欢。独自莫凭栏，无限江山，别时容易见时难。流水落花春去也，天上人间。

两词比照，就可以看出它们不仅词牌相同，用韵也一样，但一豪放，一婉约，风格迥异。他尽管不大喜欢李煜等婉约派词，但还是受其影响。

（四）劳师袭远灭南汉

开宝三年（970）九月，赵匡胤决定派兵灭南汉。

南汉，五代十国之一。公元904年初，刘隐为唐清海节度使，据有今广东和广西之地。后梁贞明三年（917）其弟刘龑（yǎn）称帝，建都广州，国号越，后又改为汉，史称南汉。公元941年刘龑死后，其子刘玢继位，一年后被刘玢之弟刘晟所杀。乾和十六年（958），刘晟死后，其子刘鋹继位，年仅16岁，大权旁落，掌握在内监李托和宦官龚澄枢手中。

刘鋹继位的第二年，赵匡胤建立宋朝，南汉内常侍邵延琄向刘鋹建议，北宋势力早晚要南下，应预做准备。刘鋹不以为然。

乾德二年（964）九月，宋朝南面兵马都监丁德裕，潭州防御史潘美等率兵攻取郴（chēn）州（今湖南郴州），杀其刺史及招讨史等南汉官员，刘鋹才命邵延琄率兵抵抗。但到次年夏天，宋军还未到达。有人告发邵延琄暗藏异心，试图谋反，刘鋹竟遣使赐邵延琄自尽。

开宝三年（970）九月，南唐后主李煜奉赵匡胤之命致书刘鋹，劝其降宋。刘鋹不从，并扣留了使者。

赵匡胤以潭州防御史潘美为贺州道行营兵马都部署，朗州团练使尹崇珂做他的副手，道州刺史王继勋为行营马军都监，领兵灭南汉。南汉久无战事，"兵不识旗鼓，人主不知存亡"。潘美一举攻下贺州，进克昭州，又乘胜占领桂、连二州。南汉主刘鋹得到报告，对左右说："这些州本来是湖南地，宋兵得此即足，不会再南来。"

而事实和刘鋹的估计相反，十一月，潘美进取韶关（今广东韶关）。韶关是岭南门户，此城若失，广州便无险可守。刘鋹急令都统李承渥为元帅，率精锐兵马死守韶关。李承渥率军至韶关城北，驻扎在莲花峰下。两军交战时，李承渥出动"象军"，以象为列，每象载十余人，皆执兵器，气势甚盛；潘美命将士用强弩，集中发射，象群向后逃窜，骑象士兵，纷纷坠地，宋军乘势冲锋，南汉兵大败，宋兵占领韶关。

宋兵继续南下，乾德四年（966）二月，攻占英、雄二州，刘鋹遣使赴宋军求和，潘美不许，一鼓作气进兵马径，在双女山下扎营，距广州仅10里。刘鋹准备将嫔妃和金银财富载入十余大船，入海逃跑，不料被宦官乐范和他的卫士把大船盗去逃走。刘鋹遣左仆射萧漼再次向宋乞降。潘美派人把萧漼送往京城，又率兵攻城。刘鋹这才下令以竹木编为鹿寨，严守城池。潘美采用火攻，派丁夫每人手持两把火炬，抄便道进至鹿寨附近，到了夜间，一齐烧寨，南汉兵大败。刘鋹在广州焚烧府库宫殿，出城降宋。宋兵进入广州，刘鋹被押解到东京，南汉平。宋朝得到广南60州，214县，170263户。

（五）不战而屈人之兵，吴越、泉州归附

1. 吴越来朝

不战而屈人之兵，出自《孙子兵法·谋攻篇》："凡用兵之法，全国为上，破国次之；全军为上，破军次之；全旅为上，破旅次之；全卒为上，破卒次之；全伍为上，破伍次之。是故百战百胜，非善之善者也；不战而屈人之兵，善之善者也。"屈，短缺，不足。兵，军队、军事力量。

译成现代汉语是这样的：

孙子说："凡是用兵的方法，使敌国完整降服于我是上策，用兵攻破那个国家就差些；能使敌人一军（12500人为一军）将士完整无缺全员降服为上策，而动武力击溃敌人一个军，便略逊一筹；能使敌人一旅（500人为一旅）将士完整无缺全员降服为上策，而用武力击溃敌人一个旅便略逊一筹；能使敌人一卒（100人为一卒）官兵全员降服为上策，击溃一卒兵众就差一等了；能使敌人一伍（5人为一伍）士卒全员降服为上策，击溃一伍士卒就差一等了。所以百战百胜，虽然高明，但不是最高明的；不打仗就使敌军屈服，才是高明之中的最高明的。"

任何战争都是作战双方人力、军力、经济力的全面较量，因此没有强

大的优势兵力，就不可能使敌人屈服。孙武的"不战而屈人之兵"这一思想，是建立在强大的军事势力的基础上的。

赵匡胤解决吴越和泉州的问题，成功地运用了这一军事原则。

五代十国时期，在江、浙一带有个吴越。吴越是钱镠所建。钱镠字具美（一作巨美），为浙江杭州人。唐末从石镜镇将董昌镇压黄巢农民起义军，任镇海节度使。乾宁三年（896）击败董昌，尽有两浙十三州之地。后梁开平元年（907）封为吴越王兼淮南节度使，建都钱塘（今浙江杭州）。公元907—932年在位。

后汉乾祐（948—950），五传至孙钱俶（chù）。吴越和南唐一样，竭力向宋朝表示恭顺。赵匡胤即位当年，钱俶即遣使祝贺，此后连年朝贡。开宝八年（975）四月，宋伐南唐，令吴越出兵助攻。钱俶带五万大军全力进攻，一连攻下江阴、宜兴、常州，对南唐造成两面夹击之势。李煜写信给钱俶说："今日无我，明日岂有君？一旦宋天子易地酬勋，王亦大梁一布衣耳。"钱俶连忙把信交给宋朝。

南唐亡后，开宝九年（976），赵匡胤要钱俶到东京朝见，讲明入朝后仍回杭州。二月，钱俶带领妻子孙氏、子钱惟浚、平江节度使孙承俶入京朝见。宋朝大加款待，两月后放他们回国。临行前，赵匡胤送给钱俶一个黄包袱，里面全是宋朝群臣请求扣留钱俶的奏疏。钱俶对赵匡胤非常感激，也大为恐惧。回国后，钱俶又派遣使臣贡献大批宝物。吴越对宋朝惟命是从，叫出兵就出兵，叫入朝就入朝。吴越实际上已经完全屈服在宋朝的统治之下，只是还保留着一个国王的称号，等待宋朝削夺。

2. 泉州归附

五代时，割据泉州、漳州（均属今福建）地区的留从效接受南唐清源军节度使的名号，并封鄂国公晋江王。公元962年，留从效死后，由兄子留绍镃继立。效存原牙将陈洪见新主年幼，便诬留绍镃将附吴越，执送南唐。另推副使张汉恩为留后，自封为副使。张汉恩年迈昏庸不能理事，大小事务都由陈洪决定。张汉恩担心陈洪专权，设宴伏兵想除掉陈洪，走漏消息，没有成功。而让张汉恩没有想到的是，乾德元年（963）四月的一

宋太祖赵匡胤『稍逊风骚』

天，陈洪用一把大锁把张汉恩锁在房内，威逼说："众将士认为你年老昏聩，推举我陈洪为留后，赶快把大印交出来！"这样奇怪的夺权竟得以成功，真是天下事无奇不有！乾德二年（964）初，赵匡胤正式将清源军改为平海军，任命陈洪为节度使。

隶属于宋朝以后，陈洪感恩戴德，每年向宋朝进贡。乾德四年（976），宋朝灭掉南唐，吴越入京朝见，泉州、漳州等成为孤立的据点，陈洪也请求到东京朝拜。陈洪行到南剑州，得知泉州已归附宋朝。

（六）中道崩殂征北汉

统一中国的大业还未完成，赵匡胤就死了。

五代十国时期，太原还有一个北汉政权。公元951年后周灭后汉，后汉河东节度使刘旻（后汉高祖刘知远弟）在太原称帝，国号汉，史称北汉。据有今山西北部和陕西、河北部分地区。共历四主，29年。

开宝元年（968）七月，北汉主刘钧死，其养子刘继恩即位，赵匡胤认为是消灭北汉的大好时机，次月即派遣李继勋、党进统兵进攻北汉。北汉刘继元杀刘继恩即位，辽军应请求出援北汉，宋军退回。

开宝二年（969）正月，赵匡胤亲自率兵征北汉，打败辽国援军，引汾水灌太原城，北汉坚守，围攻数月未下，受夏雨和疫病困扰，辽国又派兵来援，宋朝只得再次退兵。

开宝九年（976）八月，赵匡胤再命党进、潘美等兵分两路，进攻太原。辽将耶律沙领兵援助北汉。不久，赵匡胤去世，宋太宗下诏班师。

赵匡胤从公元963年出兵荆湘至公元976年病逝，前后用了13年时间，消灭了南方各地长期的割据势力，给北方的北汉以重创。这既表现了他卓越的军事才能，更表现了他把握时势、顺应民心的敏锐政治眼光，符合历史发展的客观规律，是他得以成功的原因所在。

三、文治功业

赵匡胤这个大老粗，做了皇帝，不仅有赫赫武功，而且在文治方面也颇有建树。

（一）"杯酒释兵权"

赵匡胤是靠政变上台的，他深知掌握枪杆子的重要。所以，在平定"二李"叛乱之后，为了巩固他的统治，加强中央集权，便着手削夺有功将领的兵权。

其具体过程，据史书记载是这样的："乾德初，帝（赵匡胤）因晚朝与守信等饮酒，酒酣，帝曰：'我非尔曹（你们）不及此，然吾为天子，殊不若为节度使之乐，吾终夕未尝安枕而卧'。守信等顿首（磕头）曰：'今天命已定，谁复敢有异心，陛下何为出言耶？'帝曰：'人孰（谁）不欲富贵，一旦有以黄袍加汝（你）之身，虽欲不为，岂可得乎？'……帝曰：'人生白驹过隙（驹，骏马。隙，空隙。）尔，不如多积金、市（买）田宅以遗（留给）子孙，歌儿舞女以终天年，君臣之间无所猜疑，不亦善乎！'守信谢曰：'陛下念及此，所谓生死而骨肉也。'明日，皆称病，乞解兵权，帝从之。"（《宋史》卷250《石守信传》，《续资治通鉴长编》卷2，建隆二年七月）赵匡胤与其谋士赵普设计，借饮宴之机，以高官厚禄为条件，解除了将领兵权，这就是著名的"杯酒释兵权"。"杯酒释兵权"作为一个成语，逐步引申为泛指轻而易举地解除将领的兵权。

赵匡胤为什么要解除将领的军权呢？这从事前他和赵普的议论就可看得很清楚。他问赵普："自唐末以来，帝王换了八个姓，战斗不止，不知原因何在？我要国家长久，有什么办法么？"赵普回答说："这不是别的原因，只是由于方镇的权力太大，君弱臣强而已。现在要治国，也没有别的奇巧，只有夺他们的权，控制他们的钱谷，收他们的精兵……"不等赵普说完，赵匡胤忙说："你不用再说下去，我已经懂了。"于是，便想出了"杯酒释兵权"的奇招。其实，赵匡胤解除将领的兵权是逐步实施的，他首先解除的是后周时名位与自己相近而关系较疏的韩令坤和慕容延钊的兵权。

韩令坤，武安人，年轻时与赵匡胤同属周太祖郭威部下。世宗时从征淮南，攻打扬州、寿州，均有战功。恭帝即位，加检校太尉、侍卫马步都虞候，防守北部边境，平安无事。建隆二年（961）春末，韩令坤被罢侍卫马步都指挥使，"改成德军节度，充北面缘边兵马都部署。将赴镇，赵匡胤在别殿置酒饯之"（《宋史》卷251《韩令坤传》）。此后节度使赴镇置酒饯行成为定例。慕容延钊，太原人，仕后周，因战功为北面行营马步都虞候，与赵匡胤关系密切，近似于"义社兄弟"，虽然赵匡胤"常兄事延钊，及即位，每遣使劳问，犹以兄呼之"，但到底不属于赵匡胤的嫡系。

慕容延钊在后周末即任镇宁军（澶州，今河南濮阳）节度使、殿前副都点检，宋朝建立后升为殿前都点检、同中书门下二品，成为使相，从平李筠后使相衔又升兼侍中，但被"诏还澶州"节度使任，不让他来京到殿前司具体任职。建隆二年二月，"长春节（赵匡胤生日）来朝，赐宅一区"。当韩令坤罢军职赴节度使任后，慕容延钊了解赵匡胤收兵权的意图，遂自己上"表解军职"，遂被"徙为山南东道节度、西南面兵马都部署"。从此，宋朝不再设殿前都点检（《宋史》卷251《慕容延钊传》）

接着，收其亲信和开国元勋兵权。赵匡胤的"义结兄弟"、开国元勋石守信，时任殿前副都指挥使，"移镇郓州（治所须昌，今山东东平西北），兼侍卫亲军马步军都指挥使，诏赐本州宅一区"，明升暗降，"其实兵权不在也"。同样是"义结兄弟"、开国元勋的王审琦，时任殿前都指挥使，"移为忠正军（寿州，今安徽凤台）节度使；殿前副都点检高怀德，移为归德军节度使"。此后宋朝不再设殿前副都点检。殿前司从此以官级较低的殿前都指挥使、副都指挥使、都虞候为正副长官。

侍卫马步军都虞候张令铎也移为镇宁军节度使。各节度使照例都去赴任。从此，殿前司的正副长官都指挥使、副都指挥使、都虞候，逐渐采取只设其中二职甚至一职，以架空侍卫亲军司（宋真宗时才正式取消），其下属的侍卫马军司、步军司逐渐成为直属机构，后与殿前司合称"三衙"。这是赵匡胤采取降低侍卫、殿前两司最高军官的名位，作为根绝禁军统帅发动兵变的重要措施。最后，开宝二年（969），赵匡胤再用"杯酒释兵权"的办法，故技重施，罢王彦超等节度使，解除藩镇兵权，以加强中央集权的统治，防止分裂割据。

军队是国家机器的主要柱石，赵匡胤在收回将领们的兵权以后，就着手建立兵制。宋朝军队的主力，是朝廷直接统领的禁军。赵匡胤在后周统领禁军 6 年，依靠这支部队推翻后周，登上皇帝宝座。他深知掌控军队的重要，即位后从各方面加强禁军的实力，集中掌握兵权。他即位第二年，即大力加强禁军，拣汰老弱，补充精壮。这次五月，下令各州拣选男壮兵士，升为禁军。除去禁军中的老弱，做"剩员"处理，退下来的下到各郡，仍给兵俸，各郡多用来看守仓库。乾德三年（965），又选强壮兵定为"兵样"，分送各地。各地军队按兵样选拔，送到京城做禁军。此后还多次派遣使臣到各地选择精兵补充。禁军集中在京师，赵匡胤亲自教阅，进行训练。由于禁军的不断选练，极大地加强了中央直辖的兵力，削弱了地方的兵力。

地方的镇兵，五代时驻守城厢，又称"厢兵"。乾德四年（966），赵匡胤下令禁止将帅选取军中精壮做牙兵（衙兵）。厢兵中的精锐，经过多次选拔，全被收入中央的禁军。留在地方的不再训练，只服杂役。赵匡胤开宝年间（968—976），有禁军马步兵十九万三千人（全国兵额三十八万人）。起初，禁军都驻在京师，后来它也部分地出守各地。当时十万人驻在京师，十万派守外地。戍守边地重镇称屯泊（或驻泊），内郡要地称屯驻。京师漕运军粮，派禁军沿路守护，称"就粮军"。边地驻泊军由朝廷派遣的兵马都总管统辖，当北地州官不得干预。屯驻军由兵马钤（qín）辖、都监统领，派出的禁军定期轮换。出戍京东、京西、河北、河东、陕西、江南、淮南、两浙、荆湘、川、峡、广东等地的，三年一轮换，广西等地，两年一轮换；陕西兵，半年一轮换。禁军家属妻子都在京师。禁军军官提升时，都要调离原来的部队。统领驻泊、屯驻禁军的将官由朝廷任命，也不固定。"兵不识将，将不识兵"，"不使上下人情习熟"，从而造成"兵无常帅，帅无常师"，"将不得专其兵"的局面。禁军将领也不能拥兵割据了。

聚集在京师的禁军分别由殿前都指挥使、侍卫马军都指挥使和步军都指挥使统辖，称为三衙或三司。三司只在平时负责中对禁军的管理、训练，无权调遣。禁军的调动权归枢密院，枢密院又直接由皇帝指挥，实际上只有皇帝才能调动禁军。

禁军出外作战，由皇帝派遣将帅，并由皇帝亲自制定作战方案，指使将领，甚至授以阵图。诸将领兵作战，不得擅改。这样一来，全国军队的精锐都集中在禁军，而禁军的选练、建置、驻守、出征、行军、作战等一切权力都集中在皇帝手中了。

（二）二府、三司，削弱相权

赵匡胤不仅掌握了军权，也把政权牢牢地掌握在自己手中。自古以来，宰相被称为"一人之下，万人之上"，总理朝政，握有行政大权。赵匡胤要加强自己的权力，必然要削弱宰相的权力。宋朝的政治机构，为适应加强皇权的需要，分列为政事、军务和财政三大系统，相互平行，各由皇帝直接统属。另设御史台负责监察。

宰相，宋沿唐制，设尚书、门下、中书三省。尚书、门下列于外朝，中书设于禁中，称政事堂。实际执政的宰相用平章事名号，无定员，有二人即分日掌印。宋初，赵匡胤仍用后周宰相范质、王溥、魏仁浦三人为相。

过去宰相在朝堂议事是"坐而论道"，也就是说，是君臣对坐，赵匡胤嫌这样表现不出皇帝的至高无上。有一次范质上朝奏事，赵匡胤借口听不清，让范质靠近些。范质只好站起身来，走到赵匡胤身边陈说。当他奏完事归座时，一看座椅没有了，只得站着。以后便相沿成制，宰相上殿只能站立议事。范质当然懂得赵匡胤的用意，于是，乾德二年（964）正月，范质、王溥、魏仁浦等三位宰相再次请求罢相。赵匡胤求之不得，便立即批准了他们的请求，独用他的重要谋士赵普做宰相。

但是，行伍出身的赵匡胤虽已当了几年皇帝，却对宰相的任命程序并不了解，因急于要罢免范质等三人的相职，在颁布新宰相赵普的敕书时，竟没有在任宰相"署敕"。赵匡胤对赵普说："卿但进敕，朕为卿署字，可乎？"由于不合乎任命新宰相的程序，只得作罢。最后，听取翰林学士窦仪建议，改由宋州节度使加同平章事衔的赵光义"使相"，以有同平章事职名而行使宰相职权"署敕"。赵光义以使相"署敕"，闹了一个大笑话。

赵普（922—992），字则平，洛阳人。后周时任赵匡胤幕僚，掌书记，参与策划陈桥兵变，帮助赵匡胤夺得后周政权。宋朝初年，为枢密使，乾德二年（964）起任宰相，建议赵匡胤收地方兵权、财权，分化其事权，加强封建专制主义的中央集权。赵普为相之初，被赵匡胤看作是"萧（何）、曹（参）故人，燕赵奇士"，因而"视如左右手，事无大小，悉咨决焉"。权力是很大的，也是深得赵匡胤信任的。

总揽大权的赵普渐渐变得专断起来，相权与皇权发生了矛盾，赵匡胤对赵普逐步采取了防范措施。乾德二年（964）四月，赵匡胤又想用窦仪为宰相，但遭到赵普的强烈反对，遂想为赵普设副手以分其权，"上欲为赵普置副而难其名称，召翰林学士承旨陶穀问曰：'下丞相一等者何官？'对曰：'唐有参知机务、参知政事'"，于是任命薛居正、吕馀庆为参知政事做副相，此后成为定制。

开宝五年（972）二月，赵匡胤又任命端明殿学士、兵部侍郎刘熙古为参知政事。至此，参知政事已增至3人，大大加强了对赵普的牵制力量。

为了进一步削弱赵普的势力，开宝六年（973）四月，赵匡胤下诏对赵普掌握的中书堂进行大规模整顿，其15名官员实行三年轮换制，对赵普的势力釜底抽薪。同年六月，赵匡胤下令让参知政事薛居正、吕馀庆升堂，与宰相赵普同议军政大事，并让他们与赵普更换知印、押班、奏事，赵普的权力再次受到分割和牵制。

同年八月，赵匡胤正式下诏，罢免了赵普的宰相职务，让他出任河阳节度使，而把薛居正和沈义伦提升为宰相，卢多逊晋升为参知政事。权相赵普的被罢免，进一步加强了皇权。

宋朝建立后，枢密使改为专掌军事政令，调动禁军，与宰相分文武并立。中书省与枢密院号称"二府"（政府、枢府）。枢密院的大事都要奏报皇帝批旨。宰相与枢密使分别朝奏，彼此不相知。皇帝由此分别控制了政权和军权。

三司总管四方贡赋和国家财政，地位仅次于宰相，称"计相"。三司统领三部：盐铁掌管工商收入及兵器制造等事；度支掌管财政收支和粮食、漕运等事；户部掌管户口、赋税和酒业等事。地方州郡不留财赋，全国财政支出，都出自三司。

宋朝仍沿用唐制，朝廷设御史台以监察官员，御史台分三院：台院、殿院、察院。初无专官，由官员兼职。御史中丞是御史台的最高长官。

此外，属于中央政府机构的还有审刑院和学士院。审刑院，赵匡胤时，刑部复核各地大辟（死刑）案；学士院负责起草皇帝各种诏书，包括宰相的任命、对外的国书等。翰林学士还侍从皇帝"备顾问"，可以直接向皇帝提出对国事的建策。

赵匡胤建立起中央集权的新官制，其官员除了留用原来的旧官僚外，大批官员主要来源是科举。唐代已实行科举，但被门阀贵族操纵，取士很少。北宋初年，门阀制度已不存在，科举向文人敞开大门，只要文章合格，不分门第、乡里，都可录取。建隆二年（961），赵匡胤录取进士11人，建隆四年（963）、乾德二年（964）各录取8人，取士比较严格。开宝六年（973），进士考试下第的人控诉考官取士有人情，赵匡胤召见下第及第的若干人，重新考试诗赋，亲自阅卷。从此定为制度，进士及第都要经过皇帝亲自"殿试"考选，这样取士权也集中在皇帝了。赵匡胤实行科举制度的结果，使朝廷掌握了用人大权。

赵匡胤建立起中央集权的政治制度，大大加强了皇帝的权力，成功地防止了地方割据势力的复辟，在当时具有一定的进步意义。

四、晚年两谜

赵匡胤在位 17 年。17 年间，他通过战争消灭大多数割据政权，基本上结束了五代十国以来近半个世纪的分裂局面，实现了国家的统一。这是他的历史功绩。当时年仅 50 岁的赵匡胤，正可以有一番大的建树，却突然无疾而终，这样就引出关于他的传位和死亡的两个谜团。

（一）"烛影斧声"，千古之谜

"烛影斧声"，也称"斧声烛影"，是指宋太祖赵匡胤暴死，宋太宗赵光义即位期间所发生的一个谜案。由于赵匡胤并没有按照传统习惯将皇位传给自己的儿子，而是传给了弟弟赵光义，后世怀疑赵光义谋杀兄长而篡位。

对于开国皇帝赵匡胤的死，元丞相脱脱等撰写的《宋史》卷三本纪《太祖》只这样简单地记载："（开宝九年）冬十月……癸丑夕，帝崩于万岁殿，年五十。"脱脱是取代南宋的元朝的丞相，自然不必为赵宋王朝隐讳什么，说明当时情况已弄不清楚，故只"直书其事"罢了。但从他对赵匡胤此前不久的活动记述来看，还是有看法的。他对赵匡胤开宝九年（976）的活动做了如下记载：

开宝九年（976）正月初四，赵匡胤来到明德门，在楼下接见原南唐后主李煜，没有用进献俘虏的仪式。初八日，大赦天下，犯有死罪的减刑一等。十二日，赵匡胤封李煜为"违命侯"，他的子弟和臣僚也都封了不同的爵位。十六日，江南昭武军节度使留后卢绛焚烧并掠夺州县。十七日，赵匡胤下令在东西两京举行祭祀活动。三十日，晋王赵光义率领满朝文武进上尊号，赵匡胤不许。

八月初一，吴越王钱俶进献会发射火箭的士兵。初五日，赵匡胤亲临新建的龙兴寺。初七日，太子中允郭思齐因贪赃受贿在闹市被斩首示众。十一日，赵匡胤到等觉寺，随后又去了东梁院，赐给工人钱币。又到控鹤营视察将士练习射箭，赐给将士布帛多少不等。又去开宝寺看藏经。十三日，赵匡胤派遣侍卫马军都指挥使党进、宣徽北院使潘美率兵讨伐北汉。二十二日，赵匡胤派遣西上阁门使等率领军队分五路进攻太原。

九月初一，赵匡胤亲临绫锦院。初七日，权知高丽国事王伷派遣使臣来朝拜进贡。党进在太原城北击败北汉军队。十八日，赵匡胤命令忻、代行营都监郭进迁徙山后各州的老百姓。二十七日，赵匡胤亲临城南池亭，之后又去了礼贤宅，到了晋王赵光义的府第。

这年冬天十月初四，兵马监押马继恩率领军队进入河东地区，焚烧、扫荡了四十多处营寨。初七日，镇州巡检郭进焚烧寿阳县，俘虏9000人。初八日，晋、隰巡检穆彦璋进入河东地区，俘虏两千多人。党进在太原城北再败北汉军队。二十日晚上，赵匡胤在万岁殿去世，终年50岁，灵柩停放在万岁殿的西道中，谥号为英武圣文神德皇帝，庙号为太祖。

毛泽东读到这里，批注曰："不书病，年五十。"（《毛泽东读文史古籍批语集》，中央文献出版社1993年版，第277页）

毛泽东这个批语，从两个方面对赵匡胤之死提出了质疑。一是"不书病"，赵匡胤死在宫中，极有可能是病死的，但史学家没有写他患病，就突然死去，这正是皮里阳秋之法，表现了史学家的怀疑，可疑者一；二是"年五十"，赵匡胤死时年仅50岁，正当壮盛之年，又没有病，况且这位"马上皇帝"长期征战，身强力壮，怎能只活到50岁就突然死了呢？所以，在毛泽东看来，赵匡胤的死，无疑是他人加害的非正常死亡。

那么，是谁把赵匡胤害死了呢？这从毛泽东读《宋史》卷五本纪《太宗》的批语中可以找到答案。《太宗》本纪论赞有这样一段话：

"赞曰：帝沉谋英断，慨然有削平天下之志。……至于以自焚以答天谴，欲尽除天下之赋明纾民力，卒有五兵不试、禾稼荐登之效。是以青、齐耆耋之叟，愿率子弟治道请禅者，接踵而至。君子曰，'得乎丘民而为天子'，帝之谓乎？故帝之功德，炳焕史牒，号称贤君。若夫太祖之崩不愈年而改元，涪陵县公之贬死，武功王之自杀，宋后之不成丧，则后世不能无议焉。"

毛泽东对宋史作者的这个赞语有二条批语：一、在"帝沉谋英断，慨然有削平天下之志"句旁批道："但无能。"是说赵光义是个志大才疏，即志向远大而没有才能的人。二、在"帝之功德，炳焕史牒，号称贤君"句旁批道："幽州之败。"

"幽州之败"又是怎么回事呢？《太宗》本纪有详细描述，毛泽东又有精辟批语。

我们且看原文："（太平兴国四年，即公元927年）六月……庚申（日），帝（赵光义）复自将伐契丹。……丁卯（日），次东易州（今河北易县），刺史刘宇以城降，留兵千人守之。戊长（日），次涿州（今河北涿州），判官刘厚德以城降。……庚午（日），次幽州（今北京西南）城南，驻跸宝光寺。契丹军城北，帝率众击走之。壬申（日），命节度使定国宋偓、河阳崔进、彰信刘遇、定武孟玄喆四面分兵攻城，以潘美知幽州行府事。契丹铁林厢主李札卢存以所部来降。癸丑（日），移幸城北，督诸将进兵，获马三百。幽州神武厅直并乡兵四百人来降。乙亥（日），范阳（即幽州）民以牛酒犒师。丁丑（日），帝乘辇督攻城。

秋七月庚辰（日），契丹健雄军节度使、知顺州刘廷素来降。壬午（日），知蓟州刘守愚来降。癸未（日），帝督诸军及契丹大战于高梁河（在今北京外城一带），败绩。甲申（日），班师。庚寅（日），命孟玄喆屯定州（今河北定州），崔彦进屯关南（今河北白洋淀以东的大清河流域以南至河间县一带）。乙巳（日），帝至自范阳。

……五年，……十一月，……己酉（日），帝伐契丹。壬子（日），发京师。癸丑（日），次长垣县（今河南长垣）。关南与契丹战，大破之。以河阳三城节度使崔彦进为关南都部署。戊午（日），驻跸大名府（今河北大名）。诸军与契丹大战于莫州，败绩。"

太国兴国四年、五年，宋太宗赵光义两次御驾亲征契丹，都是先小胜后大败，中了契丹"诱敌深入、聚而歼之"之计，以失败告终，这就是

"幽州之败"。毛泽东读了这段段记述后,指注道:"此人(赵光义)不知兵,非契丹敌手。"(《毛泽东读文史古籍批语集》,中央文献出版社1993年版,第278页)一语论定赵光义不懂军事,所以根本不是契丹的对手。接着,又批注:"尔后屡败,契丹均以诱敌深入、聚而歼之的办法,宋人终不省。"(同上)明确指出宋人失败的原因,是战术上的错误,而宋人,主要是赵光义,始终没有醒悟过来。

雍熙三年(986)三月,赵光义又命大将曹彬、潘美率兵北伐,先是几次小胜,之后连连大败,名将杨业战死。毛泽东读后批道:"契丹善用诱敌深入战,让敌人多占地方,然后伺机灭敌。"(同上书,第279页)这次与契丹的战争,与上次相隔9年,赵光义一点也没有吸取教训,仍然是失败,说明他真没有军事才能。

赵光义志大才疏,却野心勃勃,那只有搞阴谋诡计,抢班夺权了。但是,当时他的哥哥宋太祖赵匡胤才50岁,又没有病,不可能自然死亡;再说,即使赵匡胤死了,按照封建社会嫡长子制,也该由他的长儿赵德昭继位,根本轮不到他这个弟弟赵光义。况且赵德昭已25岁,封武功郡王位,人脉也不错,在朝臣中颇有影响。所以,赵光义为了要夺得皇位,残忍地杀害了其兄赵匡胤,匆忙登上皇位。

这首先从赵光义匆忙改换年号可以看出来。赵匡胤是开宝九年十月间死,赵光义在十二月二十二日就改为太平兴国元年,再等八天就是新的一年了,再改换年号也等不及了,可见急于登台。

以后他做的几件事,是消除后患。"武功郡王",指赵匡胤的长子赵德昭,本是顺理成章的接班人。赵德昭当时在朝臣中很有威望,赵光义当然又恨又怕。太平兴国四年(979),赵德昭因遭猜忌被迫在家中自杀。两年以后,赵匡胤第四子赵德芳,年仅23岁,又因病去世。"涪陵县公",指赵光义的同母弟赵廷美(原名光美,后因避讳而改名),比赵光义小8岁。原封齐王,后改封秦王,时任开封府尹兼中书令,和赵光义继位前职位相同,因而受到猜忌,王爵被削夺,贬为涪陵县公,忧郁而死。"宋后之不成丧",指至道元年(995),赵匡胤之妻宋氏病故,对于这位皇嫂,赵光义自己不服丧,也不让朝臣临丧。

上述几件怪事，《宋史》作者认为都可能引起后人怀疑的，实际上也表明了史学家的态度。毛泽东读了这段话，一针见血地批注道："不择手段，急于登台。"（同上书，第280页）这是说，赵光义这个阴谋家、野心家，通过正常途径当不了皇帝，便丧心病狂地采取谋杀手段，弑兄篡位，爬上了皇帝宝座。

毛泽东这样说，有什么根据吗？回答是肯定的。赵匡胤的死，据传是赵光义杀害的，所谓"烛影斧声，千古之谜"。

宋人文莹《续湘山野录》载：赵匡胤、赵光义兄弟未发迹时，一个道士对他们说："金猴虎头四，真龙得真位。"后来，赵匡胤正好是猴年的正月初四登极称帝的，应了道士之言。16年后，这个怪道士忽又现身，赵匡胤与他畅饮纵谈。赵匡胤问他："我久欲见你请教一事，并非他事，只想问我还能有多少年寿命。"道士说："可观今年十月二十日夜晚，如果晴，则可延一纪（12）；否则应速备后事。"

赵匡胤牢记道士的话，到了十月二十日夜晚，赵匡胤登上太清阁，观察天气。起初天气果然晴朗，星汉灿烂，赵匡胤心中暗喜。但不久乌云四起，雪雹骤降，赵匡胤急忙下阁，"急传宫钥开端门，召开封府，即太宗也。延入大寝，酌酒对饮，宦官宫女悉屏之。但见烛影下，太宗时或避席，有不可胜之状。饮讫，禁漏三鼓，殿雪已数寸，帝引柱斧戳雪，顾太宗曰：'好做，好做！'遂解带就寝，鼻息如雷霆。是夕太宗留宿禁内。将五鼓，周庐者寂无所闻，帝已崩矣。太宗受遗诏于柩前即位。逮晓登明堂，宣遗诏罢，声恸，引近臣环玉衣以暗圣体，玉色温莹，如出汤沐。"

文莹这一段记述，赵匡胤在"烛影斧声"中突然死去，当事人只有两个，一个赵匡胤已死，死无对证，遂成千古之谜。后人因以"烛影斧声"指赵光义杀兄夺位。另一个当事人赵光义，当晚留宿宫中，遂即当上了皇帝，有弑兄篡位、抢班夺权的嫌疑。

宋人司马光《涑水纪闻》、蔡惇《夔州直笔》和李焘《续资治通鉴长编》均有类似记载，只是在细节上略有出入。如《夔州直笔》写赵匡胤召赵光义入宫后，即宣付继位遗命，夜半乃退，没有宿宫中。赵匡胤入睡后，左、右侍卫闻听呼吸声与往日不同，入内探视，赵匡胤已气绝身亡。

这种说法显然是为赵光义脱罪。

又如司马光《涑水记闻》说，赵匡胤驾崩是四更天，贺后派内侍王继恩速召秦王赵德芳，而王继恩认为赵匡胤早有传位给赵光义之意，便去开封府找晋王赵光义，在门口正好碰见名医程玄德。赵光义犹豫不决，王继恩说："时间久了，恐为他人所得矣。"在程玄德怂恿下，径直闯入内宫，贺后见状，脱口而出："我母子性命，皆托于官家！"赵光义哭着说："共保富贵，勿忧也。"这是说让儿子继承皇位是贺后主动放弃的。

（二）"兄终弟及"，金匮誓书

"兄终弟及"，一作"兄死弟及"。及，就是继承的意思。王位由哥哥传给弟弟继承，传弟一般按年龄长幼依次继承。兄终弟继，传子有传兄之子、传弟之子和传嫡子几种。我国古代的夏朝、商朝以及鲁国、宋国等实行这种继承制度。现代的沙特阿拉伯也是实行这种制度。

"烛影斧声"实在无法自无法自圆其说，令人生疑。在赵光义授意下重修的《太宗实录》，把陈桥兵变改成赵光义叩马为谏，让赵匡胤严格约束士兵。在另外地方记载赵匡胤曾对近臣称赞赵光义："晋王（赵光义）龙行虎步，且生时有异，必为太平天子，福德非我所及也。"但是，赵光义以非常手段夺取政权，继位的合法性始终是他的一块心病。早就被赵匡胤罢相的老谋深算的赵普，想出一个奇招，为赵光义释疑，也借以东山再起。

在宋太宗赵光义继位六年之后，赵普私下向赵光义说："臣开国旧臣，为权幸所沮。"并称自己掌握着昭宪杜太后临终有个"金匮之盟"。

据赵普说，早在建隆二年（961），赵匡胤登上皇位的第二年，皇太后杜氏在临终前，曾召赵普入宫立下遗嘱。当时杜太后问赵匡胤："你知道你这个天下是怎样得来的吗？"

赵匡胤回答："都是祖宗和太后的功德。"

杜太后说："不对。这是因为柴氏让幼儿主持天下的缘故。如果后周有年长的君主，你哪能得到皇位！你百年后，应当传位给二弟光义，光义传给三弟光美，光美再传给你儿德昭，四海至广，能立年长的君主，是社稷的福气啊。"

赵匡胤哭着叩头说："一定按您的吩咐办。"

杜太后又指着旁边的赵普说："你把我的话记下来，不能违背。"

赵普于是当场记下太后的遗嘱，并在末尾署上"臣普记"三个字。

赵匡胤将杜太后遗嘱藏于金匮，并命令"谨密宫人"来保管，这就是所谓"金匮之盟"。

赵光义按赵普提供的情况找到这个金匮打开来看，果然有个誓书。

"金匮之盟"在宋人笔记中和正史中都有记载，大同小异。"金匮之盟"是造假，明白无疑，它的出现不过是为赵光义继位找一个冠冕堂皇的理由罢了。

那么，造假的人是谁呢？答案是原宰相赵普。赵普为什么要造假呢？赵普因其专权不法，和赵光胤有矛盾，又被政敌卢多逊攻诘，终于在开宝六年（973）被罢相，出镇河阳节度使。赵普不甘心，总想卷土重来。所以，当他揣度赵光义有这个需要，而他的政敌也因专横跋扈，失去赵光义的宠信，他便编造了"金匮之盟"的谎言，借以摆脱困境、重返政坛，向赵光义献的一份厚礼。

事实也是如此，太平兴国六年（981）九月，赵普被赵光义授予司徒兼侍中的宰相级官衔，九月十七日，60 岁的赵普第二次做宰相，以后还第三次做宰相，两次共四年，都在赵光义任内。另外，他的政敌卢多逊被他查出私遣堂吏交通廷美的"奸变"，而被流放到崖州（今海南三亚）。这些事实反证了赵普与赵光义狼狈为奸、共同造假的真相。

其实，金匮之盟的破绽颇多，历来怀疑的人不少。

其一，金匮之盟的重要理由是防止像后周那样"主少国疑"，大权旁落，所以要赵匡胤"立长君"。但从年龄上推算，杜太后死时，赵匡胤才 35 岁，正当盛年，似乎不该安排后事，其长子德昭已 11 岁。杜太后怎么能料到赵匡胤死时，德昭仍少不更事，不能担当国家重任呢？

其二，金匮之盟的当事人是谁？各史书记载差异很大，司马光《涑水纪闻》称赵光义不在现场，但李焘说，真宗咸平元年（998）《太祖实录》（即《续资治通鉴长编》所说的《新录》）则说赵光义和赵廷美都一起聆听了杜太后的临终教诲。李焘认为参与此事的只有三人，即杜太后、赵匡胤和赵普。这样赵普便成了唯一的见证人。但令人疑惑不解的是，赵普既然手握这么重要的筹码，为什么不在赵光义即位时就拿出来呢？

其三，据李焘说，在太平兴国三年（978）始修、五年（980）成书的《太祖实录》（即《续资治通鉴长编》所称的《旧录》）中，"石匮之盟"没有只字记载，在《新录》中才有了"金匮之盟"的内容。这说明编纂《太宗实录》（《旧录》）时，"金匮之盟"的谎言还没有编造出来。

关于赵匡胤死亡的两个历史之谜，说明了他的死可能是暴力所致，杀害他的便是他的一母同胞的弟弟赵光义。这和李世民在"玄武门之变"中有点相似。赵匡胤被杀后，孤儿寡母，帝位便被其弟赵光义篡夺了去，和他陈桥兵变篡夺后周政权，何其相似乃尔！历史有惊人的相似之处啊！元时有咏前朝诗云："当年陈桥驿里时，欺他寡妇与孤儿。谁知三百余年后，寡妇孤儿已被欺。"

我国有句俗话，"胜者王侯败者贼"，又说"不以成败论英雄"。赵匡胤通过陈桥兵变而取得帝位，又因帝位而丢了性命，既是胜利者，又是失败者。作为胜利者，他从一个行伍出身的军官，一举夺得皇权，结束了五代十国近半个世纪的分裂割据，开创了一个山河统一的新时代；作为失败者，他又在争夺王位的杀戮中成了历史悲剧的主角。

盖棺定论，赵匡胤是一位大老粗皇帝，但他的文治武功，彪炳史册，在漫长的历史长河中自有他的位置。

元太祖成吉思汗是『一代天骄』

成吉思汗（1162—1227），即元太祖，姓孛儿只斤乞颜氏，名铁木真，蒙古帝国大汗，世界史上杰出的政治家、军事家。

毛泽东在 1936 年 2 月写的著名词篇《沁园春雪》："北国风光，千里冰封，万里雪飘。望长城内外，惟余莽莽；大河上下，顿失滔滔。山舞银蛇，原驰蜡象，欲与天公试比高。须晴日，看红装素裹，分外妖娆。江山如此多娇，引无数英雄竞折腰。惜秦皇汉武，略输文采；唐宗宋祖，稍逊风骚。一代天骄，成吉思汗，只识弯弓射大雕。俱往矣，数风流人物，还看今朝。"（毛泽东诗词集》，中央文献出版社 1996 年版，第 68—69 页）

在这篇著名的词篇中，毛泽东一共评价了中国历史上五大帝王，其中称成吉思汗是"一代天骄"。之后又多次以不同形式，表示了对成吉思汗的敬意。

1940 年 7 月 24 日，由毛泽东、朱德亲自发起公祭成吉思汗，祭典在延安成吉思汗纪念堂举行。祭典同时也是成吉思汗纪念堂和蒙古文化陈列室的落成典礼。"成吉思汗纪念堂"几个字是毛泽东的手书。（李维汉：《回忆与研究》下册，中共党史资料出版社 1986 年版，第 464 页）

1945 年在重庆谈判期间，他在与于右任婿屈武谈话时，就于词歌颂成吉思汗，发表了己见："特别近期发表的《越调·天净沙·谒成陵》《天净沙·酒泉》等篇，笔力雄浑，气势磅礴。"接着毛泽东就朗声背诵"兴隆山畔高歌，曾瞻无敌金戈，遗诏焚香读过，大王问我：几时收复山河"（《天净沙·谒成陵》）；"酒泉酒美泉美，雪山雪白山苍，多少名王名将，几番回想，白头醉卧沙场。"（《天净沙·酒泉》）朗诵后又说："多么脍炙人口的好诗呀！我看此二曲可与马致远的《天净沙·秋思》相媲美，且气势更甚。"（《屈武回忆录》上册，团结出版社 2003 年版，第 323 页）

1964 年 3 月 24 日，毛泽东在一次谈话中说："可不要看不起老粗。知识分子是比较最没有知识的。历史上当皇帝，有许多是知识分子，是没有出息的。隋炀帝就是一个会做文章、诗词的人。陈后主、李后主都是能诗能赋的人。宋徽宗既能写诗，又能绘画。一些老粗能办大事情，成吉思汗、刘邦、朱元璋。"（《毛泽东评点二十四史精华详析》，中国档案出版社 1999 年版，第 130 页）

1956年9月24日，毛泽东同参加中国共产党第八次全国代表大会的南斯拉夫共产主义联盟代表团谈话时说，《吸取历史教训，反对大国沙文主义》一文中说："到现在还有人怀疑我们社会主义建不成功，说我们是假共产党，那又有什么办法呢？这些人吃完饭，睡完觉，就在那里宣传，说什么中国党不是真正的共产党，中国建不成社会主义，要建成那才怪呢！看吧，中国也许要变成一个帝国主义，除了美、英、法帝国主义以外，又出现了第四个帝国主义——中国！现在中国没有工业，没有资本，可是过一百年以后，那才厉害呢！成吉思汗复活，欧洲又要吃亏，也许要打到南斯拉夫去！要防范'黄祸'呀！"（《毛泽东文集》第七卷，人民出版社1999年版，第122—123页）

　　毛泽东还说过："保存成吉思汗的荣耀。"（特里尔：《毛泽东传》，人民出版社2010年版，第175页）

一、成吉思汗的武功

（一）取名铁木真

成吉思汗生于蒙古贵族世家，五世、四世叔祖曾为辽属部，官令稳、详稳，曾祖葛不律汗及其弟咸补海汗、伯祖父忽都剌汗都做过蒙古部主。其父也速该，有拔阿秃儿（勇士之意）称号，是一个有实力的贵族，后被塔塔儿人毒死，所部因此就分散了。经不断努力，铁木真联合札木合以及父亲的安答脱斡领勒，重组乞颜部，最后慢慢发展乃至统一蒙古。当时，今中国北方区域处在女真金朝统治之下。大漠南北草原各部各自独立，互不统属。金对其实行"分而治之"和屠杀掠夺的"减丁"政策。

1146年，蒙古部首领俺巴孩汗被金熙宗以"惩治叛部法"的名义钉死在木驴上。蒙古部落联盟曾经组织了多次反抗斗争，他们的几代先人为此付出了鲜血与生命。在这种社会环境下出生的铁木真，自然也将对金国的胜利看作是他一生中最主要的奋斗目标。

铁木真一直把这个仇恨记在心里，正是这种几代冤仇导致了草原内外的长期征战，铁木真的母亲诃额仑夫人出身于弘吉剌部，同蔑儿乞人赤列都结亲。1161年秋，蒙古乞颜部首领也速该在斡难河畔打猎，发现了途经蒙古部驻地的诃额仑。他在几位兄弟朋友的协助下，根据当时的"抢亲"传统，打败了蔑儿乞人，抢来了诃额仑夫人，于是诃额仑成为也速该的妻子。

第二年，也速该生擒塔塔儿部首领铁木真·兀格，恰好这时第一个儿子降生了。为了庆祝战争的胜利，也速该给自己刚出生的长子取名"铁木真"（蒙古语"精钢"的意思），以表示其武勇。

铁木真九岁时，他的父亲也速该带他到翁吉剌部落里去求亲。其首领德薛禅慧眼识人，一眼看出这个"目中有烨，面上有光"的孩子有着不同凡响的未来，当即决定将自己十岁的女儿孛儿帖许给铁木真。按风俗，也速该应将铁木真留在德薛禅处。然而，也速该却在归途中被塔塔儿人铁木真·兀格之子札邻不合毒死。也速该死后，俺巴孩汗孙泰赤兀部的塔里忽台趁机兴风作浪，煽动蒙古部众抛弃铁木真母子，使其一家从部落首领的地位一下子跌入苦难的深渊。

（二）"十三翼之败"

铁木真十八岁时，昔日仇敌蔑儿乞部的脱脱部长又抢走了他的妻子。铁木真向蔑儿乞部开战，打败了蔑儿乞人。1184年前后，铁木真被推举为蒙古乞颜部可汗。

铁木真称汗引起了雄心勃勃的札木合的忌恨。金大定末年，铁木真移营怯绿连河（今克鲁伦河）上游，独立建帐，广结盟友，选贤任能，宽厚待人，吸引许多蒙古部众和乞颜氏贵族来投，被推为可汗。约在金大定末年或明昌初，与札木合反目为仇。一天，扎木合的弟弟竟然劫走了铁木真部下的马群，铁木真的部下把他射杀了。如果按草原的传统习惯，这样做并不过分，盗马贼罪应处死的。扎木合则以为弟弟报仇为名，纠合塔塔儿、泰赤乌等十三部联军三万之众来攻，铁木真召集诸部兵三万，分十三翼（翼，意为营或圈子）迎战，失利退兵，史称"十三翼之战"。《元史·太祖纪》中说，成吉思汗"大集诸部兵，分十有三翼"。但因铁木真善于争取人心，致札木合部众纷纷叛附，反而壮大了力量。这是铁木真一生所经历六十余场战争中唯一一次战败。"十三翼之战"中，铁木真虽然在军事上失败了，但他却在道义上和政治上取得了重大的成功。

（三）统一蒙古各部落

随着自己力量的不断强大，铁木真开始向杀害父祖的敌人寻仇。击败主儿乞部，杀其首领，主儿乞部将木华黎父子投诚。后木华黎成为铁木真的第一猛将，封太师国王，让他独当一面地侵略中原。草原各部贵族害怕铁木真的崛起，推举札木合为"古儿汗"，意为众汗之汗，普众之汗，也有人称他为皇帝。札木合誓与铁木真为敌。他们组建合答斤部、撒勒史兀惕部、朵儿边都、塔塔儿部、亦乞列思部等十二个部落联军，向铁木真和克烈部发动了阔亦田之战。铁木真和汪罕兵分三路迎击：成吉思汗以老一辈贵族阿协坛、忽察儿和答里台三人分别担任先锋军统帅，汪罕以其子桑昆、弟弟扎合敢不以及别勒格乞为先锋军统帅。在这六个前锋面前设置了三个哨所，观察敌情。

一天晚上两军相遇，约定明晨大战。第二天一大早，铁木真、汪罕指挥军队抢先发起攻击，部队抢占了有利地形，与札木合联军对阵于阔亦田（今辉河南奎腾河附近）。札木合率领的乌合之众经不住铁木真、汪罕联军的猛烈打击，不到一天就土崩瓦解，札木合投降汪罕。随后铁木真进攻塔塔儿部，其首领札邻不合服毒自杀，塔塔儿部另一首领也客扯连投降。铁木真追击泰赤乌部，在指挥作战中被泰赤乌部将射中脖颈，生命垂危。第二天清晨，泰赤乌部众向铁木真投降。

泰赤乌部的覆灭，铲除了铁木真进一步地统一蒙古各部的巨大障碍，而这些部落几员部将如神箭手哲别、纳牙阿等却成为铁木真征服天下的得力助手和一代英雄，后来远征西辽消灭屈出律的是他们，第一次在西征中哲别和速不台作用最为特殊，追赶苏丹的是他们，活捉秃儿罕太后的是他们，败罗斯基辅大公的也是他们。

塔塔儿原是金国旧部，与蒙古有着世代的宿仇。俺巴孩就是被塔塔儿人送给金国处死的，也速该也是被塔塔儿人用药酒毒死的。后来，塔塔儿人又背叛了金朝，导致1196年金国军队大举进攻。铁木真认为这是为祖父、父亲报仇的好机会，立即约汪罕帮助金国一同出兵攻塔塔儿。1202年秋，铁木真集中兵力，攻破了塔塔儿人的寨子，捕杀了其首领，掠走了财物，消灭了其宿敌塔塔儿部。自此，塔塔儿便一蹶不振了。

1203年，在扎木合的挑唆下，汪罕父子计议请铁木真赴宴时杀死他。两个仰慕铁木真的奴隶知道后，连夜驰奔铁木真大营告密。汪罕父子只好领兵进攻，铁木真仓促迎敌于合兰真。会战结果是，汪罕因其子桑昆负伤坠马引兵退去；铁木真则因寡不敌众，也不得不收兵而退，途中，他点视军马，仅剩两千六百骑。行军至朱泥河（又名黑河）河畔，河已干涸，仅剩泥汁可饮。于是，他同众人下马，同饮泥水，发誓永不放弃。这就是"班朱泥河之盟"。不久，他乘追随汪罕的贵族发生分裂，经过三天三夜的激战，汪罕父子被打败。1204年，铁木真征服克烈部。

汪罕只身一人想投奔乃蛮部，在乃蛮边界被边将当作奸细杀死，其子桑昆身死异乡。

强大的克烈部被灭，铁木真占据了水草丰美的东部草原——呼伦贝尔草原。蒙古草原上只剩下乃蛮部还有力量能够与铁木真对抗，败于铁木真之手的各部贵族先后汇集于乃蛮汗廷，企图借助太阳汗的支持夺回自己失去的牛羊和牧场。乃蛮部位于西部蒙古，是铁木真的最后一个敌人。此时，乃蛮部已走向衰落，其首领太阳汗懦弱无能，又十分骄横，竟不自量力地整顿军队来进攻铁木真。1204年初夏，铁木真进攻乃蛮部。夏天马瘦，对于游牧民族来说，不宜出战。铁木真利用人们这种错觉，趁乃蛮部麻痹大意毫无准备之机，发动突然袭击，结果乃蛮部全军覆没，太阳汗身负重伤被擒，不久死去。经过这次纳忽崖之战，乃蛮部被其彻底消灭。这次胜利决定了铁木真成为全蒙古汗的地位。

（四）南征金国

蒙古国建立时，在其周围有金朝、西夏、畏兀儿等政权，再远一点有南宋、西辽等政权。蒙古各部大多归金朝管辖。蒙古国，以成吉思汗为首的统治集团，为了满足"各分土地，共享富贵"的欲望，凭借强大的军事力量和成吉思汗卓越的军事才能，大肆进行军事扩张。

成吉思汗元年（1206），蒙古高原百余个大小部落先后败亡，塔塔儿、克烈、蔑儿乞、乃蛮和蒙古五大部均统一在铁木真的旗帜下。铁木真遂在斡难河（今鄂嫩河）之源举行大聚会，建立也客·蒙古·兀鲁思（大蒙古国），被尊为成吉思汗（此号有"海洋"或"强大"的皇帝之义）。将怯薛军扩充至万人，称大中军。以兵民合一的千户制编组民众，上马则准备战斗，下马则屯聚牧养。命"四杰"博尔忽、博尔术、木华黎、赤老温为四怯薛长。

成吉思汗立国后，势力益盛，实行千户制，建立护卫军。开始对外发动大规模征服战争。经二十余年与西夏的战争，屡创西夏军主力，迫西夏国王乞降，除金朝西北屏障以顺利南下攻金。

金朝，汉文文献一致认为，女真是靺鞨（mò hé）部落中的一部，靺鞨的另一部分是被称为"黑水靺鞨"的七个部落，居住在黑龙江的中下游地区（"黑水"是黑龙江的诸多名称之一）。女真人的第一代祖先就源起于黑水靺鞨。女真族首领金太祖完颜阿骨打在统一女真诸部后，1115年于会宁府（今黑龙江省哈尔滨市阿城区）建都立国，国号大金。

金朝建国后，与北宋定"海上之盟"向辽朝宣战，于1125年灭辽，然北宋两次战辽皆败，金随即撕毁与北宋之约，两次南下中原，于1127年灭北宋。迁都中都时，领有华北地区以及秦岭、淮河以北的华中地区，使南宋、西夏与漠北塔塔儿、克烈等部落臣服而称霸东亚。

金世宗与金章宗时期，金朝政治文化达到最高峰，然而在金章宗中后期逐渐走下坡。金军的战斗力持续下降，即使统治者施予丰厚兵饷也无法遏止。女真族与汉族的关系也一直没有能够找到合适的道路。金帝完颜永济与金宣宗时期，金朝受到北方新兴大蒙古国的大举南侵，内部也昏庸内斗，河北、山东一带民变不断，最终被迫南迁汴京（今河南开封）。而后为了恢复势力又与西夏、南宋交战，彼此消耗实力。1234年，金朝在蒙古和南宋南北夹攻之下灭亡。

为了解除来自南面的威胁，成吉思汗六年（1208），他亲率大军伐金，开始了为时二十四年的蒙金战争。首战乌沙堡（今河北张北西北）获捷；再战野狐岭（今河北万全西北），金军据守有四十万人，一触即溃；再战会河堡（今怀安东南），成吉思汗实行中央突破，全歼金军主力；又战怀来（今属河北）、缙山（今北京延庆），大败金军，十余万金军精锐损失殆尽；重创金军于东京（今辽宁辽阳）、西京（今山西大同）、居庸关等地。后不断改变战法，蒙古军分兵三路攻掠中原腹地及辽西地区，到处抢掠财物，俘虏工匠。

成吉思汗七年（1212）三月，集兵大都（今北京）城下。料一时难以克城，遂遣使逼和，迫金朝奉上岐国公主、金帛和马匹，引兵退出居庸关。六月，以金朝迁都南京（今河南开封）"违约"为借口，乘金人心浮动之机遣部将三摸合拔都、石抹明安率军，会合降蒙乣（jiǔ，辽、金、元时代对被征服北方诸部族人泛称）军进攻中都，以围城打援和招降之策，于次年五月克城。为适应攻城需要，成吉思汗采纳部将建策逐步建立炮军，攻城以炮石为先。后来攻城作战，一次用炮即达数百座，迅即破城。同时，为吸取各民族的先进技术，四处掠夺工匠艺人，一城即掠数万。随后建工匠军，设厂冶铁制造兵器。在通信联络上创建"箭速传骑"，日速数百里，军令传递和军队调遣速度增快。善于发挥骑兵之长，有"蒙古旋风"之称。

成吉思汗十年（1215），成吉思汗封木华黎为太师、国王，指挥攻金战争。当时蒙古三路大军南下，"命皇子术赤、察合台、窝阔台为右军"，沿太行山东麓南下，连破保州、定州、邢州、卫、辉、怀、孟，再绕太行西麓北行，掠泽、潞、平阳、太原等地，拔汾、石、岚、忻，到代州、武州而还；"皇帝哈撒儿及斡陈纳颜、拙赤解、薄刹为左军，取蓟州、循海而东，破平、滦、辽西等返回；帝与皇子拖雷为中军"，自易州南下，至河北南部，经河南东北部，至山东澄州一带，直抵海滨，攻掠了山东全境。蒙古三路大军横扫中原，几乎攻占了黄河以北的所有郡县。1218 年，成吉思汗派大将哲别灭亡了被乃蛮太阳汗之子曲出律篡夺王位的西辽。于是，花剌子模算端统治下的中亚地区便与极力向外扩张的蒙古接壤。

（五）攻灭西夏

西夏（1038—1227）是中国历史上由党项人在中国西部建立的一个政权。唐朝中和元年（881），拓跋思恭占据夏州（今陕西横山），封夏州节度使、夏国公，世代割据相袭。1038 年，李元昊建国时便以夏为国号，称"大夏"。又因其在西方，宋人称之为"西夏"。

1038 年西夏立国时，疆域范围在今宁夏、甘肃西北部、青海东北部、内蒙古以及陕西北部地区。东尽黄河，西至玉门，南接萧关（今宁夏同心南），北控大漠，占地两万余里。西夏东北与辽朝西京道相邻，东面与东南面与宋朝为邻。金朝灭辽和北宋后，西夏的东北、东与南都与金朝相邻。西夏南部和西部是吐蕃诸部、黄头回鹘与西州回鹘相邻。国内三分之二以上是沙漠地形，水源以黄河与山上雪水形成的地下水为主。首都兴庆府所在的银川平原，西有贺兰山作屏障，东有黄河灌溉，有"天下黄河富宁夏之称"。西夏是党项族建立的王朝，党项族原本定居四川松潘高原一带。唐高宗时期受吐蕃压迫，最后在唐廷协助下迁移到河套陕北一带，分为平夏部与东山部，至此建立西夏的龙兴之地。881 年，因平夏部拓跋思恭平黄巢之乱有功，被封为夏州节度使，至此正式领有银州（今陕西米脂）、夏州（今陕西横山）、绥州（今陕西绥德）、宥州（今陕西靖边）与静州（今陕西米脂西）等五州之地。宋朝时，宋太宗并吞夏州节度使之地。然而李继迁不愿意投降，率部四处攻击，最后收复五州之地。攻下灵州后，将势力扩展到黄河河套地区与河西走廊。夏景宗李元昊继位后持续巩固河西走廊，并且开国称帝，疆域扩大到二十个州。

夏毅宗与夏惠宗时期时，夏廷对内进一步巩固统治，对外常与宋辽两国处于战争与议和的状态。大兴儒学，提倡汉文化与技术，废行蕃礼，改用汉仪。国势开始衰弱。

夏惠宗时宋朝正值王安石变法而国力增强，并在 1071 年由王韶于熙河之战占领熙河路，对西夏右厢地区造成威胁。西夏与宋朝贸易中断使经济衰退，战事频繁又大耗国力。

夏崇宗时期，宋廷执行"绍盛开边"政策。1114年，童贯经略西夏，率领六路宋军（包含永兴、秦凤两路）伐夏。宋军攻陷不少西夏堡垒。夏崇宗再度向宋朝表示臣服。此时西夏国势大不如以往。

1115年金国兴起，三国鼎立的局面被破坏，辽、北宋先后被灭，西夏经济被金国掌控。漠北的蒙古国崛起，六次入侵西夏后拆散金夏同盟，让西夏与金国自相残杀。西夏内部也多次发生弑君、内乱之事，经济也因战争而趋于崩溃。最后于1227年亡于蒙古。

夏桓宗天庆十二年（1205），蒙古建国的前一年，曾发兵攻略过西夏。蒙古建国后，矛头指向西夏和金国，采取先弱后强的战略，先发兵伐西夏。

西夏这个国家，与北方游牧民族克烈部非常友好。但是统领蒙古部的铁木真于1203年灭了克烈部，使西夏失去了一部分蒙夏间的缓冲。1205年，成吉思汗正式入侵西夏，发动第一次征夏战并洗劫了西夏边疆的一些市镇。

1206年，大蒙古国正式成立。成吉思汗为了征服另一个王朝——金朝，必须孤立金朝。而孤立金朝的方法就是消灭掉金与西夏之间的联盟，因此成吉思汗决定先消灭西夏。1207年，成吉思汗发动第二次征西夏之战，进攻斡罗孩城（今内蒙古乌拉特中后旗西境），术赤征服林木中百姓，但因西夏军队的抗击而以失败告终。1208年，成吉思汗从西夏撤兵。1209年，蒙古成功占领了高昌回鹘，这亦使西夏的河西地区失去蒙夏间的缓冲。后来蒙古第三次征夏，由河西地区开始入侵，攻击斡罗孩。西夏将领兼襄宗儿子李承祯战败，其大将高逸更加被俘。蒙古后来又拿下斡罗孩城，逼近克夷门—都城中兴府的最终防线。西夏大将嵬名令公虽然实行伏击计划，但仍然败给蒙古军队。因此，都城中兴府为蒙古军队所包围，且夏襄宗求救无门。最后，襄宗唯有给予蒙古大量赔款及接受蒙古"附蒙伐金"的条件，蒙古才接纳其求和。

1217年，成吉思汗发动第四次征夏战，原因为去年西夏拒绝协助成吉思汗进行西征。神宗因害怕蒙古大军，于是逃至灵州（今宁夏吴忠境内灵武附近），却令太子李德旺留在都城中兴府。李德旺唯有遗使求和。

1223年，夏神宗传位予李德旺，因为神宗不想成为一位亡国君主。

而李德旺就是夏献宗。经历了蒙古的入侵，夏朝上下才真正明白蒙古的野心，献宗便决定再次使用"联金抗蒙"的政策，再度和金朝结盟。西夏的策略便是借蒙古大军西征期间联合蒙古周边各国攻蒙，可惜正在驻守蒙古的大将李鲁发现了西夏的阴谋，便于1224年立刻自东向西攻击西夏，并成功拿下西夏的银州，捕获西夏大将塔海。1225年，成吉思汗回归后便立刻入侵西夏沙洲。西夏只好求和并答应蒙古的要求。

1226年，成吉思汗再度攻击西夏，原因是西夏违反了和约。这次战争最终灭掉西夏。领有主力军的成吉思汗首先拿下兀剌孩城以西的黑水城，后来又击败位于贺兰山的西夏大将阿沙敢不，最后才到达浑垂山（今甘肃凉州西南）。另一方面，蒙古大将阿答赤率另一支军队先后拿下甘州（今甘肃张掖市甘州区）、沙州（治所在今甘肃敦煌市西）和肃州（今甘肃酒泉市肃州区）等要邑。虽然途中遇到西夏大将和典也怯律的抵抗，要由成吉思汗平定才行，但大致上蒙古的进攻也是顺利的。看着蒙古的步步进迫，献宗因此过度忧虑而死，而帝位只好让南平王李睨登上，而李睨就是夏末帝，亦即西夏最后一位皇帝。

1226年8月，蒙古大军实行"黄河九渡"，成功占领应理（今宁夏中卫市区）、夏州（今陕西白城子村）等地，并决定围攻灵州。西夏将领嵬名令公带领援军协助抗敌，但最后仍然难以抵抗蒙古的入侵，战败身亡。而后，蒙古大军十分顺利地攻占积石州、西宁等地。直到此时，只差西夏最后领土—都城中兴府仍未失陷。

1227年，末帝出城投降，西夏正式宣告灭亡，而历时22年的蒙灭西夏之战亦宣告结束。拖雷后来依成吉思汗遗嘱杀掉末帝，蒙古大军随即于西夏都城中兴府屠城，大部分西夏建筑皆被破坏、毁灭。屠城最后因察罕的劝谏而告结束。

蒙古灭夏使金朝失去一盟友，亦使金朝失去西方一缓冲，导致金朝后来的灭亡。而蒙古亦因此能够进一步入侵中原，奠定日后统一中原的根基。

（六）西征花剌子模

蒙古军西征是世界历史上的一件大事。其所以发动西征，有其固有原因：蒙古原是一个游牧民族，它进行大规模西征，是当时国内和国外形势发展的必然结果。要知道蒙古民族对外征战的原因，首先必须了解蒙古国内的情况。

蒙古帝国是新兴的中央集权奴隶制君主国家。在成吉思汗统治下，开国功臣得到崇高的政治地位，人民亦得到富裕生活，蒙古此时已不只是纯朴的游牧民族。他们拥有强烈的欲望，希望得到更好的物质生活，所以对外征战成了最终结果。

另外，蒙古人信奉萨满教，认为"长生天"是主宰一切的最高神。凡人的一切都是由"长生天的意志"安排，成吉思汗被看作"长生天的代表"，平民都十分听从他的命令。成吉思汗认为，统治和征服世界是合乎"长生天的意志"，所以蒙古便展开一系列对外的战争。强大的军力亦是促成蒙古西征的重要因素。当时，成吉思汗拥有强大的武装军队，军种齐全，有骑兵、步兵、炮兵和工兵。军队组织严密，纪律性强，官兵平等，不会因为财力或势力而有所差别，所以士兵都忠心爱国，形成一股强大的战斗力，为大规模的西征做好准备。

蒙古帝国有着独特的社会环境和政府制度，促成他们有对外征战的野心。然而，真正引发三次西征的原因却是三件不同的事件。

花剌子模讹答剌城的海儿汗杀死了蒙古汗国的四百九十九名和平商人，其国王摩诃末又武断地杀死了成吉思汗派去交涉的正使。这成为成吉思汗西征的导火线。

第一次由元太祖铁木真率四个儿子御驾亲征，统骑兵二十万（一说六十万），前后用上了八年时间。

成吉思汗对花剌子模的进攻采取了"扫清边界，中间突破"的战略。花剌子模的新都撒马尔罕在不花剌以东，旧都玉龙杰赤在不花剌西北。国王驻新都，母后秃儿罕驻旧都。1219年，成吉思汗率二十万大军西征，向花剌子模发动了战争。成吉思汗首战的目标是攻取讹答剌等边界城市，同时亲率中军进攻不花剌，目的在于避实击虚，从中间突破，切断花剌子模新旧二都之间的联系，使其首尾不能相顾。这场战争打得最激烈的地方就是讹答剌城，海儿汗最后被活捉。成吉思汗为了给被杀的商队和使臣报仇，把融化了的银液灌在他的眼睛里。

花剌子模在当时相当强大，国王摩诃末苏丹号称世界征服者。中东地区和相邻的欧洲诸国都十分惧怕他，连斡罗思的不少公国也常常被他们袭扰，以致花剌子模的集市上常常有斡罗思（俄罗斯）人被拍卖。摩诃末不可一世、目空一切，他除了对母后有所忌惮之外，将西辽人、乃蛮人全不放在眼里。对于蒙古人，开始他知之甚少，太后的兄弟海儿汗贪财害死了蒙古商队，他并不赞成，也不知情，但因为太后支持国舅，他也只得以强硬的态度对待蒙古的使团。当时他真的相信那是一群野蛮的异教徒，骑着像兔子一样矮小的马，根本不堪一击。他第一次在西辽边境同哲别率领的蒙古小股部队遭遇的时候，才领略了蒙古人的战斗力。

面对着蒙古大军的进攻，摩诃末国王拒绝了集中兵力决战的建议，分兵把关、城自为战，导致被动挨打。而当蒙古大军日益逼近时，他又放弃都城和天险，率众逃跑，从未组织过一次像样的抵抗。根据成吉思汗的命令，蒙古名将哲别、速不台率军追击摩诃末。成吉思汗要求他们要像猎犬一样咬住自己的猎物不放，即使其躲入山林、海岛，也要像疾风闪电般追上去。1219 年，蒙古军围攻讹答剌城，次年攻克。1220 年，成吉思汗攻下不花剌、花剌子模新都城撒马尔罕（今乌兹别克斯坦撒马尔罕）等城，拖雷一军进入呼罗珊地区。躲入山林的秃儿罕王后被迫投降了，逃往海岛的摩诃末也悲惨地死去。哲别（？—1224，成吉思汗时大将）、速不台（1176—1248，成吉思汗、窝阔台时大将）率军继续西进，远抵克里米亚半岛。

摩诃末死后，哲别、速不台又挥军北上，进入钦察草原与斡罗思地区。因术赤与察合台意见不合，玉龙杰赤久攻不下。成吉思汗命令窝阔台为前线指挥，最后才攻下玉龙杰赤城（今土库曼斯坦乌尔根奇）。不可一世的花剌子模被消灭了，钦察骑兵和斡罗思诸公国也一败涂地，古印度河、伏尔加河一带成为激烈争夺的战场。花剌子模的王子札兰丁率领残部进行抵抗，在八鲁弯之战中一举消灭了近三万蒙古兵。但花剌子模大势已去，札兰丁被成吉思汗围困在申河边上，最后突围逃往印度，成吉思汗追至印度河，不获而返。1222年，在占领区设置达鲁花赤监治。1223年，还撒马尔罕过冬，次年启程回国。

哲别、速不台的军队在抄掠波斯各地，1223年越过大和岭（高加索山）在阿里吉河战役中战胜了（俄罗斯）罗思诸王与钦察汗的联军，再而进军乌克兹抵黑海北岸，后东返蒙古。回程时并将西夏消灭，以惩其拒出军西征。不久，于1227年成吉思汗病死于六盘山，享年71岁。待蒙军东归后，扎兰丁从印度回到波斯，图谋复兴。花剌子模旧将皆奉其为主。窝阔台继位后，立即派遣绰儿马罕去征讨企图重新兴起的花剌子模国，扎兰丁从都城挑里寺（今伊朗大不里士）出奔，次年为库尔德人所杀，花剌子模国正式灭亡。绰儿马罕的军队继续留守波斯，攻打诸国。至此完成了第一次蒙古的大规模西征。

这次西征，蒙古占领了今日的中亚细亚、里海、黑海北岸，并占领乌拉河、伏尔加河流减。成吉思汗又占领地分封给诸子。将里海一带、花剌子模国及钦察故地封给长子术赤；次子察合台则封于西辽故地，改名为"察合台汗国"；三子窝阔台则封于乃蛮，改名"窝阔台汗国"；而斡难河流减等蒙古故地，则封给四子拖雷。

至此，蒙古军队占领了今中亚直到欧洲东部和今伊朗北部的广大地区。成吉思汗把这些占领区分给三个儿子，命幼子拖雷统辖蒙古本土。成吉思汗死后，成吉思汗的帝国逐渐形成四个独立的汗国。他的继承人又有1235年至1241年的拔都西征，北路前锋攻破波兰，进至柏林附近，大破西欧联军；南路前锋则由波兰进入匈牙利、奥地利、威尼斯直达地中海。在此之后，蒙哥汗时期，又有公元1253年至1259年的西征。结果，建立了世界历史上横跨欧亚两大洲、领土空前广阔的蒙古大帝国。

（七）远征东欧、西亚

蒙古第二次西征是在太宗窝阔台灭金后一年，即太宗七年（1235 年）开始。窝阔台会集诸王大臣，议定遣各支宗王长子统兵，这次西征以钦察汗国太祖皇孙拔都（1209—1256，成吉思汗之孙、术赤子，钦察汗国的建立者，统辖也儿的石河，即今额尔齐斯河以西及斡罗斯地方）为统帅，带领大军十五万（一说五十万）大举出征钦察、斡罗思诸国。拔都又以速不台、鄂尔达、伯勒克、蒙哥（1208—1269，即元宪宗，蒙古大汗。1251—1259年在位。成吉思汗孙、托雷长子）等为先锋。

这次进军路线，是沿着阿尔泰山山蒙古灭不里阿儿、钦察，攻入斡罗思（俄罗斯）。三年之后，蹂躏了斡罗思大部分国土，包括了莫斯科，蒙军在莫斯科共屠杀了共 27 万的俄罗斯人。1241 年，拔都分兵三路，北路侵入孛烈儿（波兰）、西路攻马扎儿首都马茶城（匈牙利）。南路渡多瑙河入奥地利，直达意大利的威尼斯大破波兰及日耳曼联军于利格尼兹，北东欧各国震惊于蒙古鞑靼军的勇猛，大呼"黄祸"临头。欧洲各地纷纷组成自救联军，以亨利二世为指挥者，可是北欧及中欧的抵抗也是徒劳，蒙古大军大破联军并擒杀亨利二世。拔都进而攻陷匈牙利及俄罗斯，因为当时欧洲国君多腐败，故此，在拔都西征的战役中，东欧各国除了捷克与俄罗斯一部分国家还和蒙古打了几场硬仗外，其他极容易攻取，俄罗斯北部尽降，列入大蒙古帝国的地图。

由于在匈牙利蒙古军遭受到巨大的损失，再无力继续进军，加上于1242 年，传来了窝阔台的死讯，拔都遂率军东返，经瓦剌吉亚、穆尔达维亚等地，于 1243 年初到达并留驻于里河（今伏尔加河）下游的拔都斡耳朵。

蒙古大军征服俄罗斯，侵入波兰、匈牙利和其他地方，在欧洲大地引起一片惊慌。在一段时间内，英国人不敢出海，中断了与欧洲大陆的贸易活动；德国上下为之震恐。

1221 年至 1222 年，成吉思汗在攻灭花剌子模的战争中，占领了波斯东部及呼罗珊诸地。然而，由于当时的蒙古人于该地所占总人口比例小，无力控制当地的人民，使社会秩序出现一片混乱。其中，以呼罗珊地区在战争受害最为严重，甚至到达一个无法收拾的地步。元太宗窝阔台即位后，整个伊朗地区的骚乱尚未平息，更发生了札兰丁于北印度复辟的活动。因此便有了第三次西征。

于是窝阔台遂派大将绰儿马罕率军继续西征，消灭了花剌子模扎兰丁的残部，此动乱到1226年始平息。根据《史集》和《世界征服者史》的记载，绰儿马罕首先到呼罗珊，对叛逆者进行镇压，其结果反而使罗珊呈现一片混乱状态。绰儿马罕攻陷了一些地方，置八思镇守，但另外一些地方尚未臣服。

于是绰儿马罕遂派帖木儿和怯勒孛前去镇压，哈剌察败走罗珊，逃往昔思田堡，后被镇守于阿富汗西北地区的蒙古副统帅塔亦儿把阿秃八所镇压。窝阔台汗命成帖木儿为呼罗珊等地的总督。1235年，成帖木儿死，畏吾儿人阔里吉思继任。绰儿马罕自夷西行，于1230年末抵达阿塞拜疆。1240年，阿美尼亚王到林拜见窝阔台，命其仍统领原故地。1241年，绰儿马罕卒，拜住那颜继任其职。最后，终于征服了波斯（今伊朗）的大部分地区，并设立了管辖阿母河以西土地的行政机构。

蒙哥为了扩充拖雷家族的势力、征服里海以南的亦思马因派和报答哈里发，曾命各支诸王贵戚从自己的投下属民中抽取十分之二的人，组成一支大军，由其同母弟旭烈兀率领征讨尚未臣服的诸国，1252年八月，怯的不率领先头部队一万二千人出发。次年三月，渡过阿母河，向忽奇思丹发动进攻，占领其大部分地区。五月始围攻亦思马因派的据点之一——吉儿迭苦黑堡，用了两年时间才将该堡攻克。

此外，又命塔塔儿人撒里那颜出征怯失迷儿，以配合旭烈兀的军事行动，拼命为太宗朝时已西征至高加索地区的绰儿马罕所部军队归旭烈兀指挥。蒙哥还征集了一千名中国机手、火炮手、弓弩手和大量武器，交给旭烈兀使用。

旭烈兀的大军长途跋涉，经别十八里、阿姆河以北地区抵达波斯。当时，盘踞今伊朗马德兰诸山城的伊斯兰教亦思马因教派，被其他伊斯兰教徒们称之为"木剌夷"（Mulahidah），意思为"异端者"。立国已五百余年的阿拉伯阿拔斯王朝（黑衣大食）已经衰落，其直辖地区仅限于都城报达（今伊拉克首都巴格达）周围地区。旭烈兀于1256年，消灭木剌夷国。并于1258年攻陷报达，杀末代哈里发。1259年，西征军兵分三路入侵今之叙利亚地区。汉地的各种火药武器在诸次战斗中发挥了很大的威力。次年春，占领了叙利亚首都大马士革。叙利亚苏丹纳昔儿被蒙古俘虏。战事尚未结束，即传来了元宪宗蒙哥死去的消息，旭烈兀遂退返回到波斯之地，留先锋怯的不花率两万士兵继续作战。1260年，怯的不花劝告埃及国王忽秃思投降。然而他们不仅杀死了怯的不花的使者，还率兵出征，怯的不花的军队在阿音扎鲁特被密昔儿（埃及）、算端忽秃思击败，怯的不花的妻子儿女和亲族全被俘虏，另外，各地方的蒙古官员被杀，蒙古西征的锋芒终于被遏制住了，而留叙利亚的一般蒙古居民则退居到木地区。旭烈兀在西征结束后，一直留镇波斯，没有再回到东方，波斯这块肥美的土地就这样落到拖雷家族的手中。

蒙古汗国军三次西征，是一个世界性的、空前的重大历史事件。西征的影响，无论在时间或地域上，抑或是人们的观念上，都是极其深远的。

蒙古军三次西征，给元朝奠下了根基，亦使中西经济及文化得以交流，东西方频频交往，国与国之间的距离缩短，促使了各地的民族大融和，对社会的发展起了推动作用。有蒙古史学家认为："由于成吉思汗及其子嗣的西征行动，将我国的三大发明逐渐传到西方，间接地影响欧洲的文艺复兴，这一份对人类文化的贡献，揭开现代世界的序幕，其功绩则绝非亚力山大可以比拟的。"

二、成吉思汗的文治

成吉思汗不仅是一个杰出的军事家，而且也是一个出色的政治家。他不仅武功盖世，文治也颇有建树。举其大者有如下数端：

（一）领户分封

军队是国家政权的主要组成部分。有兵就有权，兵强则国固。在以征服战争为职业的历史阶段尤其如此。因此，成吉思汗统一蒙古草原后第一件事就是大封功臣、宗室，他把在战争中已经实行的千户制进一步地完善和制度化，创立了军政合一的千户制，先后任命了一批千户官、万户官和宗室诸王，建立了一个层层隶属、指挥灵活、便于统治、能征善战的军政组织。成吉思汗把占领区的人户编为九十五个千户，分封给开国功臣和贵戚们，分别进行统治。

《史集》和《蒙古秘史》——列举了这些千户官的姓名、出身、主要经历以及各千户的组成情况，其中包括七十八位功臣，十位驸马，有三位驸马共领有十千户，因此当时实际分封的只有八十八人，这就是蒙古汗国历史上著名的八十八功臣。千户制的建立，标志着部落和氏族制的最后瓦解。这是一种军事、政治、经济三位一体的制度，是蒙古汗国统治体制中最重要的一环。建立特殊功勋的那颜，还被授予种种特权，那颜阶层是成吉思汗"黄金家族"统治蒙古人民的支柱。这实际上是用战争打败了原来各部的奴隶主和氏族贵族，又重新培植了一个新的奴隶主阶层，这是以成吉思汗所在的"黄金家族"为主、各级功臣为辅的新的奴隶主阶层。

（二）创造蒙古文字

蒙古族原来没有文字，只靠结草刻木记事。在铁木真讨伐乃蛮部的战争中，捉住一个名叫塔塔统阿的畏兀儿人。他是乃蛮部太阳汗的掌印官，太阳汗尊他为国傅，让他掌握金印和钱谷。铁木真让塔塔统阿留在自己左右，"是后，凡有制旨，始用印章，仍命掌之"。不久，铁木真又让塔塔统阿用畏兀儿文字母拼写蒙古语，教太子、诸王学习，这就是所谓的"畏兀字书"。从此以后，蒙古汗国的文书，"行于回回者则用回回字"，"回回字只有二十一个字母，其余只就偏旁上凑成。行于汉人、契丹、女真诸亡国者只用汉字"。而在一个相当时期内，在蒙古本土还是"只用小木（二三寸长的小木楔）"。"回回字"就是指的"畏兀字书"。虽然忽必烈时曾让国师八思巴创制"蒙古新字"，但元朝退出中原后就基本上不用了，而"畏兀字书"经过14世纪初的改革，更趋完善，一直沿用到今天。塔塔统阿创制蒙古文字，这在蒙古汗国历史上是一个创举。正是由于有了这种文字，成吉思汗才有可能颁布成文法和青册，而在他死后不久成书的第一部蒙古民族的代史——《蒙古秘史》，就是用这种畏兀字书写成的。

（三）颁布文法

在成吉思汗统一蒙古以前，由于蒙古族还没有文字，因此也不可能有成文法。1206年成吉思汗建国时，就命令失吉忽秃忽着手制定青册，这是蒙古族正式颁布成文法的开端。但蒙古族的第一部成文法——《札撒大典》却是十几年之后，在西征花剌子模之前制定的。据《史集》记载，1219年，"成吉思汗高举征服世界的旗帜出征花剌子模"，临出师前，"他召集了会议，举行了忽里勒台，在他们中间对自己的领导规则、律令和古代习惯重新做了规定"，这就是所谓《札撒大典》。志费尼在《世界征服者史》中专门写了一章"成吉思汗制定的律令和他兴起后颁布的札撒"，其中说："因为鞑靼人没有自己的文字，他便下令蒙古儿童习写畏兀文，并把有关的札撒和律令记在卷帙上。这些卷帙，称为'札撒大典'，保存在为首宗王的库藏中。每逢新汗登基、大军调动或诸王会集共商国是和朝政，他们就把这些卷帙拿出来，依照上面的话行事，并根据其中规定的方式去部署军队，毁灭州郡、城镇。"现在，《札撒大典》已经失传，但在中外史籍中还片断记载了其中一部分条款。在蒙古社会中，大汗、合罕是最高统治者，享有至高无上的权威，大汗的言论、命令就是法律，成吉思汗颁布的"大札撒"记录的就是成吉思汗的命令。成吉思汗的"训言"，也被称为"大法令"。

（四）实行开明的宗教政策

成吉思汗及其子孙建立的蒙古汗国横跨欧、亚两洲，当时世界上的各种宗教在其统治的范围之内几乎应有尽有。其中包括蒙古人原来信奉的萨满教，西藏、西夏和汉人信奉的佛教，金和南宋的道教、摩尼教，畏兀儿和西方各国信奉的伊斯兰教（回回教、答失蛮），蒙古高原一些部落乃至钦察、斡罗思各国信奉的基督教（包括景教，即聂斯托利派；也里可温，罗马派），等等。蒙古贵族征服天下，基本上是采取屠杀和掠夺政策，但其宗教政策却比较开明，并不强迫被征服者改信蒙古人的宗教，而是宣布信教自由，允许各个教派存在，而且允许蒙古人自由参加各种教派，对教徒基本上免除赋税和徭役。实行这一政策，在一定程度上减少了被征服者的反抗，对蒙古贵族的得天下和治天下都曾发挥过不小的作用。

随着中亚、波斯等地被征服，来到东方的回回人空前增加。蒙古贵族利用回回上层和富商大贾作为压迫与剥削中原汉民的帮手，如花剌子模人牙剌瓦赤，不花剌贵族赛典赤赡思丁，富商奥都剌合蛮、阿合马等，都在统治机构中担任很重要的职务。移居漠北与中原各地的回回人被允许保留自己的宗教信仰，在其聚居地建立清真寺，回教教师答失蛮、苦行者迭里威失，享受与僧道、也里可温同样的免税待遇。但一般的回教徒——木速鲁蛮则同编民一样要交纳赋税，负担差役。

总之，在中国，由于蒙古人采取信仰自由和兼容并包的政策，伊斯兰教趁机往东发展，大批穆斯林迁居来华，为穆斯林民族的形成奠定了基础。自忽必烈以后，元朝统治者主要提倡喇嘛教，西藏人八思巴被尊为"大宝法王""大元帝师"。以后每一帝师死，必自西藏取一人为嗣，一直到元朝灭亡。由此佛教掌握了西藏地方的政权，并将教义传入了蒙古地区。

三、死亡及陵墓之谜

成吉思汗二十年（1225）秋，经过七年西征的成吉思汗回到了蒙古草原。因西夏背盟，主将木华黎含恨而死，成吉思汗不顾六十四岁高龄，坚持亲征西夏。途中围猎受伤，高烧不起，但他仍不退兵。西夏王被迫派使者求降。

成吉思汗二十一年（1226），成吉思汗率军十万歼灭西夏军主力（次年西夏灭亡）。他正欲集中全力攻金，于二十二年七月十二日（1227年8月25日）在六盘山下清水县（今属甘肃）病逝，享年六十六岁。成吉思汗病危、在六盘山休养时，留下了三条著名的遗嘱：告诫儿子们要齐心协力抵御敌人，要尊崇朋友，儿子窝阔台继位；利用宋金世仇借道宋境，联宋灭金；以及如何彻底灭西夏的具体意见。其子窝阔台和拖雷遵此遗策，于窝阔台汗六年（1234）灭金。

成吉思汗虽然未能在自己的有生之年灭亡西夏，更未能征服中原，却为自己的子孙留下了灭夏、灭金的方略。

关于成吉思汗的死因，大概有雷击、被刺、中箭、坠马、病死等五种，多与西夏有关。

在成吉思汗众子中，最为著名的四位分别是术赤（1177—1225，成吉思汗长子，他得到咸海以西、里海以北地区）、察合台（？—1242，成吉思汗次子，其封地在西辽旧地，后称察合台汗国）、窝阔台（1186—1241，即元太宗。蒙古大汗，成吉思汗三子，1129—1241年在位）和拖雷（1193—1232，成吉思汗四子，其封地在蒙古本部）。成吉思汗分封了术赤和察合台为国主，钦定窝阔台为继承人。成吉思汗死后，拖雷自动退出继承人的选拔、拥护自己的三哥窝阔台。征服金朝后，拖雷去世。

成吉思汗病死在六盘山，葬于今天蒙古国境内的肯特山起辇谷。蒙古族盛行"密葬"，故真正的成吉思汗陵究竟在何处始终是个谜。现今的成吉思汗陵是一座衣冠冢，经过多次迁移，直到1954年才由青海省湟中县的塔尔寺迁回故地内蒙古伊金霍洛旗。

成吉思汗陵墓坐落在内蒙古鄂尔多斯草原中部的鄂尔多斯市伊金霍洛旗甘德利草原上，距包头市一百八十五公里。蓝天绿草之间，三座蒙古包式的大殿肃然伫立，明黄的墙壁、朱红的门窗、辉煌夺目的金黄琉璃宝顶，使这座帝陵显得格外庄严。陵园占地面积五万多平方米，主体建筑由三座蒙古包式的大殿和与之相连的廊房组成。陵园分作正殿、寝宫、东殿、西殿、东廊、西廊六个部分。整个陵园的造型犹如展翅欲飞的雄鹰，极富浓厚的蒙古民族艺术风格。

成吉思汗作为一个杰出的军事家，千百年来受到各国的政治家、军事家和名人学者的称赞。

中国革命的伟大先行者孙中山先生说："亚洲早期最强大的民族之中元蒙古人居首位。"

毛泽东将成吉思汗称为"一代天骄"，将他与中国历史上著名的帝王秦皇、汉武、唐宗、宋祖相提并论，认为他是能"办大事情"的"大老粗"，并且亲手题写成吉思汗陵几个大字，对西方人散布的所谓"黄祸"论，予以严词驳斥。

马克思曾说："成吉思汗戎马倥偬，征战终生，统一了蒙古，为中国统一而战，祖孙三代鏖战六七十年，其后征服民族多至720部。"在《马克思印度史编年稿》一书中，马克思写道："成吉思汗在统一蒙古的过程中组建了一支军队，他依靠这支军队征服了东蒙与华北，然后征服了阿姆河以北的地方与呼罗珊，还征服了突厥族地区，即不花剌、花剌子模和波斯，并且还侵入印度。他的帝国的疆土从里海一直沿伸到北京，南面伸展到印度洋和喜马拉雅山西面到阿斯特拉汗和嘉桑。他卒后，这个帝国分为钦察汗国、伊儿汗国、察合台汗国、窝阔台汗国和元朝；前四部分由汗统治；最后一部为帝国的主要部分由大汗直接统治。"

印度前总理尼赫鲁在《怎样对待世界历史》一书中说："成吉思汗即使不是世界上唯一的、最伟大的统帅，无疑也是世界上最伟大的统帅之一。"

十九世纪，法国伟大的军事家、政治家，法国第一帝国的缔造者拿破仑说："我不如成吉思汗。不要以为蒙古大军入侵欧洲是亚洲散沙在盲目移动，这个游牧民族有严格的军事组织和深思熟虑的指挥，他们要比自己的对手精明得多。我不如成吉思汗，他的四个虎子都争为其父效力，我没有这种好运。"

成吉思汗不仅武功无人可及，而且文治颇有建树。他亲自建立的蒙古军事制度、护卫制度、政治制度、行政区划以及法律条例等，大大推动了蒙古的进步。他建立蒙古帝国以后，使蒙古民族跃上了世界舞台，这是成吉思汗对中华民族历史的宝贵贡献。

明太祖朱元璋

『是个放牛娃出身』

朱元璋（1328 年 10 月 21 日至 1398 年 6 月 24 日），濠州钟离（今安徽凤阳东北，一说今安徽明光明东镇赵府街道）人，幼名重八，参加农民起义军后改名元璋，字国瑞，元末农民起义军首领，明朝开国皇帝，史称明太祖 1368—1398 年在位，卓越的军事家、战略家、政治家。

毛泽东对朱元璋评价甚高，归纳起来有以下几点：一、肯定他是农民起义领袖；二、认为他很能打仗，在历代皇帝中，最会打仗的是李世民，其次就是朱元璋；三、他是大老粗，却"能办大事情"，他和刘邦、成吉思汗都是这类人物；四、他是明朝皇帝中搞得最好的一个。

一、苦难少年

（一）"朱元璋是个放牛娃出身"

毛泽东是农民的儿子，自幼对和尚皇帝朱元璋就十分感兴趣。他少年时读民间流传的稗史演义《大明英烈传》，给他留下了深刻的印象。

20世纪20年代初，毛泽东在广州农民运动讲习所讲授《农民问题》，当讲到元末农民起义时，他说："元末，朱元璋是一个和尚，平时睡着了常作'天'字形，郭子兴见而奇之，收入部下，后代子兴而起。初犹能代表农民利益，以后遂代表地主的利益，故能贵为天子。"（王子今：《毛泽东与中国史学》，中共中央党校出版社1993年版，第107—108页）

这是毛泽东对朱元璋一生的定位，以后他评价朱元璋的功过是非都是从这一定位出发的。

1939年，由毛泽东修改定稿的《中国革命和中国共产党》第一章《中国社会》中，把前期的朱元璋界定为农民起义领袖，称他领导的农民起义，与秦末陈胜、吴广及唐末黄巢、明末李自成等所领导的起义，"都是农民的反抗运动，都是农民的革命战争"。（《毛泽东选集》第二卷，人民出版社1991年版，第625页）

1954年5月16日，毛泽东带着侄子毛远新和随行人员去参观北京古观象台。在参观古观象台以后，沿着城墙走了一百多米。毛泽东一边笑，一边走。他与我们聊起朱元璋当皇帝的故事。毛泽东说，朱元璋是安徽凤阳人，明朝的开国皇帝。由于他出身贫穷，为了谋求生机，出家为僧。朱家生了8个孩子，只活下6个，4男2女，朱元璋排行最小，小名叫重八。这一年遇上了百年罕见的旱灾和瘟疫，他的父母和兄长都被夺去了生命。当时，年仅17岁的朱元璋埋葬了双亲，便离开了亳州，开始了他的游荡生涯。他为生活所迫常到安徽、河南，往返七八次，往返搬家，接触了社会，又经游历而充实他的历史知识。（张随枝：《红墙内的警卫生涯》，中央文献出版社1998年版，第143页）

朱元璋的出身阅历，毛泽东说得一点不错。朱元璋（1328—1398），小名重八，初名兴宗，字国瑞，濠州钟离人，出生在一个贫苦农民家庭。祖籍沛县（今江苏沛县），后来迁到金陵句容（今江苏句容）朱家巷，再迁到泗水盱眙（今江苏盱眙），后又迁到灵璧（今安徽灵璧）、泗县（今安徽泗县）。祖上数代都是庄稼汉，由于忍受不了地主的残酷剥削和官府的横征暴敛，几经迁徙，直到他父亲这辈才在濠州落户。先是住在钟离东乡，后来才搬到西乡孤庄村安家。

朱元璋的父亲名叫朱世珍，乡人都叫他朱五四，一辈子做佃客（长工），生活十分贫困。母亲陈氏，一共生了8个孩子，只活了6个，4个男孩2个女孩，朱元璋是最小的一个，排行第八，所以叫重八。据说陈氏刚怀朱元璋时，做了一个奇怪的梦。梦见一位神仙送给她一丸药，放在手中闪闪发光，她吞服以后就睡了，到她睡醒时，还觉得余香满口。朱元璋出生时更是奇怪，整个屋子都是红彤彤的。从此以后，有好几次夜里有火光升起。左邻右舍看见，以为是发生了火灾，急忙跑去相救，但到了朱元璋家里却一点火光也看不见。当然，这都是后来为了神化朱元璋编造出来的，不足为信。

朱元璋出生的头几天，腹部肿胀，不会吃奶，家人非常着急。朱五四做了一个梦，梦里重八快不行了，他跑到一个庙里去，想求神灵保佑，却不见人，只好把生病的重八又抱了回来。恰在这时，他梦醒了。见重八哭着开始吃奶了。于是，认为是神明保佑。童年的重八营养不良，非常弱，经常生病。朱五四想起当年的梦，便到村西南的皇觉寺许愿，把朱重八舍给了寺院，方丈高彬和尚接受了。

到了上学的年龄，父亲勉强把朱重八送到村里私塾，读了几个月便辍学了。

元朝末年，社会矛盾已十分尖锐。元顺帝至正三年（1343），濠州大旱。次年春天，淮河流域又发生了蝗灾，庄稼蝗虫被吃光，基本绝收，接着瘟疫又流行起来，旱灾、蝗灾一并发生，大饥荒、大瘟疫同时降临。百年不遇的灾荒和瘟疫弄得人吃人，狗吃狗，老鼠饿得啃砖头。真是哀鸿遍野，饿殍满地。人员和牲畜大批死亡，侥幸不死的人背井离乡，四处逃荒。灾难同样也降临到朱元璋的家里。首先是他64岁的老爹朱五四一病不起，离开人世，接着兄重四、重七和母亲也相继身亡，家中贫穷无法安葬，还是同村好心的刘继祖送给他一块墓地，才得以把父母和哥哥安葬，后来的凤阳皇陵就在此地。

明太祖朱元璋洪武十二年（1379），已经当了皇帝的朱元璋在为父母写的皇陵碑文中，就有无力安葬亲人的回忆："殡无棺椁，被体恶裳，浮掩三尺，奠何肴浆！"为了感谢刘继祖的赠地之恩，朱元璋特下诏追封刘继祖为义惠侯。《明太祖文集》卷一《追封义惠侯刘继祖诰》说："朕昔寒微，生者为及食之苦，死者急无阴宅之难。吁！艰哉！尔刘继祖发仁惠之心，以己之沃埌慨然惠朕，朕得斯地，乐葬皇考妣于是，至今难忘。"说出了这位贫苦农民出身的皇帝早年生活的艰辛。

家破人亡的惨剧，使年仅17岁的朱元璋和哥哥重六相依为命。两个孩子孤苦伶仃，无依无靠，简直不知道该如何生活下去，朱元璋只得给地主刘德去放牛。有一天，徐达、汤和等小伙伴饿得实在受不了，他就自作主张把一头小牛杀了让小伙伴们吃。吃过之后，把牛皮和骨头掩埋好，血迹用土盖好。小伙伴都怕朱元璋没法向地主交差呢？他想了一个办法，把牛尾巴插到一个山脚下的石缝里，回去向东家说，牛钻到山缝里，拉不出来了。刘德哪里肯信，就在他的带领下去验证。他们到了那里，天已经黑下来了，在火把的照耀下，果然看见山缝里露出一条牛尾巴，但不管怎么用力拔，就是拔不出来，而且拔时还会"哞哞"叫，地主虽然无话可说，但还是把他辞掉了。人们可能会问，牛尾巴怎么会叫唤呢？原来这条石缝通到一个山洞，他们商量好让同伴徐达在牛尾巴拴了条绳子，当他们拉牛尾巴时，徐达在里边死死拽住，并学小牛叫，这样，朱元璋凭着自己的聪明智慧就把东家糊弄过去了。徐达、汤和等这些儿时的伙伴，后来都成了朱元璋的开国大将。

（二）"朱元璋是一个和尚"

牛放不成了，朱元璋又准备再找个吃饭的差使。他突然想起年幼时曾许过愿，长大要舍身当和尚。于是，他拜别了哥哥重六，来到了村西南的皇觉寺，高彬长老收他为徒，剃度为僧，法名元龙。他识字不多，不能诵经念佛，只在寺里干些粗杂活，被称作行童，算不得一个真正的和尚。

所谓和尚，梵语"upadhyaya"在古西域语中的不确切音译，为印度对亲教师的通称。在中国则常指出家修行的男佛教徒，有些也指女僧。宋人庄季裕《鸡肋编》卷上："京师僧谓'和尚'，称曰'大师'；尼讳'师姑'，呼为'女和尚'。"朱元璋当时只在寺院里干些杂活，实际上就是勤杂工。大家知道开国上将许世友，年轻时在少林寺当过7年和尚，干的也是杂活，和朱元璋差不多。

朱元璋在皇觉寺住了下来，但寺里的生活也不好过。寺里虽有些田产，但收入有限，主要靠施主施舍。这样的大灾之年，很多人连自己的肚子都填不饱，谁还肯施舍？没人施舍，寺里的主要财源就断了，和尚的生活也没法维持。寺院方丈高彬法师无计可施，只好停办伙食，打发寺里的和尚出门云游，自谋生路。朱元璋在皇觉寺一共待了五十多天，便成了一名行脚僧，怀揣钵盂云游去了。

所谓行脚僧，本指僧人为寻师求法而步行游食四方。说通俗一点，就是僧人拿个钵盂（饭碗）四处讨要，既要饭食充饥，也要钱财布施。大家看过《西游记》，每当唐僧师徒饿了，就拿那个紫金钵盂去讨要饭食。所以，行脚僧实际上就是讨饭的和尚。

朱元璋一路流浪，一路乞讨，过了一个多月，才游食到了合肥（今安徽合肥）。在路上生了病，有两个穿紫色衣服的人始终和他寸步不离，对他照护得十分周到。痊愈以后，那两个人便不知去向。

有一次，他没有化到斋饭吃，夜里饿得实在受不了，便到一户人家家里去偷东西吃，当他摸到人家的厨房吃了些东西，临走又把人家的铁锅顶在头上，偷走了。可他一看，天快亮了，他要再出去，就可能被捉住。

于是，他祷告说：老天爷，你再黑一会儿吧！说罢，天突然又黑了下来，在黑暗中他赶快逃了出去。黎明前的一阵儿黑暗，据说就是从朱元璋这里来的。

朱元璋先后云游到光州（今河南光山）、固州（今河南固始）、汝州（今河南临汝）、颍州（今安徽阜阳）等地，在外漂泊了整整三年。直到至正七年（1347），才又回到皇觉寺。在这三年中，朱元璋到过淮北、豫南许多地方，饱尝了颠沛流离之苦，熟知这一带的山川形势、风土人情、民间疾苦，丰富了社会阅历，磨炼了意志。正如他后来回忆说："众各为计，云水漂扬。我何作为，百无所长。依亲自辱，仰天茫茫。既非可倚，侣影相将，突朝烟而急进，暮投古寺以趋跄，仰穹崖崔嵬而倚碧，听猿啼月而凄凉。魂悠悠而觅父母无有，志落魄而泱佯。西风鹤唳，俄淅沥以飞霜。身如蓬逐风不止，心乎沸汤。"（《皇陵碑》，《洪武御制全书·太祖御制文集》卷十六）这段艰难困苦的生活磨难，造就了他勇敢坚毅的性格，也形成了他残酷、猜忌的品性，对他以后事业的成功有重要意义。

二、"自古能军无出李世民之右者，
其次则朱元璋耳"

（一）"马上皇帝朱元璋"

历史上常常有这样一些人，由于时代的风云际会，使他能叱咤风云、平步青云，"朝为田舍郎，暮登天子堂。"朱元璋就是这样一位人物。在中国历史上，由和尚而得天下的只有他一个。他之所以能成就一番帝业，原因固然很多，但他的卓越的军事才能起了决定作用，他和唐太宗李世民一样，也是一位马上皇帝，他的皇位是通过出生入死的打拼夺来的。

毛泽东对朱元璋的军事才能评价很高。他在读冯梦龙《智囊·孙膑》一文中批注道："所谓以弱当强，就是以少数兵力佯攻敌诸路大军。所谓以强当弱，就是集中绝对优势兵力，以五六倍于敌一路之兵力，四面包围，聚而歼之。自古能军无出李世民之右者，其次则朱元璋耳。"（《毛泽东读文史古籍批语集》，中央文献出版社1993年版，第66页）

冯梦龙在《孙膑》一文中，引述了唐太宗李世民和南宋高宗赵构及其名将吴玠的话，指出"以弱当强，以强当弱"，用的是战国著名军事家孙膑的"驷马法"。

所谓驷马法，是孙膑为齐相田忌在赛马中出的高招："今以君（田忌）之下驷（劣马）与彼之上驷（好马），取君之上驷与彼中驷，取君中驷与彼下驷。"结果"田忌一不胜而再胜"，换句话说，三局二胜。

毛泽东认为："自古能军无出李世民之右者，其次则朱元璋耳。""无出李世民之右者"，就是没有人谁能超过李世民。

"右"，古代崇右，故以右为上、为贵、为高。《管子·七法》："春秋角试，以练精锐为右。"尹知章注："右，上也。"这是就中国历代的皇帝来说，李世民最会打杖，第二个会打仗的便是朱元璋了。这个评价很高，也符合实际。

毛泽东对朱元璋的军旅生活也很熟悉。还是在那次谈话中，他对毛远新说：当时河南南阳和安徽淮南，是白莲教内两大教派活动的中心，出游期间他（朱元璋）不可能不接触白莲教。出游返乡后，又加入了郭子兴的红巾军，初为部卒，由于他作战勇敢，才智过人，很快被郭子兴收为心腹。

说着，上了城墙，主席又讲起来朱元璋的故事。

郭子兴死后，朱元璋就把这支义军牢牢地掌握在自己手中了。

毛泽东对朱元璋的军旅生活的述说，大体上是对的，只是太粗略些。

朱元璋当行脚僧，四处云游时，正是元朝末年农民大起义的前夜。社会上广泛流行着"明王出世，普救众生"的说法，制造改朝换代的舆论。一场全国规模的农民大起义就要来临了。

当时民间盛行一种假借"弥勒下生"的民间秘密宗教团体白莲教，农民起义就利用它作为组织工具。河北栾城人韩山童的爷爷，因传播白莲教，被谪贬永年（今河北永年）白鹿庄。韩山童（？—135）继续宣传教义，说是天下将要大乱，弥勒佛降生，明王要出世。又说他是宋徽宗八世孙，当为中原之主。

元惠宗妥懽帖睦尔至正十一年（1351）五月，韩山童、刘福通聚集3000人，在家乡杀白马黑牛，以红巾包头和红旗为号，宣誓起义，他被推举为明王，点燃了元末农民大起义的熊熊烈火。

八月徐寿辉、彭莹玉、邹普胜等利用白莲教在蕲水（今湖北浠水）组织起义，攻下蕲水。彭大、李二、赵均用在徐州起兵。方国珍在这之前也在海上起事了。起义很快传遍全国，起义军都用红巾包头，所以叫"红巾军"。

次年二月，定远（今安徽定远）人郭子兴、孙德崖等五人也率众在州起兵响应，袭杀州官，占据濠州城，并接受颍州刘福通的领导。这些起义军各拥有部众数万人，据有自己的地盘，并且设置将帅，杀官吏，攻城掠县，红红火火。

郭子兴（1302—1355），定远（今安徽定远）人，元末群雄之一，江淮地区的红巾军领袖，是后来使明太祖朱元璋后来能崛起的关键人物。

郭子兴家有财产，平时结交不少人物壮士，元末大乱，他于至正12年（1352），他集结数千人取得濠州，即此时他任用朱元璋为十夫长，因朱元璋的战功而重用。郭子兴1355年病逝，其势力大抵为朱元璋所继承，朱元璋于1370年追赠他为滁阳王。

关于"红巾军"的故事，毛泽东非常熟悉。1945年6月17日，中共七大代表及延安各界代表在中央党校大礼堂举行中国革命死难烈士追悼大会，毛泽东发表讲话。当讲到"红军"史时，他说："中国历史上没有红军，要说有就是明朝朱洪武起过一次'红军'，他们打的旗子是红旗。有人以为红军这个名称一定是外国来的，我说不一定，你就只知道外国的事情，中国祖宗的事情就不知道。"（《毛泽东文集》第三卷，人民出版社1996年版，第434页）

朱元璋看到轰轰烈烈的农民大起义，再也不愿在清灯古佛旁过生活了。一天，他收到在郭子兴部队的同乡汤和写给他一封信，说自己已是军中的一个小头目了，希望他去投奔红巾军。

汤和（1326—1395），字鼎臣，是朱元璋的同乡、儿时伙伴，幼时一同玩耍，一同放牛，现在当军官了，怎能不使朱元璋跃跃欲试呢？为了慎重起见，朱元璋虔诚地在神像前求签问卜，结果却是外出和留下都不吉利。于是，他心想："莫非该举大事不成？"结果得了个上上大吉的好签，这帮他下了决心。一位师兄偷偷地告诉他，汤和给你来信的事有人知道，要报告官府请赏呢！恰在这时，皇觉寺被乱兵烧毁，朱元璋无处存身。于是，在当年闰三月初一，在汤和的引荐下，他到濠州投奔了郭子兴。这一年，朱元璋25岁。

朱元璋入伍以后，打仗机智勇敢，每战必胜，又粗通文墨，很会处事。每当郭子兴与赵德崖发生矛盾的时候，朱元璋总是居中调停，保护郭子兴。所以，朱元璋很快便得到了郭子兴的赏识。郭子兴把朱元璋从一个普通士兵提升为自己的亲兵十夫长，并把他抚养的马公的女儿马氏嫁给朱元璋为妻，她就是后来的大脚马皇后。

朱元璋成了元帅郭子兴的女婿，并给他起了一个官名叫元璋，是颇有深意的。元者，大也。璋，玉器名，状如半圭，古代朝聘、祭祀、丧葬、治军时用作礼器或信玉。《周礼·考工记·玉人》："大璋亦如之，诸侯以聘女。"郭子兴把养女嫁给朱元璋，而给朱元璋起这么个名字，是恭维郭子兴是割据一方的诸侯，一定是郭子兴手下文士所为。朱元璋立马身价百倍，兵士都对他另眼看待，尊敬地称他为"朱公子"。

至正十三年（1353）春天，元守将贾鲁（1297—1353，字友恒，元代高平人。少年时聪明好学，胸怀大志，长大后谋略过人。1343年诏修辽、金、宋三史，召贾鲁为宋史局官。历任东平路儒学教授、户部主事、中书省检校官、行都水监，治理黄河有功，人们为了纪念他，山东、河南有两条河均名贾鲁河）死，被围困一年多濠州（治所在今安徽省凤阳）解围了。朱元璋回到乡里招兵，一下招来七百多人，其中就有他童年的伙伴徐达、周德兴等数十人，这些人因为宗族、乡里关系，成为朱元璋的嫡系。郭子兴非常高兴，任命他为代理镇抚。当时彭大、赵均用所属的部队残暴蛮横，郭子兴比较软弱。朱元璋估计难以和郭子兴成就大事。

元惠宗妥懽帖睦尔至正十四年（1354），朱元璋把他募集来的士兵委托给他人带领，自己和徐达（1332—1385），字天德，汉族，濠州钟离（今安徽凤阳东北）人，农家出身，明朝开国军事统帅，民族英雄）、汤和、费聚等率领24人向南去攻打定远（今安徽定远东南），作独立发展的尝试。他用计谋降服了驴牌寨的民众3000人，和他一起东去。在横涧山夜袭元将张知院，招降了他的士兵两万多人。他在半路上遇到定远人李善长，两人交谈，言语十分投机，便和他一起去攻打滁州（今安徽滁县），结果大获全胜。

李善长（1314—1390），字百室，濠州定远（今安徽定远）人。少时爱读书有智谋，后投靠朱元璋，跟随征战，出生入死，功劳颇多，明朝开国功臣，比肩汉代丞相萧何。

元惠宗妥懽帖睦尔至正十五年（1355）正月，郭子兴采取朱元璋的谋略，派遣张天佑等率兵夺取和州（今安徽和县），下发文书命令朱元璋总领他的部队。朱元璋恐怕将领们不服从，把文书秘而不宣，只通知各位将军第二天到议事厅开会议事。

我国古代排座次，以右面为上首。第二天开会时，将领们到会场后，都坐在右边，朱元璋故意迟到，只好坐在左边下首。到议事时，朱元璋对各种问题的分析决断如同流水一般透彻、清晰，而将领们却瞠目结舌，哑口无言，这时他们才稍稍屈服于朱元璋。会议又决定用砖修筑城墙，三天为期。朱元璋部如期完工，其他将领所率各部都没有按期完成。这时朱元璋才拿出来郭子兴发给他的文书，面南而坐说："我奉郭元帅命令总领各部队，如今你们筑城都超过了期限，按军法治罪如何？"将领们纷纷起立认错。后来，朱元璋下令，把军队中所抢来的妇女统统释放回家，老百姓都非常高兴。

当时元朝十万大军围攻和县，城内的起义军将士已坚守了三个月，粮食已吃光，而元朝太子秃坚、枢密副使绊住马、民军元帅陈野先，分别驻守在新塘、高望、鸡笼山，阻断了粮食进入和州的道路。朱元璋率兵打败了他们，元兵败走到长江以南。这年三月，郭子兴病死，刘福通在亳（bó）州（今安徽亳州）迎立韩山童的儿子韩林儿为小明王，国号宋，年号龙凤。小明王任命郭子兴的子郭天叙为都元帅，郭子兴的妻弟张天佑和朱元璋分别为左右副元帅。朱元璋很感慨地说："大丈夫不能受别人的控制！"于是，不接受任命。转而又想韩林儿势力很大，可以作为倚仗，便使用他的龙凤年号，号令部队。

四月间，定远人常遇春（1330—1369），字伯仁，号燕衡，南直隶凤阳府怀远县（今安徽怀远）人，元末红巾军杰出将领，前来投奔朱元璋。五月，朱元璋打算南渡长江，没有船只。恰巧遇见巢湖统帅廖永安、俞通海带领千艘战舰来投奔，朱元璋大喜，立即前去安抚慰问他们的部众。由于元朝中丞蛮子海牙控制着铜闸闸、马场河等险要关口，所以巢湖水军不能通过。忽然天降大雨，朱元璋一见，喜上心头，说："老天爷助我呀！"于是，乘巢湖水涨之机，从小巷口把船开了出来。至正十六年（1356）二月二十五日，朱元璋在采石（今马鞍山长江东岸）大败蛮子海牙。

不久，都元帅郭天叙和右副元帅张天佑先后战死，朱元璋被提升为大元帅，单独执掌元帅府事务，接管了郭子兴的所有部队。至此，郭子兴亲手创建的这支农民起义队伍全部由朱元璋掌控。朱元璋由一名普通士兵升任元帅，这在他通往皇帝的道路上迈出了坚实的一步。

（一）攻占集庆

元惠宗妥懽帖睦尔至正十五车（1355）五月，因和州难以满足数万军队的粮食供应，朱元璋与众将领商量对策。冯国用说："金陵（今江苏南京），龙盘虎踞，帝王之都，先拔之以为根本，然后四出征战，倡仁义收人心，勿贪子女玉帛，天下不足定也。"

朱元璋采纳了这一建议，决定南渡长江，进攻集庆（今江苏南京）。

元惠宗妥懽帖睦尔至正十六年（1356）三月初三，朱元璋亲率水陆大军，向集庆发起进攻。集庆是元朝在江南的统治中心，是六朝故都所在地，占领它有非同寻常的意义。两军首战，朱元璋活捉元守将陈兆先，降服其部众 36000 人。投降的人疑虑重重，害怕被杀。为此朱元璋专门挑选 500 名骁勇健壮的士兵充当卫士，他本人在此通宵达旦酣睡，俘虏们的心情才安定下来。接着，朱元璋在蒋山（今江苏南京东北钟山）再次挫败元兵。元御史大夫福寿力战身死，蛮子海牙逃归张士诚，康茂才归降。

不久，集庆被攻破，朱元璋率领部队入城。他召集所有官吏和父老，告诉他们："元朝政治腐败，到处纷扰，各处兵火烽起，我来不过是为百姓消弥战乱而已，你们当和从前一样安居乐业。贤能的人士我将礼貌地聘用他，旧政不方便百姓的地方一概废除，官吏不得贪暴残害百姓。"老百姓喜出望外，十分高兴。

朱元璋巡视了集庆城廓后，对部将说："金陵险固，古所谓长江天堑，真形胜地也。仓廪实，人民足，吾今有之。"（《明太祖实录》卷四）他下令改集庆为应天府，设置天兴建康翼统军大元帅府。召见夏煜、孙炎、杨宪等十余人，分别授予官职，又命令埋葬元朝御史大夫福康，以表彰他的忠义。七月，又设江南行中书省，朱元璋"自总省事，置僚佐"（《明史》卷一《太祖一》），将应天作为他的发展基地。

朱元璋把集庆改为应天府，"应天"，顺应天命也，语出汉董仲舒《春秋繁露·三代改制质文》："汤受命而正，应天变夏作殷号。"意思是，商汤登上王位是顺应天命把夏朝改作殷（商）朝。儒家的天命观，又把应天与承运联系起来，叫应天承运，意思是顺应天命，承受使命。晋葛洪《抱朴子·酒诫》："汉高应天承运革命，向难不醉，犹当斩蛇。"将集庆改名为应天府说明朱元璋这个小和尚已经有做皇帝的念头了。

（二）"高筑墙，广积粮，缓称王"

朱元璋虽然占据了应天，但总的来说，依然是地狭人少，力量还不够强大。而且，他所处的地理位置，在东南地区来看，是四面受敌的形势。当时北有刘福通，东有张士诚，西有徐寿辉、陈友谅，南有元朝军队。虽然形势相当严峻，但三支农民起义军却吸引和牵制了元军的主力，从而对朱元璋的部队起到一定保护作用。而南面的元军，也由于南北交通被起义军阻断，处于孤立无援的境地。

朱元璋抓住这一有利时机，果断地采取巩固东、西两线，向南面和东南面出击的战略，集中兵力进攻皖南和浙东等地的元军据点。至正十九年（1359）正月十二，朱元璋谋划夺取浙东尚未攻克的各路据点。他告诫将领们说："攻城用武力，治乱用仁义。我们进入集庆，秋毫无犯，一举平定。每次听到各位将军攻下一城而不妄行杀戮，我总是不胜欢喜。部队火速行军，如果不稍加约束，势必会如火燎原。作为将领能以不杀人为勇猛，不仅是国家之幸，也是子孙后代的福。"二十七日，朱元璋的部将胡大海攻克诸暨（今浙江诸暨）。

夏季四月间，朱元璋的部将俞通海等人率兵收归池州（今安徽贵池），耿文炳守卫长兴（今浙江长兴），吴良守卫江阴（今江苏江阴），汤和守卫常州（今江苏常州），多次打败张士诚的部队。

张士诚（1321—1367），幼名九四，盐贩出身，元末泰州（今江苏泰州）白驹场人。至正十三年（1353），与弟士德、士信率盐丁起义，攻下高邮（今江苏高邮）等地。次年称诚王，国号周，年号天佑。渡江攻下常熟、湖州、松江、常州等地，十六年定都平江（今江苏苏州）。次年投降元朝，并与方国珍从海道运粮，接济元大都（今北京），成为可耻叛徒。后继续扩占土地，割据范围南到浙江绍兴，北到山东济宁，西到安徽北部，东到大海。至正二十三年（1363）攻安丰，杀红巾军领袖刘福通，自称吴王。

朱元璋长时间坐镇宁越（今浙江金华），巡行浙东。秋季八月间，元朝大将察罕帖木儿收复汴梁（今河南开封），刘福通与韩林儿退居安丰（今安徽寿县西南）。九月，常遇春攻衢州（今浙江衢县），活捉元将宋伯颜不花。冬季十月间，朱元璋派遣夏煜去任命方国珍为行省平章，方国珍以有病为名加以推辞。十一月十三日，胡大海攻克处州，元守将石抹宜孙逃走。当时元朝守卫各地的兵力有限，而且中原一片混乱，人心离散，因此江左、浙右各郡，兵到之处节节胜利，先后攻克镇江、长兴、常州、宁国、江阴、常熟、池州、徽州、婺州、扬州等地，于是西面与陈友谅相毗邻。

元惠宗妥懽帖睦尔至正十七年（1357），朱元璋率兵攻占徽州（治所在今安徽歙县）后，由邓愈推荐，他亲自到石门山拜访宿儒朱升，咨询夺取天下的计策。朱升向他建议："高筑墙，广积粮，缓称王。"意思是说，要把城墙修得高高的，建立巩固的根据地；粮食积得多多的，以供军需和民用；称王推得晚晚的，避免成为众矢之的。因为在冷兵器时代，把自己控制的城市的城墙修得高高的，易守难攻，可建立巩固的根据地；积极发展农业生产，多积屯军粮和民用粮，兵马未动，粮草先行，这是保证战争得以顺利进行的根本条件；称王要缓，就是不务虚名，缩小目标，避免过早成为众矢之的。

这种战略和策略是根据朱元璋当时所面临的斗争形势提出来的。朱元璋认为朱升说得很有道理，予以采纳，并付诸实施。朱元璋重视所占城市城墙修筑，每到一地都要修补城墙，所以占据之地都能守得住。他任命康茂才为营田使，负责兴修水利，在太湖周边进行军垦，既解决了急需的军粮，又为日后战胜群雄增加了经济实力。朱元璋在形式上仍保持与宋政权的隶属关系，遥尊小明王韩林儿为帝，打着宋政权的旗号来发号施令，避免树大招风。直到他改称吴王，所发布的文告第一句话仍是"皇帝圣旨，吴王令旨"，表明他依然是小明王的臣属。这一策略，对朱元璋势力的生存和壮大起到了很好的作用。

毛泽东是一个非常善于借鉴历史经验的人。他对朱升的三项谋略是很熟悉的。

1953年5月23日，毛泽东在华东局负责人陈毅、谭震林陪同下，先参观了总统府，游览了莫愁湖、玄武湖，最后驱车紫金山天文台……

毛泽东一行离开紫金山天文台，步行下山，又顺便游览了位于山脚下的明孝陵。明孝陵是明朝开国皇帝朱元璋的陵墓。这是一个很大的土包包，像个大山头一样被围在墓墙之中。北面有一坐北向南的墓堂，大概是过去祭拜朱洪武的地方。墓堂不算大，在北墙的中央部分画着朱洪武的全身像，样子画得滑稽可笑，工笔重彩却画着一个长长的瘦脸，下垂着很大的下巴，厚厚的嘴唇，鼻孔向前张着，倒真像个猪脸。

陈毅操着浓重四川语，说："这个朱洪武啊！怕有人刺杀他，所以故意要画家画成这个样子，其实他长得并不这样难看。朱洪武死后，据说南京的四个城门同时出殡，迷惑人们，不知道哪个棺木里装的是真朱洪武，他怕后人盗墓，可谓用心良苦也！"

毛泽东笑着说："这些都是些传说，朱洪武是个放牛娃出身，人倒也不蠢，他有个谋士叫朱升，很有见识，朱洪武听了朱升的话'高筑墙，广积粮，缓称王'，最后取得民心，得了天下。"（王鹤滨：《紫云轩主人——我所接触的毛泽东》，中共中央党校出版社1991年版，第88页）

1954年5月16日，毛泽东参观北京古观星台时，对随行的侄儿毛远新和随行人员说："郭子兴死后，朱元璋把这支义军牢牢地掌握在自己手中了。当时他采纳了朱升的'高筑墙，广积粮，缓称王'的建议，建立了自己的势力，在群雄中已无敌手，自己称了王。"朱元璋"缓称王"的做法，既避免了成为众矢之的，又赢得了天下归心，表现了他卓越的谋略和胆识才气。（张随枝：《红墙内的警卫生涯》，中央文献出版社1998年版，第144页）

毛泽东在北京中南海，重读了《二十四史》，面对当时一触即发的战争形势，他从《明史·朱升传》中受到了启示。他对周恩来说："恩来，你读过《明史》没有？我看朱升是个很有贡献的人。他为明太祖成就帝业立了头功。他有九个字国策定江山：'高筑墙，广积粮，缓称王。'我也有九个字是：'深挖洞，广积粮，不称霸。'"（安徽《文摘周报》2000年3月31日）

1972年12月10日，中共中央转发国务院关于粮食问题的报告说："毛主席最近又一次指出，当前国内外形势大好，各级领导同志要谦虚谨慎，不要因为胜利就忘乎所以。毛主席讲了《明史·朱升传》的历史故事。明朝建国以前，朱元璋召见一位叫朱升的知识分子，问他在当时形势下应该怎么办。朱升说：'高筑墙，广积粮，缓称王。'朱元璋采纳了他的意见，取得了胜利。根据我们现在所处的国内外大好形势和我们所坚守的社会主义制度和无产阶级立场，毛主席说：我们要'深挖洞，广积粮，不称霸。'毛主席的这一指示，使'备战、备荒、为人民'的伟大战略方针更加具体化了。"（逄先知、金冲及主编：《毛泽东传》，中央文献出版社2003年版，第1623—1624页）

中共中央的批语稿曾送毛泽东审阅，毛泽东批示："照办。"

1973年1月1日《人民日报》《红旗》《解放军报》的《新年献词》中，传达了毛泽东的这个指示。因而"深挖洞，广积粮，不称霸"，很快成为一个政治口号，成为当时指导我国当时国内外政策的重要方针。这不仅说明毛泽东对朱升九字定国方针的高度评价，也是古为今用的一个典范。

（三）鄱阳湖大战

1954年5月16日，毛泽东参观北京古观星台时，对陪同的侄子毛远新和随行人员说：朱元璋在平定江南的关键之敌陈友谅和鄱（pó）阳湖之战中，充分发挥了他高超的军事指挥才能。当时，陈友谅用兵60万，楼船数百艘，他采取主动出兵，企图一举消灭朱元璋的策略。朱元璋仅20万人，又都是小船，朱元璋亲临前线，亲自作战，他临危不惧，终于取得胜利。

鄱阳湖之战，是中国战争史上以少胜多的典范。朱元璋在 13 年的统一战争中，屡败强敌，消灭割据势力，出军北上，建都南京。在执政的 30 年中，表现了他光辉的一生，真不愧为一代英豪。

他是个放牛娃出身，开创了近 300 年的大明王朝，上无惯例。他没有什么文化，完全靠他的聪明才智，是他个人努力奋斗的结果。可以说，他是中国历代皇帝中的一个成功典范。（张随枝：《红墙内的警卫生涯》，中央文献出版社 1998 年版，第 145 页）

鄱阳湖之战是朱元璋和陈友谅的一次大决战，其结局对双方影响都很大。

那么，陈友谅是一个什么样的人呢？

陈友谅（1320—1363），元末沔阳（今湖北沔阳）人。渔民出身，曾为县吏。参加徐寿辉的红巾军，是倪文俊的簿掾，后来渐渐升为元帅。至正十七年（1357），倪文俊谋杀徐寿辉没有成功，陈友谅杀死倪文俊，掌控了他的部队，任平章。接着连克江西、福建许多地方。两年后迎徐寿辉迁都江州（今江西九江），自称汉王。

元惠宗妥懽帖睦尔至正二十年（1360）五月，陈友谅被朱元璋的部将徐达、常遇春在池州（今安徽贵池）打败。闰五月三十日，陈友谅攻陷太平（治所在今安徽当涂），守将朱文逊，院判花云、王鼎，知府许瑗被杀害。不久，陈友谅杀害徐寿辉，自己称帝，建都江州，国号汉，年号大义。同时，声言他要去联合张士诚攻打应天府，应天因此人心惶惶，大受震动。

在此危急关头朱元璋与他的军师刘基等就敌我形势进行了深刻分析。刘基认为，张士诚目光缺浅，胸无大志，只图自固，未必会出兵，暂时不必管他。最危险的敌人是陈友谅，他拥有精兵利舰，而且居我上游，野心勃勃，不可小视。只要集中兵力打败陈友谅，张士诚便不敢出兵了。

部将们却认为，应该首先收复太平来牵制陈友谅，朱元璋说："不行。陈友谅用非主力部队牵制我军，而主力部队直接攻打金陵（即应天，今江苏南京），顺流而下，半天就能到达；我军的步兵和骑兵难以急速返回。

百里之遥，快速急进，奔赴战场，兵法所忌，不是好计策呀！"

最后，朱元璋决定采取固守东南、向东北和西线出击的战略，先集中兵力在鄱阳湖击败陈友谅，再掉头东向去打张士诚。这样就打破了东西夹击的不利局面。

朱元璋迅速派人命令胡大海直捣信州（治所在今江西上饶），来牵制陈友谅的后方；同时，让康茂才欺骗陈友谅速来。陈友谅果然上当，引兵东下。于是，常遇春埋伏在石灰山，徐达在南门外布阵，杨璟驻守大胜港，张德胜等人率领水兵出龙江关，朱元璋亲自在卢龙山坐镇指挥。陈友谅的部队到卢龙湾时，将领们都要求开战，朱元璋说："天快下雨了，赶快吃饭，趁着下雨发起攻击。"不一会儿，果然下起倾盆大雨，士兵奋勇争先，水陆夹击，把陈友谅打得大败。陈友谅乘坐别的大船逃走了。这样，就收复了太平，攻下安庆，不久，胡大海也攻克信州。

至正二十二年（1362）正月，陈友谅的江西行省丞相胡廷瑞在龙兴投降。初八，朱元璋到龙兴，改为洪都府（今江西南昌）。他去拜谒孔子庙，告谕父老乡亲，废除陈友谅的苛政，免除各种军需供应，慰问和抚恤贫苦百姓和鳏寡孤独，老百姓十分高兴。接着，袁、瑞、临江、吉安各州相继被攻破。

二月，投降过来的蒋英杀死金华太守将胡大海、郎中王恺，叛归张士诚。处州投降的李佑之听说蒋英叛变的消息，也起来造反，杀死枢密院判耿再成，都事孙炎、知府王道同、元帅朱文刚遇害。

三月十七日，投降过来的祝宗、康泰反叛，攻克洪都，守将邓愈奔赴应天，洪都知府叶琛、都事万思诚遇难。这一月，明玉珍（1331—1366年）在重庆称帝，国号夏。

元惠宗妥懽帖睦尔至正二十三年（1363）四月，陈友谅大举进攻洪都。

七月初六，朱元璋亲自统率大军去救洪都。

十六日，到达湖口（今江西鄱阳湖入长江口），首先在泾江口及南湖嘴（今安徽宿松县南 120 里处）设下埋伏，阻断陈友谅的归路，发文书命令信州（今江西上饶）的部队守住武阳渡（今江西南昌东）。陈友谅得知朱元璋来到洪都，撤兵解围，在鄱阳湖迎战朱元璋。陈友谅的部队号称 60

万，大舰名叫"混江龙""塞断江""撞倒山""江海鳌"等共一百多艘，一般战船数百条，摆好作战阵列，楼船高十余丈，连绵不断，长达数十里，各种旗帜迎风招展，枪刀剑戟银光闪灼，远远望去像一座座小山。

二十日，双方军队首次在康朗山（今江西余干西北）遭遇，朱元璋把部队分成 11 队抗击陈友谅的部队。

二十一日，朱元璋的部队协同作战，徐达出击陈友谅的前锋，俞通海用火炮击毁陈友谅的战舰数十艘，双方死伤大体相当，打了个平手。陈友谅的猛将张定远突然直接向朱元璋乘坐的那艘战舰冲了过来。这艘战舰逃跑时，搁浅在沙滩上，不能开动，情况十分危险。幸亏常遇春从旁边射中张定远，朱元璋乘坐的战船才脱离险境。

二十二日，陈友谅指挥全部大船出战，朱元璋部队的战船小，仰攻非常不利，将士们都很害怕。朱元璋决定用火攻，他亲自督战，士兵仍然畏惧不前。他只好当众处死了十几个畏敌退缩的士兵，将士才都拼死力战。到午后，忽然刮起了大东北风，于是朱元璋命令那些不怕死的勇士驾驶七只战船，船中装载的芦苇中堆满火药，士兵把船点着火，飞速冲向敌舰。风烈火猛，烟火满天，霎时把湖面映得一片通红，陈友谅的部队顷刻大乱。朱元璋的部将摇旗呐喊，击鼓进军，斩杀敌军两千多人，烧死、淹死的不计其数，陈友谅的嚣张气焰被打了下去。

二十五日，朱元璋调部队去控制左蠡（今江西都昌西北），陈友谅部退到渚矶（今江西星子县南）守卫。两军相持三天之后，陈友谅的左右金吾将军都向朱元璋投降。陈友谅的势力一天天变小，他愤怒极了，竟下令把俘虏的朱元璋的将士全部杀死。而朱元璋和他相反，非常注意俘虏政策。他把俘虏的陈友谅的将士全部释放，受伤的用良药及时治疗，阵亡的将士和他们的亲属都进行祭奠。

二十六日，由于军粮用尽，陈友谅的部队转移到南湖嘴（今江西九江东），被朱元璋埋伏在南湖的部队截住厮杀，逃入湖口。朱元璋下令阻截攻击，顺流搏战，一直到达泾江。朱元璋在泾江的驻军又进行拦击，慌乱中，陈友谅中流矢身亡，张定边与陈友谅的儿子陈理逃回武昌。毛泽东读到这里，批注道："此役打了两月余。"（《毛泽东读文史古籍批语集》，中央文献出版社 1993 年版,第 283 页)说明他对这次战役的关注。因为在毛泽东看来,鄱阳湖之战是我国古代军事史上以少胜多的一个范例,是朱元璋的一个杰作。所以,他多次对人讲这次大战。

1959 年 7 月,毛泽东在庐山连续游览了含鄱口、汉阳峰、仙人洞、御碑亭和大天池、小天池等处,还兴致勃勃地对李银桥、封耀松、王敬先等人讲了朱元璋和陈友谅大战鄱阳湖的故事。(邸延生:《历史的真言》,新华出版社 2000 年版,第 753 页)

(四)消灭张士诚

朱元璋攻灭西面的强敌陈友谅后,按照既定方针,便转而去攻打东面的大敌张士诚。至正二十五年(1365)十月十四日,朱元璋下达攻打张士诚的命令。他命令大将徐达、常遇春等率兵首先进攻淮东。闰十月,围攻泰州(今江苏泰州),大获全胜。十一月,张士诚侵扰宜兴(今江苏宜兴),被徐达打败。

元惠宗妥懽帖睦尔至正二十六年(1366)大年初一,人们正忙着过春节,张士诚趁机攻占江阴(今江苏江阴),朱元璋亲自带兵去救援,张士诚逃走,康茂才追到浮子门把他打败。朱元璋回应天。二月,明玉珍死,他的儿子明昇自称为帝。三月十四日,朱元璋下令中书省严格选拔人才。徐达攻克高邮。

四月初四,朱元璋在淮安袭败张士诚部将徐义的水军,徐义逃脱,另一部将梅思祖献城投降。接着濠、徐、宿三州相继被攻下,淮河以东地区基本平定。

十五日,朱元璋回濠州老家祭祖,设置 20 户守坟墓,赐给老朋友汪友、刘英粮食和布匹,备办酒宴招待父老乡亲。他动情地说:"我离家十多年了,历尽千辛万苦,身经百战,今日才得以回家祭祖,与父老兄弟相见。但是又不能久留,与各位欢聚同乐。希望各位父老教育子弟孝敬父母、尊敬兄长、努力耕田，不要远出经商，临淮河各郡县还在遭受劫掠之苦，各位父老珍重自爱。"他下令有关部门免除租税和徭役，众乡亲都叩头谢恩。

二十日，徐达攻克安丰，在徐州打败王保保。

五月初一，朱元璋从濠州回到应天。

八月初一，朱元璋下令改建应天城，在钟山南面修筑新宫殿。

初二，任命徐达为大将军，常遇春为副将军，统领 20 万大军讨伐张士诚。朱元璋在戟门前誓师大会上讲话，他说："攻下平江（今江苏苏州）之日，不要杀人抢东西，不要毁坏房屋，不要践踏庄稼。张士诚老母亲埋葬在城外，不要平毁。"

然后，朱元璋召问徐达、常遇春，此次用兵打算从何处下手。常遇春原来想直捣平江。朱元璋说："湖州张天骐、杭州潘原明是张士诚的左膀右臂，一旦平江被围，两人必然全力来援，我军就难以取胜。不如先取湖州，使敌人疲于奔命。只要把张士诚的羽翼分开，平江就势必孤立无援，很快就可以攻破。"

朱元璋制定了围城打援、各个击破的战略。果然，徐达、常遇春在湖州打败了张天骐，张士诚亲自率兵驰援，又被打败。

九月十六日，李文忠攻打杭州。

十月初四，常遇春在乌镇（今浙江桐乡西北乌镇）挫败张士诚的队伍。十一月初六，张天骐投降。十三日，李文忠攻破余杭（今浙江余杭临平镇），潘原明投降，余杭周边各地也都被攻破了。二十五日，徐达、常遇春指挥大军，把平江围得水泄不通。城破后，张士诚被俘，押送到应天，坚拒多次劝降，上吊而死。

朱元璋在围攻张士诚的同时，派大将廖永忠迎接小明王韩林儿到应天，在瓜步（今江苏六合东南）渡江时，小明王船翻掉到江中溺死（一说廖永忠事先把船凿了个洞，故意溺死的），这标志着小明王政权灭亡。

在灭掉张士诚后，至正二十七年（1367），朱元璋又命令大军乘胜南进，攻打盘踞在浙东的方国珍。方国珍（1319—1374），元末黄岩（今浙江黄岩）人，名珍，字国珍，世代以贩盐为业。至正八年（1348）率众数千人入海，打劫元政府漕运粮食，攻打浙东沿海。屡使被俘元官，为他乞求官职。并派人到元大都贿赂权臣，因而得任海道运粮漕运万户，割据温州、台州、庆元三路。朱元璋部下大军一到，方国珍便投降了。

接着又乘胜南进，攻克广东、广西，实现了除四川、云南之外整个南部中国的统一。

（五）中原逐鹿

在南方基本平定之后，朱元璋接下来要做的就是北伐中原，推翻元朝政权。用一个成语来表达，就是"中原逐鹿"。中原，古指我国中部地区。逐鹿，语出《史记·淮阴侯列传》："秦失其鹿，天下共逐之，于是高材捷足者先得焉。"裴骃集解引张晏曰："以鹿喻帝位也。"后因以"中原逐鹿"，比喻争夺天下。

元惠宗妥懽帖睦尔至正二十七年（1367）二月十七日，朱元璋召集部将、谋臣商讨北伐之事。他说："在山东王宣反叛，河南扩廓帖木儿专横跋扈，关、陇李思齐、张思道强横猜忌情况下，元朝的统治行将灭亡，中原生灵涂炭。如今我军即将北伐中原，拯救百姓于水深火热之中，如何才能决战决胜呢？"

常遇春首先说："用我们百战百胜的军队，去对付元朝长期闲散的士兵，直捣元大都，必然势如破竹。"

朱元璋说："元朝建国近百年，守备一定坚固，如果孤军深入，粮草不能及时运到前线，敌人援兵四集，那就非常危险了。我计划先夺取山东，撤除元大都的屏障，再把军队转移到黄河、淮河之间，攻破其藩篱，再夺取潼关坚守，掌握部队出入的门户。这样，天下的山川地势的有利条件就都掌握在我们手中了，然后大举进攻，元朝大都势孤援绝，就可不战而胜。接着，再大张声势地向西北进军，云中、九原、关、陇之地便可席卷而下了。"

众人异口同声地说，这是条好计策。

十月，朱元璋调集精锐部队，以徐达为征虏大将军、常遇春为副将军，发兵25万，北伐中原，争夺天下。中书省平章事胡廷瑞为征南将军，江西行省左丞相何文辉为副将军，率大军经江西进攻福建，湖广行省平章杨璟、左丞相同德兴率湖广守军进军广西。

徐达指挥的北伐主力，从淮河流域进入中原地区，从山东北上；征成将军邓愈从襄阳北牵制元军，策应东路军。徐达指挥的北伐大军连连得胜，很顺利地攻下山东各郡县。在南征北伐节节胜利，朱元璋已经掌控大半个中国的情况下，其部下都拥立他登上皇帝宝座。

元惠宗妥懽帖睦尔至正二十八年（1368）正月初四，朱元璋在应天府南郊祭天，登上皇帝宝座，建国号大明，年号洪武，以应天为都城，时年40岁。立马氏为皇后，嫡长子朱标为皇太子。任命李善长、徐达为左、右丞相，其他功臣都晋了职。

五月，朱元璋亲临汴梁（今河南开封），坐镇指挥。

七月二十三日，朱元璋将回应天府，指示徐达等人说："中原人民久受军阀蹂躏的痛苦，流离失所，所以派你们北征，把百姓从水深火热中拯救出来。元朝祖先对人民有功德，他的子孙却不爱惜民众，老天爷讨厌抛弃了他。元朝君王有罪，老百姓没有什么过错。前代革命的时候，大肆屠杀，违背天意，肆意残害人民，我实在不忍。你们攻破城池，不要抢掠杀人，元朝的皇帝及亲族都要保全。这样，差不多可以上报天心、下符民意了。这才是我讨伐罪人、安定平民的本意。不遵守命令的严惩不贷。"

徐达率军沿运河北上，连下德州、通州等地。元顺帝见大势已去，二十八日晚，便率领后宫、子女及百官，携带财宝、图籍逃往上都（今内蒙古正蓝旗东闪电河北岸）。

八月初一，以应天为南京、开封为北京。初二，徐达率兵攻入元大都（今北京），封存府库的地图和户籍，守卫宫门，禁止士兵抢掠，派将领巡视古北口（今北京密云东北）等各处关隘。至此，统治中国达99年的元王朝宣告灭亡。

十月初三，冯胜、汤和率兵攻下怀庆（今河南沁阳），泽（今山西晋城）、潞（今山西长治）二州相继被攻下。初十，朱元璋从北京返回南京。十一日，因元朝都城被攻下，通告天下。

十二月初一，徐达率部攻克太原，扩廓帖木儿逃往甘肃，山西平定。

明太祖朱元璋洪武三年（1370）正月初三，徐达任大将军，李文忠、冯胜、邓愈、汤和做他的副手，分道北征。当月，李文忠攻下兴和（治所在今河北张北），进入察罕脑儿，拘捕元平章竹贞。

四月初七，徐达在沈儿峪大败扩廓帖木儿，招降他的全部部队，扩廓帖木儿逃往和林（今蒙古鄂尔浑河上游东岸和林镇）。二十八日，元顺帝在应昌（今辽宁克什克腾旗西达来诺尔附近）去世，其子爱猷识理达腊继位。

五月初一，徐达进攻兴元（今陕西汉中东），分派邓愈招抚吐蕃（在今青藏高原一带）。十六日，李文忠攻克应昌。此后，消灭元军残余势力又进行了多年。

明太祖朱元璋洪武十四年（1381），朱元璋命令傅友德、沐英、蓝玉率兵进攻云南，次年攻破大理，至此基本上完成了南方的统一。

明太祖朱元璋洪武二十一年（1387），朱元璋又命令冯胜、傅友德、蓝玉进攻辽东，迫降元将纳哈出，辽东平定。至此除漠北草原和新疆等地外，全国已基本上归于统一。16 年的戎马生涯，朱元璋从一个放牛娃、行脚僧，改朝换代，推翻元朝统治，开创大明江山。和尚皇帝，只此一个，不能说不说是一个奇迹。

（六）保境安民

元顺帝北走大漠后，仍保有强大的军队，随时有卷土重来的可能，这是朱元璋所忧心的事。为了进一步统一蒙古地区，他多次对蒙古用兵。

明太祖朱元璋洪武三年（1370）正月，朱元璋命令大将军徐达从潼关出西安，直捣定西（今甘肃定西南），进击王保保；左副将军李文忠出居庸关，入沙漠追击元顺帝。这一次用兵，取得了较大的胜利，迫使北元再次北撤，而明朝的北部防御也得到稳定。

之后在洪武五年、二十年、二十一年、二十三年，又多次用兵，其中二十一年，大将蓝玉追击到捕鱼儿海（今内蒙古贝尔湖），元主脱古思帖木儿仅以身免，逃往和林（今蒙古人民共和国鄂尔浑河上游东岸哈尔和林）。此役使蒙古军队受到重创，北元再也无力与明朝对抗了。

朱元璋在对蒙古用兵的同时，对周边的其他地区也采取了不同的方式加以管理。在西北设置卫所，在东北派驻官员去招谕，在西藏通过宗教关系，在西南仍承袭元代的土司制度，对这些地区分别采用朝贡、赏赐、开放茶马贸易的方式，加强与这些地区的交流，效果显著。

我国自古以来长期受儒家思想影响，历史皇帝都把做天下共主，当作自己的最高理想，而"四夷宾服，万国来朝"，也往往被当作真命天子的标志。洪武初年，朱元璋非常渴望争取万国来朝，以树立其真命天子的形象。但朱元璋鉴于元朝的失败教训，一反使用武力、对外扩张的做法。

明太祖朱元璋洪武四年（1371）九月，朱元璋曾对他的大臣们说："海外蛮夷之国，有为患于中国者，不可不讨；不为中国患者，不可辄自兴兵。"（《明太祖实录》卷六八）他还告诫子孙："四方诸夷，皆限山隔海，僻在一隅，得其地不足以供给，得其民不足以使令。"（《皇明祖训·箴诫篇》）朱元璋认为武力征讨，劳民伤财，得不偿失，所以他把朝鲜、日本、安南、真腊、暹罗、占城、苏门答腊、爪哇、湓亨、白花、三佛齐、渤泥等国，都列为不讨之国，与这些国家保持着良好关系。双方的来往主要是通过朝贡的方式，朱元璋厚往薄来，目的是让这些国家看到天朝大国的富有，体现天子的博大胸怀，以图"四夷怀服"。

这种和平外交政策，在处理与日本的关系上，却遇到了麻烦。洪武二年（1369），朱元璋派行人杨载出使日本。次年，又派莱州府同知赵秩赴日本，进一步解释明朝的对外政策，表示愿意发展与日本的良好关系。日本也派使者来中国访问，然而这种良好关系却由于倭寇对我国东南沿海的侵扰受到破坏。明初，倭寇在我东南沿海的侵扰很多。洪武二年正月，"倭寇山东滨海郡县，掠民男女而去"；四月，"倭寇苏州、崇明等地"；

八月，"倭入寇淮安"；三年六月，"倭入寇山东，转掠温州、台州、明州等地，又寇福建沿海郡县"。(《明太祖实录》卷36、40、43、53）朱元璋采用禁海政策，先是"禁滨海民不得私出海"（同上，卷70），后来便完全断绝海外贸易，三十年申明"人民无得擅出海与外国互市"（同上，卷252）这种封闭政策对明初体制、经济发展都有不小负面影响。

明太祖朱元璋洪武年间，朱元璋试图做天下共主的目的，或许并没有完全达到，但在一定程度上赢得了和平的周边环境，使他能用全部精力恢复生产、发展经济。

明太祖朱元璋「是个放牛娃出身」

三、治国功业

（一）加强皇权

朱元璋这位和尚皇帝不仅武功盖世，打下了大明江山，而且在文治方面也颇有建树。他在文治方面的建树，主要表现在明王朝开国后他采取的各项政策上。

首先是加强皇权。

明代初年，因袭元代政治制度，在中央设有中书省，总揽天下政务。其行政长官为左、右丞相，负有统率百官之责，所谓"一人之下，万人之上"，位高权重，极易与皇帝产生矛盾。

洪武初年，朱元璋以李善长、徐达为左、右丞相。李善长为人处事小心谨慎，徐达大多领兵在外，他们没有和朱元璋发生多大矛盾。但胡惟庸任相后，专权用事，"生杀黜陟，或不奏径行"。朱元璋看到大权旁落，洪武十三年（1380），朱元璋以"擅权植党"罪名杀了胡惟庸，趁机取消中书省，废除丞相等官职。朝廷政务改由六部分理，各部尚书直接听命于皇帝。

丞相制的废除，在我国实行了一千多年的宰相制寿终正寝，皇帝的力得到最大限度的加强。

同年，朱元璋也废除统管全国军事的大都督府，分中、左、右、前、后五军都督府，每府设左、右都督二人，分别管理京师及各地卫所和都指挥司。都督府的职权与兵部有明确分工：都督府负责军队的管理和训练，无权调动军队；兵部有颁发军令、铨选军官的权力，但不能直接统率军队。每有战事，由皇帝亲自任命军队统帅，兵部发布调遣令，都督府长官奉命出征。战事结束，军归卫所，主帅还印，这样二者互相制约，军权集中在皇帝手里。

明太祖朱元璋洪武十五年（1382），朱元璋又对朝廷监察机构进行改革。将御史台改为都察院，设左、右都御史。"都御史职专纠劾百司，辨明冤枉，提督各道，为天子耳目风纪之司"。其下有十三道监察御史，以一布政司为一道，共设御史110人。监察御史负责监视、纠劾百官。出使到地方，则巡按、清军、巡盐、巡漕、巡关、提督学校等，其中巡按御史代替皇帝巡视，"大事奏裁，小事立断"，权力很大。这样监察权便也牢牢地掌控在皇帝手中了。

（二）整肃吏治

朱元璋认为吏治是治国的根本。他常说："纪纲法度，为治之本。"因此，十分重视法律的制定。早在吴元年（1367），朱元璋任命左丞相李善长为总裁官，开始制定法律。当年年底编成初稿，"凡为令145条，律285条"。朱元璋觉得还不够完善，下令修改，直到洪武三十年（1397），几经修改，才正式颁布《大明律》。《大明律》共30卷，分吏、户、礼、兵、刑、工六部。律文包括各项法令章程，其中对各级官吏的职权、任务以及应遵守的规则和注意事项，都做了详细规定，对官员的违法乱纪行为也规定了处罚办法。

明朝对官员的贪污，处罚特别重。朱元璋说："吏治之弊，莫过于贪墨"，"此弊不革，欲成善政，终不可得"。他下令："凡是官吏贪污蠹害百姓的，都要治罪，不容宽贷！"对官员贪污犯法，惩罚严苛：凡贪污银60两以上，处以枭首示众、剥皮食草之刑。朱元璋把府、州、县衙门左面的土地庙作为剥人皮的场所，叫作"皮场庙"。贪官被押到这里，剥下人皮，填充稻草，摆在衙门公署两旁，使官吏怵目惊心，知道警惕。发现有贪赃枉法行为者，充军北部边疆劳动改造，自食其力；官吏上任乘坐公车、公船者，除个人衣物外，不可多带私人物品。如乘坐官府牲口，不得超过10斤，发现超重5斤打10棍子；10斤以上罪加一等，最重者打60

棍子。如乘坐官船，携带私物不得超过 30 斤，每超过 10 斤打 10 棍，每 20 斤罪加一等，最重打 70 棍子。

洪武十八年（1385），朱元璋颁布《大诰》，以后又陆续颁布《大诰续编》《大诰武臣》，汇集诛杀官民的罪状，警示臣民。

明律的制定和实施，在洪武年间得到了认真执行，朱元璋自己身体力行，作出表率。他的驸马都尉欧阳伦，是马皇后亲生女儿安庆公主的丈夫，因为贩运私茶触犯刑律，被朱元璋赐死。开国功臣汤和的姑父"隐常州田"，也被朱元璋治罪。在严惩贪官污吏的同时，朱元璋对为政清廉的官员大加表彰。济宁府尹方克勤，为官清廉，生活俭朴，一件布袍十年不换，每天只吃一顿有肉的菜，但他任职三年后，"户口增数倍，一郡饶足"。他进京述职，朱元璋特赐宴招侍，以示表彰，并让他继续留任。

（三）"各安其生"

元朝末年近 20 年的战争破坏，中华大地，可谓荆棘遍地，满目疮痍，怨声载道，民不聊生，税收减少，国库空虚。特别是中原一带，情况最为严重。河南、山东地区"多是无人之地"（顾炎武《日知录》卷 10《开垦荒地》）。河北州县，有的地方"道路皆榛塞，人烟断绝"，有的地方"积骸成丘，居民鲜少"（《明太祖实录》卷 29、176）。为了尽快改变这种严峻局面，朱元璋实行发展生产、各安其生的与民休息政策。

明太祖朱元璋洪武元年（1368）正月，各地州县官来朝，朱元璋对他们说："天下才定，百姓财力都很困乏，像刚学飞的鸟不可拔它的羽毛，新栽的树不可伤它的根一样，现在必须休养生息，不可扰害百姓。"放牛娃出身的朱元璋，深深懂得"士农工商四业之中，算农民最辛苦"。因此，十分重视发展农业生产。同年十二月，他在任命宋免为开封府知府，上任前要求他到任后，务在安辑人民，劝课农桑，讲求实效。他还把"田野辟，户口增"作为考核各级官吏政绩的标准。

为了恢复和发展农业生产，他采取了多项措施。首先，鼓励开垦荒地。洪武三年（1370），朱元璋下令：北方郡县荒芜田地不限亩数，全部免三年租税。战争中抛荒的田地，被他人耕垦成熟的，就成为耕垦者的产业。这就等于承认了自耕农开垦熟地的权利。

其次，移民屯田。就是把农民从人多地少的地方迁到人少地多的地方。凡移民垦田的，都由朝廷给予耕牛、种子和路费，还免去三年赋税。在定额之外多开垦的荒地，永不对农田计亩征收钱粮。洪武三年（1370）六月，迁苏州、松江、嘉兴、湖州、杭州等地无业农民四千多户到濠州种田，又迁江南各地十四万户到凤阳垦荒。以后朝廷多次组织太湖流域和山西无地的农民，迁到淮河流域垦荒。据户部统计，从洪武元年到十三年（1368—1380），共垦田 1888171 顷，数量很大。

复次，军屯和商屯。军卫以卫所来管理，以屯为单位，以每军受田 50 亩作一分，官府提供耕牛和农具，开头几年免纳租税，到成为熟田后，亩收租一斗。军士屯守比例是，边地军队三分守城，七分屯种，内地军队二分守城，八分屯种。明初六七年间，军屯六七十万顷，占全国屯田总数十分之一，军队用粮基本自给。

商屯是为了解决边地军粮，朝廷用开中法鼓励商人运粮到边防粮仓，向官府换取盐引（贩盐凭证），然后贩卖食盐，牟取厚利，后来有的商人索性在边地雇人就地屯田、交粮，节省运费。商屯解决了边储，也开发了边疆。

再次，兴修水利。朱元璋十分重视水利建设，在他即位当年，就下令凡是百姓提出有关水利建设，地方官员必须奏报，否则受处罚。例如，洪武元年，修和州铜城堰闸，"周围二百余里"。四年（1371）修治广西兴安灵渠，可灌田万顷。八年（1375）开山东登州蓬莱阁河，疏浚陕西泾阳洪渠堰。九年（1376）修四川彭州都江堰。十四年（1381）疏浚扬州府官河，等等。到洪武 28 年，全国共开塘堰 40987 处，疏浚河流 4162 道，修治陂渠堤岸 5000 多处，成绩很大。

最后，重视经济作物的种植。早在至正二十五年（1365），朱元璋就下令：凡农民有田 5—10 亩，必须种桑、麻、棉花各 0.5 亩，10 亩以上加倍，田多的按这个比例递增，地方官员负责督查。洪武元年以后，又把这个命令推向全国，并定出交纳份额，麻每亩交8两，棉花每亩交4两，栽桑的4年以后再征租。洪武二十七年（1394），还令户部教全国多种桑、枣、柿和棉花，每户初年种桑、枣200株，次年400株，三年600株，多种棉花的免税。经济作物的种植改善了人民生活，也促进了手工业的发展。

朱元璋为恢复经济、发展生产采取多项政策，目的是解决百姓的穿衣、吃饭问题。他在这方面的关注同历代皇帝相比，是比较突出的。因为他是贫苦农民出身，对农民的艰苦有深切体会。他说："士农工商四民之业，算农民是最辛苦。他们终年劳动，难得休息。遇到丰收，还可足食，碰上水旱灾害，则全家挨饿。我穿件衣裳吃顿饭，都想到种田织布的劳累。"因此，他即位后提倡节俭，惜用民力，身体力行。他还命人带太子朱标到农村察看，亲眼看看农民耕田的辛苦。回来后，他教育说："凡居处食用，一定要想到农民的劳苦，取之有制，用之有节，使他们不苦于饥寒。"凡是闹灾荒歉收的地方，朱元璋都下令蠲免租税，灾情严重的地区除贷米外，还赈济米、布、钞等。

朱元璋这样做的结果，基本上达到了让百姓"各安其生"的目的。

（四）延揽人才

朱元璋出身贫苦，读书不多，基本上是个大老粗。但他很注意招贤纳士，吸纳知识分子，并虚心向他们请教，加以任用，如李善长、陶安、刘基、宋濂、朱升等，他们给他讲经读书，参与军事密议，成为他的智囊团，对他夺取天下、治理国家有很大作用。

明朝建立后，朱元璋数次下诏访求贤才。洪武六年（1373），他下令各级官员荐举人才，其科目有许多种：聪明正直、贤良方正、孝悌力田、儒士、孝廉、秀才、人才、耆民等。推荐来的人许多都授予要职，如尚书、侍郎、副都御史、地方上的布政使和府尹等。

大量延揽人才，是通过科举制度进行的。洪武三年（1370），朱元璋下诏设科取士，但到六年，一度停止。十七年（1384）复设，后遂成永制。规定以八股文取士，以"四书""五经"为命题范围，行文必须根据古人的观点来解释，不许有自己的见解。考试分三级进行，县里考秀才，省里考举人，全国考进士。规定每三年在省城举行乡试，中试的成为举人。乡试第二年二月，举人到京师参加会试。会试后再由皇帝亲自殿试，取中的成为进士。进士分一、二、三甲，一甲三人，称作状元、榜眼、探花，赐进士及第；二甲若干人，赐进士出身；三甲若干人，赐同进士出身。凡考中进士的，就有官做了。

为了培养新的统治人才，朱元璋还特别重视办学。元惠宗妥懽帖睦尔至正二十五年（1365），朱元璋就在应天创建了国子学。明太祖朱元璋洪武十五年（1382），改为国子监，这是全国最高学府。在地方上，府有府学，州有州学，县有县学，乡有乡校，适应不同子弟入学及接受教育，建立了比较完善的教育体系。国子监的学生在学校结业的，可以直接去做官，或者再通过考试做官。在校的监生还常奉命巡行、监督水利、清丈田亩、在各衙门实习办事等。与此同时，朱元璋还主张尊孔读经，组织博学之士重新审定"四书"（《论语》《孟子》《中康》《大学》）、"五经"（《诗经》《尚书》《易经》《礼记》《春秋》），颁行天下，作为学校读本和科举取士的依据，目的是灌输儒家思想。这样造就了大批人才，源源不断地充实到统治集团中去，夯实了明王朝的组织基础。

四、晚年失误

作为一个封建皇帝，应该说，朱元璋是颇有作为的，毛泽东称他是明朝搞得最好的皇帝，但也有他的局限和阴暗的一面。这主要表现在搞特务统治、杀功臣、文字狱及不让诸皇子孙统兵等问题方面。

（一）搞特务统治

朱元璋采取特务手段，侦缉臣僚私下的言行，这在历代皇帝中是绝无仅有的。早在明朝建立前，他就开始派检校人员搞这种阴谋活动："专主察听在京大小衙门官吏不公不法，及风闻之事，无不奏闻。有人甚至专做告发别人隐私的勾当。钱宰被征编《孟子节文》，散朝回家，吟诗道："四鼓冬冬起着衣，午门朝见尚嫌迟。何时得遂田园乐，睡到人间饭熟时。"次日上朝，朱元璋见他说："昨天你作的好诗！不过我并没有"嫌"迟啊，改作"忧"字如何？"钱宰吓出一身冷汗，连忙磕头谢罪。（叶盛：《水东日记摘抄》二）

国子监祭酒宋讷在家独坐，面带怒容，次日朝见时，朱元璋问他为什么生气，宋讷大吃一惊，如实说了，朱元璋把派人偷偷给他画的像拿出来让他看。（《明史》卷173《宋讷传》）诸如此类，搞得人人自危，惶惶不可终日。

到了洪武十五年（1382）四月，朱元璋下令设立锦卫，授予侦察、缉捕、审判、处罚罪犯大权。这是一个正式的军事特务机构，设有指挥、佥事、镇抚、千户、百户之职，所属人员有将军、力士、校卫，直接由皇帝掌控。它下设镇抚司，掌本卫刑名，兼理军匠，有自己的法庭和监狱。朱元璋把重大案件交由锦衣卫处理，由自己亲自掌控，锦衣卫也只对皇帝负责。朱元璋让锦衣卫在朝堂上执行廷杖，使不少大臣惨死杖下。

在全国各地的关津要冲，朱元璋还设立了巡检门司，由巡检、副巡检带领差役、弓兵警备意外，负责盘查、缉拿盗贼、盘诘奸伪，在乡村则由里甲执行这一任务。

这样，朱元璋通过这些机构在全国布下了一张特务网，从城市到乡村，从政府官僚到普通百姓，无不在其监视和掌控之下。

（二）文字狱

文字狱，是古代统治者为迫害知识分子，故意从其著作中摘取字句，罗织罪名而造成的冤案。清代龚自珍《咏史》："避席畏闻文字狱，著书都为稻粱谋。"鲁迅《华盖集续编·马上支日记》："中国从古到今有多少文字狱；历来'流言'的制造散布法和效验等等，……可以研究的新方面实在多。"文字狱可以说历代都有，明清为烈。

朱元璋出于统治的需要而延揽人才，笼络知识分子，给个一官半职，但不是所有的知识分子都愿意和新王朝合作的。有的坚决不肯合作，有的合作了但有牢骚。朱元璋对这些不肯合作或合作不好的文人采取严刑峻法，残酷迫害，文字狱层出不穷。朱元璋当过和尚，和尚剃光头，不蓄发，所以忌讳"光""秃"这些字眼，甚至"僧"字也觉刺眼，连和"僧"的同音的"生"字也不喜欢了。鲁迅《阿Q正传》中写阿Q因为头上有癞疮疤，所以忌讳人们说"光""亮"，原来是从朱元璋这里学来的。

朱元璋早年参加红巾军起义，最恨人说"贼""寇"，连看到和"贼"字音相近的"则"字也生气。有些文人如果在诗文中不慎用了这些字眼，就可能造成文字狱，引来杀身之祸。如浙江府学教授林元亮替海门卫官作《谢增俸表》，有"作则垂宪"一语，杭州府学教授徐一夔表中有"光天之下""天生圣人，为世作则"等语，朱元璋硬说文中"则"是骂他做过贼，"光"是光头，"生"是"僧"的意思，是骂他做过和尚。尉氏县教谕许元为本府作万寿贺表，有"体乾法坤，藻饰太平"字样，"法坤"被曲解为"发髡"，就是头发剃光了，暗示他是和尚，"藻饰太平"，被曲解为"早失太平"。

最典型的文字狱要数大诗人高启一案了。

高启（1336—1374），字季迪，长洲（今江苏苏州）人。元末张士诚占据吴地（苏州），名士多附，高启隐居吴淞青丘，自号青丘子。与杨基、张羽、徐贲齐名，称"吴中四杰"。明洪武初年，朱元璋下诏请他修《元史》，任翰林院史馆编修，授予他户部右侍郎。自陈年少不敢担当重任，拒不接受，朱元璋赐金放还，但认为他不合作，借故整治他。他作了一首《题宫女图》的诗，其中有"小犬隔花空吠影，夜深宫禁有谁来"二句，被朱元璋认为是讥讽他的，怀恨在心。后来苏州知府魏观重修知州衙门，地址选在张士诚的宫殿旧址上，犯了忌讳，有人告发魏观此举是"兴既灭之基"，朱元璋认为是对他不满，把魏观处以死刑。正巧新府衙房子上梁文是高启写的，其中有"龙盘虎踞"字样，朱元璋大怒，下令把高启押解应天（今江苏南京），腰斩于市，年仅39岁。

毛泽东对高启评价很高，称他是"明朝最伟大的诗人"。明代模拟之风盛行，诗人缺乏创造，却认为高启有一些"好诗"。

毛泽东喜欢高启的诗，从下面这件事情上可以看得很清楚：

1961年11月6日上午，毛泽东可能是想集中阅读一些古代的咏梅诗词，为其写《卜算子·咏梅》（1961年12月）做准备，便想起了过去阅读过的一首"梅花"诗。他先以为是宋代著名诗人林逋所作。上午6点半给秘书田家英写了一封信，让他帮助查找，自己也动手查找。

毛泽东从林逋的诗文集中没有查到，然而他对这首诗的记忆逐渐清楚起来了。他首先回忆起来的两句是："雪满山中高士卧，月明林下美人来"，并说明"是咏梅的"，于是上午八点半又给田家英写了第二封信，请他"再查一下"。到了九点钟（原为八点，疑误），毛泽东又给田家英写了第三封信，说："又记起来，是否是清人高士奇的"，并且回忆起诗的前四句，请田家英向中央"文史馆老先生"请教。

待终于弄清《梅花》诗是高启所作，就在当天，毛泽东用挥洒自如的草体书写了全诗：

> 琼枝只合在瑶台，谁向江南处处栽？
> 雪满山中高士卧，月明林下美人来。
> 寒依疏影萧萧竹，春掩残香漠漠苔。
> 自去何郎无好咏，东风愁寂几回开？

并在诗末写道："高启，字季迪，明朝最伟大的诗人。"（《毛泽东手书选集·古诗词下》，北京出版社 1996 年版，第 216 页）

高启的《梅花》诗共九首，此是第一首。首联写梅花俏丽美艳，高贵雅致，本应生长在瑶台仙境，如今江南大地处处有它的身影，欲扬先抑。颔联借东汉袁安卧雪和隋赵师雄醉宿梅下得遇梅花仙子的典故，进一步烘托梅花的高贵雅致。颈联正面描写梅花，歌颂俏不争春而报春的高贵品格。尾联借南朝梁诗人何逊之后，很少有好的咏梅诗，慨叹梅花的高贵品格得不到应有的赞颂。一首咏物之作，却想象超拔，大开大合，多方着墨，颇有唐人风韵，不愧为古代咏梅诗词中的佳作，因而赢得毛泽东的喜爱。毛泽东曾说："过去我以为明朝的诗没有好的，没有看头。但其中有李攀龙、高启等人的好诗。"（陈晋主编：《毛泽东读书笔记解析》，广东人民出版社 1996 年版，第 443 页）不错，这首《梅花》诗就是一例。

此外，毛泽东还阅过高启如下诗篇：《悲歌》《忆昨行，寄吴中故人》《送沈左司从汪参政分省陕西汪由御史中丞出》《送叶判官赴高唐时使安南还》《吊岳王墓》《凉州曲》《桐阴清润雨余天》。

文字狱从洪武十七年（1384）到二十九年（1396），前后闹了 13 年，朝野文人提笔都怕文字狱，造成一种人人自危的局面。有一个传说，很能说明这个问题。有一年元旦之夜，朱元璋微服私访。他忽然发现一个灯谜上画着一个大脚女人，怀里抱着一个大西瓜，坐在马背上，马蹄画得特别大。朱元璋看了大怒。回宫后就下令缉拿此灯笼的扎制者，结果把做灯笼的匠人打死。原来马皇后是淮西人，长着一双大脚，朱元璋怀疑这个灯谜是讽刺马皇后的。一个小小灯谜，竟然断送一条人命，真是荒唐之极！

（三）"历代开国皇帝，从不杀有功之臣"

1958 年 4 月 6 日，毛泽东在安徽观看严凤英演出的黄梅戏。据当时任安徽省委宣传部副部长杨杰著文说：当时，毛主席身体健壮，情绪极高，曾希圣、桂林栖陪毛主席、张治中将军看黄梅戏《打金枝》，我坐在主席后一排，他看了严凤英饰皇帝女儿金枝的表演。当他看到唐朝名将郭子仪的儿子一身傲气，闯入宫中，打碎"禁灯"，又打金枝玉叶，闯下杀身之祸，急得郭子仪捆绑了自己和儿子，赴皇帝面前请罪。皇帝不仅没有问罪，反而十分宽容，还批评自己的女儿，又批评皇后对女儿的偏心。此时，毛泽东先评说："历代开国皇帝，从不杀有功之臣。"（《文汇报》1992 年 3 月 18 日）

毛泽东这一说法是颇有道理的。其原因有三：第一，开国皇帝深知创业的艰难，看重开国元勋们的功劳；第二，在创立基业之中，与有功之臣结下了深厚战斗友谊；第三，因其有功于国，往往原谅他们的小过错。所以，只要是不犯谋反大罪，威胁皇位，是不会杀功臣的。这可以说是一种人性化的解说。

但是自古就有一种与这种观点相反的看法，那就是"狡兔死，走狗烹"的观点。这种说法，认为国君得到天下，就杀害谋士功臣。这是一种必然的规律。《文子·上德》："狡兔得而猎犬烹，高鸟尽而良弓藏，功成名遂身退，天道然亡也。"亦作"狡兔尽，良狗烹"。《史记·淮阴侯列传》："汉六年，人有上书告楚王（韩信）反。高帝以陈平计，天子巡狩会诸侯。……高祖且至楚，信欲发兵反，自度无罪，……上令武士缚信，载后车。信曰：'果若人言："狡兔死，良狗亨（烹）；高鸟尽，良弓藏；敌国破，谋臣亡。"天下已定，我固当亨（烹）。'上曰：'人告公反。'遂械系信。至雒阳，赦信罪，以为淮阴侯。"就是说，开国皇帝刘邦，原谅并赦免了开国元勋韩信的谋反罪，降了两级，为淮阴侯。

但是到了汉十一年，陈豨反叛，刘邦亲自带兵平叛，而韩信称病不从，却暗中派人与陈豨联络，欲起兵助他，并准备发动宫廷政变，袭击吕后和太子。吕后与相国萧何谋，诈称有人从刘邦那里来，说陈豨已死，列侯群臣应当祝贺。萧何骗韩信说："虽疾，强入贺。""信入，吕后使武士缚信，斩之长乐宫钟室。"是说，后来韩信果真要谋反，才被吕后所杀，而刘邦当时在前线，不知此事，算不得皇帝杀功臣。这是《史记》作者司马迁的描述。怎样解读，仁者见仁，智者见智。

那么，朱元璋能和刘邦相提并论吗？恐怕很难。原因有二：

第一，朱元璋有杀功臣的动机。朱元璋滥杀功臣，皇太子朱标都看不过，他曾对朱元璋说："父皇杀人太多，恐怕会伤了和气。"朱元璋听后不置一词。第二天，他把一根长满刺的荆棘放在地上，叫太子拿，太子面有难色，朱元璋对他说："你怕刺不敢拿，我把这些刺都给你去掉了，再交给你，难道不好吗？现在我杀的都是最危险的人，除掉他们，你才能当好这个家。"这个故事或许出自明朝野史的杜撰，但也反映了朱元璋为求明王朝长治久安的用心。

第二，朱元璋确实杀了不少功臣。主要有两个大案：胡惟庸案和蓝玉案。胡惟庸（？—1380），定远（今安徽定远）人。龙凤元年（1355）在和州投奔朱元璋，历任主簿、知县、通判等官。洪武三年（1370）升至中书省参知政事。六年至十三年间任丞相，专权树党。后以谋逆罪被杀灭族。十九年与二十三年，又以"通倭""通元"罪，穷究党羽，牵连被杀达三万多人。后来朱元璋的另一大功臣，开国后任左丞相多年的李善长，也牵连被杀。

明太祖朱元璋洪武二十六年（1393），又兴"蓝党"大案。开国大将蓝玉（？—1393），定远人。初在常遇春部下，勇敢善战。洪武二十年（1387）任大将军。次年，率15万大军打蒙古，一直打到捕鱼儿海（今内蒙古贝尔湖），俘获男女75000人，大胜而归。徐达、常遇春死后，蓝玉继为大将，整军出征，屡立战功。因而恃功骄横，多蓄庄奴假子，夺占民田，所为多不法。后以谋反罪被杀，牵连甚众，"族诛者万五千人"，把军中骁勇之将几乎杀个干净。

朱元璋利用胡、蓝二狱，前后14年，一共杀了45000人之多，"元功宿将相继尽矣"！(《明史》卷132《蓝玉传》)除两案之外，朱元璋还鞭死亲侄朱文正，其罪名是"亲近儒生，胸怀怨望"。亲外甥李文忠19岁为将，骁勇善战，屡立战功，后以忤旨被责，不久病死。大将廖永忠以僭用龙凤不法事赐死。名将朱亮祖父子，以"所为多不法"，被召入京，鞭死。胡美以犯禁死，周德兴以帏幄不修被杀。洪武二十七年（1394），杀王弼、谢成、傅友德；洪武二十八年（1395），杀冯胜。朱元璋的同乡、第一号开国功臣徐达（1332—1385），在洪武十八年（1385）背生疽（jǔ，中医指皮肤局部肿胀坚硬的毒疮），经治疗已好转，"帝（朱元璋）忽赐膳，魏公（徐达）对使者流涕而食之"，不数日而死。据说朱元璋送的御膳是一只上好的熟鹅，得疽病最忌吃鹅肉，朱元璋不会不知道吧！

经过朱元璋的大肆杀戮，开国功臣已寥寥无几。其主要将领除常遇春在行军途中暴病身死，胡大海被叛将杀害，只有汤和、沐英得善终。朱元璋落个杀戮功臣的恶名不是空穴来风。

（四）"不令诸子诸孙统兵作战，失策"

《明史》卷一《太祖本纪》载：（至正）二十四年（1364）正月里的一天，李善长率领群臣劝朱元璋登皇帝位，朱元璋没有答应。一再请求，才称吴王，设立百官。任命李善长为右丞相，徐达为左丞相，常遇春、俞通海为平章事。晓谕他们说："建立国家初期，名当先正法纪。元朝昏暗衰弱，威望下降，以至于混乱，今天应该引以为鉴。"立长子朱标为皇子。二月的一天，朱元璋又自己亲率大军征讨武昌，陈理投降，汉、沔、荆、岳四州都被攻下。

毛泽东读到"复自将征武昌"，批注说："不令诸子诸孙统兵，失策。"意思是说，这次打武昌，对象是陈友谅的儿子陈理，在鄱阳湖大战中，已把陈友谅的主力部队消灭了，陈理力量不强，朱元璋的儿孙都已长大，能带兵了，应该让儿孙们带兵去攻打，以经受战争锻炼，增长才干。这时不培养接班人，是很失策的事。

后来，朱元璋逐渐认识到这个问题，采取了一些相应的措施。这是事实教育他的结果。当时主要的战场在北方，而朱元璋远在南京。北部边防仅靠他自己巡狩，或派大将出征仍是不安，如果元老重臣坐镇北方，他更不放心，必须派最可靠的人去镇守，于是朱元璋决定实行分封诸王的制度。洪武三年（1370）四月初七，朱元璋分别封朱樉为秦王，朱棡为晋王，朱棣为燕王，朱橚为吴王，朱桢为楚王，朱榑为齐王，朱梓为潭王，朱檀为鲁王，族孙朱守谦为晋江王。

洪武十一年（1378）正月初一，朱元璋分别封朱椿为蜀王，朱柏为湘王，朱桂为豫王，朱楧为汉王，朱植为卫王。改封吴王朱橚为周王。

洪武二十四年（1391），又封了一次。二十五年二月初九，朱元璋改封豫王朱桂为代王，汉王朱楧为肃王，卫王朱植为辽王。这样把他的24个儿子和一个孙子分封在全国各地军事重地，想要他们来"夹辅王室"。

明太祖朱元璋洪武十一年（1378），秦王就藩西安，晋王就藩太原。十三年以后，随着诸王逐渐长大，纷纷到封地就藩。从当时全国的形势来看，有权力的诸王仍然镇戍在沿长城一线的重镇。如西安的秦王，大同的代王，宣府的谷王，大宁的宁王，北京的燕王等。封王在其封地建立王府，设置官属。亲王的冕冠、官服、车辆、旗帜仅比皇帝低一等，公侯大臣见亲王都要俯首拜谒，不得以平等之礼对待。虽说各亲王"惟列爵而不临民，分藩而不锡土"（谷应泰：《明史纪事本末》），但他们位高权重。诸王有统兵和指挥作战的权力，每王府设亲王护卫指挥使司，有三护卫，护卫士兵少者3000人，多的达19000人。遇有突发事件，封地里的卫所镇兵，在接到盖有皇帝御玺文书的同时，还必须有亲王的令旨，才能调动。后来又干脆令亲王领兵，指挥作战。例如，洪武二十三年（1390）正月初三，晋王朱棡、燕王朱棣征讨后元丞相咬住、太尉乃儿不花，征虏将军颍国公傅友德等大将都归他们指挥。二十一日，齐王朱榑率领部队跟随燕王朱棣来北京。

明太祖朱元璋洪武二十六年（1393）二月初二，朱元璋命晋王朱棡率山西、河南的部队北出长城，召回冯胜、傅友德、常昇、王弼等将领。

明太祖朱元璋洪武二十八年（1395）正月十一日，朱元璋命令甯正率兵跟随秦王朱樉征讨洮州叛乱的吐蕃人。当月，周王朱橚、晋王朱棡率领河南、山西各卫所部队北出长城，筑城屯田。燕王朱棣率领总兵官周兴出辽东边塞。

明太祖朱元璋洪武二十九年（1396）二月二十三日，朱元璋命令燕王朱棣率领军队巡视大宁，周王嫡长子朱有燉率领军队巡视北部边地雄关要塞。三月初七，燕王朱棣在彻儿山打败后元军队，又追击到兀良哈秃城，然后班师。

从战争中学习战争，亲王们在指挥作战中增长了才干，皇四子朱棣打仗最多，最会打仗。令朱元璋没有想到的，他死后本要嫡长孙朱允炆继位的，而这位久征沙场锻炼的燕王朱棣竟以"靖难"为名，取代侄子，夺得皇位，是为明成祖。但这不能算是坏事，因为在毛泽东看来："明朝皇帝搞得好的只有两个，一个是太祖，一个是成祖。明太祖朱元璋皇帝做得最好，他一字不识；明成祖皇帝做得也不错，是一个半文盲，识字也不多。"（戴知贤：《山雨欲来风满楼》，河南人民出版社1990年版，第197页）在1964年3月的一次会议上，他又称赞朱元璋"搞得比较好"。明成祖的成功夺位和治国，证明了朱元璋让皇子、皇孙统兵作战和毛泽东对他的批评是对的。

五、"朱元璋是农民起义领袖，应该写得好点"

　　毛泽东重视朱元璋，也关注对朱元璋的研究。著名历史学家吴晗（1909—1969）的力作《朱元璋传》，原名《明太祖传》，1944年出版。1948年，作者着手修改时，改名为《朱元璋传》，书中描写了元末农民起义军红巾军的事迹。这支起义军身着短衣草鞋，头裹红巾，手举红旗，故称红巾军或红军。红巾军分东、西两个系统，东系红巾军发起人为韩山童，西系红巾军组织者是彭莹玉。彭莹玉（？—1353），即彭翼，袁州（今江西宜春）人，在袁州慈化寺当和尚，人称彭和尚。他利用白莲教组织群众，初与其徒周子旺发动起义。子旺被捕牺牲后，他出走淮西，继续进行宣传组织活动。至正十一年（1351）秋，与邹普胜等聚众响应刘福通起义，推徐寿辉为首领，在蕲水（今湖北浠水）建立政权，任军师，攻占湖广、江西许多地方。至正十二年攻克徽州、杭州，因元将董传霄反扑，在杭州牺牲。一说在瑞州战死。

　　但吴晗由于史料所限，对彭莹玉的结局做了不真实的描述：

　　"彭莹玉可以说是典型的职业革命家，革命是一生志气，勤勤恳恳播种、施肥、浇水、拔草。失败了。研究失败的教训，从头做起，决不居功，决不肯占有新播种的果实。第一次起义称王的是周子旺，第二次做皇帝的是徐寿辉，虽然谁都知道西系红军是彭和尚搞的，彭祖师的名字会吓破元官的胆，但是起义成功以后，就像烟一样消失了，回到人民中间去了。……功成不居，不是为了做大官而革命，真是了不起的人物。"

　　1948年11月，吴晗在中共地下党组织的帮助下，从国统区来到中共中央暂居的河北省平山县西柏坡村。他把8月份写完准备再版的《朱元璋传》的修改稿送请毛泽东同志阅正。正在指挥"三大战役"的毛泽东，挤出时间阅读了书稿，还特地约请吴晗先生谈了两次。他称赞《朱元璋传》写得好，但表示，对书中关于彭和尚功成身退的论点有疑问。毛泽东的意思是：像彭和尚这样坚强有毅力的革命者，不应有逃避的行为，不是他犯了错误，就是史料有问题。因此，他建议吴晗对他修改稿中关于彭和尚功成身退的论断再作考虑。过了几天，毛泽东在退还《朱元璋传》原稿时，又给吴晗写了一封信。信是这样写的：

辰伯先生：

两次晤谈，甚快。大著（指吴著《朱元璋传》）阅毕，兹奉还。此书用力甚勤，掘发甚广，给我启发不少，深为感谢。有些不成熟的意见，仅供参考，业已面告。此外尚有一点，即在方法问题上，先生似尚未完全接受历史唯物主义作为观察历史问题的方法论。倘若先生于这方面加力用一番功夫，将来成就不可限量。

谨致

革命的敬礼！

毛泽东

十一月二十四日

——《毛泽东书信选集》，人民出版社 1983 版，第 310 页

辰伯，即吴晗（1909—1969），辰伯是他的字，浙江义乌人，历史学家，曾任清华大学等校教授。新中国成立后，曾任北京市副市长。

据毛泽东的秘书田家英和曾彦修谈到，当时毛泽东认为，吴晗不应当那样书生气十足地只说朱元璋的残暴，那是朱元璋为了巩固自己的统治必须采取的措施。否则，他的皇帝就坐不稳。

毛泽东在信中指出，作者"似尚未完全接受历史唯物主义作为观察历史的方法论"，具体是说书稿中哪些内容，已无法确知。关于彭和尚的下落，吴晗诚恳地接受了毛泽东的意见。他到了北京后，便着手重新研究这个问题。他感到毛泽东的意见使自己"在理论上得到了启发"，他"重新发愤读书"，果然在钱谦益《牧斋初学梁》、柯绍忞《新元史》、赵汸《山东存稿》、江西《瑞州府志》等一些史料中发现了彭莹玉在杭州战死的重

要资料，时间是元至正十二年（1352）七月。他感叹道："这样看来，他并没有逃避，一直革命到底，斗争到底，是为革命而牺牲的英雄人物。"于是，吴晗把彭和尚的结局改为他在杭州，遭到元军的意外袭击而战死，从而得出了符合历史真实的结论。

这件事，说明毛泽东对彭和尚下落的判断是正确的，对吴晗是一次深刻教育。吴晗深有感触地说：自己研究了30年明史，却由于用"超阶级思想来叙述坚强不屈的西系红巾军组织者彭莹玉和尚"，所以得出违反历史真实的结论，这和自己有"革命者是可以半途而废，无须革命到底"的清高思想是分不开的。

从此，吴晗更加自觉地学习历史唯物主义原理，用以指导自己的研究工作。1954年，他用了整整一年时间，重新改写了《朱元璋传》。1955年春，油印了一百多部，征求意见，他特地又送给毛泽东一部，在书的扉页签有"送毛主席，请予指正"字样。这部油印本《朱元璋传》，至今还保存在中南海毛泽东故居书房菊香书屋里。在这部上、下两册16开本的油印稿上，多处留下了毛泽东用铅笔画着的直线、曲线等符号和着重号，显然毛泽东又认真地读了一遍，而且对吴晗的新修改是满意的。但他同时又指出："朱元璋是农民起义领袖，是应该肯定的，应该写得好点，不要写得那么坏（指朱元璋的晚年）。（张秀娟主编：《握手风云：毛泽东交往实录》，第598页）

1964年，吴晗根据征集来的意见，利用养病时间，再一次作了修改，1965年正式出版。在该版序言中，吴晗对自己写这本书前后20年，四易其稿过程中的思想变化，做了说明。但他这一次并没有接受毛泽东的意见，反而把朱元璋改写得更坏了。当然，这是史学家的权力，无可厚非。但毛泽东的建议不是想当然，而是很有道理的。因为放眼中国历史来看，朱元璋应该说很有作为，是一个好皇帝。作为大明王朝的开国皇帝，他是最大的地主头子，代表封建地主阶级的利益；同时他又采取了一系列减轻人民负担、有利人民发展的措施，使人民安居乐业。

朱元璋贫苦出身，知道生活的艰辛，当了皇帝以后，不贪图享受，崇尚节俭；他识字不多，却勤奋好学，虚心求教，与文人们谈诗论文，即位后喜欢写诗作文，文简意丰，不图藻饰，极为本色。据说，有一年是鸡年新年，在满朝文武贺岁时，他以"金鸡报晓"为题，让大臣每人赋诗一首。大臣们知道他诗兴又发了，都推说皇上先作一首垂示。他可能是有备而来，援笔立就。大家看时，他是这样写的：

> 鸡叫一声撅一撅，鸡叫两声撅两撅。
> 三声唤出扶桑日，扫尽残星与晓月。

撅两下尾巴，谁人不知，谁人不晓，笨拙之极，有何诗味？这叫藏拙。第三句转折，变换句型，并且用了一个日出扶桑的典故，由俗转雅。第四句平直，虽然写的是太阳出来，星星月亮都落下去了，却透出这位马上皇帝的霸气，可谓笔力千钧！汉高祖刘邦《大风歌》写道："大风起兮云飞扬。威加海内兮归故乡。安得猛士兮守四方？"二诗似可比肩，难以轩轾。

朱元璋还喜欢读史书，从《左传》《史记》《汉书》到《唐书》《宋史》等多达六七十种。他常与文人们讲经说史，说古论今，吸取古人成败的历史教训。他有一首诗是这样写的：

> 百僚已睡朕未睡，百僚未起朕先起。
> 不如江南富足翁，日高一丈犹披脊。

这反映了朱元璋宵衣旰食、勤政不怠的作风。由于他担心大权旁落，撤掉了他的大管家——左、右丞相，无人为他分担政务，只好事必躬亲。他一天到晚不是上朝议事，就批阅奏折，年复一年，日复一日，没有节假日和休息日，乐此不疲。据明史专家吴晗先生统计，洪武十七年九月，14日至21日的8天中，共收内外诸司奏折1660件，计3391事，平均每天都要看两百多个奏折，处理四百多件事。

洪武三十一年（1398）五月，古稀之年的朱元璋终于病倒了，但他仍然坚持处理政事，勉强支持了30天之后，寿终正寝，享年71岁。似乎也可以像蜀汉名相诸葛亮说的那样："鞠躬尽瘁，死而后已。"（《前出师表》）用他的宝贵生命殉了大明王朝的事业。朱元璋在遗嘱中说："朕膺天命31年，忧危积心，日勤不怠，务有益于民。奈起自寒微，无古人之博知，好善恶恶，不及远矣。"这个自我评价是符合实际的，可以说有自知之明。

朱元璋是洪武三十一年（1398）闰五月初七病危，初九在西宫去世。二十五日安葬孝陵。谥号高皇帝，庙号太祖。史称明太祖。

1964年3月24日，毛泽东在一次谈话中说："可不要看不起老粗。知识分子是比较最没有出息的。历史上当皇帝，有许多是知识分子，是没有出息的。隋炀帝就是一个会做文章、诗词的人。陈后主、李后主都是能诗能赋的人。宋徽宗既能写诗，又能绘画。一些大老粗能办大事情，成吉思汗、刘邦、朱元璋。"（《毛泽东评点二十四史精华详析》，中国档案出版社1999年版，第130页）

同年5月12日，毛泽东在一次谈话中说："明朝除了明太祖、明成祖两个皇帝搞得比较好，明武宗（朱厚照）、明英宗（朱祁镇）还稍好些以外，其余的都不好，尽做坏事。"（《毛泽东评说中国历史》，第146页）

同日，在一次谈话中又说："自己被书迷住了，正在读二十四史。"又说："看了《明史》最生气，做皇帝的大多搞得不好，尽做坏事。"（董学文等：《毛泽东的文艺美学活动》，高等教育出版社1995年版，第225页）

在毛泽东看来，朱元璋这个"大老粗"，是个"能办大事情"的好皇帝。把他放在整个明王朝来看，他是"搞得最好的"；把他放在整个中国历史长河中衡量，他是可以和刘邦、成吉思汗这种有雄才大略的皇帝相提并论的。况且，他放过牛，当过和尚，出身又好，还不应该写好一点吗？这可能是农民出身的开国领袖毛泽东对朱元璋这位放牛娃出身的皇帝的偏爱。

清圣祖玄烨

『是一位了不起的皇帝』

清圣祖，名爱新觉罗·玄烨（1654—1722），满族人，清朝第四位皇帝，也是清军入关以来第二位皇帝。年号康熙：康，安宁；熙，兴盛；取万民康宁、天下熙盛的意思。通称康熙皇帝。公元1661—1722年在位，执政六十一年，是中国历史上在位时间最长的皇帝。康熙作为我国有作为的皇帝之一，是位英武之主。他治国平天下的才干，堪称一流。他及其继任者雍正皇帝和之后的乾隆皇帝，曾开创了"康乾盛世"的局面。

一、智擒鳌拜

玄烨是十分幸运的，他一生下来就得到祖母孝庄皇太后的特别喜爱。孝庄皇太后颇有政治头脑，贤良而卓识，她十四岁嫁给皇太极为妃，二十七岁生顺治帝福临。皇太极去世时，福临六岁，她三十二岁。孝庄皇太后深知汉人皇妃的重要，因而非常宠爱玄烨的母亲佟妃。

佟佳氏怀孕后，皇太后以有"祥征"为由，预言"异日生子，必膺大福"，预示玄烨将来可能继承帝位，所以，孝庄皇太后对玄烨倍加爱护。

康熙幼年五官端正，双目有神，口齿清晰，举止庄重。孝庄皇太后认为孺子可教，特令自己的亲信侍女苏麻喇姑协助照看这位孙儿，她经常亲自教诲玄烨，按照帝王的标准严格训练孙子。玄烨从小喜欢读书、学书法、留心典籍、习射、观看耕种，不喜欢饮酒，不看无聊的书籍。皇太后按既定目标培养玄烨。玄烨五岁时，就依清制，学着随众上朝，站班当差，入书房读书。他六岁那一年，一天和哥哥福全、弟常宁去给皇父顺治帝请安。顺治把他们搂在怀里，问他们长大以后愿意做一个什么样的人。福全说："愿做贤王。"玄烨说："效法父皇。"他小小年纪便能说出这样的话来，让顺治皇帝十分惊异。顺治皇帝在弥留之际，曾想立年龄较长的次子福全（长子牛纽两岁夭折）为帝，因福全未出过天花，没有免疫力，所以接受传教士汤若望等人的规劝，按母后的意图，传位给出过天花的皇三子玄烨。

清世祖福临顺治十八年（1661）正月初九，玄烨在其祖母孝庄皇太后亲自主持下，"恪遵遗诏，俯徇舆情"，即皇帝位。玄烨亲御太和殿（俗称金銮殿），升宝座，鸣钟鼓（因父丧免奏乐），文武百官行礼毕，颁诏大赦，定顺治帝谥号曰章皇帝，庙号世祖，改次年为康熙元年。当时虽然先后消灭了东南和西南地区的南明政权，以及抗清农民军余部，初步实现统一，但活跃于东南沿海的郑成功仍有相当势力，他驱逐荷兰殖民者，入据台湾，坚持反清；侵入黑龙江流域的沙俄势力有待驱逐；漠西厄鲁特蒙古和漠北喀尔喀蒙古尚须进一步地加强统治和管理。因此，要实现太平安定的理想，对于新即位的康熙帝来说任重而道远。

顺治皇帝临终前指定了皇太子，同时亲自从直属皇帝的上三旗中选定了四名亲信大臣辅助幼帝。四名辅臣是：索尼（正黄旗）、苏克萨哈（正白旗）、遏必隆（镶黄旗）、鳌拜（镶黄旗）。按传统旧制，皇帝年幼，国家政务应由宗室诸王摄理。但是宗室诸王摄政权势过大，容易擅权越位，不仅太后没有参政的机会，而且会侵犯皇帝的正当权益。顺治皇帝吸取历史的教训，没有沿用旧制，而是改由上三旗元老重臣共同辅助幼帝，这更加适合孝庄皇太后辅助幼帝登极的需要。

四大辅臣中的三位两黄旗大臣——索尼、遏必隆、鳌拜，原系太宗皇太极的旧部，早年就跟随太宗南征北战，屡立战功，备受信任。太宗逝世后，他们拥立皇子福临即帝位。顺治初年，因为不肯追随摄理政务的睿亲王多尔衮而屡遭打击，直到顺治八年福临亲政后才分别将他们召还复职：索尼晋升一等伯，擢升内大臣，总管内务府；遏必隆袭一等公，任议政大臣、领侍卫内大臣；鳌拜晋二等公，任议政大臣，擢领侍卫内大臣。苏克萨哈与索尼等有所不同，原系睿亲王多尔衮属下近侍，因为首先揭发多尔衮的问题得到顺治皇帝及太后的信任，被提升为镶白旗护军统领。正白旗归属皇帝以后，苏克萨哈以功晋二等公，任领侍卫内大臣。

因此，在顺治帝去世之前，四位大臣在反对多尔衮的斗争中，都坚定地站在顺治帝和孝庄皇太后一边，深得太后的赏识与信赖。他们被委任掌管宫廷宿卫和上三旗实权，经常守卫在皇帝和太后身边，参与议论军国大事。黄白两旗之间的矛盾重新挑起，要求重新圈换土地。这一计谋果然引起两黄旗大臣的共鸣，造成八旗纷纷要求重新圈换土地的形势，对太皇太后和年幼的皇帝施加压力。当户部一些白旗大臣从安定国计民生出发而反对圈换土地时，鳌拜便要将这些官员处死，强制推行圈换土地的政策。

清朝入关后实行圈占土地的政策。最初是无偿圈占土地，后来又以张家口、山海关地无主土地补偿给被圈地之人。但是，由于所圈占的土地都是肥沃的土地，而张家口等地的土地是荒地，需要投入很大劳动才能变为肥沃土地，这引起了被圈占人士的不满。其次，满族贵族圈占土地后，用奴隶制方式来剥削在土地上工作的农民，引起逃亡、反抗等事件。因此康熙初年，由于重新圈占土地，激化了社会矛盾。

康熙六年（1667），康熙亲政，加恩辅臣。自从鳌拜挑起圈地事件，朝廷百官人心惶惶，要求皇帝亲政的呼声越来越高。在百官的推动下，辅臣索尼等于康熙六年（1667）三月"奏请皇上亲政"。六月，索尼去世。康熙见鳌拜更加骄横，四大臣辅政体制已不能发挥它应有的作用，经祖母太皇太后同意，定于七月初七举行亲政大典。这天，康熙皇帝身着龙袍，头戴皇冠，御临太和殿，躬亲大政。康熙亲政，表明辅政大臣的权力下降了。

鳌拜一天比一天骄横放肆，过了一阵子，苏克萨哈奏请去守先帝陵寝，希望能保全自己的生命。康熙有旨诘问，鳌拜与其党、大学士班布尔善等遂诬以怨望，不欲归政，构罪状二十四款，以大逆论。狱上，康熙不允。鳌拜上前拉住康熙的臂膀，强奏累日，最终苏克萨哈被处以绞刑，自此班行章奏，鳌拜皆首列。鳌拜日与弟穆里玛、侄塞本得等人结党营私，凡事即家定议，然后施行。侍读熊赐履应诏陈时政得失，鳌拜恶之，请禁言官不得陈奏。户部满尚书缺员，鳌拜想命玛尔赛担任，康熙别授玛希纳，鳌拜援顺治间故事，户部置满尚书应有二名，强请除授。汉人尚书王弘祚担任尚书已久，玛尔赛不得自擅，鳌拜就找个理由把他撤职。鳌拜专擅朝政，大致如此。

康熙久知"鳌拜专横乱政，特虑其多力难制，乃选侍卫、拜唐阿年少有力者为扑击之戏。是日，鳌拜入见，即令侍卫等掊而絷之"。这是康熙八年（1669）的事。

康熙皇帝深知鳌拜长期掌握朝廷大权，树大根深，很难对付，如稍不谨慎，走漏风声，就会打草惊蛇。他为此动了一番脑筋，想了一个办法：按清朝的规矩，下令选了一部分满族权贵的子弟，在自己身边供差遣和充当贴身侍卫。这些侍卫都是跟皇帝年龄差不多、体格健壮、腿脚灵活的少年。

康熙帝每天和他们做相扑游戏，练习摔跤。鳌拜进宫办事，康熙帝也装着不在意，照样玩得热热闹闹。鳌拜见了感到好笑，认为皇帝只知道打闹玩耍，便没有放在眼里。

康熙采取欲擒故纵之法，曾给鳌拜父子分别加过"一等公""二等公"的封号，以后又分别加了"太师""少师"封号，至此，以此麻痹他们。

内秘书院侍读熊赐履疏言"天下治乱系宰相"，点明鳌拜的危害。

康熙帝以为时机尚未成熟，便斥他"妄行冒奏，以沽虚名"，声称要给予处分。

康熙八年（1669）五月的一天，鳌拜假称有病不去上朝，还放出风声，说皇帝应该到他家去探望。

康熙皇帝果然亲自来到了鳌拜家，他详细地询问了鳌拜的病情，嘱咐他好好调养，又对左右侍候的人嘱咐了几句，起身回宫去了。

康熙做好了铲除鳌拜的各项准备工作。他以各种名义将鳌拜的党羽剪除，削弱了他的势力。将鳌拜的胞弟内大臣巴哈"差往审理察哈尔阿布奈之事"，将鳌拜亲侄侍卫苏尔马差往科尔沁。康熙八年，令侍卫将鳌拜捉住、逮捕。将鳌拜姻党理藩家产籍没，其族人有官职以及在护军者，均应革退，各鞭一百，披甲当差。其他亲信党羽分别判立绞、立斩、即行凌迟处死等。

康熙帝再次召见鳌拜等，当面审问。

五月二十五日，康熙帝在历数了鳌拜结党专权、紊乱朝政等诸罪行之后，王公大臣议鳌拜狱上，列陈大罪三十条，请求族诛。康熙下诏曰："鳌拜愚悖无知，诚合夷族。特念效力年久，迭立战功，贷其死，籍没拘禁。"其弟穆里玛、塞本得，从子讷莫，其党大学士班布尔善，尚书阿思哈、噶褚哈、济世，侍郎泰璧图，学士吴格塞皆处死。其余或流放或降级。其弟巴哈宿卫淳谨，卓布泰有军功，免受处罚。

康熙帝在准备除掉鳌拜过程中有周密的安排。之后，并没有扩大牵连，稳定了朝廷的秩序，最大程度维护了满族贵族的利益，这显示了康熙帝作为一个政治家的卓越才干，大大提高了他的威望，提高了皇权的权威。康熙将君权收回自己手中，真正开始亲政，逐步地把清朝推向新的发展时期。

康熙帝处理鳌拜及其党羽，实际上也是进行了一次政治大清洗，纯洁了从中央到地方的官吏队伍，深得人心。

二、康熙皇帝的三大贡献

毛泽东十分赞赏康熙的文治武功，认为他有三大贡献。

（一）奠定了我国的广大版图

1960 年 4 月，毛泽东在全国人大二届二次会议期间遇到作家老舍，当他知道老舍是满族时，开口便说道：满族是个了不起的民族，对中华民族大家庭做出过伟大贡献。又说：清朝开始的几位皇帝都很有本事的，尤其是康熙皇帝。接下来，便大讲康熙。毛泽东说，康熙皇帝的头一个伟大贡献是打下了今天我们国家所拥有的这块领土。我们今天继承的这大块版图，基本上是康熙皇帝时牢固地确定了的。他三征噶尔丹（1688—1697），团结众蒙古部，把新疆牢牢地守住。他进兵西藏，振兴黄教，尊崇达赖喇嘛，护送六世达赖进藏，打败准噶尔人，为维护西南边疆的统一，迈出了关键性的一步。他进剿台湾，在澎湖激战，完成统一台湾的大业（1684）。他在东北收复雅克萨（现俄罗斯联邦斯科沃罗丁诺），组织东北各族人民进行抗俄斗争，和沙俄签订《尼布楚条约》，保证我永戍黑龙江，取得了独立自主外交的胜利，为巩固东北边疆作出了重大贡献。（武在平：《风流人物在中华——毛泽东与老舍》，《毛泽东与中国作家》，中共中央党校出版社 1995 年版，第 37—38 页）

第一，平定三藩之乱

所谓"三藩之乱"，即清初吴三桂等人的叛乱。

吴三桂（1612—1678），字长白，出生于明清之际，高邮（今江苏高邮）人，辽东（今辽阳）籍。武举出身，以父因袭军官。明末任辽东总兵，封平西伯，他率三十万大军驻防山海关，防止清兵入关。李自成攻克北京，招他归降，拘捕其父吴襄等家属，霸占其爱妾陈圆圆。陈圆圆，明末苏州名妓，本姓邢，名沅，字畹芬。三桂大怒，引兵攻陷北京，圆圆仍归吴三桂，后随吴三桂入滇。晚年出家为女道士。诗人吴伟业有七言古诗《圆圆曲》开头云："鼎湖当日弃人间，破敌收京下玉关。恸哭六军具缟素，冲冠一怒为红颜。"意思是说，明末李自成攻陷北京，崇祯皇帝吊死在煤山，吴三桂降清，引清兵入关。全军上下都在哀悼崇祯皇帝，吴三桂却因为陈圆圆被俘而降清。红颜指陈圆圆。"冲冠一怒为红颜"，把吴三桂降清归于陈圆圆之故，并不确切，充其量它只是一个具体原因，从本质上看，这是由吴三桂的地主阶级立场决定的。吴三桂降清后，受封为平西王，守云南，云南、贵州两个省的大小官吏由其任命。其子吴应熊娶了皇太极的第十四个女儿为妻，作为额驸（即驸马）住在北京，实为人质，可见清廷对吴三桂并不放心。

尚可喜（1604—1676），明清之际辽东（今辽宁辽阳）人。明崇祯时为副总兵，崇祯七年（1634），继孔有德、耿仲明之后降后金（清）。后封智顺王，属汉军镶蓝旗。从清兵入关，镇压农民起义军。顺治六年（1649）改封平南王。击破广东地区明军，驻守广州。

耿精忠（？—1682），明清之际辽东（今辽宁辽阳）人。清汉军正黄旗人，其祖父耿仲明为降清明将，封靖南王。袭父爵，为靖南王。顺治时与尚可喜同镇广东，并赴广西进攻孙可望、李定国等部农民起义军。顺治十七年（1660）移镇福建，参与镇压郑成功抗清义军。康熙时袭其父继茂爵，为靖南王。康熙十三年（1674）在福建起兵响应吴三桂叛乱。吴三桂、尚可喜、耿精忠三人被称为"三藩"，后来逐步成为割据势力，其中以吴三桂势力最大。

撤藩的实施是从平南王尚可喜疏请告老还乡开始的。康熙十二年（1673）三月，平南王尚可喜年届七十，因受不了其子尚之信的挟持，向朝廷提出要求告老还乡，并请求让其儿子尚之信承袭他的封爵，继续镇守广东。年仅十九岁的康熙帝认为，这是撤藩的大好时机。他很快地同意了尚可喜告老还乡的请求，但不准其儿子接替爵位。准尚可喜全藩撤移的诏书，由钦差专程于五月初三送到广州。尚可喜态度比较恭顺，"拜命之后，即缮书称谢，遂陆续题报起程日期、家口马匹数目"。

吴三桂的儿子吴应熊在北京听到风声后，派人把消息送到昆明、福建。吴三桂马上与谋士们商量："尚可喜提出撤藩，我不提就不好了，所以也准备请求撤藩，试探一下。"谋士刘玄初劝他说："皇上一直想调开你，一直不好开口。现在你若早上提出撤藩，皇上晚上就巴不得把你调开。"吴三桂不听，并说："我主动上疏撤藩，皇上肯定不敢把我调开。这样还可以消除他的疑虑。"于是，吴三桂、耿精忠很快分别于七月初三、初九将撤藩申请送往北京，意在试探朝廷的态度，解除朝廷对他们的怀疑。

康熙接到奏疏后，立即降谕称赞二王"请撤安插，恭谨可嘉"，并以云南、福建"已经底定"，同意将两藩撤离，令议政王大臣会议。议政王大臣等对迁移耿藩意见一致，但是对是否迁移吴三桂却产生分歧。

清世祖福临康熙十二年（1673），清政府下令撤藩，吴三桂叛乱。吴三桂为什么敢于起兵叛乱呢？原来吴三桂镇守云南，又上书请求云南督抚受节制，重榷关市，垄断盐井、金铜矿山之利，厚自封殖。与西藏达赖喇嘛商定，在北胜州进行贸易：辽东人参，四川黄连、附子，就其地采运，官为之鬻，收其值。货财充溢，贷诸富贾，谓之"本"。选择诸将子弟，四方宾客，与肆武备，说是储备将帅之选。部兵多李自成、张献忠百战之余，勇健善斗，以时训练。所辖文武将吏，选用自擅。各省员缺，时亦承制除授，谓之"西选"。又屡引京朝官、各省将吏用以自佐。可以说，他是早有准备。

当年十一月二十一日，吴三桂集合藩下官兵，当场杀害拒绝从叛的云南巡抚朱国治等，扣留朝廷使臣折尔肯、傅达礼，自称天下都招讨兵马大元帅，蓄发易衣冠，标榜兴复明室，起兵反清。他在《反清檄文》中编造了一个"寄命托孤"的故事，欺世盗名，其实吴三桂身旁从来就不曾有过明先皇的朱三太子。吴三桂煽动征集了云、贵各少数民族兵数万，壮大了反清势力。再加上吴三桂发难之后，驻守在贵州、广西、四川、湖南、湖北的汉族军阀纷纷攻城掠地，响应吴三桂。吴三桂一路势如破竹，没有经过多少战斗，就到达了湖南，短短几个月，就轻而易举地占据了南方六省。

吴三桂依仗军事实力，于起兵前后致书平南、靖南二藩，台湾郑经及贵州、四川、湖广、陕西等地"官吏旧相识者，要约党附发兵"。于是，明朝降清的武将构成了这次叛乱的主力。据统计，参与叛乱的总督、巡抚、提督、总兵等地方大员二十六名，其中明朝降清的武将就达二十名。

当年十二月二十一日，吴三桂反叛的详情奏疏到北京。康熙决定派兵征剿吴三桂，平定叛乱，但是在如何派兵平叛？康熙考虑到大兵进征楚蜀，援兵从京发遣难以及时赶到，且致士马疲劳，以山东兖州地近江南、江西、湖广，山西太原地近陕西、四川，均属东西孔道，便命令副都统马哈达领兵驻兖州，扩尔坤领兵驻太原，"秣马以待，所在有警，便即时调遣"。后来又考虑到从兖州支援湖广路途遥远，又在河南府设立了新的中转站，命副都统塞格等率兵驻守。

康熙为了及时了解前线军情，建立了一个直属自己领导、高效率的通信系统，命兵部在原有的驿站之外，每四百里设一站，以快马速传消息。甘肃西边五千余里，九日可到；荆州、西安五日可到；浙江四日可到，保证及时了解和掌握各路战况，尽快采取对策。

但平叛斗争并非一帆风顺，曾出现过几次大的起伏。到康熙十三年（1674）三月中旬，形势进一步恶化。耿精忠受吴三桂煽惑，占据福建反叛。因而浙江顿时紧张，温州府所属营兵降贼，黄岩总兵所属太平营叛乱，平阳兵变，耿精忠悍将曾养性趁机北上，占领浙江南部。耿精忠与吴三桂约定合攻江西。康熙根据形势发展需要，及时加强江南各地的军事力量，防止吴、耿会师江西。康熙十三年（1674）四月初，吴三桂放还朝廷使臣折尔肯、傅达礼，并带来"词语乖戾，妄行乞请"的章。不久，雪山大京巴喇嘛出面，建议朝廷"莫若裂土罢兵"。吴三桂要以平等身份与朝廷对话。康熙帝态度决绝，认为对背恩反叛之徒，或征剿或招降，必消灭为止，不能退让。为彻底粉碎吴三桂的幻想，康熙采纳诸王大臣建议，于四月十三日决定将吴三桂之子吴应熊、孙子吴世霖处绞刑。

继陕西之后，康熙将下一个剿抚重点定在福建。他一向认为耿精忠与吴三桂不同，"必系一时无知，堕人狡计"，故将吴三桂在京的子孙正法，对耿精忠诸弟照旧宽容，所属官兵亦未加罪。因此，早在耿精忠叛乱不久，康熙就遣工部郎中周襄绪偕耿精忠护卫陈嘉猷赴闽，传谕耿精忠。后来对其加强了军事进攻，仍不忘经常派人前去招抚。

清世祖福临康熙十五年（1676）八月，清军平闽大局已定，康熙为尽快解决福建问题，为广东作出榜样，谕康亲王：“以时势晓谕耿精忠早降，以副朕安辑民生至意。”九月，康亲王大军收复建宁（今福建建瓯）、延平（今福建南平）等府，耿精忠无力再战，派其子耿显祚赴延平迎康亲王军队抵福州。十月初四，耿精忠率文武官员出城相迎。康熙命耿精忠仍留靖南王爵，率领所属官兵随大军征剿海逆，“图功赎罪”。此后，福建、浙江各地叛军纷纷投诚，福建、浙江相继平定。

耿精忠降清后，尚之信也主动派人持密书至简亲王喇布军前请降。康熙于十二月九日降敕赦免其罪，令其“相机剿贼，立功自效”。同时命莽依图为镇南将军，领兵自赣州入广东受降。十六年（1677）四月二十九日，莽依图兵抵韶州，尚之信于五月初四率省城文武官员及兵民剃发投降。康熙命尚之信袭封平南王，下属将领各复旧职。

清世祖福临康熙十六年（1677）上半年，广东全部平定。

康熙十五年五月至十六年五月，是康熙剿抚并用政策取得重大胜利的一年。陕西、福建、广东叛乱相继顺利解决，对广西叛军的招抚工作也在加紧进行。从此清廷从与敌相持状态转入反攻。康熙十六年六月十六日，康熙敕谕各省王、贝勒、大将军、将军、总督、巡抚、提督等，部署在湖南、四川、云南、贵州等省全面推行“剿抚并行”的政策。

康熙十七年（1678），吴三桂自称周王，接着攻陷四川、湖南，不久死去，其孙子吴世璠继立。部下涣散，军心动摇。康熙利用这一大好时机调兵遣将，较快地取得了湖南战场的彻底胜利。

湖南既定，康熙为进兵四川、云南、贵州重新部署了各路大军的力量，使各路大军进展顺利。到康熙十九年（1680），清军在康熙的统一部署下，分三路大军向云南合围，进行最后的歼敌战役：第一路由定远平寇大将军章泰率湖南大军，从平越（今贵州福泉）进兵贵阳，迫使吴世璠等龟缩云南，清兵尾追前进；第二路由征南大将军赖塔率广西之师进兵云南，在曲靖（今云南曲靖）同第一路大军会师，后又分兵向昆明逼进；第

清圣祖玄烨『是一位了不起的皇帝』

三路由云贵总督赵良栋率军从四川向云南进兵，在进军途中将四川的叛军全部消灭，由四川进入云南，同其他两路大军会师于昆明城下。清军"围之数重"，四面逼城。赵良栋于康熙二十年（1681）十月二十二日夜，率领所部，亲自冒着吴军的飞箭和石头，破南坝，夺玉泉阁，近逼新桥。敌兵据桥死守。二十五日夜，赵良栋部队与吴军进行了殊死战斗，终于夺桥追至三市街，吴兵人心大乱。这时，彰泰令各路大军全部攻城，在桂花市大败吴军。二十八日夜，逆首吴世璠、伪国公郭壮图及其儿子郭淙汾自杀。二十九日，伪将军线緘等率众出城投降。"三藩之乱"遂平。

至此，历时八年的平叛战争胜利结束。康熙半夜接到捷报，心情激动，夜不能寐，挥笔写了一首《滇平》诗：

> 洱海昆池道路难，捷书夜半到长安。
>
> 未矜干羽三苗格，乍喜征输六诏宽。
>
> 天未远收金马隘，军中新解铁衣寒。
>
> 回思几载焦劳意，此日方同万国欢。

康熙平定三藩之乱取得胜利的原因有四：第一，在平定三藩之乱的过程中，比较讲究策略，对耿精忠和尚可喜拉拢，对吴三桂坚决打击，分化了三藩之间的联盟；第二，在平定三藩之乱中，态度坚定，不与吴三桂讲和，坚决镇压；第三，在平定三藩之乱中，赏罚分明，即使是满族贵族，在战争中不得力之人也要受到处罚；第四，康熙帝重用汉人和绿营。

第二，统一台湾

台湾自古以来就是中国的领土。荷兰殖民者趁明末中国动乱之机派兵侵占了台湾，统治台湾近 38 年。直到康熙帝即位同年——顺治十八年（1661），由南明将领郑成功率军东渡海峡，把荷兰人赶走，收复了台湾，为捍卫祖国领土立下了一大功劳。

康熙元年（1662）五月初八，郑成功于台湾病逝，其弟郑世袭暂时协理政事，因受人怂恿，要继承兄位。郑成功的儿子郑经接到讣告，于厦门继立。从此叔侄二人势同水火，诸将相互猜疑，人心动摇。郑氏集团坚持抗清立场，被清朝视为东南沿海的一大隐患。

康熙要使台湾归于清廷，安定东南海疆，抱不达目的不罢休的决心。康熙对台湾郑氏政权总的策略是剿抚并用。康熙二十年（1681）六月以前，即平定三藩之前，以抚为主，后来则以剿寓抚。

郑成功逝世后，清福建总督李率泰、靖南王耿继茂趁机于七八月间派遣效用总兵林忠等前往厦门，赐书招抚，进行郑经即位后的第一次和平统一的尝试。郑经本来无和谈诚意，只因为考虑到其叔郑世袭已踞台湾，如果自己断然拒绝清朝的议和，"则指日加兵。内外受困，岂不危哉？不如暂借招抚为由，苟延岁月，俟余整旅东平，再作区处"。于是，他令郑泰、洪旭等与清廷谈判，并上缴明朝敕命、公伯爵印及海上军民土地清册，以换取清朝信任。

清世祖福临康熙二年（1663）五月，台湾内变平息，郑经"请如琉球、朝鲜例，不登岸、不剃发易衣冠"，拒绝招抚，和谈因此失败。同年十月，清军攻克厦门、金门，郑经退守铜山，清廷再次从福建、广东两处派人到铜山招抚。清朝的招抚政策对郑经的军队产生了巨大的瓦解作用，但郑经仍坚持不合理要求，不肯归顺。

康熙三年（1664）三月十四日，清兵对铜山发起进攻，郑经仅存数十艘船，乘风逃往台湾，这时，郑氏沿海据点被"扫灭殆尽"。

清廷再派孔元章于八月二十六日至十月二十五日再次赴台和谈，并以通商，郑氏称臣、纳贡，派儿子入京为质等三个条件。郑经热情接待孔元章，但拒绝招抚。孔元章此行，仍未达成任何协议。

第二年正月初十，康熙帝降旨让施琅到京面行奏明所见。后来的事实证明，施琅的这些意见都是正确的，但由于清廷当时对海上投诚人员不太信任，加上孔元章赴台谈判时，郑经又施了反间计，康熙否定了施琅建议，裁减福建水师提督员缺，施琅被授予内大臣，编入汉军镶黄旗，留在京师。这样，清廷决定暂停武力解决台湾问题，继续推行以抚为主的方针。

康熙八年（1669）六月，康熙议处鳌拜之后，命刑部尚书明珠、兵部侍郎蔡毓荣入闽，与靖藩耿继茂、总督祖泽沛齐集泉州府，商议招抚台湾的办法，随即派太常寺卿慕天颜等人带康熙诏书和明珠的信件往台湾招抚郑经，但郑经仍不肯接受招抚。后来，康熙为实现和平统一台湾作了重大让步，表示了最大诚意，慕天颜等奉命再往台湾招抚，郑经仍顽固坚持"如朝鲜例、不削发"等立场。从康熙元年至八年，郑、清共进行四次会议，始终没有满意的结果。

后来，平叛战争爆发了，清对郑经仍以招抚为主。

吴三桂、耿精忠叛乱之后，郑经与之呼应、趁机袭扰大陆。这次及其后的和谈，清廷为集中力量消灭吴三桂，宁愿再次让步，以换取沿海地区的和平与安宁，但郑经又得寸进尺提出新的要求，清朝当然不能同意。在整个平叛战争期间，清朝和郑经先后进行过五次和谈。清方不断让步，除世守台湾、岁时纳贡、通商贸易外，还承认台湾可以"如朝鲜故事"，"不剃发，不易服"，郑经的要求完全得到了满足。但是，郑经利用当时似乎有利于自己的局势，经常提一些过分的要求和条件，因此，双方仍未达成协议。

康熙见招抚郑氏没有进展，便积极进行武力攻取台湾的准备。他于十八年（1679）正月，恢复福建水师。同年四月擢用湖广岳州水师总兵官万正色为福建水师提督，统辖全闽水师营务，以专职掌。康熙二十年（1681）四月，福建总督姚启圣先后接到台湾傅为霖、廖康方密禀，郑经已经于二十年正月二十八病故，其长子、监国郑克（臧土）也于三十日被绞死，年仅十二岁的次子郑克塽（shuǎng，爽）即延平王位。于是，康熙果断地下达武力进取台湾的进军令。

施琅于康熙二十年（1681）十月初六抵福建厦门巡视海事。

施琅（1621—1696），字琢公，福建晋江人。初为郑芝龙部将，降清后，隶汉军镶黄旗，任水师提督。

康熙二十年（1681）九月初一，台湾郑氏得知康熙帝召见施琅并令其出任福建水师提督的消息，便立即开始备战，派武平侯刘国轩率重兵出守澎湖。

康熙二十二年（1683）六月上旬，施琅接到康熙帝的进军命令，将大队舟师齐集铜山。十一日，随征诸官誓师；十三日，祭江。十四日早七时，施琅统领官兵二百一十一万余人，各类战船二百三十余艘从铜山向澎湖进发。六月十六日，施琅指挥舟师齐集澎湖，刘国轩也亲自督战。清军的舟师在前进时，遇到了大风，施琅的船受到敌舰包围，但他临危不惧，身先士卒，在面部右侧被敌炮余焰烧伤的情况下，仍坚持指挥战斗，击退了敌人的包围。

清军初战失利，主帅及先锋险遭不幸。为了稳定军心，赢得最后胜利，施琅从十七日起进行了为期五天的整顿。二十二日，经过充分准备，清、郑双方进入了规模空前的澎湖决战。施琅吸取教训，为避免再次被敌军包围，重新部署了兵力，下令兵分三路：一路向东，取鸡笼屿、四角山为奇兵夹攻敌人；一路向西，直指牛心湾为疑兵牵制敌军；另一路主力大军，由施琅亲自指挥，率大鸟船五十六艘居中，分为八队，每队七只，各作三叠，为主攻队伍，直取敌人的指挥部；又以八十艘船只，分为两股，留作后援。战斗从早上七时持续到下午四时，战斗异常激烈，"炮火矢石交攻，有如雨点，烟焰蔽天，咫尺莫辨"。

康熙颁布圣旨，通过姚启圣、施琅转达给郑克塽，希望其认清局势，"审图顺逆，善计保全"，率众来归。如果这样，康熙保证"从前抗违之罪，尽行赦免"，而且要"从优叙录，加恩安插，务令得所"。康熙帝谕旨，打消了郑氏的疑虑。施琅于八月十一日率官兵从澎湖前往台湾受降。

郑克塽闻讯，于十三日差礼官郑斌，暨父老彩旗鼓乐，坐小船出鹿耳门迎接，引渡进港，并亲率刘国轩、冯锡范等重要文武官员并番民，列队恭迎王师，然后会见于天妃宫。十八日，郑克塽等剃发，施琅当众宣读皇帝赦诏。

清世祖福临康熙二十三年（1684）十二月，郑克塽等奉旨进京，康熙肯定郑克塽等"纳土归诚"之功，授郑克塽公衔，授刘国轩、冯锡范伯衔，俱隶属上三旗汉军，并命户部分别"拨给房屋田地"。其他投诚武职一千六百多人，文职四百多人，兵四万余人，也都得到妥善安置。康熙帝果断作出决定，同意施琅的建议，在台湾设台湾府和台湾、凤山、诸罗等三县，隶属于福建省。在清政府统一管辖下，在台湾驻兵八千，澎湖驻兵两千，以巩固对台湾的统治。政治上的统一为台湾的经济开发提供了必要的条件从此，台湾回归祖国怀抱，与大陆重新统一。

当捷报陆续传到北京，康熙帝精神异常振奋。他接到施琅所上《恭报台湾就抚疏》，正值中秋佳节，因而以《中秋日闻海上捷音》为题，赋诗庆贺。诗中写道：

> 万里扶桑早挂弓，水犀军指岛门空。
> 来庭光为修文德，柔远初非黩武功。
> 牙帐受降秋色外，羽林奏报月明中。
> 海隅久念苍生困，耕凿从今九壤同。

第三，击退沙俄保卫东北

我国东北是清朝的发祥地，是清代"中国统治民族"——满族的故乡。清朝从开始形成时起，它的领袖就是明朝在东北设的地方官吏。康熙的曾祖父努尔哈赤世袭指挥使，后升都督，封号"龙虎将军"。努尔哈赤自明朝万历十一年（1583）起兵，经过他与康熙的祖父皇太极两代的征战，基本上完成了东北地区的统一事业。到17世纪30年代末，西起贝加尔湖，北到外兴安岭，南至日本海，东迄鄂霍茨克海包括库页岛在内的广大地区，都是清统治势力范围，属于中国版图。这时，俄国人的足迹还不曾在这一地区出现。

俄国（又称罗刹，也写作鄂罗斯），属欧洲国家，它原来的疆界在乌拉尔山以西，和中国并不接壤。16世纪末，俄军越过乌拉尔山东侵，于明朝万历四十七年（1619）在叶尼塞河中游建立叶尼塞斯克。之后，俄军一路东征，向勒拿河推进，于明朝崇祯五年（1632）在勒拿河上建立雅库次克。从此，俄国才与中国相邻。叶尼塞斯克、雅库次克后来成为俄国入侵我国黑龙江流域的两个主要据点。明朝崇祯十六年（1643），俄国雅库次克督军彼得·戈洛文组织了以瓦西里·波雅科夫为首的远征军，开始侵略我国黑龙江流域，受到中国军民的沉重打击，但俄方并未死心，此后，又继续派军队向我国黑龙江流域进犯和袭扰。康熙之父清世祖福临在位

（1644—1662）期间，黑龙江流域各族人民和清朝驻军，奋勇抗击俄国侵略者，前赴后继，英勇奋战，于顺治十七年（1660）把俄国侵略势力驱逐出黑龙江中下游地区，但上游的尼布楚仍被俄军侵占着。

康熙即位之后，俄国侵略军于康熙四年（1665）向我国进行了新的侵略扩张活动：一是南下，侵占我喀尔喀蒙古管辖的楚库柏兴；二是东进，再次窜犯雅克萨（在今黑龙江漠河县东呼玛县西北黑龙江北岸）。俄军逐渐改变过去长距离流窜、骚扰的入侵方式，转而采取建立侵略据点、逐渐推进的策略。他们除建立了尼布楚、雅克萨、楚库柏兴三个最重要的据点外，还进行"耕种"，使边疆各族人民从渔猎为生逐渐进入定居的农业生活。顺治末年，东北边疆地区只有宁古塔（今黑龙江宁安）一地驻有满洲八旗。由于编组"新满洲"，尽管因吴三桂叛乱，不断从东北调兵支援关内，但东北的军事力量仍在不断增强。

康熙在加强东北的军事力量的同时，努力寻求和平解决同俄国争端的途径，但几次和平交涉都没有取得成果，不得不准备以武力驱逐侵略者。

清世祖福临康熙十五年（1676），沙俄加强了东西伯利亚各城堡的武器装备。侵略军以尼布楚和雅克萨为据点，倾巢出动，一路向东南精奇里江及其各支流推进，一路向南，侵扰额尔古纳河一带。康熙密切注视着俄国人的扩张活动，曾于二十年（1681）与俄方交涉，宣称"尔等速撤回尔国人"，"如不徙，则边境起争，我以众力，必驱尔徙，彼时悔无及矣"。

但俄方置若罔闻，除继续盘踞尼布楚、雅克萨及精奇里江（在今俄罗斯阿穆尔州，即古爱珲城）、额尔古纳河（在今黑龙江西部）流域之外，又向黑龙江下游进犯。

清世祖福临康熙二十一年（1682），俄军竟越过牛满（布列亚河）、恒滚（阿姆贡河），窜到黑龙江下游赫哲、飞牙喀猎人居住地进行抢掠。到同年底，侵略者的军事据点已分布于黑龙江下游直到海边。康熙见对俄和平交涉不见成效，知道反侵略战争势不可免。他汲取顺治朝抗俄失利的教训，决心认真准备，稳扎稳打，收复失地，永远戍守。同年九月，他命令副都统郎谈、公彭春率人以捕鹿为名，到雅克萨侦察敌情，并了解沿途水陆交通。年底，另任萨布素、瓦礼祜以副都统领兵前往，在原调一千五百乌喇、宁古塔兵的基础上，增派五百名达斡尔兵，调往瑷珲和额苏里，各驻兵千人。

与此相配合，康熙又展开外交攻势，光明正大地向俄方宣告大清帝国以武力巩固边防的决心。经康熙帝批准，理藩院于康熙二十二年七月二十九日向俄方发出照会。

康熙帝在派兵永戍黑龙江的同时，将大批粮草、军火和其他军需物资运往黑龙江，并进行军垦，制止了驻雅克萨俄国侵略军向黑龙江中下游扩张，为收复雅克萨等江北地区创造了有利条件。二十二年（1683）七月，由索伦族军官博克率领的清军先头部队刚到额苏里，就包围了一支顺流驶来的俄国船队，部分俄军跳水逃脱，余下三十余人带六艘船只被迫投降。附近据点的俄国侵略军闻风狼狈撤离。与此同时，黑龙江流域各族人民配合清军的进驻，纷纷袭击俄国侵略军。到二十三年（1684）初，整个黑龙江中下游及其各条支流上的俄国侵略军的据点均先后被肃清。这时，康熙把目光集中到黑龙江上游的雅克萨和尼布楚。

雅克萨位于今漠河以东，呼玛西北，黑龙江北岸，与额木尔村隔江相望。满语雅克萨是河流冲刷的河湾。当时是我国达斡尔头人阿尔巴西的住地，是黑龙江上的交通枢纽和战略要地，从贝加尔湖方向和雅库次克方向进入黑龙江，都必须经过雅克萨。因此，自顺治七年（1650）以来，一直成为俄国人扩张蚕食的重点目标。永戍黑龙江的成功，使收复雅克萨的时机业已成熟。

二十五日黎明，攻城战开始，清军炮火齐发，消灭俄军百余人。俄军城内无防火设备，炮火所及，硝烟弥漫，烈焰熊熊，一片混乱。俄方雅克萨督军托尔布津走投无路，决定投降。

康熙在俄军保证不再重犯的条件下，释放全部俄方俘虏，并允许其带走全部武器和财产。俄军举行投降仪式之后，清军就将七百余名俄国人（包括少数妇女、儿童）送至额尔古纳河口，遣返俄国；另有巴西里等四十五人不愿归国，遵照康熙帝的谕旨，安置在盛京（今辽宁沈阳）；城内被俄军抢掠去作人质和奴隶的一百六十余名中国人，各发回原地。雅克萨之战几乎全部按照皇帝的意图行事，实现了康熙所期望的目标。

收复雅克萨后，城周围的庄稼未割，哨所未立，清军不待命令就擅自撤兵回瑷珲、墨尔根等地，以致俄国侵略者于两个月后重新侵占雅克萨。

二十五年（1686）五月上旬，萨布素率所部两千人从瑷珲出发，月底逼近雅克萨城。俄军负隅顽抗，清军于六月初从南北两个方向发起猛攻。经过多次激战，清军毙敌百余人，其中包括俄国督军托尔布津，迫使俄军撤回城内固守。因为重新修筑的城墙比较坚固，一时难以攻克，萨布素便在城周围筑垒挖壕，长期围困。清军长期围困的策略取得显著成效，到年底，八百多俄军大部分死亡，仅剩一百五十余人，因为粮食、弹药严重缺乏，危城指日可下。

康熙皇帝主动撤军，本意是促成两国早日实现和谈，岂知俄国使团竟因清军解除了对雅克萨俄军的包围，反而对和谈采取了消极拖延的态度。俄国使者费多尔·阿列克谢耶维奇·戈洛文率庞大使团及两千余名军队，于康熙二十五年（1686）正月从莫斯科出发，次年春天，得到清政府主动停战撤军的消息后，便不再急于到北京谈判，于八月到达贝加尔湖东岸的乌的柏兴（今俄罗斯乌兰乌德）之后，就在贝加尔湖以东地区停留了将近两年之久，主要忙于镇压蒙古各族人民的抗俄斗争，而不与清政府联系和谈事宜。

康熙从喀尔喀蒙古土谢图汗的奏报中得知，俄使已到外蒙地区，便一再派人敦促。

清世祖福临康熙二十七年（1688）二月二十三日，戈洛文派遣的斯捷潘·科罗文到京，安排谈判事宜。

康熙二十八年（1689）四月初五，俄国信使洛吉诺夫到达北京，索额图与之谈判，双方商定了新的会谈地点在尼布楚。清政府立即组成新的谈判使团。

同年四月二十六日，使团出发。康熙向索力"斥其侵犯之非"，并宣称：康熙"并未谕令他们向沙皇陛下方面割让一寸领土，同时没有令他们去侵占对方领土"。戈洛文理屈词穷，竟蛮不讲理地说："没有时间来讨论历史事实。"第一次谈判没有取得任何结果。

第二天，双方代表举行第二次会议。戈洛文仍顽固坚持俄国的侵略方

清圣祖玄烨『是一位了不起的皇帝』

针，胡说什么黑龙江这条河流"久已属沙皇所有"。索额图对俄方的方案表示坚决拒绝。戈洛文见第一个方案难以实现，又假装让步，抛出以牛满河为界的第二个方案，企图使中国作出更大的让步。索额图根据康熙帝早日缔约划界的指示，一方面拒绝戈洛文提出的第二个方案，同时声明可以把原属于中国的尼布楚让给俄国，即在石勒喀河北岸，两国以尼布楚为界，石勒喀河南岸以音果达河为界。

中国的重大领土让步，仍不能满足沙俄的侵略胃口。由于戈洛文的蛮横无理和恶劣的态度，使谈判陷入僵局。更为卑鄙的是，在谈判过程中，戈洛文通过贿赂手段，收买随中国代表任译员的耶稣会传教士徐日升（葡萄牙人）等，甚至在谈判基本达成协议后，戈洛文秘密向传教士贿赂貂皮、黑孤皮和银鼠皮等，要求他们在交换文本中写上中国不得在雅克萨建筑任何房舍，而"不必通知（中国）使团，因为谁也不会知道他们在条约文本中用拉丁文写些什么"。双方代表经过长时间的往返交涉，中国代表坚决拒绝俄国代表的无理要求。同时，生活在尼布楚一带的各族人民掀起英勇的抗俄斗争，使沙俄侵占的这一带地方"到处都出现动摇"，这使戈洛文手忙脚乱，惊恐万分，这也有效地促进了中俄双方谈判的进程。

康熙二十八年七月二十四日（1689年9月7日），中俄在尼布楚（今俄罗斯涅尔琴斯克）举行仪式，签订了《中俄尼布楚条约》。

尼布楚条约是中俄两国之间签订的第一个条约，共六项条款，包括了中俄东段边界的划分、越界人员的处理、中俄贸易等内容。其中明确规定，中俄以额尔古纳河、格尔必齐河为界，再由格尔必齐河河源顺外兴安岭往东至海，岭南属中国，岭北属俄国；乌第河和外兴安岭之间的地方，暂定存放另议。又规定自条约签订之日起，两国人民持有护照者，可过界来往，并许其贸易互市。俄国撤出，设立了许多哨所，负责巡逻，防止俄国人越境窜扰。此外，还实行了定期巡边制度。

康熙在抗俄、保卫与巩固东北边疆事业上的贡献，堪称是一项伟大的事业。

第四，三次亲征噶尔丹

明末清初，我国北方的蒙古族分为漠南蒙古、漠北喀尔喀蒙古、漠西厄鲁特蒙古三部分。清朝最早接触的是漠南蒙古，早在太宗皇太极天聪年间（1627—1636），已基本将其统一，称为内蒙。到清太宗崇德元年（1636）冬，喀尔喀蒙古各部落相继与清朝通好，后来正式确定臣属关系。到康熙二十七年（1688），喀尔喀蒙古各部落因遭受漠西厄鲁特蒙古噶尔丹的袭击，部众溃散，呈请内附，举族南迁，康熙帝"怜而纳之"，将其安置于漠南沿边诸地，并根据喀尔喀蒙古贵族的要求，收集离散部众，分编旗队，推行与内蒙古相同的制度，称为外蒙古。厄鲁特蒙古，元代称卫拉特，明代称瓦剌。瓦剌于元明时期曾与中央朝廷保持领属关系。从15世纪后期起，瓦剌逐渐形成了四大部落，游牧在巴尔喀什湖以东、天山以北和伊犁河流域的准噶尔部是其中的一个大的部落。准噶尔部落的势力日渐强大，在厄鲁特蒙古四大部落中的地位也越发特殊，它四处侵掠。因此，清廷与厄鲁特蒙古的良好关系，由于准噶尔部的四出侵掠而受到干扰。康熙九年（1670），准噶尔部落出现内讧，头领被其异母之兄杀害。头领在西藏当喇嘛的同母弟弟噶尔丹闻讯回，声称奉雪山大京巴喇嘛之命平息内乱，为兄报仇，借机杀害了异母兄弟和继任头领的侄子，夺得了对准噶尔部落的统治权。噶尔丹是一个雄心勃勃、掠夺成性的人物，他上台后频繁地对邻近各部落发动掠夺战争。

康熙是一位新兴的少数民族皇帝，洞悉边疆形势和少数民族情况，因此处理边疆事务的本领较历代汉族皇帝略高一筹。他对内藩蒙古和外藩蒙古，及外藩蒙古是否推行盟旗制区别对待。当时的厄鲁特蒙古虽然已归属清朝，与朝廷关系比较密切，但尚未推行盟旗制，所以仍保留原有的社会组织，推行原有的法律制度，对他们的内部事务不加干涉，尊重本族人民自己的选择。本着这一原则，康熙批准噶尔丹在朝廷的主持下通过和平方式解决，避免兵戎相见。但是噶尔丹不听劝阻，一意孤行，与清廷的矛盾逐渐激化，康熙不得不对其采取一些限制和约束措施：首先，限制噶尔丹的贡使人数。因发现噶尔丹贡使人数越来越多，防止他们沿途肆行抢夺人口、财物、牲畜，践踏田禾。其次，收留安插逃来甘肃的厄鲁特蒙古其他部落的头领。再次，调解喀尔喀蒙古左、右两翼的矛盾，扼制噶尔丹的入侵。

噶尔丹见喀尔喀蒙古两翼和好有望，便气急败坏地由暗中策划转为公开出兵干涉。康熙二十六年（1687）九月，噶尔丹率兵三万占领喀尔喀蒙古的扎萨克图汗部，挑起喀尔喀蒙古左、右两翼之间的战争。噶尔丹便以此为口实，于康熙二十七年（1688）初大举入侵喀尔喀蒙古诸部。康熙二十九年（1690）五月，又开始了新的挑衅活动。他以攻伐仇人喀尔喀蒙古为名，率军两万余人，循索约尔济河南下，进入了内蒙古乌珠穆沁境内，肆行杀戮、抢掠。

康熙皇帝得知噶尔丹悍然侵入内蒙古的消息，曾经决定亲自出征。他于二十九年（1690）六月二十二日谕兵部，"噶尔丹追喀尔喀，已入汛界，朕将亲统视师"，"于初六日启行"。后来，他考虑到自己亲自出征声势浩大，容易将敌人吓跑，便改由皇兄、皇子出面，借口前去与其谈判，便于稳定敌人，将其全歼。七月初二，康熙帝任命皇兄和硕裕亲王福全为抚远大将军，皇长子胤禔为副将，所属各路兵马，也"听大将军调用"。

大兵出发后，康熙曾担心噶尔丹闻讯潜逃，指示福全"往复遣使以羁之"。谁知噶尔丹已忘乎所以，当他得知清廷调动和集结大批军队之后，无所畏惧，并引兵内进，逐步南下，于二十七日至克什克腾旗南境，沿萨里克河至乌兰滚地方，并抢先占据其主峰乌兰布通峰，距离同日到达吐力埂河的清军三十里。噶尔丹倚仗有利地形，反客为主，"觅山林深处，倚险结营"。临战，他布阵于山岗，以骆驼万千头构筑工事，先将骆驼捆住四脚，使之卧于地上，背上加上箱垛，盖上浸过水的毛毡，排列如栅，士兵于栅隙处瞄准放箭、放枪，做到攻守两利。福全经过三天认真准备，于八月初一黎明，各队按秩序向乌兰布通主峰进发。下午一时许临近敌人，隔河而布阵，以火器为前列，径攻其中坚。开始时，地形条件对清军十分不利，噶尔丹军队居高临下，且在林中隐蔽，清军面临泥淖，隔河仰攻，暴露无遗，战斗极为艰难。清军伤亡人数很多。清军炮火齐发，继续强攻，终于在下午七八时击毁驼城，断敌阵一分为二，敌人惊溃不支。清军乘势进攻，遂破敌人的战垒。噶尔丹乘夜"旋奔高山顶，遁入险恶处"。清军以昏夜地险，收兵徐退，驻兵山周围，仍对噶尔丹形成围困之势。

康熙在回京途中于八月初三行至石匣，接到福全的奏疏，得知首战告捷，"不胜欣悦"，但十分担心诸王大臣等滋生怯战和麻痹情绪，使征剿半途而废，遂降谕重申务必全歼敌人的意图。然而福全不等皇帝谕旨，竟接受噶尔丹所提"休征罢战"的要求，下令各路军队一律停止进击，并给噶尔丹开了安全通行证。噶尔丹见清军停止战斗，乘隙连夜逃走。康熙帝降旨斥福全贻误战机，但为时已晚。

乌兰布通之战虽未达到全歼噶尔丹的目的，但使噶尔丹遭到沉重打击，实力大为削弱，逃亡途中又遇到瘟疫，得以生还者不过数千人。所以，战后噶尔丹一反过去傲慢态度，一再发誓"自此不敢犯喀尔喀"。

五月初一至初七，在多伦诺尔上都牧场境内，康熙召集全体喀尔喀贵族举行会盟，对喀尔喀蒙古部落间的矛盾进行调解，明确是非，评定是非曲直，然后颁赏封爵，并举行阅兵。当五月初七康熙帝会阅完毕启程回京时，内蒙古四十九旗和喀尔喀蒙古的贵族们分列路之左右，依恋不已，伏地流涕，情景至为感人。多伦会盟，结束了长期以来喀尔喀蒙古的内部纠纷，促进了我国北方蒙古族的团结；朝廷加强了对喀尔喀的管理，使之成保卫边疆的重要力量。

噶尔丹在乌兰布通败逃时，曾跪于威灵佛前发誓，永远不再侵犯中华皇帝之喀尔喀以及众民，但惊魂稍定，便故态复萌，继续与清廷为敌。康熙三十一年（1692）八月，噶尔丹的属下率兵在哈密附近杀害了康熙派往策妄阿拉布坦的使臣员外郎马迪等，"尽劫马驼行李而去"。同年九月，噶尔丹又上疏，继续索要喀尔喀蒙古头领及民众。康熙看出噶尔丹心怀叵测，从而加强了防御。

从康熙三十二年（1693）正月起，康熙先后往右卫（今山西右玉）、归化（今内蒙古呼和浩特）、宁夏（今宁夏银川）、肃州（今甘肃酒泉）等地派兵遣将，以防噶尔丹侵犯西藏、青海、哈密等地。同时部署了东路兵力，令盛京（沈阳）、乌喇（吉林）、黑龙江官兵，遇事"可会于形胜之地，相机前进"。这样，从西到东，形成了完整的防御体系。

清世祖福临康熙三十四年（1695），噶尔丹率骑兵三万以流寇方式，在外蒙地区忽东忽西,到处骚扰。十一月初四,康熙确知噶尔丹正屯驻巴颜乌兰过冬,活动范围在土拉河与克鲁伦河流域,兵丁六千,便决计出兵三路进剿:东路,派盛京兵、宁古塔兵、黑龙江兵共五千人,令定期会合,由三省将军统辖,以防噶尔丹东侵;西路,调右卫兵、京城增发兵及大同绿旗兵,合计二万四千二百六十余人,总辖于费扬古,由归化城(今内蒙古呼和浩特)进剿;中路,调京城、宣化府绿营兵等,共计二万七千九百七十余人,由京师进剿。此外,另设陕西一路,发西安满洲兵、汉军火器营兵、绿旗兵共二万二千四百余人,后来见噶尔丹无西窜危险,将这路兵合于西路,由费扬古率领。以上兵力总共已达七万九千六百余人。

康熙在进军途中,不断派人出使噶尔丹,以探听消息,并从其扣留使者马驼,令步行而回。噶尔丹未曾逃去,仍在克鲁伦。四月十三日,康熙亲率中路大军从科图进入喀尔喀,至苏德图驻跸,派人通知西路大军费扬古,令其注意阻击溃逃之敌。四月二十二日,康熙驻西巴尔台,得知噶尔丹"实在塔尔几尔济地方"。第二天接费扬古奏疏,知西路军于初十从乌兰厄尔几启行,进趋土拉,预计五月初三可到克勒河朔地方。康熙与诸王大臣研究作战方案。后来,康熙又两次发动臣下讨论作战方案,表现了高度的军事民主作风。

到五月初四,预计费扬古已到土拉,康熙便遣使以敕书、赐物及俘虏送往噶尔丹。五月初七,侦知噶尔丹所在,康熙立即挥兵出击。他亲率前锋兵在前,诸军依次而进,兵威之盛漫山遍野,不见涯际,整齐严肃。这天,康熙驻于西巴尔台,噶尔丹"乞暂缓师",康熙知其别有企图,予以拒绝。第二天,大军直趋克鲁伦河。康熙帝亲率数人登高执圆镜望远,侦察地形,然后部署兵力。自五月初八至十二日,康熙帝身先士卒,疾追五日,这时,军队粮饷不继,不得已决定改由全部前锋军、满洲火器营兵及亲随护军组成一支精悍队伍,每人凑足二十日口粮,令其前讨。康熙自出师以来,"不怀安逸,不恃尊崇,与军兵同其菲食,日惟一餐,恒饮浊"追逐了三十余里,斩敌首级三千余,杀死噶尔丹的妻子阿奴,生擒数百人,俘获大量子女、驼马、牛羊、器物,其中仅牛羊达二十余万头。只有噶尔丹率领数骑抢先逃走。

康熙于五月初八闻捷报大喜，降旨奖励官兵。昭莫多之战是由康熙帝亲自领导和组织指挥的一次极为成功的歼灭战，全歼噶尔丹主力，对统一北方、稳定边疆局势意义十分重大。但种种迹象表明，噶尔丹落荒而逃后，将西去纠集旧部，投靠雪山大京巴喇嘛，图谋卷土重来。有消息说，噶尔丹又遣人收集余部五千余兵，要往哈密过冬。康熙感到噶尔丹不根除，边疆地区仍存一大隐患，所以在东部仅作一般性防御，除留少数黑龙江兵驻科图外，其余全部撤回。然后令大将军费扬古率部分官兵到各处侦探消息。同时，他及时把注意力转向西北地区。

针对西北地区形势复杂的情况，康熙帝决定二次亲征，切断噶尔丹去回部、青海和联络西藏的通路，以便对其进行招降，并及时处理西北各族、各部落间微妙的关系问题。

十九日，康熙帝启行，二次亲征。

二十二日，至怀来县城西，差人将招抚噶尔丹、丹济拉敕书三百道送到大将军费扬古军前，"令其颁示"。为了有效地贯彻招抚政策，康熙帝对降兵和俘虏进行了适当安置：将陆续来降的一千五百余人编入上三旗满洲佐领，其中头领分别授职；不愿来内地者，送往费扬古军前，各给马一匹遣回原地。十月初七，康熙驻瑚鲁苏台，令将昭莫多生擒给主为奴的男女三千人，"皆赐银赎出，使其父子夫妇兄弟完聚"。康熙招抚噶尔丹，重点是分化瓦解其上层人物，十月二十一日，康熙遣昭莫多之役受伤被俘的厄鲁特曼济回噶尔丹处与妻子团聚，并赏敕文给噶尔丹、丹济拉等。

康熙帝当确知噶尔丹穷迫已极的处境后，重整了兵力，闰三月十一日部署两路出兵事宜。十二日一面遣使颁敕，一面进兵搜剿。四月十五日，康熙接到费扬古奏报：噶尔丹最亲信的重臣丹济拉派人来报告，闰三月十三日，噶尔丹饮药自尽，丹济拉等携噶尔丹尸体及其女儿钟齐海率三百户来归。康熙闻报，命费扬古选精兵往丹济拉处，押护前来。

五月十六日，康熙帝凯旋。康熙征讨噶尔丹所取得的胜利，在中国历史上留下了具有深远意义的一页。它扫除了漠北、西北地区一大不安定因素，稳定了那里的社会秩序，加强了清政府对喀尔喀蒙古、厄鲁特蒙古的统一管辖。更为重要的是，康熙保卫了中国领土的安全与完整，进一步团结众蒙古部落，筑成一道抗击沙俄南侵的铁壁铜墙。

清世祖福临康熙五十六年（1717），噶尔丹之侄策妄阿拉布坦率准噶尔部入藏，攻陷拉萨。清军于康熙五十九年（1720）远征西藏，驱逐策妄阿拉布坦，并扶植达赖六世在西藏的统治。

（二）制定统一战线政策

毛泽东说，康熙皇帝的第二个伟大贡献是他的统一战线政策。粉碎了鳌拜集团，实现了大权归一，康熙帝面临的一个是棘手的内政难题，便是如何处理好满汉民族间的矛盾。

满汉民族矛盾在顺治年间曾经十分尖锐，后来，随着大规模的群众性抗清斗争遭到镇压，南明朝最后一个桂王政权被消灭，明清之间的战争以清朝的胜利而告终，因此，汉族地主中的大多数人感到复辟明朝已不可能了，便转而支持清王朝。但是仍有少数人继续在经济和政治思想领域从事反清活动，有的抗纳税粮，有的印刷反清书籍等。

康熙皇帝总结先人统一辽东和内蒙古的经验，深知单凭武力不能使统一局面持久，必须争取民心。康熙帝清楚地意识到，汉族地主阶级深受汉族传统文化的熏陶，利用"四书""五经"等儒家经典，以及精通这些经典的汉族士大夫可以帮助自己共同治理国家。

康熙即位后就着手修改顺治年间一些明显压制汉族的法律与政策，通过停止圈占土地、修订《逃人法》，同时全面调整江南政策，照顾了南北汉族地主的利益和要求，为在新形势下缓和满汉民族矛盾开创了光明前景。

康熙采取了许多实际有效的行动缓和了满汉矛盾，促进了民族团结。其中尊孔崇儒既是缓和满汉民族矛盾的措施，也是其治理国家的需要。

我国古代自汉武帝"罢黜百家、独尊儒术"之后，历代皇帝都尊崇孔子及其所代表的儒家思想。在清代，除太祖努尔哈赤晚年一度执行诛儒政策外，太宗皇太极、世祖福临均执行尊孔崇儒政策。据历史记载："世祖等好儒术，手不释卷"，并采纳给事中张文光的建议，按照明朝嘉靖十九年封号，称孔子为"至圣先师"。康熙帝大有乃父遗风，从治理国家的实际需要出发，对学习汉族传统文化抱有强烈的欲望和浓厚的兴趣。从八岁登基，"即知黾（mǐn，敏）勉学问"，因没有设经筵日讲，他就主动向太监张某、林某学习读经书、写汉字。张、林二人原是读书人，后成莫逆之交。翦除鳌拜之后，他便立即着手举行经筵日讲。他于康熙九年（1670）七月，召国史院学士熊赐履至瀛台试讲。康熙十年（1671）二月十七日午时，他于保和殿举行经筵大典，康熙十年四月初十首开日讲。日讲官都是皇帝从尚书、侍郎和翰林院官员中慎选的德才兼备、学问优长之士担任。一些日讲官兼皇帝的起居注官，与皇帝接触多，特别受信任，晋升快。这些人中，汉人占绝大多数。从康熙十年三月到二十三年九月他第一次南巡前，汉人任此职的共四十二人。康熙帝对儒家学说学习十分认真，每天没有上朝理事之前，五更就起来诵读，晚上处理完政务稍有点闲暇，他就复习日讲内容仔细琢磨。

康熙帝以儒学治国，于康熙九年（1670）十月初九发布了著名的《圣谕十六条》，颁布全国，要求切实遵照执行。

康熙皇帝倡导信奉儒家思想，有利于联络广大汉族官民的感情，缓和了满汉民族矛盾。

在官制方面，清设内阁、六部、都察院、大理寺等机构。内阁设大学士、协办大学士和学士各有满人和汉人任职，而满人掌实权。六部的尚书、侍郎和都察院的御史，也都有满人和汉人任职。内阁和六部所属，还规定有蒙古人任职。最高决策机构是议政王大臣会议，全由满族贵族组成，负责筹划军国大事，奏请皇帝裁决。地方行政区，总督是最高长官，辖一省或二三省。巡抚是省级长官，辖一省，地位较总督略次，但仍跟总督平级。

康熙皇帝曾于内廷设立了南书房。入值南书房的官员多是才华出众的汉人，他们不仅辅导皇帝读书写字、讲求学业、时备顾问，还代拟谕旨、编辑典籍，使南书房在交流民族文化、缓和民族矛盾方面发挥了重要作用。清朝中央机构一般都是满汉复职制，唯有南书房基本都是汉人。在南书房供职过、担任过大学士的汉族文人就有张英、李光地、张廷玉等。

康熙与入值南书房诸臣吟诗作画，钓鱼赏花，剖析经义，讨论时政，无异于同堂师友，感情极为融洽。康熙对这些好学能文、才智敏捷的臣子委以重任，他回忆起熊赐履的才华和功绩，命令吏部重用他的儿子。因他的儿子当时年幼，令"俟年壮录用"。

其他不少入值南书房的汉族士大夫，与一些案件有牵连，康熙帝都极力保全，不肯加罪，一直到老甚至世代享受恩惠。

康熙皇帝为了进一步笼络汉族士大夫，于康熙十七年（1678）正月，决定特开博学鸿儒科，选拔才华出众之士，开局纂修《明史》。

博学鸿儒科是我国古代科举制度新创立的特别科目。在唐玄宗开元十九年（731）创博学宏词科，宋代继之，在进士及第者中选拔博学能文之士。因要求极高，考取很难，所以此科未能普及和推广。

元明清时期，科举以进士科为主，并专以八股文取士。它对于热衷于功名利禄的年轻士子比较适宜，但对于怀念明朝、拒绝与清廷合作的名节之士不适宜。所以，康熙皇帝一方面沿袭常规的科举旧制，网罗汉族士子；另一方面通过荐举办法，敦请名节之士出仕任职。

康熙十五年（1673）五月以来，平叛战争形势发生巨大转机。陕西、福建、广东、江西等各个战场相继获胜，聚歼逆首吴三桂之势已成。明朝遗老复辟故国的最后幻想已经破灭。康熙皇帝考虑到这种形势或许对那些"气节之士"有所触动，便借机再次向他们伸出了友谊之手，于康熙十七年正月宣布特开博学鸿儒科。博学鸿儒科虽模仿唐宋"博学宏词科"名称，但做法比较灵活，基本采用两汉时的荐举与考试相结合的办法。将宏词改成鸿儒亦有其深意："鸿儒"系硕学能文之大儒，本身就是一种荣誉尊崇的称谓。

康熙降谕宣称："凡是学行兼优、文词卓越之人，不论已仕、未仕，令在京三品以上及科道官员，在外督、抚、布、按，各举所知，朕将亲试录用。"大学士李光地等遵旨荐举了一百七十余人。各地名流学者、怀才不遇之士，皆在被荐之列。除因为病故等原因，陆续到京的有一百五十人左右。康熙帝推迟了考试时间，每人每月给俸银三两、米三斗，保证他们专心研练词赋，无饥寒之忧。

康熙十八年（1679）三月初一，康熙皇帝于体仁阁亲自组织考核由内外诸臣荐举的一百四十三名博学鸿儒。试题两道：《璇玑玉衡赋》《省耕诗·五言排律二十韵》。考试完毕，吏部收卷，翰林院总封，进"俱着授内阁中书"。

通过特开博学鸿儒科，让大臣荐举，使清廷掌握了当时名流学者的基本情况。有些学者虽然因故未能参加御试，朝廷仍想方设法聘请其参与纂修《明史》。如当时著名史学家万斯同应聘至京，但他坚持不入史馆，不挂衔、不受俸禄，答应以布衣身份参与修史。因为他熟知明朝史事，所以史馆对他极为倚重和信任，请他复审所有书稿，历时十九年，实际起了总编审的作用。所以，康熙帝为网罗硕儒遗老，不拘形式，不遗余力。

通过博学鸿儒科试及《明史》开局，康熙帝与汉族士大夫，特别是江南士大夫的关系更加密切。据统计，在取中的五十人中，江苏二十三人，浙江十三人，直隶五人，安徽三人，江西二人，陕西、河南、山东、湖北均各为一人，其中南方各省共四十二人，占总数的百分之八十四。有些在顺治年间被降职罢免的汉族士大夫，这次又通过博学鸿儒科被重新起用。如江苏长州（即苏州）人汪琬、无锡人秦松龄等就是这种情况。考取者不仅参与修史，而且其中汤斌、秦松龄、曹禾、朱彝尊、严绳孙、王顼（xū，须）龄、潘耒（lěi，磊）等，曾被选任日讲起居注官；熊赐履、朱彝尊等，先后入值南书房。严绳孙担任日讲起居注官后，一改过去高傲态度，做到尽职尽责、兢兢业业，力报康熙帝的知遇之恩。

康熙与这些鸿儒学者不仅在任时交往密切，在其离任返乡后，仍保持友好关系。如汪琬，因修史时与别人意见不一致，入史馆仅六十多天就告病返乡。时间虽短，康熙帝并没有忘怀，皇帝南巡时驻无锡，以其在翰林、居乡十分清正，特赐御书一轴，时人引为光荣。同乡尤侗，修史三年后告归，康熙南巡到苏州，主动献诗颂扬皇帝的恩德，康熙帝赐御书"鹤栖堂"匾额，迁侍讲，称之为"老名士"。另外，康熙南巡时，对返乡的朱彝尊、邸远平等均赐御书额幅。

康熙帝亲政后采取了一系列措施，使满汉官员的待遇平等一致。清入

427

关之初，满官的品级高于汉官二三级，甚至四五级。康熙翦除鳌拜后，认为："满汉大小官员，职掌相同，品级有异，应行划一。"后来修成《品级考》，将满汉官员品级提升手续俱行划一。

康熙帝采取一系列措施，使满汉民族矛盾逐渐得到缓和，为平定"三藩"叛乱、统一边疆地区、巩固和发展统一的多民族国家奠定了基础。

康熙自幼熟读"四书""五经"，尊孔崇儒，即帝位后，把孔孟之道和程朱理学作为统治全国的官方正统思想加以推崇。他经常和大臣们研讨理学，使满朝文武官员都笃信其说。康熙帝一生励精图治，不断求索、实践，不满足于固守旧业，力争开创新篇，有所前进。

康熙帝的科技兴趣和科学实验活动极为广泛。除数学、天文学、地理学之外，他对医学、生物学、解剖学、农艺学、工程技术等均有涉猎或研究，并精通多种民族语言。我们从《康熙畿暇格物编》中可以看到，康熙对树木、药材、物产资源、山野动物、江河鱼类、风云雷电、潮汐、地震等，都留心探究。

当时正是西学传入、崇外派与排外派激烈较量的时候，这位年轻的皇帝经过审慎的研究和抉择，对外来文化采取了既不盲目排斥，也不盲目崇拜的态度，而是学习其先进的科学技术，摒弃其谬论。利用传教士的技艺，诚恳支持传教士从事有益于中国文化发展的学术交流，限制他们的传教活动。西方传教士为传播西洋天主教来到中国，对这一点康熙很清楚，但他要吸收的西方文化却不包括宗教。

（三）奖罚分明的用人制度

毛泽东说，康熙皇帝第三个了不起的地方是他奖罚分明的用人制度。康熙曾说："朝廷致治，惟在端本澄源。臣子服官，首宜奉公杜弊。大臣为小臣之表率，京官为外吏之观型，大法则小廉，源清则流洁，此从来不易之理。"基于这一认识，他把察吏安民重点放在考察高级官吏上。其中主要是地方大员总督、巡抚及在京二品以上堂官。

康熙亲政之后洞察官场种种弊端，十分重视对高级官吏的考察。起初，他对外官与京官勾结行贿纳贿的事进行教育、警告，明令禁止，规定：凡督抚司道官员与在京大臣各官，彼此谒见、馈送，因事营求，以及派家人"问候"、来往者，将行贿者及受贿者"俱革职"；官员本人不知其事者降二级，但将经手此事两家的家人"俱正法"。

康熙对督抚与部院堂官营求结纳，分树门户，处理政务放弃原则的弊端深恶痛绝。例如山西巡抚穆尔赛，贪酷至极，罪恶昭著。当康熙向大学士、九卿等询问此人为官称职与否，满族大学士勒德洪等，竟不据实陈奏，企图包庇。康熙震怒，将勒德洪等各降两级，满族九卿科尔坤等各降三级，穆尔赛拟绞监候、秋后处决。康熙还发现，"河工诸臣，一有冲决，但思获利，迟至数年，徒费钱粮，河上毫无裨益"，他认为问题的根子在工部。他亲自主持，经数年清查，终于查实了工部从尚书、侍郎以至分司官员，组成了一个大贪污集团。他分别给予惩处。康熙也从中进一步看到了察治部院大员的重要性。所以康熙于四十二年正月，第四次南巡途经济南，参观趵突泉，书写匾额"源清流洁"四字。他将"源清流洁"的思想用于吏治，把严格约束和考察高级官员作为吏治之第一要务是英明的。因为高级官吏身居要职，直接影响下级官吏，或带出一批清廉贤吏，或养成一群庸劣、枉法之徒。他们还左右重大朝政，包括财政、人事、决策、立法等，决定着国家能否按正确制度行事，可谓事关重大。

康熙十分重视察吏，并形成自己的一套方法与制度。康熙通过职能部门考察官员，仍使用明代的办法：京察、大计和军政等。京察就是考核京官，六年一次；大计是考察外官，三年一次；军政是考察武官，五年一次。到时由在京衙门三品以上堂官，地方督抚及提督、总兵自陈功过，吏部、都察院开列事实具奏候旨。其下属官员分别由京堂、督抚、提督填注考核评语，选册开送吏部、都察院。上述被考核官员，凡清廉自守者被荐举任用，贪酷不谨慎者给予论劾，然后分别按级升赏、降革。

康熙还通过亲阅题疏考察官员。如原任偏沅（今湖南长沙）巡抚韩世琦，奉命采办楠木，借口四川酉阳土产楠木合适，请令四川督抚办理；等将其改任四川巡抚时，又奏称酉阳楠木因路途遥远不便察看，请求行文湖广督抚就近察看。康熙从中看出他"前后题疏，参差不合"，令吏部严加议处，将其革职。

康熙出巡时，都要亲自考察官员。他执政期间，曾南巡苏州、杭州，东巡盛京（沈阳）、吉林，西巡宁夏、山陕，北巡塞外蒙古，他还经常巡视北京周围地方，每次出巡各有视河、谒陵、狩猎等具体目的，但每次都把周览民情、察访吏治作为一贯的任务。

二十三年（1684）十一月，康熙第一次南巡，驻江苏宿迁（今江苏宿迁东南），发现漕运总督邵甘问题严重，将其撤职，令随旗行走。

二十八年（1689）正月初八至三月十九日，康熙第二次南巡返京第二天，便根据所掌握的情况，任免了一批高级官吏。

于成龙在康熙十九年（1680）迁直隶巡抚时已六十四岁。上任之后，是非分明，支持廉洁官吏，劾奏贪婪县令。康熙得知于成龙的事迹，于二十五年二月初五在懋勤殿亲自接见，表彰说："尔为当今清官第一，殊属难得。"勉励他"始终一节"，赏赐白金、良马、御制诗等，嘉奖其廉洁贤能。同年年底，提升其为江南江西总督。于成龙感激皇帝知遇之恩，到江南更加勤奋。江南官吏知于成龙好微行私访，每遇白髯伟岸者，便互相转告，循规蹈矩。然而秉公亦能招怨，竟有人挟仇谗害，以致部议令其休致，但是康熙帝特诏留任。二十三年（1684）四月十八日，于成龙病逝。康熙闻讯，感慨非常，称之为"天下廉吏第一"，加赠太子太保，予谥清端，御书"高行清粹"祠额及楹联赐之。

奖励清官，意在倡导百官效法。康熙二十七年（1688）四月，康熙授满洲镶黄旗人吏部侍郎傅拉塔为两江总督，临行叮嘱他："尔此去当洁己行事。前任江南总督数人无过于成龙者，尔如其所行可矣。"傅拉塔遵旨上任后，不负皇帝所望，清正廉洁。三十三年闰五月傅拉塔卒于任所。康熙看到遗疏，以痛惜的心情对大学士等说："江南江西总督居官善者，自于成龙之后，惟傅拉塔一人。"康熙破例派人赴江宁（今江苏南京）致祭，赠太子太保，谥清端，授予骑都尉世职，令其子承袭。四十四年，康熙第五次南巡，经雨花台，赐御书"两江遗爱"匾额，令悬于傅拉塔祠堂。

三、文字狱

所谓文字狱，是旧时统治者镇压知识分子反抗，从其著作摘取所谓违碍字句，罗织罪状。如汉杨恽以《报孙会中书》、明高启以改修府治《上梁文》皆被腰斩。康熙皇帝为了箝制汉人反满言论，屡屡制造文字狱，大的共有三个：

（一）戴名世案

戴名世（1653—1713），桐城人，字田有，号褐夫，别号忧庵，康熙进士，任编修。他立志修明史，认为南明永历朝不能称伪朝，对《滇黔纪闻》十分重视。听了学生余堪口述南明永历朝一个叫犁支的所言，感到该书符合事实，于是在他所写的有关明史文章中采用该书材料不少。

戴名世在《与弟子倪声》一信中论及修史之例，认为"本朝当以康熙壬寅（按：即1662年）为定鼎之始，世祖虽入关十八年，时三藩未平，明祀未绝，若循蜀汉之例，则顺治不得为正统。"戴名世学生尤云鹤从方孝标的集子中选出部分材料，以《南山集偶抄》之名刊行。同时刊行的还有《孑遗录》，记述桐城地区地主、豪绅抵抗农民军之事，署名宋潜虚，因为戴姓出于宋后，所以讳戴为宋。此书由尤云锷、方正玉捐款印行。他们俩再加上汪灏、朱书、刘岩、余生、王源都作了序。印刷版藏于方苞家。

清世祖福临康熙五十年（1711），武进人都谏赵申乔（字慎旃）向刑部告发了此事。九卿会审，《南山集》定案。《南山集》案，实际上就是《南山集偶抄》案。此书只不过是为南明争正统，揭露南明隐事而已，但刑部大做文章，株连竟达数百人。戴名世寸磔，方孝标已死戮尸。他们的祖父、父亲、子孙、兄弟以及叔伯父、兄弟之子，凡十六岁以上都被杀头，母、女、妻妾、姊妹、儿子妻妾、十五岁以下子孙、叔伯父、兄弟之子给功臣为奴。朱书、王源这时已死，免于判罪，汪灏、方苞以诽谤朝廷判斩立决。方正玉、尤云鹗发往宁古塔。方孝标儿子方登峄、方云旅，孙子方世樵一并斩首。方家中即使还在居丧守孝的人都处死，尚书韩菼（tǎn，坦）、侍郎赵士麟、御史刘灏、淮扬道王英谟、庶吉士汪汾等三十二人另议降职。康熙闻奏改刑。戴名世斩立决，方孝标之子免死，与其家人流放黑龙江。汪灏、方苞免死，入旗为奴。尤云鹗、方正玉免死罪，其家迁徙边远地区。韩菼以下这些平日与戴名世只因议论文章而被牵连的人，都免于治罪。

（二）徐骏案

翰林（相当今科学院院士）徐骏在写公文时，将"陛"误写为"狴"被审查。有人在他的诗作中发现"清风不识字，何须乱翻书"诗句。这本是徐骏在晒书时，见风刮翻书页，即兴而作。却被专案组的人认定"清"是满清当局，"不识字"是指影射满人没文化；"乱翻书"是影射乾隆征书编四库全书，因此，徐骏丢了脑袋被灭了族。

（三）朱方旦案

康熙二十一年（1682），有朱方旦之狱。朱方旦，号尔枚，又号二眉道人，汉阳人，秘密刻书。书中有言："古号为圣贤者，安知中道？中道在我山根之上，两眉之间。"山根和两眉本是指大脑之功能，非为异说。但是康熙认为是"诡立邪说，煽惑愚民"。被捕，不久获释。吴三桂反，勒尔锦驻荆州，朱氏入其军中。后游江浙。王鸿绪得方旦所刻中质秘书，以三大罪状弹劾他，被诛。

对于康熙皇帝，毛泽东有很高的评价：1948 年 4 月 9 日，毛泽东东渡黄河，东进途中，忙里偷闲，特地上五台山参观。

毛泽东问老方丈："听说清朝康熙皇帝曾五度巡幸五台山，可有此事？"

"确有此事。"老方丈答道。

毛泽东点了点头，随即侃侃而谈："康熙生于 1654 年，活了六十八岁，他的名字叫爱新觉罗·玄烨。1661 年，也就是他八岁时就当上了皇帝，是清代著名的皇帝。他平定了'三藩之乱'，驱逐了沙俄侵略者，收复了台湾，并派重兵驻守，抵御西方殖民者的侵略，加强民族团结，维护国家领土的完整，为我们多民族国家的统一和发展作出了重大贡献。他的功劳不小，是一位了不起的皇帝！"

毛泽东接着又说："几千年来，佛教在哲学、建筑、美术、音乐上取得的成就是不可忽视的，这是全人类也是中华民族古老文明和灿烂文化的重要组成部分。清朝康熙、乾隆两位皇帝对佛教的发展做过一些有益的事情。"

他还说："佛教文化传入中国近两千年，它与儒道学说水乳交融成为中华民族的优秀文化遗产，我们要加以保护和研究。"（《山西文史资料》2000 年 6 月版）

1960 年 4 月，毛泽东在全国人大二届二次会议期间遇到作家老舍，当他知道老舍是满族时，开口便说道：满族是个了不起的民族，对中华民族大家庭作出过伟大贡献。又说：清朝开始的几位皇帝都很有本事的，尤其是康熙皇帝。接下来，便大讲康熙。毛泽东说，康熙皇帝的头一个伟大贡献是打下了今天我们国家所拥有的这块领土。我们今天继承的这大块版图，基本上是康熙皇帝时牢固地确定了的。他三征噶尔丹，团结众蒙古部，把新疆牢牢地守住。他进兵西藏，振兴黄教，尊崇达赖喇嘛，护送六世达赖进藏，打败准噶尔人，为维护西南边疆的统一，迈出了关键性的一步。他进剿台湾，在澎湖激战，完成统一台湾的大业。他在东北收复雅克萨，组织东北各族人民进行抗俄斗争，和沙俄签订《尼布楚条约》，保证我永成黑龙江，取得了独立自主外交的胜利，为巩固东北边疆作出了重大贡献。康熙皇帝的第二个伟大贡献是他的统一战线政策。满族进关时兵力只有五万多，加上家属也不过二十万，以这样少的人口去统治那么一个大国，占领那么大领土，管理那么多人口，矛盾非常突出，康熙皇帝便发明了一个统一战线，先团结蒙古族和其他少数民族，后来又团结汉族的上层人士，他还全面学习和继承了当时比满文化要先进得多的汉文化，他尊孔崇儒。在官吏的设置上，凡高级官吏都是一满一汉，大学士、尚书、侍郎、军机大臣都是如此。这样，康熙便非常成功地克服了满族官员少的困难，真正达到了以一顶百的神奇效果。康熙皇帝第三个了不起的地方是他奖罚分明的用人制度。毛泽东讲了一些实际例子，说明即使是皇子犯了错误，也一样要受到严厉的处罚。皇子打了败仗，回来不敢进德胜门，照样要蹲在城外，听候处罚。他的这套办法既能调动部下的积极性，奋永向前，义无反顾，又能组织起一支有严明纪律的队伍，所向披靡。

毛泽东还特别夸奖康熙皇帝的学习精神，说他不光有雄才大略，而且勤奋好学。他除了会几种民族语言之外，还会好几种外语，包括希腊文。他既是军事家、政治家，又是大文人，精通诗词歌赋，会琴棋书画。

毛泽东还说康熙皇帝是最早懂得向西方资本主义先进知识学习的开明君主。康熙喜欢研究自然科学，对数学、天文、地理、医学、生物学、解剖学、农艺学和工程技术有浓厚兴趣，还亲自主持编辑科技书籍。（武在平：《风流人物在中华——毛泽东与老舍》，《毛泽东与中国作家》，中共中央党校出版社1995年版，第37—38页）

毛泽东赞康熙皇帝"是一位了不起的皇帝"！说他对"为我们多民族国家的统一和发展作出了重大贡献"，有三大功劳，这些评价无疑是公平的。

后 记

　　本书是集体创作，在选目、体例由本人确定后，把撰写初稿的任务分解给各位执笔者，初稿写成后再交由本人最后修改定稿。具体协调工作则由副主编毕国民负责。这是一个很好的创作班子，大家都挚爱这一工作，工作努力，合作愉快，在短短的几个月中，如期完成了任务。这是令人欣慰的。参加本书写作的有：毕国民、毕晓莹、东民、刘磊、毕英男、孙瑾、李会平、张瑞华、袁湜、赵悦、赵建华、赵玉玲、许娜、朱东方、范登高、范冬冬、阎青、王汇涓、韩鸣英、毕富林等同志。

　　　　　　　　　　　　　　　　　　　　　　　毕桂发

　　　　　　　　　　　　　　　　　　　　　　　2023 年冬